INHALTSVERZEICHNIS

4. Teil: Pubertät und Adoleszenz

Erziehung des Kindes ist keine Gefühlssache, sondern eine Frage des bewußten und verantwortlichen Handelns. Unsere Großeltern hatten Erziehungsgrundsätze. Sie paßten in die damalige Zeit. Aber die patriarchalischen und autokratischen Erziehungsmuster gelten nicht mehr. Erziehung heißt ja nicht, jemanden beherrschen wollen, jemandem seinen Willen aufzwingen. Erziehen heißt, Wachstum fördern durch Vorleben und Begleiten.

Das *Elternbuch* will Erziehungshilfe aus dem Glauben geben, es will

– biblische Maßstäbe für den Umgang von Eltern und Kindern vermitteln,

– soziale Gleichwertigkeit als Prinzip der Nächstenliebe verdeutlichen,

– Verständnis wecken für Störungen und Fehlverhalten, die in der Familie entstehen und durch gemeinsame Verantwortung aller wieder behoben werden können,

– pädagogisch-psychologische Hilfen anbieten, die in der Beratungspraxis täglich erprobt werden, und will

– deutlich machen, daß Eltern und Kinder gemeinsam Verantwortung tragen für Schwierigkeiten und Lösungen von Problemen.

Das *Elternbuch* ist kein Nachschlagewerk für erzieherische Patentrezepte. Aber es vermittelt Erkenntnisse und bietet pädagogische Hilfestellungen an, um die Motive und unbewußten Absichten von Verhaltensstörungen aufzudecken und zu korrigieren.

Das *Elternbuch* behandelt die Entwicklung des Kindes von der Geburt bis zur Vollendung der Reifezeit. *Die religiöse Erziehung* bildet dabei einen besonderen Schwerpunkt; ein anderer Schwerpunkt ist die *pubertäre Problematik*, die den längsten Altersabschnitt darstellt. *Ein ausführliches Sachregister* erleichtert dem Leser, einzelne Fragen zu klären und so Probleme des Kindes in den verschiedensten Altersabschnitten besser zu verstehen. *Viele Beispiele aus der Praxis der Familienberatung* sind eingestreut, um erzieherisches und korrigierendes Verhalten anschaulich zu machen. Die »Fallbeispiele« sind selbstverständlich verfremdet.

Noch ein wichtiger Hinweis: Versuchen Sie nicht, mehrere Regeln und pädagogische Hilfen auf einmal zu realisieren! Beginnen Sie, aus größeren Fehlern kleinere zu machen! Denn Fehlerlosigkeit ist ein Fehler! Perfektionismus – auch in der Erziehung – ist Sünde und damit eine Zielverfehlung.

Verlag und Autor hoffen, daß sich das Elternbuch als ein praktisches Handbuch für die Familie und für alle Erzieher erweisen wird.

1. Teil

Grundlagen der Erziehung

I. Familie und Erziehung

Wenn wir uns in unserer Gesellschaft umschauen und die Probleme, Schwierigkeiten, Konflikte, Neurosen und Fehlhaltungen bei Kindern und Erwachsenen unter die Lupe nehmen, müssen wir die Familie als *Entstehungsort* für die meisten Störungen ins Auge fassen. Selbstverständlich sind diese Störungen vielschichtig, aber wir können einige Hauptkrisenherde identifizieren. Es ist heute unumstritten, daß die ersten Lebensjahre eines Kindes für die Gesamtentwicklung entscheidend sind. Humanbiologen, Kinderpsychologen, Kinderärzte und Pädagogen sind davon überzeugt, daß das Kind biologisch ohne Hilfe nicht lebensfähig ist, es braucht lange Entwicklungsabschnitte, in denen es gepflegt wird, Sicherheit und Geborgenheit erfährt und von seinen Bezugspersonen angenommen wird. Das Kind muß die Möglichkeit haben, seine Fähigkeiten, seine Interessen und seine menschliche Gestalt zu entfalten. Der Einfluß der Familie auf den Lebensweg des Menschen ist unbestritten und kann nicht ersetzt werden. Die psychologische, geistig-kulturelle und sittlich-geistliche Entwicklung wird in hohem Maße durch die Familie garantiert. Die Familie hat einen unschätzbaren Stellenwert, das spiegelt auch der 2. Familienbericht der Bundesregierung wider, der 1975 noch von der sozial-liberalen Koalition erstellt wurde. Da heißt es:

> »Die Familie ist aber auch in ihrer heutigen Struktur für die Befriedigung der Bedürfnisse nach mitmenschlicher Gemeinschaft, für die Entwicklung des einzelnen Menschen zur sozial-kulturellen Persönlichkeit und darüberhinaus für den Fortbestand und die Fortentwicklung der Gesellschaft unentbehrlich.«[1]

Die wesentlichsten Aspekte, die eine normale Sozialisation des Kindes garantieren, sind hier genannt. Die Familie ist der Ort, wo diese Grunderfahrungen gemacht werden können. Die Familie ist die erste und grundlegende Schule des sozialen Verhaltens. Die täglich zu Hause erlebte und gelebte Gemeinschaft und Anteilnahme in Freud und Leid bildet die konkreteste und wirksamste Schule für die aktive, verantwortliche und erfolgreiche Eingliederung in den größeren

Raum der Gesellschaft. Hier werden die Fundamente für wahre Menschlichkeit gelegt.

1. Familie – statistisch gesehen

Die folgenden Zahlen aus amtlichen Statistiken der Bundesrepublik geben ein Bild der Familie in der Bundesrepublik wider.

1) Bei einer Gesamtbevölkerung von 61,56 Millionen (darunter 4,45 Mill. Ausländer) gab es 1980 in der BRD insgesamt 22,68 Mill. Familien. Knapp die Hälfte der Familien hat ledige Kinder. 7,49 Mill. Familien, also etwa ein Drittel, sind Familien, bei denen ein Elternteil fehlt. Die Tendenz: Die Zahl der Familien mit Kindern nimmt leicht ab. Gleichzeitig gibt es weniger Familien mit 3 und mehr Kindern und mehr Familien mit 1 und 2 Kindern.

2) Die Zahl der Ehescheidungen schwankt in der Nachkriegsgeschichte stark. 1950 wurden 67,5 Ehen je 10000 bestehender Ehen geschieden. 1960 waren es 35,7; 1975: 67,4; 1979: 51. Allerdings kommen neuere Untersuchungen zu dem Ergebnis, daß nahezu jede dritte Ehe wieder geschieden wird. Die Tendenz ist steigend.

3) Die meisten Ehen werden in der Zeit zwischen dem 2. und 8. Ehejahr geschieden. Etwa 50% davon sind kinderlos, ca. 28% haben 1 Kind, 15% 2 Kinder, 4% 3 Kinder. Bei etwa 1% sind 4 oder mehr Kinder betroffen.

Nach statistischen Erhebungen der Beratungsstellen in der Bundesrepublik sind weitere Eheschwierigkeiten besonders zwischen dem 19. und 25. Ehejahr zu verzeichnen. Die Kinder gehen in dieser Zeit aus dem Haus, die Eheleute sind auf sich gestellt und haben sich oft auseinandergelebt. Lassen diese Tatbestände darauf schließen, daß ein so hoher Prozentsatz von Geschiedenen auch die Ordnungen von Ehe und Familie ablehnt? Davon kann keine Rede sein, denn die meisten geschiedenen Männer und Frauen heiraten wieder.

4) Die Zahl der Familien mit alleinerziehendem Elternteil steigt in allen westlichen Industriegesellschaften. Es gibt sogar Anzeichen dafür, daß dieser Trend auch in den Ostblockstaaten zu finden ist. In der Bundesrepublik Deutschland betrug 1982 die Zahl der Alleinerziehenden 927000. In ihren Familien lebten 1329000 Kinder.

140 000 davon waren alleinerziehende Väter mit insgesamt 197 000 Kindern unter 18 Jahren. Die Zahl der alleinerziehenden Väter betrug 1971 nur 69 000 (mit 113 000 Kindern) und stieg 1981 auf 141 000 (mit 194 000 Kindern). 86 % der alleinerziehenden Väter übten das Sorgerecht nach einer Trennung bzw. Scheidung aus.[2]

2. Der Familien-Lebenszyklus

Nach E. M. Duvall geht die heutige Durchschnittsfamilie durch 8 unterscheidbare Phasen, die sich gegenüber früher charakteristisch verändert haben:

1. *Phase:* der Beginn der Ehe, eine relativ längere kinderlose Zeit;
2. *Phase:* die Ehe ist ca. 2,5 Jahre im Durchschnitt mit Kleinkindern beschäftigt;
3. *Phase:* die Ehe ist ca. 3,5 Jahre mit Vorschulkindern beschäftigt;
4. *Phase:* circa 7 Jahre ist die Familie mit Schulkindern beschäftigt;
5. *Phase:* circa 7 Jahre ist die Familie mit Teenagern beschäftigt;
6. *Phase:* circa 8 Jahre dauert die Zeit vom Weggang des ältesten Kindes bis zum letzten Kind;
7. *Phase:* die Zeit des »leeren Nestes«. Bis zum Ruhestand der Eltern sind durchschnittlich noch 15 Jahre zu verzeichnen;
8. *Phase:* vom Ruhestand bis zum Tod umfaßt dieser Abschnitt noch einmal eine Zeit von ca. 10 bis 15 Jahren.

Deutlich wird, daß sich der Zeitabschnitt, in dem sich die Familie aufgelöst hat und die Eheleute ein Leben ohne Kinder führen, erheblich verlängerte. Um 1890 betrug die Zeit einer Durchschnittsfamilie, in der die Kinder das Haus verlassen hatten und die Eheleute für sich waren, nur 1 Jahr. 1990 werden die Eheleute ca. 20 Jahre ohne Kinder sein. Für das Zusammenleben der Eheleute ergeben sich völlig neue Möglichkeiten und Probleme. Die *personale* Beziehung hat einen höheren Stellenwert bekommen.

3. Familienformen

Jede Familie hat ihr eigenes System und praktiziert individuelle *Interaktionsmuster**.

Im wesentlichen lassen sich 4 solcher Muster, nach denen Familien organisiert sind, benennen:

*Interaktion = Zwischenwirkung, Wechselwirkung.

1) Die vaterzentrierte Familie: Der Vater dominiert. Die Erziehung ist im wesentlichen straffer und fester. Sachlichkeit und Rationalität stehen im Vordergrund. Die Aufgaben sind klar umrissen, die Rollen der Mitglieder sind deutlich abgesteckt – ob sie ihnen angemessen sind oder nicht.

2) Die mutterorientierte Familie: Die Mutter gibt den Ton an und spielt in der Gestaltung der Familie und bei der Kindererziehung eine herausragende Rolle. Die Mutter ist stärker der Ansprechpartner, vertritt auch die Familie nach außen. Leicht kann es geschehen, daß die Mutter überbeschützend und fürsorglich die Mitglieder an sich bindet und in ihrer Lebenstüchtigkeit beschneidet. Der Vater spielt eine Nebenrolle, fühlt sich oft als »5. Rad am Wagen« und neigt nicht selten zu Fehlreaktionen.

3) Die kindzentrierte Familie: Das Kind steht im Mittelpunkt. Alles dreht sich um das Kind, die Eltern übertragen überhöhte Erwartungen auf ihre Kinder. Das kann bedeuten, daß Kinder als *der* Sinn im Leben betrachtet werden. Es kann heißen, daß Kinder das Sagen haben und die Eltern von ihren Sprößlingen manipuliert werden. Auch kann es sein, daß die Mutter Eheschwierigkeiten hat und die Kinder zum Partnerersatz macht.

4) Die partnerschaftliche Familie: Partner sind aktive Teilhaber und Mitspieler. Die Familie ist mehr oder weniger eine Dienstgemeinschaft. Wie ein Organismus arbeiten alle Mitglieder Hand-in-Hand. Eine hierarchische Struktur ist nicht erkennbar. Aufgaben und Pflichten werden gemeinsam wahrgenommen. Nicht *einer* trägt die Gesamtverantwortung, sondern alle fühlen sich angesprochen und verantwortlich. Vermutlich wird in den wenigsten Familien dieses partnerschaftliche Verhalten reibungslos klappen. Die Familie kann ausfasern – jeder richtet sich am Ende nur nach sich selbst.

4. Gibt es Alternativen zur Familie?

In der vorindustriellen Zeit war die wichtigste Einheit der Gesellschaft die Großfamilie. Hier wohnten die Verwandten des Inhabers einer wirtschaftlichen Vollstelle, der in der Regel selbständiger Kaufmann, Handwerksmeister oder Hofbesitzer sein mußte, unter einem Dach zusammen und arbeiteten in seinem Betrieb mit. Dazu gehörten die Eltern des Besitzers, die Geschwister seines Vaters, seine Geschwister und seine Kinder sowie die Gesellen, Knechte und Mägde des Hauses. Die Großfamilie ist in einer Industriegesellschaft nicht mehr lebbar. Die modernen Technologien erfordern es, daß die Familie mobil sein muß und darum zerrissen wird.

In den Kommunen und Wohngemeinschaften der 60-er Jahre sollte das verlorene Paradies wiederentdeckt werden. Eine Zeitlang erfreuten sich diese Gemeinschaften, die aber nichts mit den Großfamilien der vorindustriellen Zeit gemein hatten, großer Beliebtheit. Aber dann war die Euphorie vorbei. Das Zusammenleben gestaltete sich schwieriger als in den Kleinfamilien, besonders die Kontinuität fehlte, das jahrelange Zusammenleben mit den gleichen Personen. Die meisten Kommunen und Wohngemeinschaften glichen »Taubenschlägen«, in denen die Bewohner ständig wechselten.

Auch die Kritik an den Kleinfamilien ist leiser geworden, weil vorzeigbare Alternativen fehlen.

»Die ›Kibbuzim‹ spielen in der pädagogischen Diskussion eine ähnliche Rolle wie Margret Meads Tschambuli und Malinowskis Mutter-Bruder-Familien in der soziologischen. Als Renommier-Alternativen, als Beweis dafür, daß eben doch alles auch anders sein könnte ... Als jedoch über die im Kibbuzim groß gewordenen Kinder statistisch auswertbare Daten vorlagen, zeigten sich deutliche Entwicklungsschäden.«[3]

Die Befürworter haben inzwischen kapituliert. Die meisten Verfechter alternativer Familienformen haben ihre ideologischen Bemühungen eingestellt. Cervos-Navarro schreibt zu Recht, daß nach heutiger Erkenntnis nicht mehr die Frage lautet, welche Alternative es zur Familie gäbe, sondern wie die heutige Kleinfamilie auszusehen hätte, um einen ichstarken, liebesfähigen und gemeinschaftsfähigen Nachwuchs heranzuziehen.

5. Die Ein-Elternfamilie

Fast 1,5 Millionen Kinder unter 18 Jahren werden von alleinerziehenden Müttern und Vätern betreut. Deren Zahl ist groß: Sie bilden keine Randgruppe in unserer Gesellschaft, sondern einen stattlichen Bevölkerungsanteil. Die Zahl umfaßt Witwen und Witwer, Geschiedene und Nichtverheiratete. Viele Alleinerziehende fühlen sich überarbeitet, müde, psychisch labil und reizbar. Viele haben das Trauma der Scheidung oder den Tod des Partners noch nicht überwunden. In Mitleidenschaft gezogen werden im Ein-Eltern-Haushalt gerade oft die Kinder. Was sind die herausragenden Probleme der Ein-Eltern-Familien?

1) *Der Alleinerziehende gerät oft in die Isolation:* Scheidung und Tod schaffen völlig neue Beziehungsprobleme. Ein Teil des alten Freundes- und Bekanntenkreises bricht zusammen. Auch moralische Prinzipien in Gesellschaft, Bekanntschaft und Kirche veranlassen viele Alleinerzieher, sich zurückzuziehen. Sie tragen ihren Kummer allein, leiden unter Einsamkeit, Verbitterung und dem Verlust der Kontaktfähigkeit. Sie erleben, daß die Gesellschaft im wesentlichen auf Paare eingestellt ist, Alleinerziehende erfahren sich als Eindringlinge und Störenfriede.

2) *Der Alleinerziehende muß allein entscheiden:* Vorher wurden Probleme *gemeinsam* bewältigt: die Kindererziehung, der Einkauf, der Verkehr mit Behörden und Ämtern und die Freizeitgestaltung. Jetzt bekommt das Wörtchen allein eine bedrückende Bedeutung:
   – allein stehen, allein leben
   – allein verantworten, allein verdienen
   – allein erziehen und allein mit Sorgen und Problemen.
Zunächst sind es *äußerliche* Belastungen nach der Scheidung oder nach dem Tod, die den Alleinerziehenden völlig in Beschlag nehmen; anschließend kommen psychische Beschwerden hinzu, die Tag und Nacht den Alleinerziehenden umtreiben.

3) *Der Alleinerziehende ist in der Regel wirtschaftlich schlechter gestellt:* Im Normalfall ist die wirtschaftliche Lage schlechter als in Familien mit zwei Elternteilen. Von allen Familien, die Sozialhilfe beziehen, sind zwei Drittel alleinerziehend. Auch liegt die Erwerbstätigkeit der alleinerziehenden Mütter wesentlich höher als bei den verheirateten Frauen. Nach Untersuchungen bekommen nur 6 von 10 Müttern regelmäßig und pünktlich vollständig Unterhalt für sich und ihre Kinder.

4) *Der Alleinerziehende hat größere Probleme mit Kindern:* Kinder Alleinerziehender sind oft in der Schule schwieriger. Trennung, Scheidung und Tod haben die Kinder emotional beeinträchtigt. In der Schule sind sie unkonzentrierter, bedrückter und belasteter. Der Wohnungswechsel, der oft mit Scheidung und Tod verbunden ist, raubt den Kindern alle Freundschaften. Nicht nur der geschiedene Elternteil gerät in die Isolation, das Kind auch. Das Zusammenleben von alleinerzogenen Kindern wird dadurch doppelt erschwert.
   Hannelore Schmitz vom »Verband alleinerziehender Mütter und Väter« (VAMV) hat einige Informationen zusammengestellt, wie

Kinder in den verschiedenen Altersstufen reagieren, nachdem sie einen Elternteil durch Scheidung verloren haben:

Kinder im Alter zwischen 2 1/2 und 3 1/2 Jahren können mit Verzögerungen in der Sauberkeitserziehung, mit Weinen, Angstzuständen, gesteigerter Aggressivität und Trotzverhalten reagieren. Diese Reaktionen klingen meistens nach einem Jahr ab, an ihre Stelle tritt ein starkes Verlangen nach Kontakten zu Freunden.

Kinder im Alter von 3 1/2 bis 5 Jahren können durch verstärktes Irritiertsein, Weinen und Aggressionen auffallen. Sie reagieren besonders intensiv auf den Verlust des Vaters. Ihr Vertrauen in menschliche Beziehungen ist erschüttert. Bei Spielen zeigen sie Trauer, Einsamkeit und Hilflosigkeit. Es wird nach Erklärungen dafür gesucht, warum der Vater weggegangen ist.

Kinder im Alter von 5 bis 6 Jahren können ähnlich reagieren, wie die vorangegangene Altersstufe: Ängstlichkeit, Aggressivität, Weinen und der Wunsch nach der Rückkehr des Vaters. Unruhe, mangelnde Konzentration, Versagensängste, ausgeprägte Tagträumereien und schlechte Beziehungen zu den Mitschülern können hinzukommen. Die Trennung der Eltern wird als Trennung des Vaters von der eigenen Person (im anderen Fall von der Mutter) erlebt.

Bei Kindern im Alter von 7 bis 8 Jahren kann es zu anhaltender Traurigkeit als erste Reaktion auf die Trennung kommen. Die Kinder erleben die Auflösung der Ehe als Bedrohung ihrer gesamten Existenz. Der Schmerz in dieser ersten Phase legt sich in der Regel nach einem Jahr, an seine Stelle kann trauriges oder resignierendes Verhalten treten. Die Kinder fürchten, fortgeschickt zu werden, wenn sie den Zorn des Erziehungsberechtigten erfahren, weil aus ihrer Sicht ja schon der Vater bzw. die Mutter fortgeschickt worden ist. In der Schule – und das gilt auch für die Kinder der nächsten Gruppe – werden schlechte Schulleistungen, widerstreitende Gefühle durch Verleugnung, Prahlerei, Identifikation mit dem abwesenden Elternteil und Ausweichmanövern zu bewältigen versucht.

Kinder im Alter von 9 bis 12 Jahren können aufgrund ihrer Größe und Reife ihre Konflikte besser erkennen und mit ihnen umgehen. Sie zeigen oft sehr aktive geistige und körperliche Anstrengungen, um ihr persönliches aus den Fugen geratenes Leben wieder zu ordnen und mit ihrer Vergangenheit, Ablehnung und Hilflosigkeit fertig zu werden. Ängste und Ungewißheit in bezug auf die Zukunft können jedoch stark ausgeprägt sein. Sie fühlen sich alleingelassen.

Kinder zwischen 13 und 18 Jahren können mit Hilflosigkeit, Zorn, Trauer, Schmerz und Scham reagieren. Sie fühlen sich verlassen und betrogen. Sie empfinden, daß ihre Zeit, erwachsen zu werden, abrupt verkürzt worden ist. Es kann zu einer Distanzierung von beiden Eltern kommen. Hilfe und Rat werden bei Freunden und Lehrern gesucht. Oft vermeiden sie die Auseinandersetzung mit der Gegenwart und wenden sich ausschließlich der Zukunftsplanung zu.

6. Was kann man Alleinstehenden raten?

Da sie in der Regel selbst durch Trennung, Tod oder Scheidung stark belastet sind und mit unverarbeiteten Problemen, Schuldgefühlen und Selbstvorwürfen zu tun haben, sollten sie einen Seelsorger aufsuchen, der die persönlichen und familiären Zusammenhänge versteht und der ein Stück Begleitung für einen Lebensabschnitt anbietet. Oder es empfiehlt sich, eine Beratungsstelle aufzusuchen, um mit geschulten Psychologen oder Beratern unerledigte Selbstwert- und Beziehungsprobleme aufzuarbeiten.

Da sie vielfach mit ihren täglichen Sorgen und Problemen alleingelassen sind, sollten sie sich Gruppen von Alleinerziehenden in Gemeinde, Volkshochschule oder Kirche anschließen. Diese Gruppen erlauben einen guten Kontakt und Austausch gleichartiger Lebensschwierigkeiten.

Da die Alleinerziehenden vielfach auf sich allein gestellt sind, neigen sie dazu, einen großen Teil der Last auf die Kinder abzuwälzen. Besonders die ältesten werden schnell zu Vertrauten und Partnern gemacht. Aber sie fühlen sich überfordert, kommen nicht selten in Gewissenskonflikte, weil sie im Grunde beiden Elternteilen gerecht werden wollen. Es ist richtig, daß sich Vater und Mutter Vertraute und Ratgeber außerhalb der Familie suchen, um die Psyche des Kindes nicht zu beschweren. Der Alleinerziehende sollte auch seine Kinder nicht zur Klagemauer machen, damit sie nicht eine Haltung der Hoffnungslosigkeit und der Verzweiflung verinnerlichen.

Da die Mehrheit der Alleinerziehenden mit ihrer Ehe gescheitert ist, ist es wichtig, daß sie nicht in Selbstmitleid verfallen. Sie müssen ihr Scheitern und ihre Ohnmacht nicht verbergen. Dazu ermutigt die Trägergruppe »Christliche Initiative Brennpunkt Erziehung«:

»Die Solidarität im Scheitern und mit den Gescheiterten ist Prüfstein unserer Menschlichkeit und unseres Glaubens. ›Du nimmst die Gescheiterten in Schutz vor dem Recht der Rechtschaffenen‹, betet Jörg Zink, ›mach uns dir gleich, damit wir Menschen werden‹.«[4]

Nur im Bewußtsein unserer Ohnmacht und unserer Armut können wir als Gemeindeglieder die Alleinerziehenden aufnehmen. Jede

Diskriminierung und Abwehr der Betroffenen ist Aussage über unseren Stolz und über unsere Selbstgerechtigkeit.

7. Der Segen der Väter (und Mütter)

Sogar die katholische Kirche hat die »Hauskirche« wieder entdeckt. In seinem Apostolischen Schreiben »Familiaris Consortio«, das 1981 veröffentlicht wurde, hat Papst Johannes Paul II. über die christlichen Familien in dieser Welt nachgedacht. Die Lebens- und Liebesgemeinschaft der Ehe entspreche der Verbindung zwischen Christus und seiner Gemeinde. Die christliche Familie hat als Hausgemeinde an der Sendung Jesu Christi und seiner Kirche teil. Von Luther können wir lernen, wie Vater und Mutter geistliche und weltliche Verantwortung tragen. Reinhold Mokorsch schreibt über Luthers Verständnis:

> »Nein, das Neue ist, daß Luther dem Elternstand weltliche und geistliche Verantwortung zuschiebt. Ich wiederhole das bereits genannte Zitat: ›Es gibt keine größere und edlere Verantwortung auf Erden als die der Eltern für ihre Kinder, zumal sie weltliche und geistliche Verantwortung für sie tragen‹.«[5]

Bauernstand, Fürstenstand, Richterstand und Schulmeisterstand tragen *nur* weltliche Verantwortung. Die Eltern dagegen tragen – nach Luther – eine doppelte Verantwortung. Sie sind Haushalter und damit ein Ebenbild der Haushalterschaft Gottes. Auf diesem Hintergrund fällt besonders den Vätern eine besondere Aufgabe zu. Damals waren sie die Priester in ihren Familien. Sie waren Träger des Rechtes. Sie waren Lehrer der Familie, und sie waren Träger des Segens. Darum schreibt Horst Seibert:

> »Von grundlegender Bedeutung für die Familie ist der Segen der Väter. Die ›Väter‹, die sonst als eine Art Mutterinstanz zwischen Gott und der Familie galten, garantierten religiöse Kontinuität und hielten sie durch Opfer aufrecht. Dem entspricht, daß der Mensch überhaupt in familiengeschichtlicher Kontinuität gedacht wird: Jede Generation verdankt sich der vorigen und bewirkt die nachfolgende – so wie Gott der Gott der Vorfahren war und der Gott der Nachfahren sein will. In der Abhängigkeit der Generationenfolge spiegelt sich die Abhängigkeit von Gott wider. Auch diese Kontinuität wird aktualisiert durch den Segen, der von Gott auf den ›Vater‹ und von diesem auf den Nachfolger übergeht.«[6]

Es fällt auf, daß durch das ganze Neue Testament hindurch immer wieder zum Segnen aufgerufen wird: »Segnet die, die euch verfluchen; bittet für die, die euch beleidigen« (Luk. 6,28).

Gelten diese Sätze auch christlichen Eltern? Ja, für sie in erster Linie. Im Griechischen heißt Segen *eulogia*. »eu« bedeutet »gut«, und »logos« ist das »Wort«. Segen heißt also »Das gute Wort sagen«. Im weiteren Sinne meint es:

- das Gute denken,
- das Positive sagen,
- das Gute tun,
- dem Bösen entgegentreten.

Ist das nicht eine Herausforderung für Eltern? Wir sagen in erster Linie das Kritische:

Wir sehen in erster Linie die Fehler,

wir können es nicht lassen zu *moralisieren*,

wir neigen dazu, unsere Kinder zu *verurteilen*, ihnen zu *drohen* und sie zu *erpressen*.

So machen wir unsere Kinder fertig.

Kinder, die uns ablehnen, die uns hassen, die Böses im Schilde führen, sollen wir segnen. Wir sollen Gutes im Schilde führen, dem Bösen mit Gutem begegnen. Wir alle kennen das Sprichwort: »Des Vaters Segen baut der Kinder Häuser« (Sirach 3, 11).

8. Großeltern in der Familie

Viele Familien »leiden« darunter, daß Großeltern in der Familie geheime oder offensichtliche Miterzieher sind. Auf der anderen Seite sind viele junge Eltern glücklich, noch Großeltern zu haben, die einen wesentlichen Teil der Erziehung übernehmen und bei denen die Enkel gut aufgehoben sind. Zweifellos gibt es Vor- und Nachteile, wenn in den Haushalten zwei Mütter und zwei Väter sich um alles kümmern. Die Kritik kommt von beiden Seiten, von den jungen Eheleuten und von den Großeltern. Schauen wir die Probleme und Fragen an, die in Familien mit Großeltern auftauchen.

1) *Es gibt heute viel mehr Großeltern* in unserer Gesellschaft als früher. Außerdem sind sie im Durchschnitt wesentlich jünger, jugendlicher, unternehmungslustiger und unabhängiger als früher. Die Lebenserwartung ist erheblich gestiegen und liegt bei Frauen derzeit bei ca. 73 Jahren. Männer werden im Durchschnitt nur 67 Jahre alt. 1967 gab es schon 12,7 Millionen Großmütter, 1982 bereits 14 Millionen. Viele Großeltern treiben Sport und Gymnastik, gehen in eine Sauna, besuchen Heilbäder und haben ein wachsendes Bedürfnis nach Freizeitgestaltung und Geselligkeit. Kirchen und Gemeinden

richten für sie speziell Clubs und Kreise ein, organisieren Fahrten und Reisen.

2) *Großeltern sind unabhängiger* als früher. Ob alleinstehend oder verheiratet, sie sind fast immer finanziell gesichert. Die Renten steigen – wenn auch langsam. Kaum eine Großmutter oder ein Großvater haben es wirklich nötig, bei ihren Kindern zu wohnen und zu leben. Wenn sie es tun, geschieht es freiwillig. Die meisten legen Wert darauf, in eigenen Wohnungen zu leben. Über 4% der Senioren wohnen in Altersheimen.

3) *Worüber klagen die Großeltern?*
– daß ihnen die Enkel willkürlich gegeben und wieder weggenommen werden, ohne daß sich jemand um die Wünsche der Großeltern kümmert;
– daß sie es den Müttern im Haushalt und in der Kindererziehung nie recht machen können, daß sie zuviel kritisiert werden;
– daß es zwischen alt und jung zu Meinungsverschiedenheiten kommt über Kleinigkeiten, über Tischsitten, Kleiderfragen und Erziehungsfragen.

4) *Gegensätzliche Kindererziehung von Großeltern und Müttern:* Die Gefahr ist besonders groß, wenn die Mütter halbtags oder ganztags arbeiten und die Kinder von Eltern und Großeltern erzogen werden. Die Kinder gewöhnen sich daran, die verschiedenen Erziehungsprinzipien auszunutzen und die Eltern und Großeltern gegeneinander auszuspielen. Was sie bei der Mutter nicht bekamen, holen sie sich bei den Großeltern und umgekehrt. Die konträre Erziehung verunsichert das Kind, sie erlaubt keine Charakterstabilisierung, und sie fördert den kindlichen Egoismus. Wichtig ist, daß Eltern und Großeltern sich über bestimmte Grundsätze der Erziehung verständigen, dann können beide Generationen gut kooperieren.

5) *Wenn Eltern und Großeltern aufeinander angewiesen sind,* wenn sie zusammen bauen und leben wollen, empfiehlt es sich, von vornherein klare Absprachen zu treffen. Die Grenzen müssen für alle Parteien deutlich gezogen werden, die Kompetenzen für Haushalt und Kindererziehung sollten klar festgelegt und die Vereinbarungen eingehalten werden. Verbindliche Absprachen verhindern ein Reden hinter dem Rücken des anderen, verhindern weitgehend Grenzüberschreitungen und Eigenmächtigkeiten, die Spannungen erhöhen und Zusammenstöße heraufbeschwören.

9. Erst kommt die Ehe, dann die Familie

Wer aus dem Glauben erziehen will, muß auch biblische Maßstäbe walten lassen. Darum gilt: Die grundlegende Familienbeziehung ist nicht die Eltern-Kind-Beziehung, sondern die Mann-Frau-Beziehung. Das ist Gottes Wille: »Darum wird ein Mann Vater und Mutter verlassen und seinem Weibe anhangen. Und sie werden ein Leib sein« (1. Mose 2,23 u. 24).

Das Zusammenleben in der Familie und die Eltern-Kind-Beziehungen sind vorübergehend. Die Ehe ist dauerhaft und sollte unauflöslich sein.

Die Familie löst sich auf, das entspricht der Schöpfungsordnung Gottes. Eltern, die ihre Kinder *über alles* lieben, die sie nicht abnabeln können, machen also entscheidende Fehler. Kinder brauchen keine Eltern, die ihre ganze Liebe und Fürsorge *ausschließlich* ihnen zuwenden. Leider werden viele Eltern für diese falsche Liebe hart bestraft. Sie erziehen Tyrannen.

Wir wollen mit unserem Ehepartner alt werden – wenn Gott es schenkt – und uns nicht an die Kinder klammern. Besonders Mütter müssen es lernen, loslassen zu können. Oft steckt in der übertriebenen Fürsorge ein egoistisches Verhalten. Die Kinder sind zum Partnerersatz geworden. Die Ehe zeigt Risse und Schwierigkeiten. Die Folge ist: Kinder werden unnötig festgehalten, Freunde und Freundinnen der Kinder werden vergrault, zukünftige Ehepartner bewußt oder unbewußt abgelehnt. Angst, die Kinder zu verlieren, wird zur fragwürdigen Motivation. So werden Junggesellen erzogen, die von »Mutters Schürze« nicht loskommen, und Frauen, die zeitlebens an der Nabelschnur bleiben, weil sie als Erwachsene noch viel zu innig mit der Mutter verbunden sind.

»Die Eheleute sind die Architekten der Familie«, schrieb die amerikanische Familientherapeutin Virginia Satir. *»Haben diese Architekten ihre Ehe falsch programmmiert, werden alle Eltern-Kind-Beziehungen problematisch.«* Der Schriftsteller Hans Bahrs formulierte in einem Aufsatz: *»Kinder sind ein Geschenk auf Zeit«.* Eltern dürfen sie nicht für sich selbst beanspruchen. Kinder haben ein Recht darauf, sich ihren eigenen Weg zu suchen. Sie sind ein »Geschenk auf Zeit«. Die Eltern sollten diese unwiderrufliche Zeit nutzen.

10. Alle Familienmitglieder tragen für Verhalten und Fehlverhalten die Verantwortung

Wer Ehe und Familie harmonisch gestalten will, muß *selbst* die Verantwortung übernehmen. Eltern *und* Kinder tragen gemeinsam die Verantwortung. Nicht nur die Eltern, nicht nur die Väter.

Wer allein bestimmt, erzieht unmündige, verantwortungslose Kinder, die sich drücken. Bei Hiob heißt es: »Ich will meine Wege vor Ihm verantworten« (Hiob 13,15). Das heißt auch:

Ich halte vor Gott und Menschen meinen Kopf hin,

ich trage für mein Tun und Lassen die Verantwortung,

ich werde für Fehler und Vorwürfe zur Rechenschaft gezogen.

Das gilt auch für Kinder. Die Familie ist ein Leib. Alle Glieder funktionieren reibungslos miteinander. Kein Machtkampf, kein Wettkampf, kein unseliges Vergleichen, keine Drückebergerei. Jedes Glied arbeitet mit und leistet seinen Beitrag, sonst funktioniert der ganze Organismus nicht. Das gilt auch für den Organismus Familie. Wenn Familienkrisen auftauchen, lautet die legitime Frage:

»Was habe *ich* getan, daß mein Partner fremd geht?«

»Was habe *ich* unterlassen, daß mein Kind gegen mich rebelliert?«

»Was habe *ich* falsch gemacht, daß die Familie nicht miteinander redet?«

Wer die Umstände, die Situation, die Gesellschaft, die anderen oder auch Gott verantwortlich macht, handelt ungeistlich. Die legitime Frage, die weiterhilft, lautet: »*Herr, was willst du, das ich tun soll?*« (Apg. 9,6). Wer so denkt und handelt, wird für ein gutes Funktionieren sorgen. Das heißt auch: Wir verzichten darauf, uns zu rechtfertigen. Jeder ist bereit, die Wünsche des Partners oder der Kinder anzuhören. Jeder ist bereit, die Gedanken des anderen ernst zu nehmen, ohne sich zu verteidigen.

Der Wuppertaler Theologieprofessor Dr. R. Röhricht sagte einmal: »Der Verzicht auf Rechtfertigung ist der erste Schritt zur Heiligung.«

Verantwortung hängt mit antworten zusammen. Gott fragt uns, wir antworten. Wir fragen, Gott antwortet: »Ich will dich mit meinen Augen leiten« (Ps. 32,8).

11. Gesunde Ehen – gesunde Familien

Noch vor Jahren lauteten freche Behauptungen: »Opas Ehe ist tot!«

Nein, die Ehe ist Gottes Schöpfung und unaufgebbar. Sie ist für

den Bestand eines gesunden Volkes unverzichtbar. Wir brauchen sie
- für die gedeihliche Entwicklung der Kinder,
- für die Entwicklung zum reifen Mann- und Frausein,
- für die Ausprägung verantwortlichen mitmenschlichen Verhaltens und
- für das Hineinwachsen in bewußt christliches Leben.

Trotz aller Unkenrufe, trotz zahlloser Ehen ohne Trauschein – die Ehe ist heute noch eine gesicherte Institution. Das bestätigen zwei unverdächtige Fachleute, die sich zur Ehe heute äußern. Dr. Ulrich Beer, der durch seine Bücher und das Fernsehen »Ehen vor Gericht« bekannt wurde, schreibt:

> »Immer selbstverständlicher wird die Ehe, und zwar die Ein-Ehe, zur Regelsituation des Verhältnisses von Mann und Frau. ... Heute heiraten 95% aller Menschen, und so ist die Ehe die Regel, und das in einem Ausmaß, das es nie zuvor gab.«[7]

Und die international bekannte Familientherapeutin Virginia Satir formuliert ähnlich deutlich:

> »Die Ehe ist die Achse, um die sich alle Familienbeziehungen drehen. Ist die Achse angeknackt, werden alle Beziehungen fragwürdig.«

Die Ehe ist das Fundament, das alle Beziehungen in Familie, Gemeinde und Gesellschaft begründet. Die Ehe ist der Mittelpunkt und hat positive und negative Ausstrahlung auf alle Mitglieder, die um diesen Kern gruppiert sind. Diese Kleinzelle vermittelt Lebensmut und Zuversicht, Freude am Leben und Engagement für andere, oder sie vermittelt Pessimismus, Lebensangst und Disengagement. Ehen verbreiten eine ansteckende Gesundheit, eine Einladung zur Nachahmung, oder sie verbreiten eine ansteckende Krankheit und spiegeln damit Zerrissenheit, Kampf und Unfrieden wider. Sie wirken abstoßend. Die Kinder bekommen keinen Mut, den Eltern nachzueifern. Welche Verantwortung haben hier die Christen! Welche Zeichen können christliche Ehen aufrichten!

Christen haben den Mut zur Ehe, weil der lebendige Gott das lebenslange Zusammensein gesegnet hat und segnet. Solche Verheißung verhindert allerdings weder Krisen noch Konflikte. Krisen und Konflikte in Ehe und Familie sind natürlich. Zusammenstöße und Auseinandersetzungen sind menschlich. Aber: Sie sind keine Katastrophen, sondern Wachstumshilfen. Krisen sind Reifungshilfen, Krisen sind Glaubensproben und Herausforderungen Gottes. Unser menschlicher Egoismus schafft Spannungen, Unfrieden und Machtkämpfe. Wir wollen die Konflikte nicht unter den Teppich kehren, sondern mit unserem Herrn im Bunde Lösungen versuchen.

12. Die Familie ist eine Werkstatt für Christen

Die Familie ist mehr als ein wirtschaftlicher Verband, sie ist mehr als ein sozialer Organismus, sie ist eine *Institution von Gott.*

Hier geschieht Zusammenleben im Namen Jesu, und zwar mit allen Sonnen- und Schattenseiten. In dieser Werkstatt wird Zukunft gestaltet. In dieser Werkstatt werden biblische Regeln und Ordnungen praktiziert und verfehlt.

In dieser Werkstatt
>   wird korrigiert und probiert,
>   wird gelitten und gestritten,
>   wird trainiert:
>> Geben und Nehmen,
>> Gelten und Geltenlassen,
>> Schenken und Beschenktwerden,
>> Vergeben und Sich-vergeben-Lassen.

Ohne Frage, hier werden die Weichen für die künftige Generation gestellt. Christliche Ehen und Familien sind Zellen der Erneuerung. Was heute hier vorgelebt wird, wird morgen in der Schule, in der Fabrik und in der Politik demonstriert. Wer aus Christus, durch Christus und mit Christus die Lebensgemeinschaft der Ehe und das Zusammenleben der Familie gestaltet, wird auch Fehlschläge erleben, aber kein chronisches Scheitern und keinen unumgänglichen Zerbruch.

Ehen und Familien sind die Trainingszentren
– für zwischenmenschliche Beziehungen,
– für Nächstenliebe,
– für Liebesfähigkeit und Partnerschaftsfähigkeit.
Liebe und Beziehungsfähigkeit sind keine Verhaltensmuster, die wir automatisch wie rote Blutkörperchen produzieren, erproben, erleben, erfahren werden.

Leider ist es wahr: Was Kinder bei Eltern und Geschwistern nicht gesehen, geschmeckt und gefühlt haben, das können sie nicht weitergeben. Der Mangel an Liebes- und Gemeinschafts- und Konfliktfähigkeit ist mindestens so furchterregend wie eine millionenfache Arbeitslosigkeit. Und wenn Experten damit rechnen, daß wir Ende der 80-ziger, Anfang der 90-ziger Jahre 30 % verhaltensauffälliger Kinder haben, dann kann das doch nicht daran liegen, daß diese Kinder mit Fehlhaltungen geboren wurden, sondern von klein auf die Grundregeln für Mitmenschlichkeit und Nächstenliebe, für Teilen und Vergebung nicht gelernt haben.

Wir wundern uns, daß wir Analphabeten in Sachen Liebe und mitmenschlichem Umgang erziehen.

Unsere Ehen und Familien sind nicht krank, weil wirkliche Krankheiten das Zusammenleben zerstört hätten, sondern weil klare biblische Maßstäbe nicht eingehalten wurden. Versagen, Zerrüttung und Verhaltensschwierigkeiten beruhen auf Sünden. Echte Krankheiten, auch psychosomatische Krankheiten, sind darum nicht die *Ursachen*, sondern die *Folgen* der Sünde. Nicht die Gesellschaft ist krank, sondern das menschliche Herz ist ein trotzig und verzagtes Ding, wie die Bibel es charakterisiert (Jer. 17,9).

II. Grundgebote der Erziehung

Es gibt eine Reihe Grundgebote in der Sozialisation der Kinder, die
Eltern und Erzieher bedenken sollten.

1. Eltern sind aufrichtig und wahrhaftig

Viele Eltern halten ihre Kinder an, vor Freunden, Nachbarn und Bekannten aus bestimmten Gründen die Unwahrheit zu sagen:
»Meine Eltern sind nicht zu Hause!«
»Sag' Papi aber nichts davon!«
»Und wenn dich die Nachbarn fragen, dann sagst du . . .!«
Wie wollen Eltern ihre Kinder zur Wahrhaftigkeit erziehen,
wenn sie selbst unehrlich und unwahrhaftig sind! Kinder haben ein
schwammiges – weil noch formbares, ungeprägtes – Gewissen. Sie
spielen mit Unwahrhaftigkeit und Lüge – ohne Gewissensbisse.
Wahrhaftigkeit ist auch eine Frage der *Gewöhnung*. Die Gewohnheit ist ein wichtiges Bindemittel im zwischenmenschlichen Verhalten. Man kann sich an die Umgebung, an Sitten und Gebräuche, an
Konventionen, an Menschen und bestimmte Haltungen gewöhnen.
*Die gesamte Erziehung läuft darauf hinaus, Menschen an Haltungen zu
gewöhnen, die eines Tages automatisch ablaufen.* Haben sich Eltern
strikt daran gewöhnt, unbedingt die Wahrheit zu sagen, wird das
die Kinder *beeindrucken* – und zwar wörtlich verstanden. Und doch
geht es nicht um automatisch wirkende moralische Reflexe, sondern um das Ziel, ein Gewissen zu erziehen, das
– sachlich und reif funktioniert,
– von Einsicht und Verantwortung geleitet ist,
– sich einfühlen kann und Rücksicht auf andere nimmt.
Regeln und Werte sind nicht Selbstzweck, sondern Hilfen, die uns
menschlicher und liebevoller machen. Das Grundgebot der Ehrlichkeit und Wahrhaftigkeit ist kein »Das-tut-man-nicht-Gebot«, ist
keine Allerweltsregel, die »man« eingeführt hat, sondern eine Gesinnung, die der lebendige Gott von Eltern und Kindern erwartet.
Nicht zuletzt schaffen Ehrlichkeit und Aufrichtigkeit *Vertrauen*. Ohne Vertrauen ist jegliche menschliche Beziehung durchlöchert. Mißtrauen schafft Distanz, fördert Angst und Ablehnung. *Wer vertraut,
kann sich anvertrauen – den Menschen und Gott.*

2. Eltern ziehen an einem Strick

Viele Probleme in Familien entstehen dadurch, daß beide Eltern in der Erziehung nicht übereinstimmen:
Der eine ist nachgiebig, der andere konsequent;
der eine ist großzügig, der andere genau;
der eine paktiert mit den Kindern, der andere sucht die Übereinstimmung mit dem Parnter;
der eine schimpft, der andere tröstet.
Das Gegeneinander und mangelhafte Miteinander haben unangenehme Folgen für die Kinder. Sie spüren die Schwächen und Lücken und nützen ihre Chancen. Der eine Elternteil wird gegen den anderen ausgespielt. Die Kinder lernen, destruktive Verhaltensmuster zu benutzen, um ihre Vorteile zu suchen.

An einem Strick ziehen heißt jedoch nicht: Ein Elternteil führt das Kommando, und alle haben sich widerspruchslos danach zu richten. Es heißt auch nicht, daß Eltern *vor* den Kindern immer einer Meinung sein müßten.

Was steckt hinter solchen häufig mühseligen Anstrengungen? Die Eltern wollen Macht über die Kinder ausüben. Ihre Übereinstimmung bedeutet Macht, der sich das Kind ausgeliefert sieht. Rückfragen sind ausgeschlossen.

Das Kind soll die Eltern nicht gegeneinander ausspielen können, das ist richtig. Doch Eltern dürfen sich nicht wundern, wenn Kinder Widerstand leisten, gegen die geschlossene Mauer der Eltern ankämpfen, weil sie fühlen, daß ein ehrlicher Meinungsaustausch nicht möglich ist.

Spätestens wenn Kinder 8 bis 10 Jahre alt sind, sollten sie erleben, daß Meinungsverschiedenheiten *offen* ausgetragen werden. Kinder müssen lernen, mit Schwierigkeiten, Meinungsverschiedenheiten und Widersprüchen in der Familie und im Leben fertig zu werden. Draußen gibt es die heile Welt nicht.

Kinder lernen an den Eltern, daß es Meinungsverschiedenheiten gibt, die nicht häßlich und gemein, sondern friedlich ausgetragen werden.

Kinder lernen an den Eltern, daß es möglich ist, zwei Urteile nebeneinander stehen zu lassen. Darin – auch in der Entscheidungsfindung – ziehen die Eltern an einem Strick.

Hinter dem erzieherischen Gegeneinander dagegen verstecken sich häufig *Eheschwierigkeiten:* Die Eheleute stimmen nicht mehr innerlich überein. Es gelingt ihnen auch nicht, das Zerwürfnis zu kaschieren. Auf dem Rücken der Kinder werden Meinungsverschiedenheiten und Machtkämpfe ausgetragen. Das Bild, das Kinder von Mutter-, Vater- und Elternsein erleben, ist verzerrt.

3. Eltern bringen sich ganz ein

Die *Person* von Vater und Mutter ist für alle Erziehung das A und O. Nicht die Kenntnisse sind entscheidend, nicht ihre Motivationskünste, nicht ihr Beruf, ihre Fähigkeiten, Geschicklichkeit oder Ungeschicklichkeit. Entscheidend ist, ob sie durch ihre *Person überzeugen.* Kein Vater und keine Mutter können ihrem Kind etwas wichtig machen, was ihnen selbst nicht wichtig ist.

Es gibt das herrliche Sprichwort: »Niemand kann einem anderen Menschen Haarwuchsmittel anpreisen, wenn er selbst eine Glatze hat.« Die *Person* wird vom Kind ständig abgehört und mitgelesen. Eltern sollten deshalb ihre Erziehungsprinzipien nicht wie eine Ware anpreisen. Sie sollen sich bei der Bewältigung von Lebensfragen, die ihre Kinder betreffen, selbst ganz einbringen. Das persönliche Engagement ist bedeutsam, die persönliche Haltung, die Freude und das wirkliche Interesse. Das gilt besonders für die Dimension des Glaubens. Die Bibel wird in dem Maße für Kinder wichtig, wie sie für Eltern Lebensbrot ist. Lebensbrot, das nicht nur angeschaut und im Schrank aufbewahrt wird, sondern das Eltern essen und genießen.

Im Neuen Testament heißt es: »Jeder kann sehen, daß ihr ein Brief Christi seid, den ich in Seinem Auftrag geschrieben habe. Dieser Brief ist nicht mit Tinte geschrieben, sondern mit dem Geist des lebendigen Gottes. Er steht nicht auf Steintafeln, sondern in den Herzen von Menschen« (2. Kor. 3,3). Eltern sollen deshalb nicht Regeln, Gebote und Verbote ohne eigenes Engagement weitergeben. Sie erziehen zur Wahrheit nur, wenn sie mit ihrer ganzen Existenz für die Wahrheit eintreten. Persönliche Hingabe erzieht zur Hingabe, das besondere Zeugnis weckt Zeugen.

4. Eltern sind Autoritäten

Die Krise der Autorität ist weitgehend abgeklungen. Die radikalen Linken wollten vor Jahren die Autorität völlig eliminieren. Sie sahen sie als überlebte Herrschaftsform, als demokratiefeindlich und immer als repressiv an.

Autorität ist jedoch mehr als autoritäres Verhalten. Autorität wird abgeleitet von *auctor* = der Urheber, der Anstifter, der Lehrer, der Förderer, das Vorbild. Es ist bezeichnend, daß es lange eine Schreibweise gegeben hat, die *auctoritas* bevorzugte. Das Wort *auctoritas* bedeutet Vollmacht und Einfluß. Der *auctor*, der Urheber, ist also derjenige, der das Leben mehrt, der das Leben bereichert und fördert. Er ist der Anstifter und Urheber von Kenntnissen, der Förderer des Denkens und Handelns, der Mehrer von neuen Ideen und das Vorbild für Leben und Verhalten. Jeder Mensch, der in seinem Leben gefördert, vorbildhaft angeleitet, mit Kenntnissen bereichert und dessen Wissen vermehrt wird, erlebt Autorität.

Das Wort Autorität stammt aus der römischen Antike. Deren Kultur lebte aus der Überlieferung. Die Alten mit ihrem Brauchtum, ihrer Sitte und ihrem Ethos bestimmten den Alltag. Der Träger der Autorität war in erster Linie der Senat. Die Senatoren hatten weithin ein vorbildliches Leben hinter sich und wurden zu Garanten der Zukunft. Sie hatten sich bewährt und wurden geachtet. Der Senat besaß Autorität, nicht weil ihm die Befehlsgewalt gegeben war, sondern weil man den alten, besonnenen und bewährten Männern vertraute. Die Autorität der Alten mußte durch Leistung nachgewiesen werden. Wer sachverständig, geschickt und erfolgreich das römische Recht anwenden konnte, besaß Autorität. Es war ein Modell, das die entscheidenden Züge positiver Autorität widerspiegelt und auch heute noch gilt.

Heute ist das Wort Autorität stark vorbelastet durch eine mißbräuchliche Verwendung. Unter einer autoritären Regierungsform versteht man Zwang. Das Eigenschaftswort von Autorität heißt aber nicht *autoritär*, sonder *autoritativ*. Unter Eltern, die Autorität besitzen, die sich also autoritativ geben versteht man Erzieher,
- denen man sich freiwillig unterordnet,
- die ohne Zwang führen,
- die auf Grund ihrer Kenntnisse und ihrer sachlichen Überlegenheit Förderer und Mehrer sind.

Autorität ist ihrem Wesen nach Herrschaft ohne Beeinträchtigung der Freiheit. Eltern müssen Autorität als Vertrauensmacht mehr und mehr einüben. Basiert ihre Stellung auf Befehlsgewalt, rauben sie den Kindern das Vertrauen.

Auch die Kirche kann ohne Autorität nicht leben. Die Wahrheit bildet das Fundament der Kirche. Für die Kirche der Reformation gab es im Grunde nur die Autorität der Heiligen Schrift. Das gilt in dieser Kirche auch heute noch. Die Alleinherrschaft Jesu Christi als letzte Autorität bedeutet das Ende aller Hierarchie innerhalb der Kirche. Der Kyrios, der Herr, ist allein *die* Stimme, *das* Wort, *der*

Weg, dem der Christ sein Ohr leiht. Christus hat sich selbst aber nicht als Herrscher vorgestellt, sondern als Diener. Und die abgeleitete Autorität der Eltern besteht auch nicht im tyrannischen Herrschen, sondern im Dienen.

»Ihr sollt euch nicht Rabbi nennen lassen; denn Einer ist euer Meister, ihr alle aber seid Brüder. Nennt auch niemand auf Erden Vater; denn einer ist euer Vater, der himmlische. Auch sollt ihr euch nicht Lehrer nennen lassen; denn einer ist euer Lehrer, Christus. Wer aber unter euch größer ist (als die anderen), soll euer Diener sein.« (Matth. 23,8–11)

5. Eltern erziehen Kinder zum Gehorsam

Auch das Wort Gehorsam war vor Jahren zum Schimpfwort in der Pädagogik geworden. Kinder sollten in erster Linie lernen, Kritik zu üben, alle Informationen zu hinterfragen, Schularbeiten zu machen, wenn sie dazu Lust hatten, und sich frei zu entscheiden. Die Bedeutung des menschlichen Vorbildes wurde weitgehend negiert. Stichworte dieser Pädagogik waren:

Herrschaftsfreiheit,
Abwesenheit von jeglichem Zwang,
Aufhebung menschlicher Fremdbestimmung,
Mitbestimmung aller bei allem,
Beseitigung der Ausbeutung von Menschen durch andere.

Die Welle der Emanzipations-Pädagogik, die einige Jahrzehnte das Feld beherrschte, ist inzwischen weithin abgeflaut. Anti-Pädagogik sieht überall Zwang, Druck, Macht und Kadaver-Gehorsam am Werk. Gerade diese Anti-Pädagogik verkennt aber, daß Erziehung in erster Linie Beispiel und Liebe ist, das Vorbild reifer Menschen, die das Kind auf dem Wege zur Selbständigkeit und zur Mündigkeit begleiten sollen.

Viele Eltern brauchen die Anti-Pädagogik als Deckmantel für die eigene Erziehungsunfähigkeit. Dahinter verbirgt sich auch oft Bequemlichkeit. Sie lassen die Kinder laufen und müssen sich nicht anstrengen. Im Gegensatz dazu werden bei anderen Eltern Gehorsam, Selbstdisziplin und Ordnung als die höchsten Ziele angesehen.

Aber gilt das Kind wirklich als erzogen, wenn es bedingungslos gehorcht? Kann es sein, daß Gehorsam zur Prestigefrage wird? Kann es nicht auch sein, daß Kinder, denen Gehorsam zwingend abverlangt wurde, andere wieder durch Macht und Stärke unterdrücken? Gehorsame Musterkinder sind sehr oft subalterne Geister, die nach oben buckeln und nach unten treten. Gehorsam muß immer auch Kritikfähigkeit und Urteilsfähigkeit einschließen. Recht und Unrecht müssen vom Kind reflekitert werden. Es geht nicht um sture Pflichterfüllung. Aus Pflichtbewußtsein sind schon die scheußlichsten Verbrechen begangen worden.

Ungehorsam ist ein typisches Mittel des Kampfes eines Kindes um Überlegenheit. Reagieren die Eltern darauf mit unangebrachter Nachsicht, machen sie einen Fehler. Ungehorsam ist sehr oft die Folge solcher Verwöhnung. Eltern sollten sich überprüfen, ob sie nicht

durch eine angebrachte Nachgiebigkeit,
durch Verwöhnung und Überbeschützung,
durch Inkonsequenz und Unentschiedenheit

den Ungehorsam beim Kind gefördert haben.

Erziehung bedeutet Erziehung zu bestimmten Werten. Erziehung zum Gehorsam bedeutet praktisch immer beides:

Führen und Wachsenlassen,
Fördern und den Wildwuchs beschneiden,
Horchen und Gehorchen.

Viele Erziehungswissenschaftler erkennen neuerdings wieder, daß Kinder lernen müssen, auf die Stimme ihrer Eltern und Erzieher zu »hören«. Gehorsam und Hören haben den gleichen Wortstamm. Eltern und Kinder müssen aufeinander hören, und zwar in gegenseitigem Geben und Nehmen. Bis an mein Lebensende bin ich ein Hörender, ich muß aufnehmen und verstehen.

Hören und Gehorsam verlangen Vertrauen und Zuneigung. Das Kind muß die Gewißheit haben: Der andere ist zuverlässig, er verläßt mich nicht. Dieses Vertrauen geht bis zum Gehorsam aufs Wort, denn nun besteht zwischen Eltern und Kindern ein solches Vertrauensverhältnis, daß das Kind in einer Anordnung nichts Abträgliches, Beleidigendes und Kränkendes erkennt, sondern fest davon überzeugt ist, daß die Eltern es nur gut mit ihm meinen.

Das Leben in der Familie erfordert *Einordnung*. Es geht nicht um *Gefügigkeit*, aber um Einfügung.

6. Eltern erziehen zur Gleichwertigkeit*

Das wäre die Erfüllung eines herrlichen Wunschtraumes, daß jedes Kind die gleichen Startchancen hätte. Ich spreche im Kindergarten. Etwa 30 Eltern – wenig Väter – sind anwesend. Das Thema: Vererbung und Umwelt prägen unser Kind. Eine engagierte Mutter zieht

* s. auch S. 125–127

vom Leder: »Das hat die Forschung doch eindeutig bewiesen, daß die Umwelt das Schicksal unseres Kindes bestimmt. Wenn wir also seelische Störungen und Verhaltensauffälligkeiten weg haben wollen, brauchen unsere Kinder *gleiche Startchancen.* Bitte sehen Sie sich die Arbeiterkinder und Kinder von Akademikern an! Die Chancen sind verschieden, das leuchtet doch jedem ein!«

Etliche Köpfe nicken. Chancengleichheit ist in ihren Augen ein Zauberwort. Ich bitte alle Beteiligten, sich zu den aufgeworfenen Fragen zu äußern. Es geht heiß her. Und das Ergebnis: Je mehr sich die Beteiligten klar machen, wovon sie so fasziniert sind, desto mehr entpuppen sich ihre Illusionen als Wunschtraum. Der Psychiater und Psychotherapeut Rudolf Dreikurs bringt unmißverständlich zum Ausdruck, was vom Traum der Chancengleichheit zu halten ist.

»Solange das Ideal der gleichen Möglichkeiten anstelle einer wahren menschlichen Gleichwertigkeit gesetzt wird, wird eben durch unsere falschen Bemühungen ein Fortschritt vereitelt. Gleiche Möglichkeiten sind nicht nur ein armseliger Ersatz für wirkliche Gleichwertigkeit, sondern verhindern sie sogar. Die Lösung des Problems liegt dort: nicht Chancengleichheit, sondern Gleichwertigkeit.«[8]

Was ist Gleichwertigkeit?

Am Beispiel des Orchesters kann man sie bei Kindern und Menschen in der Gruppe demonstrieren. Da ist Frau Witte, die Leiterin des Kindergartens, sie macht mit einer Gruppe ihrer Kinder gemeinsam Musik. Jedes Kind wird beteiligt. Jedes Kind bekommt eine Aufgabe. Die Musikinstrumente reichen vom Xylophon bis zum Löffel in der Flasche, vom Spielzeugsaxophon über die Kindertrommel, Triangel zum Kamm, der mit Butterbrotpapier überzogen ist. Dieses gemeinsame musikalische Spiel verdeutlicht, worauf es im Leben und in der Gemeinschaft ankommt, nämlich auf *Zugehörigkeit.* Jedes Kind muß sich zugehörig fühlen. Ein Kind, das das Gefühl hat, draußen zu stehen, ist unglücklich.

Zusammengehörigkeitsgefühl ist eben nur dann möglich, wenn man sich akzeptiert und nicht verachtet und vernachlässigt fühlt. Der heftigste Schmerz und das tiefste Leid in der Kindheit beruhen nicht auf physischer Krankheit und körperlichem Unbehagen. Viel bedrückender ist das Gefühl, zurückgesetzt und ausgeschlossen zu sein, das Gefühl, nicht dazuzugehören. So bestätigen erfahrene Psychotherapeuten, daß buchstäblich die meisten Schwierigkeiten, Verhaltensstörungen, Kriminalität, Kontaktstörungen, Liebesunfähigkeit usw. im späteren Leben auf einen Mangel an Zusammengehörigkeitsgefühl zurückzuführen sind, auf einen Mangel an Gleichwertigkeit. Ein Orchester kann nur funktionieren, wenn alle Mitglieder sich für das Ganze verantwortlich fühlen. Das größte Lob, das man einem Orchester spenden kann, lautet doch wohl sinngemäß: Ein einzigartiger Klangkörper!

Gleichwertigkeit hat nichts mit Gleichförmigkeit und mit Gleichmacherei zu tun. Die Instrumente des Orchesters sind nicht gleich, sie sind sogar total verschieden. Auch Gaben und Begabungen sind verschieden. Selbstverständlich gibt es Solopartien und Glanzleistungen einzelner, das soll nicht verhindert werden. Das Niveau soll nicht künstlich eingeebnet werden. Das wäre ein völlig falsches Verständnis von Gleichwertigkeit. Die erzieherischen Fehler können da beginnen, wo bestimmte Fähigkeiten überbetont, andere abgewertet, unterbewertet, als besser oder schlechter, wertvoller oder weniger wertvoll, nebensächlich oder als wesentlich herausgestellt werden. Alle lauten und leisen Instrumente, die großen und die kleinen, aus Blech und aus Holz sind gleichwertig, um das schöne Zusammenspiel und den Klangkörper zu garantieren.

Es ist keine Frage, daß diese Erkenntnis an Eltern und Erzieher hohe Anforderungen stellt. Wir leben in einer *Konkurrenzgesellschaft*, wo einer den anderen übertrumpfen will, wo einer besser sein muß – wie er glaubt – als die anderen. So kämpft einer gegen den anderen, einige schaffen es hervorragend und herausragend, die anderen bleiben auf der Strecke. Die einen sind die Gemachten, die anderen die Fertiggemachten, die einen die Überlegenen, die anderen die Unterlegenen. Und was herauskommt, kann jeder an seinen fünf Fingern abzählen.

Ein Kind, das sich anderen zugehörig fühlt, das am Zusammenspiel interessiert ist, trägt auch *Verantwortung* für die Gruppe. Es denkt mit, es plant mit, es spielt mit, es trägt die Verantwortung mit. Man kann ohne Übertreibung sagen: Dieses Kind fühlt sich in der Familie und in der Gruppe wohl, es fühlt sich gleichwertig und nicht minderwertig. Es hat darum keine Veranlassung, sich auszuschließen und sich isoliert zu verhalten.

Ein Kind, das keine Verantwortung trägt, entwickelt Abwehr, Auflehnung, Drückebergerei, Haß, Rache, Egoismus, Unkameradschaftlichkeit, Eifersucht und Rücksichtslosigkeit. Eltern und Erzieher reagieren sauer, Kampf und Widerstand verstärken sich, die Kluft wird größer, das Vertrauen zueinander geringer. Zusammenarbeit und Zusammengehörigkeitsgefühl sinken auf den Nullpunkt.

Jedes Glied ist wichtig. Das ist der Kerngedanke eines geistlichen Kinderliedes, das T.M.W. Longardts komponiert hat. In eindrücklicher Weise wird die Gleichwertigkeit der Menschen untereinander charakterisiert.

Hände können fassen und auch wieder lassen,
Augen können sehen, Füße können gehen!
Jedes Glied ist wichtig, keins zu klein und nichtig.
Ich gehör' dazu, du gehörst dazu.

Sind wir auch verschieden,
keines wird gemieden,
keines bleibt allein,
jeder darf sich freun.[9]

Wenn wir Erziehungsschwierigkeiten und Verhaltensauffälligkeiten abbauen wollen, muß die Erziehung zur Gleichwertigkeit, wie sie in diesem Lied zum Ausdruck kommt, zum Thema Nummer 1 in unserer Gesellschaft werden. Gleichwertigkeit ist das Heilmittel gegen falsche Rivalität, gegen krankmachendes Konkurrenzstreben und gegen Leistungsdruck. Die Gemeinschaft lebt von den Beiträgen einzelner, von der Kreativität und Kooperation der Glieder. Die Vielgestaltigkeit ist ihr Reichtum. Das Akzeptieren aller Aktivitäten ist die Chance einer guten Gemeinschaft.

Das geistliche Kinderlied ist als Auslegung des 12. Kapitels im 1. Korintherbrief gedacht, denn die Gleichwertigkeit ist ein zentrales christliches Thema. Christen können in dieser Welt ein Beispiel dafür sein, was es heißt, daß Arme und Reiche, Große und Kleine, Gesunde und Kranke, Eltern und Kinder vor Gott gleichwertig sind.

Eindringlich wird das Thema »ein Leib« im Neuen Testament entfaltet. Jedes Glied ist wichtig – auch in der Familie –, es ergänzt und stärkt die Gemeinschaft. Alle Familienmitglieder sind aufeinander angewiesen. Was für den Organismus des Leibes gilt, das gilt auch für den Organismus der Familie. Eltern, denen es gelingt, weitgehend diese Gleichwertigkeit zu leben, bewahren ihre Kinder vor krankhaftem Neid, vor gefährlichem Mißtrauen, vor falschem Ehrgeiz und vor zerstörerischer Konkurrenz.

Die Psychosomatik, diese Wissenschaft von den leib-geistseelischen Zusammenhängen und Wechselwirkungen, verdeutlicht, wie im Leib als Ganzes alle Glieder voneinander abhängig sind. Gleichwertigkeit vor Gott fördert Friedfertigkeit, vergrößert das persönliche Glück und das Wohlbehagen eines Menschen und wirkt wohltuend auf andere Glieder. Kummer, Sorgen und Angst vor Versagen dagegen lähmen und blockieren. Was für den Organismus des Menschen gilt, gilt auch für den Organismus der Familie.

7. Eltern erziehen zur Verantwortung

In den vergangenen Jahren wurde das Thema Verantwortung stiefmütterlich behandelt. Es paßte weitgehend nicht in die pädagogische und psychologische Landschaft. Andere Vokabeln lauteten:
Selbstbefreiung und Selbstverwirklichung,
Erziehung zum Ungehorsam und Selbstregulierung,
das eigene Glück, Lust und Genuß.
Persönliches Glück und indirekter Lustgewinn wurden als erstrebenswerte Erziehungsziele überbewertet. Ganz zweifellos haben diese irrigen Erziehungsstile viele Eltern verunsichert.

Das Wort Verantwortung ist zunächst ein Wort aus der Rechtssprache gewesen: Der Angeklagte hat dem Ankläger Rede und Antwort zu stehen. Die Antwort, die in der Verantwortung steckt, beinhaltet also die Gegenrede. Der Höherstehende ruft den Untergebenen zur Verantwortung. Das ist ein personenhafter Vorgang, der sein Urbild darin hat, daß Gott als der Herr den Menschen zur Verantwortung ruft: »Kain, wo ist dein Bruder Abel?« (1. Mose 4,9).

Verantwortung lebt und wirkt zwischen Personen. Das Sein des Lebens ist Verantwortlich-sein, für mich und für andere. Der Mensch ist das einzige Wesen, das für sein Tun Verantwortung tragen kann. Es kann zur Rechenschaft gezogen werden. Eltern müssen den Kindern zeigen, daß im persönlichen, familiären, gesellschaftlichen und kirchlichen Leben ohne verantwortliches Handeln kein Zusammenleben funktioniert. Eltern müssen den Kindern vorleben, daß unser Glück und persönliches Wohlergehen von Mitmenschen abhängen. Sein Glück ist mein Glück, sein Leid ist mein Leid.

William Glasser, der Begründer der Realitätstherapie, stellt die Verantwortung des Menschen in den Mittelpunkt seines therapeutischen Bemühens. Sein Fundamentalsatz lautet:

»Die Menschen handeln nicht verantwortungslos, weil sie krank sind, sondern sie sind krank, weil sie verantwortungslos handeln.«[10]

Glasser ist Psychiater und weiß, was er sagt. Eltern müssen darauf achten, daß das Kind lernt,

- konsequent seinen Anteil an der Problematik zu tragen und wahrzunehmen,
- ständig die Realität im Auge zu haben und nicht Illusion, Ausrede, Flucht in Verantwortungslosigkeit und Flucht ins Alibi zu suchen;
- nur glücklich, zufrieden und voller Freude zu sein, wenn es verantwortlich denkt und handelt.

Eltern müssen dem Kind unaufhörlich verdeutlichen, daß es nicht in erster Linie ein Opfer der Umstände ist, sondern ein Entscheidung treffendes Wesen. Wenn Kinder nach Ausreden suchen und sich herausreden, übernehmen sie keine Verantwortung. Wer sich nicht für verantwortlich hält,

– schiebt die Schuld auf andere,
– schiebt die Schuld auf die Eltern,
– schiebt die Schuld auf die Umstände,
– schiebt die Schuld auf das Schicksal,
– schiebt die Schuld auf Gott selbst.

Das Neue Testament legt der Verantwortung einen hohen Wert bei, wenn es formuliert:

»Jeder von uns wird Gott für sein eigenes Tun Rechenschaft ablegen müssen. Wir wollen daher aufhören, uns gegenseitig zu verurteilen« (Röm. 14,12–13).

8. Eltern vermeiden in der Familie Perfektionismus

Seit Jahren habe ich mir angewöhnt zu sagen: »Perfektionismus ist Sünde, Perfektionismus ist eine Zielverfehlung.« Dr. Scharrer von der Hohemark formuliert: »Perfektionismus ist Krankheit.« Wer sie anstrebt, macht sich und seine Familie unglücklich.

Perfektionismus ist ein idealistisches Streben:
das Hundertprozentige wollen,
nach den Sternen greifen,
das Vollkommene planen.

Wo liegt die Sünde? Wir setzen unser Vertrauen auf uns selbst, statt auf Gott (2. Kor. 1,9).

Das Hohelied der Liebe drückt diese Unvollkommenheit so aus:

»Denn Stückwerk ist unser Erkennen und Stückwerk unsere propethische Redegabe, und wenn das Vollkommene kommt, dann wird das Stückwerk aufhören« (1. Kor. 13,9 u. 10).

Auch Ehe und Familie bleiben Stückwerk, solange wir auf dieser Erde leben. Das Hundertprozentige gibt es im Himmel. Auch unter Heiligen (Christen werden Heilige genannt), unter Menschen, die Gott gehören, werden ständig Schwächen, Fehler, Versäumnisse und große Verfehlungen offenbar. Wenn Christus wiederkommt, dann hat das Menschliche ausgespielt, dann hat die Mangelhaftigkeit ein Ende. Der englische Theologe Oswald Chambers warnt eindringlich vor dem menschlichen Streben nach Vollkommenheit, wenn er schreibt:

»Die Vorstellung, Gott wolle uns zu vollkommenen Musterbildern dessen machen, was er an uns zu tun imstande sei, ist ein Fallstrick; christliche Vollkommenheit ist nicht menschliche Vollkommenheit und wird es nie sein können. Christliche Vollkommenheit ist eine vollkommene Gottesverbundenheit.«

Je perfekter ein Mitglied der Familie sein *muß*, desto unzufriedener wird es.

Niemals ist es mit seinen Leistungen zufrieden,
niemals kann es sich rückhaltlos freuen,
niemals kann es das Erreichte geniessen,
niemals kann es dankbar die Hände in den Schoß legen.

Ständig wird es von seiner eigenen Unzufriedenheit angetrieben. Es muß besser, gründlicher, gläubiger, moralischer, sauberer, heiliger und fleissiger sein. Und es überträgt diese Selbstanforderungen ständig auf andere Familienmitglieder.

Diese gutmeinenden Christen lieben kein Mittelmaß, sie hassen den Durchschnitt, sie kennen keine Gelassenheit.

Und warum dürfen wir als Christen gelassen sein? Weil Christus uns liebt, wie wir sind, und nicht, wie wir sein sollten.

9. Eltern ändern ihr falsches Denken

Der kaiserliche Philosoph Marc Aurel, der das Römische Reich regierte, formulierte neun Worte, die unser Leben, unsere Ehe und Familie umgestalten können. Sie lauten:

»Unser Leben ist das, wozu unsere Gedanken es machen.«

Anders formuliert: Wir leben das, was wir glauben. Ehe und Familie sind das, was wir erwarten, was wir denken, was wir glauben. Machen wir uns *frohe* Gedanken, sind wir in Ehe und Familie froh; machen wir uns *trübselige* Gedanken, sind wir in Ehe und Familie unglücklich; machen wir uns *unnötige* Gedanken, können wir nicht schlafen; machen wir uns *Angst*, gerät unser Organismus durcheinander. Wir *machen* uns dieses alles – wir sind an alldem aktiv beteiligt.

Wir kennen das Wort aus dem Matthäusevangelium: »Euch geschehe nach eurem Glauben« (Matth. 9,29). Wer an Christus glaubt und sich auf sein Wort verläßt, wird selbst Verläßlichkeit, Gelassenheit und Zuversicht in Ehe und Familie ausstrahlen. Ehe und Familie sind das, wozu unsere christliche Grundhaltung es macht:

Wer Fehler und Sünden in Ehe und Familie erkennt und zugibt, beginnt

- sein falsches Verhalten anhand von Gottes Wort zu korrigieren,
- seine irrigen Vorstellungen zu verändern,
- seine Lieblosigkeit, Rechthaberei und sein herrschsüchtiges Verhalten zu überprüfen.

Der Glaube ist keine intellektuelle Spielerei, er ist Tat, Gehorsam, Vertrauen. Deshalb sind wir Christen keine Pessimisten, sondern Hoffnungsträger. Wir glauben nicht an den Atomtod, sondern an den Auferstandenen. Wir verlassen uns nicht auf unfehlbare psychologische Rezepte, wir vertrauen nicht auf pädagogisch ausgeklügelte Erziehungshilfen, wir vertrauen nicht auf uns und unsere intuitiven pädagogischen Fähigkeiten, sondern auf den lebendigen Gott, der uns in seinem Wort Richtlinien, Spielregeln und Leitmotive für unser Zusammenleben liefert.

Wir wollen Buße tun und das heißt:

wir ändern unser Denken;

wir ändern unsere falschen Gedanken;

wir ändern unsere falschen ehelichen und familiären Ansichten;

wir vergeben einander und praktizieren einen Neuanfang mit dem lebendigen Gott, der Tote auferweckt und toten Ehen und Familien zu neuem Leben verhilft.

10. Eltern vermeiden das Sich-vergleichen

Gutes Zusammenspiel, Kooperation, Mitmachen und Mitspielen gelingen in der Regel nur, wenn Kinder in der Gruppe nicht gegeneinander stehen, sondern Interesse aneinander zeigen. Was stört nun hauptsächlich dieses Gemeinschaftsgefühl?

Das Sich-vergleichen. Es ist eine Form der Eifersucht, der Rivalität, des Konkurrenzstrebens und des falschen Ehrgeizes. Erwachsene verstehen diese Kunst oft meisterhaft. Die Kinder spiegeln sie munter wider. Mit Konkurrenzsucht und Rivalitätsgefühl wird kein Mensch geboren, aber schnell kann jeder diese gemeinschaftsschädliche Technik lernen und anwenden.

Frau Wagner sagt: »Ich habe dem Kind das nicht beigebracht. Es vergleicht sich ständig mit anderen und prüft, ob diese schneller, stärker, ausdauernder und besser sind.«

Frau Wagner ist überdurchschnittlich ehrgeizig. Sie merkt gar nicht, daß sie ständig auf der Lauer liegt, ob ihre Tochter auch mithalten kann. Schon ist der Seelenfrieden im Kind gestört. Die Tochter spielt, singt, arbeitet und malt nicht mehr um des schöpferischen

Spieles willen – nein, sie tut das alles, um mithalten zu können. Sie entfaltet nicht einfach ihre Gaben, sondern will besser sein als andere.

Ehrgeiz und Wettkampfvorstellungen sind tief in uns verwurzelt. Wohin das Auge blickt, wird verglichen, gemessen und gewertet: Wer ist *besser*? Wer ist *klüger*? Wer ist *schneller*? Wer ist *mächtiger*? Wer ist *fleißiger*? Wer ist *sauberer*?

Würden Eltern den Orchester-Gedanken leben – viele Instrumente bilden einen Klangkörper –, könnte das Miteinander besser funktionieren. Eltern spiegeln ihren eigenen Ehrgeiz und ihr Konkurrenzdenken wider, wenn sie Vergleiche anstellen, die etwa so lauten:

»Kann euer Gerhard auch schon seine Schuhe selbst zubinden?«

»Unsere Susanne kann schon ohne Schwierigkeiten bis 25 zählen.«

»Wer hat denn in deiner Gruppe die Aufgabe am schnellsten gelöst?«

»Hat die Erzieherin dein Bild auch an die Wand geheftet?«

»Hoffentlich hast du dich genauso angestrengt wie die anderen!«

»Haben die anderen auch so schöne Sachen wie du?«

Solche elterlichen Vorstellungen legen oft unbewußt und ungewollt die Meßlatte an. Die Vergleiche gehen an den Kindern nicht spurlos vorüber. Sie produzieren Rivalität.

Wenn Eltern ihre oder eines ihrer Kinder vorziehen – bewußt oder unbewußt ihnen Vorteile beschaffen, sie herausstreichen und sie damit zum Konkurrenzverhalten erziehen, merken viele dieser Eltern gar nicht, daß sie sich am Ende nicht über die gute Leistung ihrer Kinder freuen, sondern darüber, daß ihr Sprößling besser ist als andere.

Sich vergleichen ist kein harmloses Eifersuchtsspielchen. Es kann ein gesunder Ansporn zu besserer Leistung sein. Es kann aber auch die Gemeinschaft zerstören und die Zusammenarbeit untergraben. Sobald der individuelle Familien- oder Gruppen-Egoismus unser Vergleichen bestimmt, entstehen Rivalität und Konkurrenzsucht, und das zwischenmenschliche Band zerreißt. Das Familienklima leidet.

Sind Kinder in diesem Geist erzogen worden, dann versuchen sie, andere an die Wand zu spielen. Sie spielen nicht aus Freude am Spiel, sie kämpfen nicht, um ihre Kräfte zu steigern, sie wollen andere überrunden.

Wo Eltern und Erzieher im Mitmenschen – ob Erwachsener oder

Kind – unterschiedslos Gottes Ebenbild sehen und achten, setzen sie dagegen in unserer Konkurrenzgesellschaft ein Zeichen.

Gleichwertigkeit hat in der Tat eine größere Zukunft als die illusionäre Chancengleichheit. Keineswegs illusionär jedoch ist der biblische Hinweis auf die Tatsache, daß der Mensch zu Gottes Ebenbild geschaffen ist und damit eine unerhörte Chance hat, die leider nur wenige wahrnehmen.

11. 4 Leitsätze für Familien aus der Verantwortung vor Gott

Leitsatz Nr. 1: Die christliche Familie lebt nach biblischen Grundsätzen. In jeder Familie – in christlichen wie nichtchristlichen – kommt es zu Konflikten, Meinungsverschiedenheiten und Machtkämpfen. Eltern und Kinder versagen. Die christliche Familie ist kein Hort der Vollkommenheit. Hier leben Menschen aus Fleisch und Blut mit Vorzügen, Fehlern und Schwächen. Und was unterscheidet sie von Nichtchristen? Sie wissen, daß sie Sünder sind. Sie geben vor Gott und untereinander ihre Fehler zu und beschönigen sie nicht. Christen überwinden daher schneller und leichter falsche Verhaltensweisen und erwarten von Gott und dem Nächsten Hilfe und Vergebung (1. Joh. 1,8–10).

Leitsatz Nr. 2: Die christliche Familie kennt keinen hoffnungslosen Fall. Es gibt in vielen Familien schwere Probleme, aber keinen hoffnungslosen Fall. Die meisten Schwierigkeiten sind hausgemacht. Daher sind sie auch wieder zu bewältigen. Nicht nur zur Weihnachtszeit singen und sagen wir: Christ der Retter ist da. Wer die Hoffnung aufgibt – es sei denn, es handelt sich um unlösbare organische Leiden - mißtraut seinem Herrn, der nicht nur von der Hoffnung redet, sondern die Hoffnung *ist*. Gott verliert nicht die Geduld und gibt keinen Menschen auf. Wir können von ihm lernen und uns die Kraft schenken lassen, an unser Kind und an unseren Partner zu glauben. »Darum werft euer Vertrauen nicht weg, welches eine große Belohnung hat« (Hebr. 10,35).

Leitsatz Nr. 3: In der christlichen Familie geht es nicht ums Herrschen, sondern ums Dienen. Auch für die christliche Familie gilt dieses Wort: »Wenn nun ich, der Herr und Meister, euch die Füße gewaschen habe, dann müßt auch ihr einander die Füße waschen. Ich habe euch ein Beispiel gegeben, damit auch ihr so handelt, wie ich an euch gehandelt habe« (Joh. 13,14–15).

Die Familie ist in erster Linie der Ort, wo wir unser Christsein praktizieren können. Christus hat sich nicht als Boß aufgespielt, sondern als Diener, der sich für die Seinen aufgeopfert hat. Sein Beispiel ist unser Maßstab. Sein Vorbild ist unsere Richtschnur.
Einer ist unser Herr und Meister, Christus.
– Wir sind keine Herren, sondern Diener;
– wir haben keine elterliche Gewalt, sondern die Pflicht zu elterlicher Sorge;
– wir sollen keine Macht ausüben, sondern Autorität und Liebe;
– wir sollen nicht herrschen, sondern unsere Kinder wie Gleichwertige behandeln.

Leitsatz Nr. 4: Die christliche Familie kennt keine Rangordnung, sondern Gleichwertigkeit. Das Beispiel vom Leib in 1. Korinther 12 ist ein hervorragendes Gleichnis für das Zusammenleben und das Zusammenspiel in der Familie. Kein Glied, auch nicht Vater und Mutter, hat Sonderrechte und Sonderprivilegien. Der Mund kann nicht zum Fuß sagen, daß er wichtiger sei. Das Ohr hat nicht mehr Rechte als die Hand, und das Auge herrscht nicht über die Nase. Alle Glieder, kleine und große, wichtige und weniger wichtige, handeln Hand in Hand. Der Leib ist ein Gleichnis für Gleichwertigkeit vor Gott. Keine Rangunterschiede, kein Sichvergleichen. Nur einer ist Herr – Christus.

Paulus spricht im Epheserbrief über die »christliche Familienordnung«. Der erste Vers in diesem Abschnitt lautet: »Einer ordne sich den anderen unter in der gemeinsamen Ehrfurcht vor Christus« (Eph. 5,21). Wer diese biblischen Regeln aus Überzeugung praktiziert, führt ein positives familiäres Zusammenleben.

III. Die Mittel der Erziehung

Neben den Grundgeboten spielen die *Erziehungsmittel* eine große Rolle. Eltern und Erzieher können sich der verschiedensten Mittel bedienen. Einige sind problematisch, einige sind hilfreich und notwendig.

1. Gebote und Verbote

Erzieherisch wertvoll ist es, wenn insgesamt nur wenig Gebote und Verbote angewendet werden. Allerdings sind diese wenigen Gebote und Verbote rückhaltlos einzuhalten. Nichts stumpft den Gehorsam eines Kindes so ab wie die dauernde Wiederholung des »Das darfst du nicht« oder »Das sollst du nicht«.

Bei Vorträgen in Kindergärten oder in der Beratung sagen mir oft Eltern: »Ich muß alles hundertmal sagen!« Das ist ein großer Fehler. Die Kinder gewöhnen sich an die Wiederholungen und reagieren erst, wenn der Tonfall der Eltern ernst wird oder wenn Strafen angedroht werden. Von klein auf muß sich das Kind daran gewöhnen, daß es dem Verbot gehorcht. Es muß genügen, daß einem Kind einmal etwas verboten wird. Beim zweiten Mal muß es ermahnt werden, beim dritten muß es in geeigneter Weise die »Logischen Folgen« spüren (s. S. 51f.).

Gebote und Verbote sind besonders bei kleinen Kindern erforderlich. Sie sind in der Regel noch nicht so vernünftig, um die Folgen ihres Verhaltens überblicken zu können. Sie können sich in Gefahr bringen, ohne es zu wissen. Kleinkinder müssen von bestimmten gefährlichen Dingen und Situationen ferngehalten werden. Die Verbote werden klar und deutlich formuliert, und das Kind wird daran gehindert, sie zu übertreten. Es ist erstaunlich, wie schnell Kinder das begreifen.

Kinder brauchen Grenzen:
Grenzen schützen vor Gefahren,
    – sind Hilfen und Leitplanken,
    – sind richtungsweisend,
    – vermitteln Sicherheit und Geborgenheit.
Fehlende Grenzen steigern die Unzufriedenheit,
    – fördern Agressionen,
    – provozieren unsere Kinder.
Eine Mutter sagt: »Der Fünfjährige provoziert mich immer wieder.

Er probiert, wie weit er gehen kann. Schließlich platzt mir der Kragen, und ich haue ihm eine runter!« Die Mutter hat erlebt, was geschieht, wenn sie inkonsequent und grenzenlos handelt. Die unqualifizierte Züchtigung ist das Ergebnis.

Wir schlagen die Tageszeitung auf und lesen, daß Kinder in einem Stadtteil systematisch alle Telefonhäuschen zerstört haben. Die Polizei hat einige Übeltäter erwischt; und der Kommentar eines Jugendlichen zu der Frage, warum er das getan hat: »Ich weiß es nicht.« Ein anderer: »Ich habe mich gelangweilt.« Ein dritter meinte: »Wir wollten irgend etwas Verrücktes tun!« Wieder ein anderer: »Mal sehen, was passiert!«

Schauen wir uns die Gründe an:

Widerstand gegen die Erwachsenen,
eigene Unzufriedenheit,
Provokation und Protest,
erlernte Gewissens- und Grenzenlosigkeit.

2. Einige praktische Hinweise für Eltern

1) Handeln statt reden: Vieles Reden überzeugt nicht. Handeln ist besser. Kleinen Kindern werden zu ihrem Schutz Grenzen gesetzt. Allerdings sollten die Eltern keine allzu engen Grenzen setzen, die sie ständig wieder verrücken müssen. Entscheidend ist, daß gesteckte Grenzen und Verbote eingehalten werden.

2) Inkonsequenz vermeiden: Inkonsequenz fördert unerwünschtes und störendes Verhalten. Ein klassisches Tierexperiment hat der Psychologe Norman Meier in Amerika beschrieben, das für die Kindererziehung von großer Bedeutung ist. Meier belohnte Ratten mit Futter, wenn sie von einer bestimmten Plattform aus durch eine Falltür sprangen, auf die ein Quadrat gemalt war. Dann bestrafte Meier die Ratten, die an der Plattform auf eine Tür sprangen, auf die ein Dreieck gemalt war. Die Tür öffnete sich nicht, die Ratten stießen sich die Schnauzen. Da lernten die Ratten, zwischen einem Quadrat und einem Dreieck zu unterscheiden. Danach beschloß Meier, das Experiment mit den Ratten inkonsequent durchzuführen. Er vertauschte absichtlich die Zeichen: Manchmal befand sich das Quadrat auf der Tür, die zum Futter führte, manchmal auf der anderen. Und die Folge? Diese Inkonsequenz machte die Ratten »neurotisch«. Einige bekamen Hauterkrankungen, andere liefen verwirrt und ziellos umher, andere weigerten sich zu fressen, einige wurden agressiv.

Inkonsequenz in der Kindererziehung ist genauso schädlich.

3) Keine negative Aufmerksamkeit schenken: Jedes Kind hat ein normales Verlangen nach Kontakt und Aufmerksamkeit. Aber es gibt viele Kinder überbelasteter Eltern, die nur durch negatives Verhalten Aufmerksamkeit auf sich lenken können. Sie überschreiten Gebote und Verbote und bringen Eltern in Wut. Sie lassen sich reizen und beschäftigen sich jetzt die dreifache Zeit mit ihrem Kind. Das Kind erzwingt sich die Zuwendung und mißachtet klare Anweisungen und Gebote der Eltern. Die Eltern fallen darauf rein, sind ängstlich, schimpfen und drohen Strafen an, sind auf sich und das Kind wütend und fördern die destruktive Gesinnung des Kindes.

Hilfreich ist es, ohne Vorwürfe Grenzen zu setzen und Gebote zu artikulieren – allerdings nicht ohne eigene Korrektur: Das Kind braucht liebevolle Zuwendung wie Milch und Brot – aber keine 24 Stunden lang.

4) Grenzen werden ruhig und fest gezogen: Wenn ein Kind erlebt, daß Eltern aus der Fassung geraten, daß Eltern »platzen«, daß sie am Ende sind und resignieren, senden diese dem Kind folgende Botschaft im Klartext: »Mach' weiter so mit deinen Angriffen, ich bin gerade dabei, mich zu ergeben. Noch ein paar Züge, dann bin ich schachmatt.« Eltern haben die Partie verloren. Machtkampf ist immer ein untaugliches Erziehungsmittel. Es fordert Rebellion heraus, Trotzverhalten und andere destruktive Reaktionen.

Grenzen, die ruhig und selbstverständlich gezogen werden, die Einhaltung der Verbote, die gelassen und fest durchgesetzt wurden, werden in der Regel von den Kindern akzeptiert. »Ruhig und fest«, das sind zwei entscheidende Eigenschaften, die Eltern und Erzieher kultivieren sollten.

3. Ist Strafen sträflich?

Sind körperliche und andere Strafen geeignete Mittel, das Kind zur Einsicht zu bringen? Viele Eltern und Erzieher sind der Meinung, ohne Strafen sei eine normale Erziehung nicht möglich. »Strafe muß sein!« – »Auch die Bibel spricht ausdrücklich von Strafen und bejaht sie!«

Schon Sokrates hat die Strafpraxis angezweifelt und die körperliche Züchtigung richtig eingeschätzt: »Wen das Wort nicht schlägt, den wird der Stock auch nicht schlagen.«

Schauen wir uns zunächst einige *Strafmethoden* und ihre *Wirkungen* an. Denn Strafen können auf verschiedene Weise ausgeteilt werden, und zwar

- durch Schläge,
- durch Schimpfen,
- durch Blamieren,
- durch Demütigen,
- durch Erpressen,
- durch Liebesentzug.

Wer aufrichtig diese genannten Praktiken anschaut, kann nicht guten Gewissens zu diesen Strafmethoden ja sagen. Viele Methoden zeitigen außerdem einige unerwünschte Nebenwirkungen. Die Anwendung psychischer und physischer Gewalt durch den Erzieher ruft beim Kind ein Gefühl der Unterlegenheit hervor. Das Überlegenheitsstreben wird deutlich durch die Eltern demonstriert, was wiederum im Kind das Bedürfnis nach eigener Überlegenheit weckt, die es durch weitere z. T. unüberlegte, ja gefährliche Aktionen zu gewinnen sucht.

Das Vertrauensverhältnis wird sich im allgemeinen verschlechtern. Aus Geschlagenen werden sehr oft selbst Schläger. Ein Vater schlägt seinen Sohn, einen 14jährigen, der einen 8jährigen geschlagen hat. Er will seinem Sohn beibringen, daß man Schwächere nicht schlägt. Die Absicht ist gut, aber er gibt genau das Beispiel für das, was er beseitigen möchte.

Bei vielen Kindern können Strafen Angst, Spannungen und unkontrollierte Verhaltensweisen auslösen. Sie werden sich bemühen, Strafen auszuweichen. Die Eltern fördern ein gutes Scheinverhalten und eine zweifelhafte Anpassung. Strafe kann so auch zur Unehrlichkeit erziehen. Die Lüge dient der Sicherung. Das Kind versucht, sich zu schützen.

Wünschen Eltern Ehrlichkeit, dann müssen sie sowohl auf bittere als auch auf gefällige Wahrheiten gefaßt sein. Die Angst der Kinder vereinbart sich nicht mit der Liebe. Darum heißt es im Neuen Testament: »Die Liebe kennt keine Angst. Wahre Liebe vertreibt die Angst. Wer Angst hat und vor Strafe zittert, bei dem hat die Liebe ihr Ziel noch nicht erreicht« (1. Joh. 4,18).

Wie begründen Eltern und Erzieher Strafen?
- »Wir wollen dem Kind einen Denkzettel verpassen!«
- »Dem werde ich zeigen, was sich gehört!«

– »Soll der Bengel ohne Strafe davonkommen?«
– »Der muß wissen, was die Uhr geschlagen hat!«
– »Strafe flößt den Kindern Respekt ein!«
In der Regel sind es Überlegenheits- und Machtdemonstrationen. Das Kind wird unterdrückt, es lernt hassen und reagiert mit Angst. Angst erzeugt Resignation, Inaktivität und Leistungsabfall. Die Arbeit macht keine Freude mehr, das Kind geht widerwillig zur Schule. Das Kind flieht ins Spiel und in die Konzentrationsschwäche, in Tagträumereien und Lustlosigkeit.

Die Zeitschrift »Eltern« befragte 5 Erziehungswissenschaftler zu dem Thema Strafen. In 4 Aussagen lassen sich ihre Antworten zusammenfassen.

Aussage 1: Alle hielten leichte Schläge mit der Hand für nicht schädlich, wenn zwischen Eltern und Kind im allgemeinen ein gutes Verhältnis besteht.

Aussage 2: 4 Professoren sprachen sich für körperliche Strafen bei älteren Kindern aus, die kleine Kinder tätlich angriffen, und bei Roheitsdelikten gegenüber Menschen und Tieren.

Aussage 3: Klapse seien bei kleinen Kindern eine hilfreiche Strafe, wenn Lebensgefahr bestünde. Zum Beispiel: wenn Kinder Gasschrauben am Herd lockerten, wenn kleine Kinder kopflos auf die Straße liefen.

Aussage 4: Was man Kindern ersparen sollte, und zwar nach einhelliger Meinung der Erziehungswissenschaftler, sei das häßliche Gesicht des unbeherrschten Zornes. Kinder übernähmen die Verhaltensweisen und legten sich später auch keine Zügel an. Hier würden nur die Macht und die Rache des Stärkeren demonstriert.

Eine gefährliche und ungeistliche Strafe ist der *Liebesentzug*. Das Kind wird diszipliniert, man meint, es in Einklang mit seiner Umwelt zu bringen und seinen Widerstand zu brechen. Es ist jedoch falsch anzunehmen, daß damit etwa schlechte Neigungen wirklich verschwinden. Sie werden nur unterdrückt und nicht ausgelöscht. Das Kind fühlt seine Abhängigkeit und Kleinheit und beantwortet unseren Liebesentzug mit einem Gegenangriff, der die Eltern zwingen soll, dem Kind Liebe zu zeigen. Wodurch kann das erreicht werden?

Durch Angstanfälle in der Nacht und zur Schlafenszeit. Die Eltern müssen stundenlang am Bett des Kindes sitzen, sonst wird es wimmern und schreien;

durch Konzentrationsschwäche am Tage, wenn das Kind Schularbeiten machen soll. Die Mutter muß dann stundenlang mit dem

Kind Schularbeiten machen, weil sich das Kind auf diese Weise Liebe und Zuwendung erzwingt.

Der Liebesentzug meint das Kind und nicht sein Tun. Als Christen sollten wir genau unterscheiden zwischen Tat und Täter, zwischen Handlung und Person. Als Christen haben wir gelernt: Gott haßt die Sünde, aber liebt den Sünder. Die Gefahr ist, daß das Kind seinen Wert bezweifelt. Und warum? Weil wir den Wert einer Person mit dem Wert ihrer Taten verwechseln.

Eine weitere fragwürdige Methode ist die *unkontrollierte Strafe*. Gewisse Eltern bestrafen jede Nichtigkeit. Das Kind entwickelt dabei immer größere Widerstandskraft und Trotz. Und das Kind denkt: »Wenn du das Recht hast, mich zu strafen, habe ich das Recht, dich zu verletzen.« Daraus entsteht ein furchtbarer Teufelskreis von Vergeltung und Rache. Unglücklicherweise sind Kinder außerordentlich erfinderisch, ausdauernd und phantasievoll, um sich an Eltern mit tausend Bosheiten zu *rächen*. (Siehe auch »Die 4 irrigen Ziele« unter V. 1.–4.)

4. Einige Regeln für die Praxis des Strafens

1) Strafen Sie nicht in unbeherrschtem Zorn! Zorn ist unkontrolliert und spiegelt die Wut der Erwachsenen wider.
2) Die Strafe muß beim Kleinkind der Tat unmittelbar auf dem Fuße folgen! Das Kind lebt im Augenblick, darum geht ihm der Zusammenhang zwischen Fehlverhalten und Strafe verloren, wenn die Strafe nicht sofort eintritt.
3) Jede angekündigte Strafe muß durchführbar sein. Oft schreien Eltern aus Zorn und in Erregung die unsinnigsten Strafen heraus, können sie aber niemals in die Praxis umsetzen.
4) Nach der Strafe muß jedes Vergehen ein für allemal erledigt sein. Nichts ist schlimmer als das Nachtragen ehemaliger Verfehlungen. »Wer liebt, ist nicht taktlos, selbstsüchtig und reizbar. Er trägt keinem etwas nach« (1. Kor. 13,5).
5) Wer beim Strafen prügelt und das Kind verletzt, handelt lieblos und unverantwortlich. Ohrfeigen und Schläge ins Gesicht zerschlagen das Ehrgefühl des Kindes. Außerdem können körperliche Folgen entstehen.

Im nächsten Abschnitt wird eine Methode vorgestellt, die als Alternative zur strengen Bestrafung anzusehen ist.

5. Statt Strafen »Logische Folgen« anwenden!

Wir unterscheiden zwischen *natürlichen* und *logischen* Folgen. Manchmal sind die natürlichen Folgen der kindlichen Tat »Strafe« genug. Durch die Folgen seiner Handlung lernt das Kind, wie es sich in seiner Umgebung zu verhalten hat, ohne daß die Hilfe der Eltern notwendig ist. Die Anwendung logischer Folgen ist in den meisten Fällen wirkungsvoller als Strafe. Die Idee der logischen Folgen wurde vor ca. 100 Jahren entwickelt, und zwar von dem Pädagogen Herbert Spenzer. Zum Beispiel: Stößt sich ein Kind unter dem Tisch, weil es sich zu früh aufgerichtet hat, ist das eine *natürliche* Folge (wir sprechen besser nicht von natürlichen Strafen!). Die natürlichen Folgen bieten jedem Menschen eine echte Lernsituation. Wer zu lange in der Sonne sitzt, bekommt einen Sonnenbrand. Den Unterschied zwischen natürlichen und logischen Folgen kann man so charakterisieren: Die *natürlichen* Folgen treten ohne Dazwischentreten der Eltern, des Lehrers oder des Erziehers auf; *logische* Folgen dagegen können eingeplant werden. Sie können arrangiert und überlegt werden.

In meiner letzten Kur habe ich es erlebt, daß ein erwachsener Mann, der stundenlang ohne Sonnenschutz in der Sonne gelegen hatte und einen schweren Sonnenbrand davongetragen hatte, auf der Stelle nach Hause geschickt wurde, weil er die verschriebenen Anordnungen nicht mehr durchführen konnte. Der Chefarzt der Klinik führte kein Streitgespräch mit dem Patienten, wurde nicht böse und aggressiv. Er zog nur die logischen Konsequenzen aus einem unverantwortlichen Verhalten des Patienten. Logische Folgen beinhalten eine Reihe von Vorteilen, die aufgezeigt werden sollen:

1) Logische Folgen spiegeln die Wirklichkeit wider, Strafen die Macht der Eltern: Gert trödelt jeden Morgen, bevor er zur Schule geht. Die Mutter schimpft und ist wütend. Schließlich fährt sie ihn mit dem Wagen hin, damit er rechtzeitig in der Klasse sitzt. Die Mutter bestraft den Jungen mit Taschengeldentzug. Der Erfolg ist, daß der Junge noch trotziger wird. Schließlich überläßt sie ihm selbst die Entscheidung, zu spät zu kommen. Das geschieht zweimal, danach kommt er pünktlich in die Schule.

Was zeigt dieses Beispiel?
– Strafen machen ein Kind trotziger,
– die Mutter ist wütend auf das Kind, das Kind ist wütend auf die Mutter, das Zusammenleben ist voller Spannung;

– die Mutter hält sich heraus und überläßt der Schule die Verantwortung;

– Gert lernt die Unannehmlichkeiten des Zuspätkommens selbst
kennen. Er erkennt die Folge seines eigenen Handelns.

Die Schulwirklichkeit spiegelt die logischen Folgen wider. Die Mutter kann sich heraushalten.

*2) Die logischen Folgen treten sofort als Konsequenz für eine bestimmte
Verfehlung ein:* Wirft beispielsweise ein Kind ein Glas Milch um, ist
es gehalten, sich sofort Waschlappen und Reinigungsmittel zu beschaffen, um alles wieder in Ordnung zu bringen. Es ist logisch, das
Kind hat etwas angestellt, es wird konsequent zur Verantwortung
gezogen. Wichtig ist, das Kind muß die Beziehung zwischen seinem
eigenen Betragen und dem Ergebnis erleben. Weitere Konsequenzen, selbst wenn der Schaden nicht völlig behoben werden kann,
bleiben aus.

*3) Kinder dürfen die logischen Folgen nicht als Machtmittel der Eltern
erleben:* Wie der Name sagt, sind logische Konsequenzen *Folgen* einer Handlung, nicht Bestrafungen und Machtdemonstrationen der
Eltern. Willkürliche Strafen, die Eltern als Folge einsetzen, rufen
Trotz, Macht und Aggression hervor. Hat ein Kind sein Spielzeug
zerschlagen, so ist die logische Konsequenz, daß es kein Spielzeug
mehr hat und mit anderen Dingen spielen muß.

Wozu wollen Eltern dieses Kind noch bestrafen? Wozu wollen Eltern dem Kind ihre Macht zeigen? Das Kind muß am eigenen Leibe
erleben, daß es für sein Verhalten bezahlen muß. Es wird sich gut
überlegen, ob es weiterhin Spielsachen zerschlagen will, um plötzlich ohne dazustehen. Gehen die Eltern nicht dazwischen und zeigen
ihre Wut und Enttäuschung, ist das Kind frei von dem Gefühl, bestraft worden zu sein. Kinder, die nicht auf dem Hof spielen wollen
oder immer wieder auf die Straße laufen, spielen dann im Zimmer.
Hüten wir uns aber davor, dieses Im-Zimmer-spielen-lassen als Bestrafung zu charakterisieren. Wir bleiben freundlich und wohlwol-
lend. Zeigt das Kind eine Bereitschaft, im Hof zu spielen, stellen wir
uns nicht bockig und treten dem Kind mit Belehrungen entgegen:
»Gut, machen wir eine Probe. Ich bin gespannt, ob du hören
kannst!«

Nein, wir lassen das Kind raus und erinnern es höchstens, indem
wir ihm unser Vertrauen signalisieren, daß es nicht auf die Straße
läuft.

Belehrungen und Drohungen zeigen nur die Wut der Eltern und ihr Mißtrauen. Aus logischen Folgen werden unter der Hand Strafen.

4) Logische Folgen öffnen die Augen des Kindes für die Spielregeln in der Gemeinschaft, und zwar ohne Moralpredigt der Erwachsenen: Das Kind muß so früh wie möglich die Grenzen der Freiheit und Unabhängigkeit in Erfahrung bringen, ohne daß die Eltern ständig Moral predigen. Das Kind muß die Konsequenzen von Fehlhaltungen *erleben*, und zwar ohne überflüssige Bemerkungen der Eltern und Erzieher.

»Jetzt löffelst du die Suppe auch aus, die du dir eingebrockt hast!« Solche Sätze sind höchst überflüssig. Sie reizen das Kind nur zum Zorn und zum Widerspruch. Die falschen Töne der Eltern machen oft die guten Absichten der logischen Folgen zunichte. Das Kind soll *spüren*, daß es in seiner Macht steht, Probleme zu lösen. Rudolf Dreikurs und Loren Grey schreiben dazu:

»Die erfolgreiche Anwendung logischer Folgen setzt voraus, daß der Erwachsene ein friedlicher Zuschauer ist. Seine Stimme sollte echtes Bedauern ausdrücken, daß er unter den gegebenen Umständen nichts anderes tun kann, als das Kind die Folgen seines Tuns selbst erfahren zu lassen. Ein schroffer Ton widerspricht jedem Anschein von Freundlichkeit; er zeigt Ärger, unausgesprochene Forderungen, Vergeltungswillen an.«[11]

5) Logische Folgen müssen logisch mit dem Fehlverhalten verknüpft sein: Viele Eltern wenden Strafen an, die logisch mit dem Fehlverhalten in keiner Verbindung stehen:

Ulrich hat die Schularbeiten nicht gemacht. Er bekommt am Abend die obligatorischen Süßigkeiten gestrichen;

Hans hat den Mülleimer nicht herausgestellt. Zur Strafe wird ihm 2 Mark vom Taschengeld abgehalten;

Anne hat ihr Zimmer nicht aufgeräumt, dafür bekommt sie am Sonnabend Ausgehverbot.

Alle Strafen und Folgen stehen in keinem Zusammenhang mit dem Fehlverhalten. Wenn Hans den Mülleimer nicht geleert hat, muß er mit dem Fahrrad zur nächsten Müllkippe fahren und den Unrat beiseiteschaffen, damit die Mutter ihre Abfälle loswerden kann. Hans darf auch andere Überlegungen anstellen, die der Mutter mit dem Abfall keine Schwierigkeiten machen. Hans hat die freie Wahl: Er hat den Mülleimer vergessen. Er sorgt für eine angemessene Lösung und nicht die Eltern.

Wir Eltern müssen lernen, die Verantwortung der Kinder, die sie selbst zu tragen haben, nicht auf uns zu nehmen, und auch lernen, uns nicht die Folgen der kindlichen Fehlhaltungen aufzubürden.

6. Statt Belohnung Ermutigung geben

Die Belohnung spielt in unserer Erziehung eine große Rolle. Kinder werden belohnt, wenn sie zur Zufriedenheit der Eltern gearbeitet haben. Sie erhalten Geld oder andere Vergünstigungen, wenn sie gute Noten nach Hause bringen. Für zusätzliche Leistungen im Haushalt, im Garten und für Sonderaufgaben werden Kinder belohnt. Diese Praxis wird leider nur von wenigen angezweifelt. Der amerikanische Psychotherapeut und Autor vieler bekannter Erziehungsbücher schreibt dagegen:

> »Nur in einem autokratischen sozialen System haben Bestrafung und Belohnung ihren Platz. Hier hatte die Autorität, die sich einer herrschenden Stellung erfreute, das Vorrecht, zu entscheiden, wer Belohnung und wer Bestrafung verdiente. Und weil das autokratische soziale System auf der festen Verankerung herrschender Mächte beruhte, wurden solche Urteile fest als Teil der Lebensregeln angesehen.«[12]

7. Wann ist die Belohnung problematisch?

1) Die Belohnung ist eine autoritäre Praxis: Wir leben in einer Demokratie und sollen demokratische Spielregeln benutzen – auch als Christen, weil unsere Erziehung die Kinder sonst zerreißt. Im autoritären Verhalten spiegeln sich Macht, Gewalt und Herrschaft wider. Durch Belohnung wird ein Kind manipuliert – auch wenn die Absichten der Eltern edel erscheinen. Sehr oft ist das Prestige der Eltern wichtiger als die gute Absicht.

2) Die Belohnung macht Eltern und Kinder zu Erpressern: Es gibt eine gefährliche Zauberformel in der Erziehung, die so lautet: »Wenn du das jetzt tust, dann bekommst du . . .« Damit kann man zunächst viel erreichen, das widerspenstige Kind wird schnell zum Gehorsam bestimmt. Aber allzu schnell lernt das Kind, aus seinem Gehorsam eine Handelsware zu machen. Es sind nicht wenige Eltern, die gegenüber ihren Kindern zu richtigen Erpressern werden. Eltern bestechen ihre Kinder, damit sie ihren Willen erfüllen. Kinder erpressen ihre Eltern, um Vorteile zu ergattern. Eltern und Erzieher haben den Kindern selbst die fragwürdige Praxis vordemonstriert.

3) Taschengeld ist keine Belohnung: Viele Eltern *benutzen* das Taschengeld, um das Kind zu disziplinieren. Taschengeld wird als Belohnung oder Bestrafung eingesetzt. War das Kind brav, bekommt es Geld, war es lieblos und ungehorsam, wird das Taschengeld gekürzt und gestrichen. Taschengeld soll keine Belohnung für geleistete Dienste sein; es soll vielmehr das Kind den Umgang mit Geld lehren. Jedes Kind bekommt ab einem bestimmten Alter Taschengeld – unabhängig von seinem Verhalten. Das Taschengeld hat eine andere Funktion.

4) Lob kann eine zweifelhafte Belohnung sein: Mit dem *Lob* ist eine Belohnung verbunden. »Wenn du gut bist, wenn du deine Sache gut gemacht hast, wirst du als Belohnung meine Wertschätzung erhalten.« Mein Wert hängt also von der *Leistung* ab. Ich werde geliebt und gelobt, wenn ich etwas leiste. Eltern müssen ihre Motive hinterfragen. Wird das Kind nur bei vollbrachten Leistungen gelobt, handeln Erzieher zutiefst ungeistlich. Christus liebt uns – wie wir sind, nicht erst, wenn wir Leistungen vollbracht haben. Das ist ein Kerngedanke biblischen Denkens.

Vor Jahren machte ein gefährlicher Aufkleber die Rede: »Heute dein Kind schon gelobt?« Lob ist sehr oft ein eingewickeltes Druckmittel. Wenn ich einen Menschen lobe, kann es sein, daß ich ihn nur gefügig machen will. Viele Eltern verfolgen einen geheimen und bewußten Zweck mit ihrer möglichen Schmeichelei. Der amerikanische Psychologe Haim, G. Ginott kommentiert falsch plaziertes Lob so:

> »Doch zeigt es immerhin, daß Lob nicht wie Penicillin aufs geratewohl gegeben werden darf. Die einfachste und wichtigste Regel ist: Der Kinder Anstrengung und Erfolg loben, nie aber seinen Charakter und seine Persönlichkeit . . . Direkter Lobgesang auf die Persönlichkeit wirkt wie direktes Sonnenlicht; es ist unangenehm und blendet. Es bringt jeden Menschen in Verlegenheit.«[13]

Wenn wir die *Tat* loben, hat das Kind die Möglichkeit, daraus Folgerungen zu ziehen. Es ist Sache des Kindes, das Lob, das zunächst einer geleisteten Arbeit gespendet wird, auf sich zu münzen. Loben Eltern und Erzieher den *Charakter*, kann es ihnen passieren, daß sie in 2 Stunden alles widerrufen müssen, weil das Kind etwas Böses getan hat. Dann stehen sich widersprechende Äußerungen im Raum, die das Kind als fatal und unrealistisch empfinden muß.

»Du bist ein einmaliger Arbeiter!« – ». . . ein einmaliger Schlamper!« – »Du bist ein Engel!« – ». . . eine Nervensäge!«

Du bist ein reizender Bursche!« – ». . . ein unausstehlicher Kerl!«

Ja, Lob kann in der Familie, in der Gruppe, im Kindergarten und in der Schule zu unangenehmen Feindschaftsausbrüchen führen. Die Mutter schaut sich die Schularbeiten ihrer beiden Söhne an. Der Jüngste ist 1 Jahr unter seinem Bruder und geht das erste Jahr zur Schule. Er ist frecher, salopper und oberflächlicher als der ältere. Er weiß, daß die Mutter stolz auf diesen reagiert und mit Lob nicht spart. Rational ist ihm klar, daß die Mutter sehr ehrgeizig ist und schon deshalb gern Lob für Fleiß und saubere Arbeiten spendet. Unbewußt befriedigt die Mutter ihren Ehrgeiz. Der ältere ist geschickt und läßt sich Lob spenden, hält aber gleichzeitig die Hand auf und bekommt Geld und Süßigkeiten. Die Mutter, wütend auf den »Kleinen«, steckt dem Älteren ostentativ Süßigkeiten zu und ist von seiner Schularbeit begeistert. Der Ärger über den Kleinen treibt sie auf die Seite des Großen. Der Ältere ist in allem Vorbild, der Jüngere tut das Gegenteil. Der Ältere wird gelobt, der Jüngere beschimpft. Und der Erfolg? Der Jüngere *haßt* seinen älteren Bruder, heimlich zerstört er ihm seine Eisenbahn, stiehlt ihm Briefmarken und gibt seinem Vogel Gift zu fressen. (Siehe auch Ziel: Rache; V. 3.)

Wenn Lob fragwürdig ist, welche *positiven Erziehungsmethoden* sollten Eltern und Erzieher benutzen?

8. Die Kunst zu ermutigen

»*Ermutigung als Lernhilfe*«, das ist der Titel eines bedeutenden Buches von Rudolf Dreikurs.[14]

Ermutigung ist in der Tat eine der wichtigsten Erziehungsmethoden für Eltern und Erzieher. Ermutigung ist die Fähigkeit, das Kind anzunehmen, wie es ist, ohne Rücksicht auf seine Mängel. Ermutigung hängt mit dem Wort Mut zusammen. Ermutigte Kinder haben Mut:

Sie packen Aufgaben an,
– riskieren Mißerfolge,
– haben Gemeinschaft,
– haben Selbstvertrauen.

Ermutigung heißt, das Kind tut, was es für recht hält, und nicht, weil die Erwachsenen es befohlen haben. Ermutigung heißt, das Kind ist von seiner Sache überzeugt. Ermutigung ist eins der wichtigsten Instrumente, um beim Kind Interesse zu wecken und die Lernaktivität zu fördern. Die Kunst der Ermutigung ist eine der erzieherischen Möglichkeiten aufmerksamer Nächstenliebe.

Was ist Entmutigung? Leider verwenden zahllose Eltern viel Zeit darauf, die Schwäche ihrer Kinder festzustellen. Sie sind fehlerorientiert und nicht erfolgorientiert. Sie haben die schwachen Stellen im Auge und nicht die Stärken. Einige Akzente der Entmutigung lauten:

- das Kind hat eine miserable Selbsteinschätzung;
- zu hohe Maßstäbe der Eltern verstärken die Entmutigung der Kinder;
- Geschwisterrivalität verstärkt die Entmutigung;
- Übergroßer Ehrgeiz der Eltern oder des Kindes fördert die Entmutigung.

Das heißt, Kinder mit starken *Minderwertigkeitsgefühlen* glauben, daß sie geringe Chancen haben, ihre Probleme zu lösen. Sie fühlen sich den Aufgaben des Lebens nicht gewachsen. Sie glauben, daß die anderen schneller, tüchtiger, intelligenter, liebenswürdiger und mutiger sind. Sie spüren ihre Unvollkommenheit und ihr Unvermögen. Die Eltern haben es nicht vermocht, diese Minderwertigkeitsgefühle zu zerstreuen.

Je höher die gesteckten Ziele der Eltern, desto größer die Mutlosigkeit der Kinder – jedenfalls in vielen Fällen. Eltern haben *große Erwartungen*, die sie oft unausgesprochen vermitteln. Diese hohen Erwartungen entmutigen ein Kind, wenn es die Maßstäbe der Eltern nicht erreicht. Eltern spielen oft unbewußt Kinder gegeneinander aus. Sie *vergleichen* ihre Leistungen untereinander. Geschwister erleben sich als Rivalen. Sie messen sich, sie vergleichen sich und legen den Grundstein für Eifersucht und Neid. Eifersucht und Neid können das Ergebnis unbewußter Vorliebe der Eltern für ein Kind sein.

Jakobus charakterisiert darum diese Untugenden, die auch unter Christen praktiziert werden: »Woher kommen denn die Kämpfe und Streitigkeiten zwischen euch? Sie entspringen den Leidenschaften, die ständig in eurem Innern toben. Ihr wollt etwas haben und bekommt es nicht. Ihr seid neidisch und eifersüchtig und es nützt euch doch nichts. So kommt es zum Kampf und Streit.« (Jak. 4,1–2)

9. Wir wollen ermutigen – doch wie?

1) Ermutigung ist eine Haltung und eine Gesinnung: Ermutigung ist keine Technik und kein pädagogischer Kunstgriff. Ermutigung ist kein »Tip«, den man Eltern und Erziehern geben kann, besser mit einem Kind umzugehen. Da liegt auch der wesentliche Unterschied zwischen Lob und Ermutigung. *Lob* erhält ein Kind, wenn es eine

Aufgabe gemacht und zu Ende gebracht hat. *Ermutigung* vermittelt dem Kind, daß Eltern es bedingungslos achten, ihm Vertrauen schenken und trotz momentaner Mängel nicht an seinem Wert als Person zweifeln.

2) Ermutigung heißt: die Eltern nehmen das Kind an, wie es ist: Das Kind wird akzeptiert, wie es *ist*, nicht wie es sein sollte. Es wird geschätzt mit seinen Eigenarten, Fehlern und Schwächen. Viele Eltern haben insgeheim die Vorstellung,

    daß es *mehr* aus sich machen muß,

    – *mehr* arbeiten sollte,

    – *mehr* erreichen müßte,

    – *mehr* Erfolg anstreben sollte.

Unbestreitbar ist, daß menschliches Versagen, Fehlhaltungen und Schwierigkeiten auf die irrige Meinung zurückgeführt werden können, der betreffende Mensch besitze keinen Wert innerhalb der Familie, der Klasse oder der Gruppe. Können Eltern dem Kind vermitteln: So, wie du bist, bist du gut genug, bist du liebenswert und akzeptabel? Von Christus können wir lernen, was Liebe und Annahme bedeutet. »Also hat Gott die Welt geliebt, daß Er Seinen eingeborenen Sohn gab . . .« (Joh. 3,16). Gott liebt uns und bejaht uns – ohne Vorleistungen und ohne Bedingungen. Das ist Ermutigung.

3) Ermutigung heißt: Vertrauen in das Kind setzen: Ermutigen und Mut machen beginnen beim Kleinstkind. Es ist hilflos und es erfährt ständig seine Hilflosigkeit. Es erlebt die Erwachsenen als Riesen, die alles können und schnell, stark und fähig sind.

Das entmutigte Kind ist das ängstliche Kind. Es reagiert schüchtern, gehemmt und dumm – aus Angst. Das ermutigte Kind, dem man Vertrauen und Zuversicht entgegengebracht hat, registriert Selbstbewußtsein und Selbstvertrauen. Es packt Aufgaben an, weil die Eltern dem Kind Fähigkeiten *zutrauen*.

Entmutigte Eltern sind pessimistische Erzieher, sie glauben oft nicht an sich und an die Kinder. Ermutigte Eltern glauben an sich, an ihre Gaben und Möglichkeiten, und können dieses Vertrauen an die Kinder weitergeben. Solche Eltern haben Geduld und glauben an den Erfolg beim Kind, auch wenn viele Schwierigkeiten zu überwinden sind. Das ermutigte Kind hat Vertrauen zu den Eltern, zu den Geschwistern, zu Lehrern und zur Gemeinschaft. Es beteiligt sich, es ist mittendrin. Es weiß, daß es dazugehört und läßt sich nicht von jeder Meinung hin- und herreißen.

4) Ermutigung heißt: das Selbstwertgefühl der Kinder stärken: Jede Freude, die Eltern verbal und nonverbal äußern, stärkt die Selbstachtung des Kindes. Damit bauen sie das Gefühl, etwas zu können, im Kind auf. Es bekommt das Gefühl: »Du schaffst es schon!« Gute Eltern sind solche Menschen, die sich in zunehmendem Maße *entbehrlich* machen. Sie freuen sich, wenn Kinder eigene Entscheidungen treffen, ihre eigenen Kräfte benutzen und ihre eigenen Vorstellungen realisieren. Kinder müssen es lernen, für ihre Bedürfnisse selbst Sorge zu tragen. Es hängt viel von Eltern und Erziehern ab, ob es ihnen gelingt, dem Kind das Gefühl zu geben, daß es Aufgaben und Probleme selbst meistert. Dazu gehören ermutigende Sätze:

»Ich traue es dir zu!«

»Siehst du, das ist dir gelungen!«

»Willst du's versuchen?«

»Du hast dich auf diesem speziellen Gebiet verbessert.«

Eltern sollten ihre Kinder ermutigen, wenn sie es nicht erwarten, wenn sie nicht danach verlangen. Im Unterschied zum Lob wird in der Ermutigung schon die Bemühung angesprochen – und konsequenterweise vom Kind verstärkt. Der Lobende sagt: »Ich bin stolz auf deine guten Noten.« Der Ermutigende sagt: »Ich freue mich, daß du so gerne lernst.« Ermutigung heißt, jede Form von Arbeit und Interesse zu würdigen.

Wir *glauben* an das Kind und bezeugen ihm, daß es seine Probleme allein lösen wird, auch wenn Rückschläge vorhanden und einige Versuche fehlgeschlagen sind. Pessimismus ist Entmutigung. Optimismus ist Ermutigung. Entscheidend ist, daß dem Kind Eltern zur Seite stehen, die Zuversicht ausstrahlen und die feste Überzeugung haben, daß jeder Versuch Erfolgschancen in sich birgt.

5) Ermutigung heißt: kleine Erfolge für das Kind einplanen: Das klingt schwieriger als es ist. Einige Eltern werden sagen: »Wie kann ich Erfolge einplanen, wenn auch kein Millimeter Fortschritt zu sehen ist!« Sie sprechen von Millimeter und meinen Meter. Ihre Formulierung verrät in der Regel, daß eine überhöhte Erwartung in tiefe Enttäuschung umgeschlagen ist. Je höher die Erwartungen, desto tiefer die Enttäuschungen, das ist eine psychologische Erfahrung. Je tiefsitzender das Enttäuschungsgefühl der Eltern, desto unfähiger sind sie zur Ermutigung. Wer selbst die Hoffnung aufgegeben hat, kann keine Hoffnung vermitteln. Viele Eltern wollen beim Kind einen radikalen Wandel erzwingen. Sie entmutigen sich und die anderen. Sie sollten sich über die kleinsten Fortschritte freuen. Mini-Erfolge sind müheloser zu erreichen. Besonders entmutigte Kinder müssen erstmal wieder die »Kurve kriegen«. Aus der absteigenden Linie muß eine ansteigende Linie werden. Ein entmutigtes Kind braucht selbst den Erfolg wie den Sauerstoff zum Atmen. Schon die kleinsten Erfolge stärken das Selbstvertrauen, aktivieren die Lernbereitschaft und vergrößern den Mut, weiterzumachen. Wer aufgibt, sieht nicht den Hoffnungsschimmer eines Erfolges. *Wer den Erfolg einplanen will, muß völlig auf Appelle, Ermahnungen, Drohungen und Liebesentzug verzichten.* Anklagen sind keine Lernanreize. Wer kleine Lernerfolge programmieren will, braucht den Mut zur Unvollkommenheit. Perfektionismus ist eine pädagogische Zielverfehlung. Er entmutigt und raubt dem Kind jede Hoffnung. Wir können nicht auf Schwächen, sondern nur auf Stärke bauen. Wir wollen darum nicht auf Vollkommenheit, sondern auf Verbesserung hinarbeiten.

IV. Wir haben einen Familienrat

Ein Modell mit Ecken

In vielen Familien gibt es Streit und Machtkämpfe. Eltern stehen gegen ihre Kinder, Kinder stehen gegen ihre Eltern. Eltern wollen ihren Willen durchsetzen, und Kinder respektieren nicht die Anordnungen, die ihnen gegeben werden. Das Klima ist vergiftet. Die Vorwürfe von beiden Seiten prallen hart aufeinander. Jede Seite probiert Strategien aus, um die *Gegenseite* zu überrunden. Alle fühlen sich bedroht, übergangen, nicht ernst genommen oder vergewaltigt. In die Familienberatung kommen ständig Klagen von Eltern, die mit ihren Kindern nicht mehr fertig werden. Aus der Fülle der Vorwürfe lauten einige so:

»Heinz hält überhaupt keine *Ordnung.* Sein Zimmer ist der reinste Saustall. Was soll man nur machen, daß er wenigstens ein Minimum an Ordnung hält?«

»Die Tochter *tut, was sie will* und hält sich an keine verabredeten Zeiten. Zu Tisch kommt sie regelmäßig zu spät. Abends will sie nicht ins Bett.«

»Ist das eigentlich richtig, daß Kinder sich *vor häuslichen Aufgaben drücken?* Und wenn sie sich herablassen, ist das mit Nörgelei und Stöhnen verbunden.«

»Was können wir tun, *die Gespräche laufen bei uns überhaupt nicht mehr.* Keiner hört auf den anderen.«

»*Schulaufgaben sind* bei unserem Bernd *eine Katastrophe.* Wenn ich nicht dahintersitze, tun die Kinder nichts.«

Probleme und Schwierigkeiten gibt es in allen Familien. Partnerschaftlich und verantwortlich lassen sie sich am besten durch regelmäßige Zusammenkünfte aller Familienmitglieder lösen. Diese Konferenz nennt man »Familienrat«.

1. Was ist der Sinn des Familienrates?

Der Familienrat hat den Sinn, mit Kindern ins Gespräch zu kommen. Alle Beteiligten verzichten dabei auf Sieg und auf Niederlage. *Als gleichwertige Partner* sitzen sie zusammen, um akute Probleme und Schwierigkeiten, Konflikte, Sorgen und strittige Fragen gemeinsam zu besprechen, gemeinsam nach Lösungsmöglichkeiten zu suchen und in Übereinstimmung praktikable Wege zu beschreiten.

Er soll helfen, ein harmonisches Familienleben zu schaffen. *Kin-*

der lernen Spielregeln von ihren Eltern. Alle Beteiligten lernen, sich gegenseitig mit Respekt zu begegnen, Hilfsbereitschaft füreinander zu trainieren und Freundlichkeit miteinander zu üben.

Kinder sollen durch vollwertige *Beteiligung und Mitarbeit* lernen, sich außerhalb der Familie allen Anforderungen gewachsen zu fühlen. Sie lernen, das Leben zu meistern und Probleme mutig anzupacken. Kinder und Erwachsene üben sich in der Kunst, aufeinander zu hören und Verantwortung für das Familienleben zu übernehmen.

Das Zusammengehörigkeitsgefühl der Mitglieder wird gefördert. Das geschieht dadurch, daß jeder Beitrag – selbst des jüngsten Kindes – respektiert wird. Das Kind macht die Erfahrung, daß es als Person einen Wert hat, ernst genommen wird und angstfrei alles sagen und besprechen kann.

Gemeinschaft untereinander wird praktiziert. Die Realität unseres Lebens verlangt, daß es ohne Gemeinschaft und Kooperation nicht geht. Jeder Mensch ist ein soziales Wesen und Teil der Gemeinschaft. Er kann als Solist nicht leben und braucht den Vorder-, Hinter- und Nebenmann. Er kämpft um Anerkennung und bemüht sich auf verschiedene Weise, einen Platz zu finden.

Das Gemeinschafts- und Zusammengehörigkeitsgefühl wird gestärkt. Gemeinschaftsgefühl bedeutet: Mitmenschlichkeit, Nächstenliebe, Interesse am anderen, soziales Eingebettetsein und Solidarität mit anderen. Kinder, die nicht gelernt haben, sich kooperativ zu verhalten, lernen, sich selbstsüchtig, egoistisch und unglücklich durchs Leben zu schlagen.

Der Familienrat hilft, *Gleichwertigkeit in der Familie und im Leben zu praktizieren.* Der Familienrat ist ein Zusammenschluß von Gleichen, von gleichwertigen Partnern. Nur so können sie Ideen, Beschwerden und Wünsche angstfrei vorbringen. Selbstverständlich gibt es Unterschiede, aber die Unterschiede sollten niemals einen hohen oder niederen Status eines Familienmitgliedes herausstellen.

Er hilft die *Beziehung untereinander zu verbessern.* Aus Mißklang kann Harmonie werden, aus Ärger Hoffnung, aus Entmutigung Ermutigung, aus Gleichgültigkeit Engagement. Kinder werden aktiv, weil sie mit einbezogen werden. Die Verantwortung ruht nicht allein auf den Schultern der Eltern.

Die Bedürfnisse der einzelnen Familienmitglieder werden zur Sprache gebracht, respektiert und für eine befriedigende Lösung wird gemeinsam Sorge getragen. Eltern und Kinder haben eine Chance, miteinander Lösungen zu erarbeiten. Eltern und Kinder lernen, gegenseitig Rücksicht zu nehmen.

Der Familienrat hat den Sinn, Überlegenheits- und *Machtkämpfe unter den Beteiligten abzubauen*. Eltern, die Recht haben müssen, das letzte Wort behalten wollen und alles am besten wissen, werden passive, gleichgültige oder aggressive Kinder haben. Der Familienrat will diese Auseinandersetzung beenden und zur konstruktiven Zusammenarbeit führen.

Er soll helfen, daß Eltern und Erzieher als gleichwertige Partner mit ihren Kindern Arbeitsüberlastungen ehrlich überprüfen und eine Neuverteilung bei gemeinsamer Verantwortung überlegen.

Der Familienrat hilft, *die niederlage-lose Methode der Konfliktbewältigung zu praktizieren*. Weder Eltern noch Kinder müssen Niederlagen einstecken, sondern beide Parteien einigen sich auf Lösungen, die allen annehmbar erscheinen. Die Folge wird sein, daß Reibungen nachlassen und ein Gefühl gegenseitiger Zuneigung aufkommen kann.

Gegenseitige Verantwortung wird trainiert. Eltern, die allein die Verantwortung tragen wollen, geben den Kindern keine Gelegenheit zu lernen, für sich selbst zu sorgen oder sogar Verantwortung für andere zu übernehmen.

2. Worum geht es bei Auseinandersetzungen in der Familie?

Viele Eltern machen sich nicht klar, daß bei Auseinandersetzungen und Meinungsverschiedenheiten zwischen den Beteiligten selten der *Streitpunkt* das Problem ist, sondern *Beziehungsstörungen* der Familienmitglieder im Hintergrund stehen. Der Streitpunkt wird vorgeschoben, er ist der Aufhänger, Konflikte zwischen Eltern und Kindern sind die Hauptsache. Heftig gestritten wird über *Belanglosigkeiten*. Und wie lautet womöglich der Beziehungskonflikt?

Beispielhaft kann sein,

- daß ein Kind gegen die autoritären Forderungen der Eltern rebelliert – gestritten wird darüber, ob die Tochter weiße oder rote Söckchen trägt;
- daß ein Kind mit dem Geschwister kämpft, um die Beachtung der Mutter herauszufordern – die Mutter ärgert sich über die Geschwisterrivalität, ohne den Beweggrund zu erkennen;
- daß ein Kind völlig desinteressiert im Haushalt reagiert – um den Vater zu bestrafen;
- daß ein Kind sehr faul wird und sich am Vater rächt, der unbedingt das Kind auf die höhere Schule schicken will;

– daß Kinder Aufträge der Eltern mißachten – weil die Eltern selbstherrlich und ohne Rücksicht auf die Kinder eine bestimmte Arbeit angeordnet haben.

Professor Rudolf Dreikurs hat einige grundsätzliche Probleme fixiert, die *hinter* Auseinandersetzungen zum Vorschein kommen können:

- »Eine Bedrohung des persönlichen Status – ›Warum sollte ich nachgeben?‹
- eine Frage des Prestiges – ›Was werden sie denken?‹
- eine Frage der Überlegenheit – ›Wenn ich nicht der Erste sein kann, will ich der Letzte sein;‹
- das Recht zu entscheiden – ›Warum sollte ich ihn für mich entscheiden lassen?‹
- das Recht zu kontrollieren – ›Wenn ich sie nicht kontrolliere, werden sie das nicht richtig machen;‹
- das Recht der Beurteilung – ›Wessen Vorschlag ist der Beste?‹
- die Idee der Vergeltung – ›Das letzte Mal hat er mich besiegt.‹
- der Wunsch nach Revanche – ›Diesmal bin ich an der Reihe!‹«[15]

3. Partnerschaftliche Gefühle entwickeln sich aus partnerschaftlichem Verhalten

Unsere Gefühle hängen sehr stark mit dem Verhalten der anderen zusammen. Sind die Eltern autoritär, entwickeln die Kinder wahrscheinlich Gefühle der Angst und Unterlegenheit. Können die Eltern nicht auf ständige Kritik verzichten, fühlen sich die Kinder gedemütigt, klein und nicht liebenswert. Sind die Eltern rechthaberisch, entwickeln die Kinder vermutlich Gefühle der Unzulänglichkeit und der Unsicherheit. Das Kind bekommt das Gefühl, nicht gegen die Eltern anzukommen, es verhält sich passiv und zurückgezogen. »Ein Gespräch lohnt sich nicht, die Eltern wissen sowieso alles besser!« Die Beziehung zwischen Eltern und Kindern ist gestört. Die Kooperation zwischen beiden ist mangelhaft. Gefühle des Trotzes, der Abwehr, des Widerstandes, der Ablehnung, des Stolzes und der Wut sind Reaktionen auf die Verhaltensweisen der anderen.

»Wie ich in den Wald hineinrufe, so schallt es zurück,« sagt schlicht und einfach ein deutsches Sprichwort.

Wollen Eltern das Familienklima ändern, haben sie die Möglichkeit, ihr Verhalten zu ändern. Sie verbieten den Kindern nicht den Mund, wenn sie ihre schlechten Gefühle äußern, sondern überlegen *mit* ihnen gemeinsam, wie sie besser, harmonischer und kooperativer miteinander umgehen können.

Auch Kinder können erfahren, wenn sie sich zu partnerschaftlichem Verhalten entschließen, daß Eltern ihre Gefühle ihnen gegenüber ändern. Die schlechtesten Gefühle auf seiten der Kinder und auf seiten der Eltern sind umzuwandeln, wenn eine Partei ihr Verhalten ändert. Wer sich gleichwertig und mit Respekt behandelt fühlt, wird ganz sicher seine feindseligen Gefühle ablegen.

Darum: Partnerschaftliche Gefühle sind die Folge partnerschaftlichen Verhaltens.

4. Logische Folgen sind wichtiger als Machtstreben

Leider versuchen viele Eltern, sich auf negative Weise in der Familie durchzusetzen. Sie benutzen Drohungen, Bestechungen, Macht, Überredung, um die wichtigsten Mittel zu nennen, die Eltern zur Verfügung stehen, um ihre Vorstellungen geltend zu machen. Jedesmal wird laut oder leise demonstriert, der Überlegene zeigt dem Unterlegenen seine überragende Stellung. Dieses Oben-Untenverhältnis schafft kein gutes Klima zur freiwilligen Kooperation. Die Zusammenarbeit in der Familie ist heute lebensnotwendig. Ein einigermaßen reibungsloses Zusammenspiel aller Mitglieder schafft ein gutes Miteinander. Dieses Miteinander darf nicht erzwungen werden, es muß für jeden eine *logische Folge* sein. Je mehr jedes Familienmitglied überzeugt ist, daß sein Mitarbeiten, Mitplanen, Mitdenken und Mitgestalten logisch ist, desto besser wird der Organismus Familie funktionieren.

Besonders christliche Familien berufen sich gern auf das biblische Gebot, »Ihr Kinder gehorcht euren Eltern, wie es vor dem Herrn recht ist. Ehre deinen Vater und deine Mutter, das ist ein Hauptgebot . . .« (Eph. 6,1f). Der *Gehorsam* wird zum Schlüsselbegriff für alle Erziehung. Der Gehorsam wird zur Entschuldigung für alle elterlichen Verhaltensweisen.

Der Gehorsam muß herhalten, damit die Eltern sich überlegen und mächtig gebärden dürfen. Dagegen nimmt Jesus die Kinder in seinen besonderen Schutz (Markus 10,13ff.; 9,33ff.).

Was ist die Folge, wenn Erzieher *Drohungen* benutzen? Ein Kind, das nur gehorcht, wenn es Drohungen der Eltern und Erzieher erlebt,

- wird unter Gewalt folgen, aber nicht freiwillig,
- wird folgen, stimmt aber nicht mit den Eltern überein,
- es neigt zur Rebellion und wird sie bei jeder Gelegenheit passiv oder aktiv ausüben,

– weiß sehr gut zwischen leeren und echten Drohungen zu unterscheiden und unterläuft die elterliche Macht.

Was ist die Folge bei Bestechungen? Das Kind fühlt sich manipuliert und kann im Ernstfall äußerst lustlos reagieren und damit die Eltern erheblich treffen.

Das Kind verhält sich nur folgsam und gefügig, wenn eine Belohnung dabei herausspringt.

Das Kind wird mangelhaft auf das Leben der Erwachsenen vorbereitet, weil es nur zu Anstrengungen bereit ist, die Belohnungen nach sich ziehen.

Das Kind lernt nicht, sich ernstlich für die Aufgaben zu interessieren, sondern wird ungewollt angehalten, sich für Belohnungen und Vorteile zu engagieren.

Was ist die Folge bei Überredung? Das Kind fühlt sich in einer überlegenen Position, die Eltern müssen flehen und betteln, damit das Kind bestimmte Aufgaben übernimmt.

Die Eltern verlieren die Achtung vor sich selbst und sind wütend und verbittert.

Die Gleichwertigkeit der Partner ist nicht gewährleistet, und damit werden Ärger, Unzufriedenheit und Feindseligkeit gezüchtet.

Bei der Anwendung *logischer Folgen* dagegen *erlebt* das Kind in einer bestimmten Situation, daß sein Verhalten Folgen hat. Logische Folgen sind keine Bestrafung. Bei Bestrafung fühlt sich das Kind erniedrigt, es ärgert sich über die Strafenden, die ihre Macht ausspielen. Das Kind zahlt heim und sinnt auf Rache. (Siehe auch unter III.5.)

Beispiel: Ein Kind, das nicht essen will, wird nicht zum Essen gezwungen. Zwang wird als Strafe angesehen. Die *logische Folge* ist, daß das Kind beim Essen zuschaut. Die nächste Mahlzeit gibt es für das Kind, wenn die Familie zusammen wieder am Tisch sitzt. Erzieher respektieren das Kind, und das Kind lernt, die Spielregeln der Familie zu beachten.

Das Ziel der Anwendung logischer Folgen beinhaltet daher,
– das Kind nicht zu bestrafen,
– das Kind die Konsequenzen seines Handelns erleben zu lassen,
– das Kind zur sozialen Verantwortung zu erziehen,
– das Kind erleben zu lassen, daß Freude und Schmerz auf eigenes Verhalten zurückgeführt wird und nicht auf die Intervention von Eltern und Erziehern,

– das Kind die Überzeugung gewinnen zu lassen, daß jedes Verhalten Folgen nach sich zieht,
– das Kind vor Rebellion und destruktivem Verhalten gegen Eltern und Erzieher zu bewahren.

5. Eine Familie macht Generalprobe

Vor einiger Zeit habe ich auf einem »Familientag«, der von mehreren Kirchengemeinden geplant und veranstaltet wurde, den Familienrat demonstrieren lassen. Etwa hundert Eltern und Kinder nahmen an der Veranstaltung teil. Ein Pfarrer, mit dem ich nichts vorbesprochen hatte, und der selbst Erziehungsschwierigkeiten mit seinen vier Kindern im Alter zwischen 8 und 14 Jahren hatte, stellte sich zur Verfügung, um vor allen Zuhörern mit seinen Kindern die Wirksamkeit des Familienrates zu testen.

Der Pfarrer und seine Frau waren selbst skeptisch an die Sache herangegangen, hatten aber versprochen, vorurteilsfrei das Experiment zu wagen. Alle vier Kinder stimmten freiwillig zu mitzumachen. Die Kinder bestimmten auch, worüber verhandelt werden sollte. Die Sitzung wurde vom Vater eröffnet, ein Schriftführer wurde gewählt und die Tagesordnung abgesprochen. Die Zeit des Zusammenseins wurde gemeinsam erörtert und ein Kind gewählt, das die Uhr im Auge behalten sollte. Der Vater stellte das erste Problem zur Diskussion, nämlich die Ordnung in den Zimmern, und zwar bei Erwachsenen *und* Kindern. Als sie begannen, sich Vorwürfe zu machen, wurde interveniert.

Vater: »Wir wollen uns jetzt nicht beschimpfen, wir wollen mal überlegen, wie wir das Problem lösen können.«

Thomas: »Dann muß aber über Vaters Zimmer auch gesprochen werden.«

Vater: »Ja, das ist richtig.«

Die Kinder stellten ihre Wünsche zur Debatte, auch die Eltern meldeten ihre Bedürfnisse an. Sie verabredeten, wie sie gemeinsam – und zur Zufriedenheit aller – das Problem angehen und lösen wollten.

Überraschend war für alle Eltern, wie gerade der Achtjährige erstaunliche Beiträge gab. Er wurde nicht als »Nesthäkchen« behandelt, sondern ernstgenommen. Er fühlte sich hineingenommen und verhielt sich kooperativ. Unaufgefordert bekundete er seine Bereitschaft zur Mitarbeit.

6. Die Freiheit der Wahl ist wichtig

Zwang führt oft zum Gegenzwang. Zwang verleitet zur Rebellion. Gewährte Freiheit dagegen motiviert.

Wenn der Familienrat funktioniert, können die zu erledigenden Hausaufgaben auf eine Pinnwand – für alle sichtbar – aufgezeichnet werden. Dreikurs und Mitarbeiter beschreiben, wie hilfreich diese Liste ist:

»Seit alle begriffen haben, daß sämtliche Hausaufgaben erledigt werden müssen, ›herrscht ein irrer Ansturm auf die leichten Arbeiten‹, berichtet eine Mutter. Freiheit der Wahl ist eine der stärksten Kräfte, um Familienmitglieder zu aktivieren.«

Worauf es ankommt:
- daß jeder begriffen hat: Die Hausarbeit wird von *allen* ohne Ausnahme erledigt;
- es lohnt sich nicht, sich zu drücken;
- die freie Wahl aktiviert in der Tat sehr stark, sich freiwillig zur Verfügung zu stellen.

7. Wie wird der Familienrat technisch gestaltet?

Aus der Erfahrung sind folgende Punkte bedenkenswert:

1) Alle werden eingeladen. Nicht nur die ältesten Kinder dürfen teilnehmen, sondern auch die, die das vierte Lebensjahr erreicht haben. Die Teilnahme ist kein Zwang, jeder kann fernbleiben. Nur muß derjenige, der absichtlich fernbleibt, damit rechnen, daß Entscheidungen getroffen werden, die ihm möglicherweise nicht behagen. Die Aufforderung zur Teilnahme sollte keine *Drohung* sein, keine Erpressung, sondern eine freundliche Einladung, gemeinsam die Familienprobleme lösen zu helfen.

2) Einer übernimmt die Leitung. Es empfiehlt sich, einen Leiter für die jeweilige Sitzung zu benennen. Nicht Vater oder Mutter müssen die Rolle übernehmen, auch Kinder können solche Funktionen einüben.

Manche Familien lassen die Leitung reihum gehen. Die erste Sitzung kann durchaus der Vater leiten, wenn er nicht unnötig seine Macht ins Spiel bringt. Ohne Leitung und ohne Plan entwickelt sich schnell ein Chaos. Alle wollen auf einmal reden, und der Streit geht an falscher Stelle los.

3) *Spielregeln werden vereinbart.* Spielregeln sind für das zwischenmenschliche Miteinander notwendig. Ohne Spielregeln klappt die Zusammenkunft der friedfertigsten Menschen nicht. Aber Spielregeln werden gemeinsam beschlossen. Es empfielt sich;
– eine regelmäßige Zeit zu vereinbaren,
– einen bestimmten Ort festzusetzen,
– eine möglichst einstimmige Entscheidung zu suchen,
– schriftlich die wichtigsten Ergebnisse festzuhalten.
Es hat sich herausgestellt, daß *Abstimmungen und Mehrheitsbeschlüsse, wie sie in verschiedenen politischen Gremien getroffen werden, nicht vorteilhaft sind.* Minderheiten boykottieren gern die Mehrheitsbeschlüsse. Der innere Familienfrieden ist dann gestört. Besser ist es, so lange zu verhandeln, bis ein Kompromiß gefunden ist, der alle befriedigt. Möglicherweise muß die Sitzung vertagt werden, weil keine Einigung erzielt werden kann. Das ist keine Schande. Die Verschiebung zahlt sich aus.

4) *Jeder trägt Verantwortung für das Gelingen des Gesprächs.* Nicht die Eltern tragen allein die Verantwortung. Tun sie es, hat es zur Folge, daß andere Familienmitglieder sich drücken und sich aus der gemeinsamen Verpflichtung entfernen.
Jedes Mitglied der Familie wird entsprechend seiner Gaben und Begabungen ernstgenommen. Alle Teilnehmer des Familienrates sorgen dafür, speziell der jeweilige Leiter,
– daß jeder Teilnehmer sich frei äußern kann,
– daß jeder Teilnehmer die Verpflichtung hat, zuzuhören, solange jemand Wünsche, Sorgen und Probleme vorträgt,
– daß jeder ordnungsgemäß an die Reihe kommt,
– daß keiner die Sitzung benutzt, zu schimpfen, zu moralisieren oder der Versammlung seine Überzeugung aufzudrängen,
– daß der Familienrat nicht zum Gerichtshof entartet, wo über Schuldige verhandelt wird.

5) *Konflikte werden im gegenseitigen Respekt behandelt.* Konflikte gehören zum menschlichen Leben. Eine Familie ohne Konflikte gibt es nicht. Es sei denn, sie habe die Konflikte verdrängt und stillschweigend »unter den Teppich gekehrt«. Darum sollen Konflikte nicht *vermieden,* sondern gelöst werden. Aber nicht die Mächtigen unterdrücken die Schwachen, die Überlegenen die Einfältigen. *Übereinkünfte* sind besser als Machtkämpfe und Rechthaberei.
Solche Übereinkünfte können nur gewonnen werden, wenn sich

Eltern und Kinder gegenseitig achten. Jeder hat zwar seine Rolle, jeder in der Familie spielt einen anderen Part, aber jedes Glied ist gleichwertig. Jeder trägt etwas bei und wird von den übrigen respektiert.

6) Falsche Entscheidungen und Änderungen. Selbstverständlich treffen besonders Kinder leicht falsche Entscheidungen. Sie schlagen Lösungen vor, die in der Tat problematisch sind. Die Eltern dürfen und sollen ihre gegenteilige Meinung äußern. Aber die Erfahrung lehrt, daß Entscheidungen, die nicht existenzbedrohend sind, von den Eltern ruhig angenommen werden können, damit alle Beteiligten lernen, Fehlentscheidungen zu verkraften.

Einmal getroffene Entscheidungen haben bis zur nächsten Familienratsitzung Gültigkeit. Keiner hat das Recht oder die Autorität, einen Familienbeschluß zwischen den Sitzungen zu verändern.

Wenn jemand bestimmte Aufgaben nicht ausführt, die er übernommen hat, können andere Familienmitglieder ihre übernommenen Arbeiten auch liegen lassen. Das kann bedeuten, daß plötzlich die Mutter kein Essen kocht, weil in der Küche bestimmte Pflichten von den Kindern versäumt wurden. Die *logische Konsequenz* hilft, daß alle ihre Aufgaben wahrnehmen.

7) Und wenn keine Übereinkunft erzielt werden kann? Frau H. sagt: »Ich habe erlebt, daß die Kinder an einer Lösung gar nicht interessiert sind.«

Ich: »Was haben Sie gemacht?«

Frau H.: »Ich habe zu ihnen gesagt: ›Ihr wollt doch nicht zusammenkommen, wir geben den Familienrat auf.‹«

Ist das eine Lösung? Nein.

Der Vorsitzende des Familienrates kann sagen: »Heute ist es uns nicht gelungen, eine Übereinkunft zu erreichen, ich schlage vor, daß wir eine Denkpause einrichten. Was meint ihr?«

In der Regel werden die übrigen zustimmen. Acht Tage später sehen die Dinge anders aus. Mögliche Emotionen, die im Spiele waren, sind abgeklungen, neue Ideen liegen auf dem Tisch. Die Bereitschaft zur Kooperation ist vielleicht wieder vorhanden.

8) Alle Mitglieder lernen, im Ich-Stil zu sprechen. Es ist leicht und beliebt, Du-Botschaften auszuteilen. Du-Botschaften sind sündenbockorientiert. Jedes Familienmitglied sollte aber darauf achten, nicht die Aufmerksamkeit auf die Fehler anderer zu richten, sondern selbst Verantwortung zu tragen.

70

Du-Botschaften enthalten Kritik, machen den anderen runter und legen sein Versagen bloß. Wir zeigen mit einem Finger auf andere, aber drei Finger weisen dabei auf uns.

Du-Botschaften *treffen, verletzen, kränken* den anderen und rufen *Widerstand* hervor:

»*Du* bist einfach liederlich bei der Arbeit!«

»*Du* lernst es nie, das Licht hinter dir auszumachen!«

»*Du* kannst das Streiten nicht lassen!«

»*Du* mußt dauernd widersprechen!«

Ich-Botschaften sind längst nicht so angriffig und verletzend: »Ich bin enttäuscht, daß du die Arbeit nicht sorgfältig erledigt hast.«

»Es ist mein Problem, daß ich das brennende Licht nicht ausstehen kann.«

»Es stört mich, daß im Flur dauernd Licht brennt.«

»Ich kann mir vorstellen, daß wir beide das Problem ohne Streit lösen können.«

Ich-Botschaften klagen nicht an und rufen weniger Widerstand hervor. Sie beschämen nicht, sondern reizen den anderen, zu überlegen, was er tun kann, um den Bedürfnissen der Gemeinschaft oder der Familie entgegenzukommen.

9) Sechs Schritte der niederlage-losen Methode. Der amerikanische Therapeut Thomas Gordon hat für die praktische Durchführung der »Familienkonferenz«, wie er den Familienrat nennt, sechs Schritte entworfen, die geeignet sind, *kampflos* Probleme untereinander zu lösen. Die sechs Schritte verhindern, daß Konflikte oberflächlich angesprochen, Lösungen vorgetäuscht und die Ausführungen vergessen werden.[16]

1. Schritt: Den Konflikt identifizieren und definieren: Alle Beteiligten müssen wissen, *daß* ein Konflikt besteht, *worin* er besteht und *wie* er auf den oder die Betroffenen wirkt. Wenn alle Familienmitglieder den Konflikt ernstnehmen, weil ein Glied betroffen ist, weil ein Glied damit nicht zurechtkommt, dann ist auch eine Konfliktlösung möglich. Wer den Konflikt ernstnimmt, nimmt in der Regel auch den Betroffenen ernst.

2. Schritt: Mögliche Lösungen entwickeln: Gordon geht davon aus, daß eine »Vielzahl von Lösungen« weiterhilft. Zuerst beginnen die Kinder und offerieren Lösungsmöglichkeiten. Wichtig ist, daß nicht sofort die vorgeschlagenen Lösungen kommentiert, bewertet oder abgewertet werden. Kinder und Erwachsene lernen, daß »viele Wege nach Rom führen« und unter Umständen gangbar sind.

3. Schritt: Alternativlösungen kritisch bewerten: Erst wenn genügend Lösungen auf dem Tisch liegen, wird eine kritische Bewertung vorgenommen.

»Welches könnte die beste Lösung sein?«

»Was spricht für diese Möglichkeit, was für jene?«

»Was meint ihr, mit welcher Lösung könnten wir am besten fahren?«

Vorteile und Nachteile, Schwächen und Stärken der einzelnen Wege werden gemeinsam unter die Lupe genommen. Eltern und Kinder lernen, aufeinander zu hören. Sie erfahren, daß Alleingänge und einsame Entschlüsse das Familienklima negativ beeinflussen. Sie erleben, daß ein Erfahrungsaustausch fruchtbar ist.

4. Schritt: Sich für die beste Lösung entscheiden: Nicht der Lautstärkste setzt sich durch, nicht der Mächtigste, sondern der, der die plausibleren Argumente auf den Tisch legt, die alle überzeugen. Es ist unbedingt wichtig, daß die Eltern sich vergewissern, ob die Kinder tatsächlich mit der gemeinsam erarbeiteten Lösung einverstanden sind. Schnelle, rechthaberische und Druck ausübende Eltern sind im Nachhinein überrascht, daß ihre Kinder nur mit halbem Herzen der eigentlichen Lösung zugestimmt hatten.

»Sind alle mit dieser Lösung einverstanden?«

»Hat einer noch Bedenken oder Vorbehalte? Welche?«

»Haben wir wirklich alles bedacht?«

Die Absicherung erspart Ärger, die Vergewisserung beeinflußt das Gesamtklima positiv.

5. Schritt: Die Entscheidung ausführen: Ist die Entscheidung gefallen, werden *genaue* Schritte überlegt, die Problemlösung in Angriff zu nehmen. Wer diesen wichtigen Schritt überschlägt, erlebt im Familienrat viele Enttäuschungen.

»*Wer* übernimmt welche Arbeit?«

»*Was* muß getan werden?«

»*Wie* geht man am besten an die Sache ran?«

»*Wann* muß spätestens die Sache erledigt sein?«

Je genauer alle Einzelheiten abgesteckt sind, desto weniger Unstimmigkeiten schleichen sich ein. Die Praxis erfordert einen detaillierten Plan.

6. Schritt: Nachfolgende kritische Bewertung: Ist die Arbeit getan, stellen sich die Familienmitglieder alle einer nachträglichen kritischen Bewertung. Alle Mitglieder vergewissern sich, ob ihre gemeinsam erarbeitete Lösung realistisch und der Sache angemessen war.

Der Familienrat kann mit gutem Gewissen zu einer fragwürdigen Lösung kommen. Die Theorie war gut, die Durchführung schlecht. In der Praxis zeigten sich Konstruktionsfehler, die am »grünen Tisch« nicht bedacht wurden. Keiner beschimpft den anderen, keiner schiebt dem anderen den »Schwarzen Peter« zu. Es war schließlich eine gemeinsame Lösungssuche.

Der Begründer des Familienrates, der amerikanische Psychiater und Therapeut Rudolf Dreikurs, faßt die Bedingungen für das Gelingen eines Familienrates kurz und prägnant zusammen:

»Damit der Familienrat effektiv sein kann, müssen folgende Voraussetzungen erfüllt sein:
- Gleichwertigkeit aller Mitglieder,
- gegenseitige Achtung,
- freimütige Kommunikation,
- Regelmäßigkeit,
- gemeinsam vereinbarte Regeln,
- wechselnde Verantwortung,
- gemeinsame Entscheidung.

Eltern haben den Gewinn, daß sie lernen, besser mit ihren Kindern umzugehen; darüberhinaus lernen die Kinder, sich auszudrücken, gehört zu werden und sich selbständig über die Belange einer größeren Gruppe Gedanken zu machen.«[17]

Wer diese Prinzipien bejaht – und nur dann klappt der Familienrat – wird auch als Christ erleben,
- daß die Familie ein wirklicher Organismus ist,
- daß die Familie wirklich Hand-in-Hand arbeitet,
- daß die Familie eine Gruppe ist, in der *jeder* mitplant, mitdenkt und mitarbeitet.

V. Die vier irrigen Ziele in der Kindererziehung

1. Was will das Kind?

Die Arbeit mit den 4 irrigen Zielen *kann den Eltern unschätzbare Dienste leisten, Kinder richtig zu verstehen und ihnen erfolgreich zu helfen.* Die Korrektur des Fehlverhaltens setzt eine genaue Kenntnis der Fehlziele voraus.

Wer die Fehlverhaltensweisen, Verhaltensstörungen und Verhaltensauffälligkeiten eines Kindes ernst nimmt, muß die

- unbewußten *Ziele,*
- versteckten *Absichten,*
- unbekannten *Motive,*
- unklaren *Zwecke,*

die ein Kind verfolgt, erkennen.

Jedes Fehlverhalten ist das Ergebnis einer falschen Annahme des Kindes über die Art, wie es am besten seinen Platz in der Gemeinschaft gewinnt. Das Kind glaubt, nur auf diese Weise

- Aufmerksamkeit und Beachtung,
- Geltung und Anerkennung und
- Durchsetzung seiner Bedürfnisse

zu erlangen.

Die Ziele des Kindes können im Extremfall durch »krankhafte Reaktionen« und abnorme Verhaltensmuster gekennzeichnet sein. *Alle* destruktiven und wenig kooperativen Auffälligkeiten können in 4 Zielen zusammengefaßt werden. Sie lauten:

1. Ziel: Das Kind will Aufmerksamkeit, will beachtet werden, will im Mittelpunkt stehen.

2. Ziel: Das Kind will Überlegenheit, will Macht, will zeigen, wer stärker ist.

3. Ziel: Das Kind will Rache, will vergelten, will verletzen.

4. Ziel: Das Kind will uns seine Unfähigkeit beweisen, gibt sich auf, will in Ruhe gelassen werden.

2. Hilfen, die 4 Ziele des Kindes zu verstehen

Eltern, Lehrer und Erzieher, die gestörtes Verhalten eines Kindes verstehen wollen, müssen die *Motivationen* der Kinder kennen. Welche *Ziele* verfolgt ein Kind, um sich zu behaupten, sich auf seine

Weise durchzusetzen? Die *individuelle Logik* leitet ein Kind. Diese private Logik gilt es zu verstehen. Deshalb die folgenden Hinweise:

1) *Nicht Verhaltensweisen beschreiben.* Es geht nicht darum, Verhaltensweisen zu etikettieren: Das Kind ist faul, aggressiv, verträumt, konzentrationsschwach, ohne Verantwortung usw. Das sind Termini, die das Verhalten *beschreiben*, aber nicht *erklären*. *Wozu* handelt ein Kind so? Um diese Fragestellung geht es in der Erziehung.

2) *Die Folgen der Handlung enthüllen die Absicht.* Seiner Ziele ist sich der Mensch meist *nicht bewußt* . Alfred Adler schrieb: »Der Mensch weiß mehr, als er versteht.« Aber er spricht auch von *unverstandenen* Zielen, statt von unbewußten Zielen. »Sag mir, wie du dich verhältst, wie du auf das Verhalten deines Kindes reagierst, und ich sage dir, was dein Kind gewollt hat.«

3) *Das Kind will einen Platz in der Gemeinschaft.* Alle Handlungen der Kinder, alle Eigenschaften, Charakterzüge und Emotionen können durch das Bestreben erklärt werden, *einen Platz in der Gemeinschaft* zu finden. Selbstverständlich können diese Handlungen auf falschen Annahmen beruhen, und zwar über sich, über die anderen und über das Leben. Das Kind glaubt aber, in diesen Handlungen das einzig Richtige zu tun.

4) *Die Handlungen werden nicht dem Ziel zugeordnet.* Aber in den Handlungen erkennt man mindestens eines von 4 Zielen. In sämtlichen Verhaltensweisen der Kinder, die gestörtes Verhalten oder Fehlverhalten kennzeichnen, können wir nur diese 4 Ziele ausmachen. Alle 4 Ziele basieren auf der Überzeugung des Kindes, daß es sich nur auf diese Weise Geltung verschaffen kann.

5) *Die kindlichen Fehlziele werden bis zum 12. Lebensjahr beobachtet.* Das Kind verfolgt diese 4 Ziele etwa bis zum Alter von 12 Jahren. Ältere Kinder verfolgen 4 Ziele, die mit denen der Erwachsenen übereinstimmen und deren Behauptungsmuster widerspiegeln.

6) *4 Ziele können für einen einzigen Zweck verfolgt werden.* Das Kind kann je nach Vorstellung alle 4 Ziele verfolgen, um eine bestimmte Absicht durchzusetzen. Es benutzt die Methoden, die ihm am zugkräftigsten erscheinen. Dasselbe Verhalten kann wiederum verschiedenen Zwecken dienen.

7) *Machtkampf mit Kindern produziert Niederlagen.* Eltern, die sich auf einen *Machtkampf* einlassen, verlieren. Sie erreichen lediglich, daß das Kind die Überzeugung gewinnt, daß *Macht* alles ist, was im Leben zählt. Kreativ und erfinderisch wird das Kind die Eltern und Erzieher zu besiegen versuchen.

3. Die 4 Arten des kindlichen Verhaltens

1) Die Einteilung:
  a) Das aktiv-konstruktive Verhalten,
  b) das passiv-konstruktive Verhalten,
  c) das aktiv-destruktive Verhalten,
  d) das passiv-destruktive Verhalten.

Viele Eltern meinen, daß das *aktiv*-konstruktive Verhalten das beste sei und das *passiv*-konstruktive das zweitbeste. Die Erfahrung bestätigt diese Beobachtung nicht. Passives Verhalten ist jedoch grundsätzlich schlechter zu bewerten.

2) Der Stellenwert des passiven Verhaltens: Beide passiven Typen (b und d) sind in Wirklichkeit *entmutigt*. Es ist leichter, einem *aktivdestruktiven Kind* zu helfen, sinnvolle Methoden zu finden, Geltung zu erlangen, als etwa einem *passiv-konstruktiven*.

3) Der Erkennungsreflex: Die Konfrontation mit den Zielen des Kindes löst den *Erkennungsreflex* aus. Der Erkennungsreflex ist das besondere Lächeln, das ein Kind zeigt, wenn es sich seines Zieles bewußt geworden ist. Eltern, Lehrer oder Berater haben das Ziel seines störenden Verhaltens angesprochen und ins »Schwarze« getroffen. Das Kind fühlt sich verstanden.

4) Diagnostischer Hinweis: Ein Hinweis für die richtige Diagnose: Je heftiger die Interaktion zwischen Eltern und Kind, desto größer ist der Kampf.

5) Die Ratetechnik: Alfred Adler hat die *Ratetechnik* begründet. Raten als Untersuchungsmethode hat seinen Wert. Auch falsche Vermutungen richten keinen Schaden an. Ist die Vermutung falsch, wird das Kind es sagen. Das Wichtigste aber ist: Das Kind fühlt sich verstanden, und es gibt seine Verteidigungshaltung auf. Es erlebte, wie sich der Erwachsene um ein solches Verstehen bemüht hat, und nimmt das dankbar zur Kenntnis; es ist nun bereiter, sich zu öffnen.

4. Schauen wir uns die 4 irrigen Ziele des Kindes an

Wir fragen:
  Welche Einstellungen zeigt das Kind?

Welche Reaktionen zeigen die Eltern?
Welche diagnostischen Fragen an das Kind sind hilfreich?
Welche Maßnahmen zur Korrektur des Verhaltens sind angebracht?

1. Ziel: Das Kind will Aufmerksamkeit

Einstellung des Kindes:

es macht Unfug
es ist taktlos
es spielt den Clown
es ist faul
es unterbricht Gespräche
es ist Musterkind
es ist besonders tugendhaft
es strebt nach Beifall
es ist übertrieben gewissenhaft
es ist übertrieben ordnungsliebend
es gibt sich altklug
es stellt dauernd Fragen
es verhält sich schüchtern
es belästigt andere
es hängt an Mutters Schürze
es fordert Erklärungen
es verhält sich konzentrationsschwach
es beschäftigt Erwachsene
es gibt sich witzig, kokett, charmant und entzückend
es benutzt:
gefällige Methoden,
störende Methoden

Reaktionen der Eltern:

sie fühlen sich belästigt
sie sind bemüht, dem Kind zu helfen
sie sind stark beschäftigt und reagieren ärgerlich
sie reden dem Kind gut zu
sie müssen alles zwanzigmal sagen
sie sehen sich gezwungen, einzuschreiten
sie fühlen sich stark in Anspruch genommen
sie reagieren mit Bewunderung:
– bei Altklugheit
– bei Charme
– bei klugen Fragen
sie fallen auf sogenannten Wissensdurst herein
sie lassen sich überfahren
sie müssen alles etliche Male erklären
sie lassen sich durch Ehrgeiz und Sonderleistungen beeindrucken

a) Diagnostische Fragen

Sie helfen Eltern und Kindern, die *Motive* des Verhaltens zu verstehen:

»Möchtest du, daß ich etwas Besonderes für dich tun soll?«
»Ich habe den Eindruck, du möchtest mich völlig für dich haben, kann das sein?«

»Mir kommt vor, ich soll mich stärker um dich kümmern. Ist das richtig?«

»Ich glaube, du möchtest auch mal im Mittelpunkt stehen?«

»Du bist unwahrscheinlich ehrgeizig, das bringt dir eine gehörige Portion Beachtung ein, ja?«

»Dein Charme ist umwerfend. Du möchtest sicher gut ankommen?«

»Deine Fragerei ist mir ganz schön lästig. Aber du verstehst es, mich total zu beschäftigen. Stimmt das?«

»Du bist schüchtern und hältst dich sehr zurück. Aber dir gelingt es, die Erwachsenen für dich zu gewinnen – meinst du auch?«

»Uns gefällt deine Witzigkeit, und wir hören dir sofort zu. Das möchtest du doch?«

»Als Musterkind fällst du aus dem Rahmen. Das bringt dir ganz schön Beachtung ein, oder?«

»Du hängst mir den ganzen Tag an der Schürze, dann muß ich nur für dich da sein, ja?«

»Alles muß ich fünfmal erklären, und du hast es geschafft, mich eine Stunde mit dir zu beschäftigen, oder?«

»Du stellst dich dumm, ist mein Eindruck, und verstehst es damit meisterhaft, mich zu beanspruchen?«

b) Maßnahmen zur Korrektur des Fehlverhaltens

1) Keine Aufmerksamkeit schenken! Das Kind lernt: die Aufmerksamkeitserregung hat keinen Erfolg. Will das Kind allerdings gewaltsam seine Aufmerksamkeit durchsetzen, verfolgt es schon Ziel Nr. 2: Machtkampf. Hilfreich ist es, dem Kind zu sagen, was ich möchte und was ich nicht möchte. »Bis 12 Uhr habe ich keine Zeit für dich, da muß ich in der Küche sein, versteh' das bitte!«

2) Schlechtes Verhalten ignorieren! Das Kind kommt einige Male in der Schule zu spät. Ignoriert der Lehrer es, kann es sein, daß das Kind das Zuspätkommen aufgibt. Will es mit dem Lehrer kämpfen, versucht es andere härtere Methoden. Zwei Kinder streiten sich. Ignorieren die Eltern das Verhalten, hört es schnell auf. Greifen die Eltern ein, hat oft ein Kind die Intervention der Eltern gewollt.

3) Keinen Ärger zeigen! Mein Ärger bescheinigt dem Kind, daß es sich richtig verhält. Das Kind provoziert, um meinen Ärger herauszufordern. Ärger steigert sich schnell in Wut und Zorn, und das Kind sieht sich gezwungen, Machtkampfmethoden anzuwenden, um sich durchzusetzen.

4) *Sich gelassen und stark zeigen!* Wer Ärger losläßt, wer Wut und Zorn ablädt, zeigt nur, daß er *hilflos* dem Kind ausgeliefert ist. *Gelassenheit* kann ich demonstrieren, wenn ich erkannt habe, was das Kind bezwecken will. Gelassenheit setzt die Erkenntnis voraus: Ich weiß, was ich tun werde; ich weiß, wie ich reagieren werde. Ich weiß, was das Kind jetzt wirklich braucht. Stärke und Festigkeit meinen nicht Härte.

5) *Positives Verhalten verstärken!* Verhält sich das Kind positiv, reagiert es nicht mit ungebührlicher Aufmerksamkeitserregung, *beachte* ich das Kind. Ich ermutige es in seinem konstruktiven Verhalten. Ich streichle das Kind: »Du kannst schön für dich spielen!«

6) *Nicht das Kind bemitleiden!* Übertriebenes Mitleid schadet: Ich leide mit und spiele dem Kind in die Hände. Ungerechtfertigtes Mitleid führt zum *Selbstmitleid* des Kindes. Das Kind bekommt den Eindruck, daß die Eltern und das Leben ihm etwas schulden. Es hat das Recht, immer mehr zu fordern. Zu starkes Mitleid untergräbt die Fähigkeit des Kindes, sich zu beteiligen und mitzuarbeiten.

7) *Vermeiden Sie übertriebene Fürsorge!* Sie packt das Kind in Watte. Sie macht das Kind *lebensuntüchtig*. Übertriebene Fürsorge produziert ängstliche und entmutigte Kinder. Sie verstehen es meisterhaft, unsere Aufmerksamkeit, unsere Fürsorge, unsere Beachtung und unser übertriebenes Mitgefühl herauszufordern. Übertriebene Fürsorge beraubt das Kind der Erfahrung seiner *eigenen Stärke*.

8) *Übertreiben Sie die Ängste Ihres Kindes nicht!* Viele Eltern können nicht glauben, daß Kinder Ängste *benutzen*, um Aufmerksamkeit und Beachtung zu finden. Angst ist nicht nur eine Eigenschaft, Angst ist ein Verhaltensmuster. Sie wird unbewußt eingesetzt, um sich bemerkbar zu machen, um die Eltern an sich zu binden, um die Eltern bei sich zu behalten. Angst drückt Unselbständigkeit aus. *Mit Angst klammert das Kind*, und die Eltern lassen sich klammern. Eltern, die zu stark auf Ängste reagieren, binden ihre Kinder an sich.

9) *Überprüfen Sie Ihre unbewußten Ziele!* Die unbewußten Ziele des Kindes korrespondieren immer mit den unbewußten Zielen der Eltern. Wenn eine Mutter in ihrem Lebensstil das Ziel verkörpert, eine »sehr gute Mutter« sein zu müssen, wird sie alles tun, jeden Willen des Kindes zu erfüllen. Sie läßt sich sehr leicht in Anspruch nehmen, belästigen, sie läßt sich ausfragen, sie läßt sich zu Hilfeleistungen bewegen, die ein Normalmaß überschreiten. Ja, sie läßt sich ausbeuten und ausnutzen. Das Kind hat sein Ziel erreicht: *Ungebührliche Aufmerksamkeit*.

2. Ziel: Das Kind will Überlegenheit

Einstellung des Kindes:

es ist ungehorsam
es ist widerspenstig
es zeigt mangelnde Einordnung
es streitet mit Geschwistern
es streitet mit Eltern
es bekommt Wutausbrüche
es zeigt schlechte Launen
es trödelt und provoziert
es beachtet keine Anweisungen
es trägt keine Verantwortung
es will ständig recht haben
es lügt
es zeigt Eigensinn
es reagiert verstockt
es sagt ja und tut nein
es will siegen
es will gewinnen
es will sich durchsetzen
es drückt sich
es genießt den Triumph seiner Überlegenheit
es ist sehr unordentlich
es tut das Gegenteil von dem, was es soll
es trotzt
es erpreßt die Eltern

Reaktionen der Eltern:

Eltern versuchen, die kindlichen Ansprüche gewaltsam zu unterdrücken
Eltern spielen sich auf
sie fühlen sich in ihrer Führungskraft geschwächt
sie brüllen und toben
sie verhängen Strafen
sie fühlen ihre Macht in Frage gestellt
sie kämpfen mit dem Kind
sie denken: »Damit kommt das Kind bei mir nicht durch!«
sie fragen sich: »Wer führt hier eigentlich?«
sie haben das Gefühl: »Wir werden ausgebootet.«
sie nehmen sich vor: »Wir werden dem Kind zeigen, wer hier Herr im Hause ist!«

a) Diagnostische Fragen:

»Ich habe den Eindruck, daß du mir zeigen willst, daß du tun kannst, was du willst?«

»Kann es sein, daß du zeigen willst, wie stark du bist?«

»Ich habe den Eindruck, du willst uns zeigen, wer hier im Hause Boß ist?«

»Willst du mir mit deinem Ungehorsam zeigen, daß du machen kannst, was du willst?«

»Gegen deine mangelnde Einordnung sind wir machtlos. Das willst du erreichen, oder?«

»Auf Biegen oder Brechen willst du siegen, das ist dein Ziel?«

»Mit Lügen kannst du dich so richtig über uns hinwegsetzen. Das möchtest du gern?«

»Kann es sein, daß du den Triumph der Überlegenheit genießt?«

»Du drückst dich, und wir stehen im Regen. Das macht dir Spaß?«

»Du willst das letzte Wort behalten, und wir geben klein bei. Ist dir das lieb?«

»Du trödelst und bringst uns zur Raserei und sitzt am längeren Hebel?«

»Wir versuchen, dich mit allen Mitteln und Methoden zur Vernunft zu bringen, und du läßt uns vor die Wand laufen. Willst du das?«

»Zuerst sagst du immer ja, aber du machst, was du willst. Du demonstrierst, daß du machen kannst, was du möchtest?«

b) Maßnahmen zur Korrektur des Fehlverhaltens

1) Heraus aus dem Machtkampf! Eltern, die versuchen, mit *Gewalt*, die kindlichen Ansprüche auf Aufmerksamkeit zu unterdrücken, verleiten das Kind, mit gleichen Mitteln den Eltern zu begegnen. Es will ihnen seine Überlegenheit zeigen. Das Kind empfindet ein tiefes Befriedigungsgefühl, die Eltern zu entmachten. Wer sein Recht erzwingt, mißachtet das Recht der anderen.

2) Geben Sie nicht nach! Nachgiebigkeit aus *Überzeugung*, die durchdachte Nachgiebigkeit, ist gut. Nachgiebigkeit aus *Schwäche* ist ein Fehler. Die einzige Grundlage der Beziehungen zwischen Eltern und Kindern ist die *soziale Gleichwertigkeit*. Sie verlangt gegenseitige Achtung. Sie beinhaltet Selbstachtung und Achtung der Würde anderer. Wer nachgibt, wer resigniert, wird wütend, tobt und kämpft auf vielerlei Weise. Mangelnde *Selbstachtung* fordert Kampf, Demütigungen und Niederlagen geradezu heraus.

3) Keinen Sieg, keine Niederlage! Soziale Gleichwertigkeit verzichtet auf Sieger und Verlierer. Eltern, die in einen Machtkampf verwickelt sind, müssen die niederlagelose Methode der Konfliktbewältigung praktizieren, wie sie der amerikanische Therapeut Thomas Gordon beschrieben hat. Die Eltern dürfen nicht siegen, aber das Kind auch nicht. Die Kinder dürfen nicht verlieren, aber die Eltern auch nicht. Beide Parteien suchen *gemeinsame Lösungen*.

4) Übertragen Sie dem Kind Verantwortung! Wer selbst alle Verantwortung trägt, darf sich nicht wundern, wenn das Kind keine trägt. Verantwortung wird *zugemutet*, nicht gefordert. Schon dem ganz kleinen Kind muten wir Verantwortung zu. Gern übernimmt es sie. Kinder müssen *mit* – planen, *mit* – denken, *mit* – überlegen, *mit* – helfen und *mit* – gestalten. Die Familie ist ein Organismus. So wächst ein Kind in die *Mit* – Verantwortung hinein.

5) Vermeiden Sie, alles zigmal zu sagen! Wer alles zwanzigmal sagen muß, bescheinigt dem Kind, daß er keine Autorität besitzt. Er erzieht das Kind damit zum Ungehorsam. Vieles Reden erzieht zu tauben Ohren. Die Kinder werden *elterntaub*. Es wird geredet, aber nicht gehört. Eltern und Kinder spielen ein perfektes Spiel: Viel Reden- nicht hören.

6) Vermeiden Sie, Folgen anzudrohen! Viele Eltern verstehen es meisterhaft, bei jedem Fehlverhalten des Kindes, Strafen anzudrohen. Werden sie aber nicht angewendet, dann sind »Drohungen leere Versprechungen«. Wir dürfen uns nicht wundern, daß das Kind die richtigen Konsequenzen daraus zieht. Es hat gelernt, daß Drohungen nur *verbale Gewitter* sind, sonst nichts. Eltern machen sich lächerlich. Das Kind macht, was es will.

7) Seien Sie fest, ohne zu herrschen! Der Unterschied zwischen Festigkeit und Härte ist eindeutig: Festigkeit drückt *klare* Grenzen, *klare* Gebote, *klare* Absichten und *klare* Absprachen aus. Härte und Herrschsucht sind autoritäre Methoden, die zwingen und keinen Widerspruch dulden.

Kinder brauchen *Grenzen*, Maßstäbe und Orientierungspunkte, sonst versuchen sie dauernd, ihren Spielraum bis ins Unermeßliche auszudehnen. Sie überschreiten alle Grenzen, und die Eltern sind unglücklich. Festigkeit bedeutet:
– Eltern drücken deutlich, verstehbar ihre eigene Einstellung aus,
– Eltern entscheiden, was sie selbst tun wollen,
– Eltern bewahren Selbstachtung und Achtung vor dem Kind.
– Dies gilt auch dann, wenn Sie dem Kind etwas zumuten müssen, was es noch nicht verstehen kann.

8) Versuchen Sie, Abkommen zu treffen! Nicht der Lautstärkste setzt sich durch, nicht der Mächtigste, sondern der, der die plausibleren Argumente auf den Tisch legt, die alle überzeugen. Es ist unbedingt wichtig, daß Eltern sich vergewissern, ob die Kinder tatsächlich mit der gemeinsam erarbeiteten Lösung einverstanden sind. Diese Absicherung erspart Ärger, verhindert Widerstand und

Machtkampf. Zusammenleben erfordert Kompromisse, Übereinkünfte, die *alle* zufriedenstellen.

3. Ziel: Das Kind will sich rächen

Einstellung des Kindes:

Es handelt hinterhältig
es stiehlt
es quält Tiere
es verletzt Kameraden
es zerstört heimlich Spielsachen der Geschwister
es blamiert die Eltern in der Öffentlichkeit
es vermiest der Familie den Urlaub
es will den Eltern wehtun
es rechnet heimlich ab
es bestraft hinterrücks
es will die Ideale der Eltern vernichten
es handelt brutal, weil es sich brutal zurückgesetzt fühlt
es »pinkelt die Eltern an« (Bettnässen)
es rächt sich an der Gesellschaft
es reagiert kriminell
es glaubt nicht mehr, auf positive Weise Anerkennung zu bekommen

Reaktionen der Eltern:

Eltern fühlen sich gekränkt
Eltern fühlen sich tief verletzt
Eltern reagieren tief beleidigt
sie demonstrieren, daß sie bitter enttäuscht sind
sie lehnen das Kind ab
sie denken: »Wie gemein du bist!«
sie denken: »Das Vertrauen ist zerstört.«
sie rächen sich auf ihre Weise an den Kindern
sie üben Rache durch Liebesentzug
sie schlagen und verhängen schwere Strafen

a)   Diagnostische Fragen:

»Ich habe das Gefühl, du willst mich tief verletzen. Ist es so?«
»Kann es sein, daß du mich fertig machen willst?«
»Kann es sein, daß du mich bloßstellen willst?«
»Ich habe den Eindruck, wir verletzen uns gegenseitig?«

83

»Du trampelst auf den Idealen deiner Eltern mit Füßen herum. Es muß dir gefallen, daß du uns so treffen kannst?«

»Du schlägst mit brutalen Methoden zurück. Willst du uns kränken, weil du dich betrogen fühlst?«

»In unserem Urlaub verhältst du dich unmöglich. Hast du Freude daran, uns den Urlaub zu vermiesen?«

»Die Spielsachen deiner Geschwister hast du zerstört. Ich kann mir nur vorstellen, daß du uns als Eltern treffen willst?«

Hinweise für Eltern und Erzieher: Racheverhalten ist ein schwerwiegendes kindliches Fehlverhalten. Wie *entmutigt* muß ein Kind sein, daß es glaubt, nur noch auf diese Weise sich Beachtung und Geltung verschaffen zu können. Es genießt den Triumph seiner Bosheit. Eltern müssen auf *jeden* Kampf verzichten, wenn sie das Kind für ein konstruktives und kooperatives Verhalten gewinnen wollen. Rache ist zutiefst *feindseliges* Verhalten. Das Kind ist bitter enttäuscht und möchte sich an den Eltern, an der Gesellschaft, an Unschuldigen, an Gegenständen, an Gott und der Welt rächen.

b) Maßnahmen zur Korrektur des Fehlverhalten

1) Überzeugen Sie ihr Kind, daß Sie es lieben! Rache und Vergeltung sind *feindselige* Verhaltensweisen, die Liebe, gegenseitige Achtung und Rücksicht vermissen lassen. Rache beinhaltet, daß das Kind sich überhaupt nicht geliebt fühlt. Solange die Eltern das nicht wahrhaben wollen und dagegen innerlich und äußerlich protestieren, solange sie dem Kind widersprechen und es gewaltsam bessern wollen, werden sie mit rachsüchtigem Verhalten rechnen müssen. Die Liebe überwindet alles. Das ist ein zentraler biblischer Gedanke. »Die völlige Liebe treibt die Furcht aus« (1. Joh. 4,18). Wer liebt, vermindert den Widerstand, verringert die Rachegefühle und baut das Vergeltungsstreben ab.

2) Behandeln Sie das Kind wie einen Gleichwertigen! Gleichwertigkeit ist der Schlüssel für viele Probleme in den Familien. Rache ist ein gesteigertes Kampfverhalten. Es setzt Sieger und Besiegte voraus. Eltern, die auf ihre Macht nicht verzichten können, werden *gemein* behandelt. Je *autoritärer* die Eltern, desto *rachsüchtiger* die Kinder. Gleichwertig heißt, das Kind ernst nehmen, die Wünsche und Bedürfnisse hören, die Vorschläge und Meinungen achten. Gleichwertigkeit ist das Heilmittel gegen Rivalität, gegen Konkurrenzdenken und gegen Vergeltungswünsche.

3) Nicht strafen, sondern Logische Folgen anwenden! (s. auch Seite 51–53) Strafen bessern in der Regel nicht. Strafen wecken Haß- und Rachegefühle. Strafen sind oft Mittel der Eltern zur Vergeltung. Das Kind schlägt zurück. Logische Folgen sind das unangenehme Ergebnis der falschen Handlungen. Logische Folgen sind *keine Strafen*, sondern die Konsequenz, die ein Kind ereilt, wenn es Fehlverhalten zeigt. Logische Folgen enthalten keine Moralpredigt. Eltern müssen nicht schimpfen, nicht blamieren und strafen. Ruhig und fest ziehen sie ihre Konsequenzen. Das Kind wird sie respektieren, wenn es spürt, daß die Eltern nicht kämpfen und mit ihren Waffen das Kind reglementieren wollen.

4. Ziel: Das Kind will uns seine Unfähigkeit beweisen

Einstellung des Kindes:

es verliert jede Hoffnung

es reagiert völlig lustlos

es gibt sich auf

es versucht, allein gelassen zu werden

es beteiligt sich nicht mehr

es zeigt völlige Apathie

es demonstriert völliges Desinteresse

es gibt sich völlig entmutigt

es hat jeglichen Glauben an sich verloren

es stellt jegliche Mitarbeit ein

es lebt absolut träge

es verhält sich dumm und hilflos

es gibt sich als Versager

es bescheinigt uns seine völlige Unfähigkeit

es reagiert mit verbissener Passivität

es spiegelt tiefe Resignation wider

Reaktionen der Eltern:

sie fühlen sich völlig hilflos

sie wissen nicht, was sie überhaupt noch tun können

sie denken: »Ich weiß nicht mehr, was ich noch tun kann?«

sie haben die Vorstellung: »Es hat ja alles keinen Zweck mehr«

sie geben das Kind auf

sie reagieren hoffnungslos und verzweifelt

sie geben zu erkennen, daß sie völlig am Ende sind

a) Diagnostische Fragen:

»Möchtest du vielleicht völlig in Ruhe gelassen werden?«

»Du glaubst sicher, du bist dumm und willst nicht, daß die andern das erfahren?«

»Du gibst auf, weil du zu Lehrern kein Vertrauen mehr hast?«

»Kann es sein, daß du dich aufgegeben hast?«

»Willst du uns zeigen, daß du ohne Hoffnung bist?«

«Bist du davon überzeugt, daß wir für dich keinen Funken Hoffnung mehr aufbringen?«

»Du gibst zu erkennen, daß alles keinen Zweck mehr hat?«

»Legst du Wert darauf, daß du von uns völlig abgeschrieben wirst?«

»Du glaubst, jegliches Selbstvertrauen verloren zu haben?«

»Du bist davon überzeugt, unfähig zu sein?«

»Kann es sein, daß du ein angeborenes Unvermögen für deine Unfähigkeit verantwortlich machst?«

Hinweise für Eltern und Erzieher: Ziel 4 ist das gefährlichste und destruktivste Verhalten des Kindes. *Völlige* Entmutigung kennzeichnet sein Verhalten. Hoffnungslosigkeit und Verzweiflung haben das Kind erfaßt.

b) Maßnahmen zur Korrektur des Fehlverhaltens

1) Rückzug kann Herausforderung an die Erzieher sein! Kinder, die sich selbst aufgeben, sind *grenzenlos entmutigt.* Sie vertrauen sich nicht mehr, sie vertrauen den Eltern nicht mehr. Und doch steckt oft hinter dem Rückzug ein *Hilfeschrei:* Helft mir! Versteht mich doch! Von daher ist der Rückzug eine verzweifelte Herausforderung an die Erzieher. Das Kind greift zu den destruktivsten Mitteln, um sich Gehör zu verschaffen.

2) Ermutigen Sie das Kind! Ermutigung setzt *Vertrauen der Erzieher* voraus. Ermutigung beinhaltet Optimismus und keinen Pessimismus. Pessimismus ist das stärkste Gift für ein entmutigtes Kind. Kritik, Sarkasmus und schlimme Befürchtungen untergraben das Selbstvertrauen des Kindes.

3) Lieben Sie das Kind, wie es ist, nicht wie es sein sollte! Unser Ehrgeiz und unser hoher *Anspruch* sind Verstärker für Entmutigung und Resignation. Das Kind fühlt sich überfordert und nicht geliebt, weil die Kritik oft grösser ist als der Zuspruch. Wahre Liebe, die wir von Christus lernen können, akzeptiert den andern mit seinen

Schwächen, mit seinen Fehlern, mit seinen Mängeln und seinen Defiziten.

4) Geben Sie das Kind nicht auf! Bevor das Kind sich aufgibt, haben wir es *aufgegeben*. Das Kind fühlt sich im Stich gelassen. Christliche Eltern haben kein Recht, einen Menschen aufzugeben. Es ist Lieblosigkeit, einen Menschen fallenzulassen. Im 1. Kor. 13,7 heißt es: »Wer liebt, gibt niemals jemanden auf. In jeder Lage vertraut und hofft er für ihn.«

5) Stehen Sie zu ihrem Kind! Ihr Vertrauen, Ihr Zutrauen zu dem Kind ist wahrscheinlich die stärkste Motivation, die wir uns vorstellen können. Hier haben wir einen Hebel in der Hand, Kinder grundlegend zu ändern. Wer Kindern etwas *zutraut*, verstärkt ihren Mut. Wer Zuversicht ausstrahlt, ermutigt und fördert die Lernbereitschaft. Er stoppt die Resignation, er vermindert die Hoffnungslosigkeit. Wer zu seinem Kind in Treue steht, der bestätigt und anerkennt es. Er fördert sein Selbstvertrauen, er verringert die lähmende Lustlosigkeit.

6) Suchen Sie eine Beratungsstelle auf! Rückzug und Selbstaufgabe sind so schwere Verhaltensstörungen, daß Eltern aus eigener Kraft dem Kind oft nicht helfen können. Fachberater haben mehr Abstand, sind persönlich nicht betroffen und können ohne Ressentiments den Kindern besser helfen. Die Lebensgrundüberzeugungen des völlig resignierten Kindes sind so destruktiv und fest verwurzelt, daß unbedingt eine *therapeutische Behandlung* erforderlich ist.

Hinweise für Eltern und Erzieher: Dieses Kapitel sollte bei *allen* Verhaltensauffälligkeiten immer wieder zu Rate gezogen werden. Es gibt den Erziehern die Möglichkeit, ihre *unbewußten Haltungen* zu überprüfen. Denn Eltern und Kinder spielen immer perfekt Hand-in-Hand.

2. Teil

Die Entwicklungsphasen des Kindes

I. Die Schwangerschaft

Beide Abschnitte (Schwangerschaft und Geburt) können für die Entwicklung eines gesunden und zufriedenen Menschen nicht hoch genug eingeschätzt werden. Viele Forschungen der vergangenen Jahre haben die Einflüsse während der Schwangerschaft untersucht und erstaunliche Ergebnisse ans Licht gebracht. Die Mutter ist für das Kind der Angelpunkt der Welt. Ihre Liebe kann durch nichts ersetzt werden.

1. Was Mann und Frau von der Schwangerschaft wissen sollten

Die Schwangerschaft ist eine Aufgabe für Frau *und* Mann. Beide haben ein Kind gewollt und *beide* sind für das neue Leben im Mutterleib verantwortlich.

Ein ungeborenes Kind ist nicht vollkommen von der Außenwelt abgeschlossen, wie viele annehmen. Es nimmt regen Anteil an allem, was um es herum vor sich geht. Vom 4. Monat an reagiert es auf Töne. Die Haut ist für Berührungsreize empfänglich, und selbst der Geschmack ist bereits ausgebildet: Das Kind trinkt weniger Fruchtwasser, wenn der Mutter »bittere Arznei« verabreicht wird.

Seelische Belastungen der Mutter beeinflussen die Psyche des Ungeborenen. Es strampelt unruhig, wenn es sich unwohl fühlt, Angst verspürt oder sich erschreckt. Während einer Streß-Situation schüttet die mütterliche Nebenniere vermehrt das Hormon Adrenalin aus, das die Schlagfrequenz sowohl des mütterlichen wie des kindlichen Herzens heraufsetzt. Wie stark die mütterlichen Gefühle das Seelenleben des ungeborenen Kindes beeinflussen können, zeigte ein Kind in den USA. Es wurde mit drei Magengeschwüren geboren, an denen es starb. Die Geschwüre waren durch extreme Streß-Belastungen der schwangeren Mutter entstanden.

Auch Ungeborene besitzen bereits ein Gedächtnis: Ein Dirigent wunderte sich, daß er eine bestimmte Cello-Partitur ohne Noten dirigieren konnte. Seine Mutter gab ihm die Erklärung. Sie hatte genau diese Partitur als schwangere Cellistin gespielt. So wird das zukünftige Schicksal eines Kindes bereits während der Schwangerschaft gestaltet.

Ganz wesentlich ist das Fernhalten von Aufregungen aller Art. Eine Schwangerschaft in einem harmonischen Umfeld ist eine bessere Voraussetzung für eine entsprechende gute Entwicklung. Ehestreitigkeiten, Machtkämpfe, Rechthaberei, große Sorgen und Kummer sind Gift für die Mutter und Gift für den Embryo. Mann und Frau, die den Tag mit Gott beginnen, alle Beschwernisse in seine Hand legen und alle Sorgen beim HERRN aufgehoben wissen, tun dem Ungeborenen einen guten Dienst.

2. Wann beginnt das Leben?

Nach heutigen Erkenntnissen der Biologie ist die befruchtete Eizelle der Beginn neuen Lebens. In dem Augenblick, wo sich Keimzellen verschmelzen, beginnt das individuelle Leben eines Menschen. Es handelt sich also nicht um ein undefinierbares neues Zellgewebe, sondern um ein einmaliges, unwiederholbares menschliches Leben. Dieser menschliche Keim enthält alles, was die spätere Persönlichkeit ausmacht. Alle geistigen, charakterlichen, körperlichen und seelischen Anlagen sind komplett vorhanden und erbmäßig programmiert. Es handelt sich also um keine Höherentwicklung, sondern um eine Entwicklung zur Vollendung. Auch wenn Organe, wie das Gehirn, zu Anfang noch nicht vorhanden sind, das Gehirn ist programmiert und ist bereits in der 3. Woche im 2 1/2 mm großen Embryo erkennbar. Darum sollte diese neue Person gehegt und gepflegt werden, damit sie ausgereift nach 9 Monaten zur Welt kommen kann.

Viele Wissenschaftler glauben: Was ein Embryo in seinen ersten Lebenswochen *fühlt*, wird er später auch als Erwachsener fühlen. Was er in den ersten Lebenswochen *vermißt*, wird er später auch vermissen. Denn viele wichtige Eindrücke empfängt ein Kind nicht in der Schule oder als Heranwachsender, sondern in den ersten 9 Monaten seines Lebens.

3. Gesundheit und Sterblichkeit von Mutter und Kind

Die Lebensumstände in der heutigen Industriegesellschaft sind nicht kinderfreundlich und nicht kinderförderlich. Sehr negativ wirkt sich die Arbeitsteilung, die Trennung von Arbeitsplatz und Wohnung aus. Allerdings – und das ist das Positive – ist Kindersterblichkeit erheblich zurückgegangen. Kindersterblichkeit gilt für die Zeit des 1. Lebensjahres.

In Bayern starben noch vor 100 Jahren 34 % der Säuglinge, heute sind es nur noch 1,6 %. Um die Jahrhundertwende starben in den hochentwickelten Industrieländern noch 7,5 % aller Säuglinge. Leider besteht in den sogenannten unterentwickelten Ländern der Dritten Welt noch immer eine sehr hohe Säuglingssterblichkeit. Sie ist in jenen Ländern fast so hoch, wie sie in den Industrieländern um die Jahrhundertwende war. Dies liegt nicht daran, daß die Kinderheilkunde dort völlig rückständig wäre, sondern die medizinischen Erkenntnisse können nicht in die Praxis der Pflege des Kindes übertragen werden. Eine hohe Säuglingssterblichkeit ist daher der Ausdruck eines geringen Hygienebewußtseins bei der Bevölkerung.

Auch die Infektionskrankheiten, die früher viele Säuglinge sterben ließen, sind heute weitgehend unter Kontrolle. Noch 1830 starben an akuten Zivilisationsseuchen wie Diphterie, Scharlach, Masern und Keuchhusten 50 % aller Kinder bis zum vollendeten 10. Lebensjahr. 1900 waren es noch 32 %. Heute ist diese Sterblichkeitsrate auf ca. 3 % zurückgegangen. Die gefährlichen Zivilisationsseuchen sind weitgehend aus der Statistik der Sterblichkeit verschwunden. Ähnlich ist es mit Pocken, Tuberkulose und Kinderlähmung. Mit anderen Worten, die hochtechnisierten Industrienationen bieten Bedingungen, die die Überlebenschancen unserer Kinder entscheidend verbessert haben.

Und doch: Von 23 vergleichbaren Staaten rangiert die Bundesrepublik im Hinblick auf Säuglingssterblichkeit erst an 12. Stelle. Die Zahl der Kinder, die tot zur Welt kommen oder schon im 1. Lebensjahr sterben, ist fast doppelt so hoch wie in Schweden. Fragt man nach den Gründen, nennen Kinderärzte u. a. auch: Mangel an Liebe. Jedes 2. Kind in der Bundesrepublik wird nach statistischen Angaben des Bundesamtes *nicht gewünscht*. Welche Lieblosigkeit und Ablehnung erfährt das Ungeborene schon im Mutterleib. Angst, Sorge und Abwehr der Mütter ersticken die Lebenskraft des Babys. Kinder von Ledigen und geschiedenen Müttern sind doppelt so oft untergewichtig wie andere. 24 % der Mütter von Frühgeburten sind alleinstehend. Psychische Faktoren spielen eine entscheidende Rolle für gesunde seelische Entwicklung eines zukünftigen Erdenbürgers.

4. Das geplante und das verplante Kind

Kinder wollen gewollt sein, Kinder sollen gewollt sein. Das ist der Normalfall. Die falsche Planung kann schon damit beginnen, daß man sich *dringend* einen Jungen oder ein Mädchen wünscht. Die Eheleute sind auf ein Geschlecht fixiert. Egoistische Wünsche stehen im Mittelpunkt. Wir können einen Menschen nicht nach unserem Bild formen. Bei Max Frisch wird der Gedanke, daß man einen Menschen nicht festlegen darf, immer wieder aufgegriffen. Im Tagebuch heißt es in dem Kapitel »Du sollst dir kein Bildnis machen«: »Eben darin besteht ja die Liebe, das Wunderbare an der Liebe, daß sie uns in der Schwebe des Lebendigen hält, in der Bereitschaft, einem Menschen zu folgen in allen seinen möglichen Entfaltungen.«

Max Frisch hat in seinem Roman »Stiller« das Problem einer unglücklichen Ehe geschildert. Stiller liebt eine Julika, die sie nicht ist. Er hat sich ein Bild von ihr gemacht. Er liebt eine Vorstellung, ein Bild, ein Phantasieprodukt. Und das ist Sünde. Das ist eine Zielverfehlung. Die Ehe zerbricht, weil Stiller sein Vorurteil und seine Lieblosigkeit nicht aufgeben kann. Was für die erwachsenen Menschen gilt, gilt auch für das ungeborene Kind. Unsere Verplanungen entwürdigen das Kind. Die Verplanung beginnt oft schon vor der Geburt. Gisela Hundertmark schreibt:

»Man muß einmal die Redewendung ›Wir schaffen uns ein Kind an‹ bedenken ... Ich habe mich gefragt, in welcher Verbindung das Wort ›anschaffen‹ bei Lebewesen vorkommt: ›Ich schaffe mir einen Hund, eine Katze an usw. ...‹ Das Kind wird nur durch die Zeugung der Eltern geschaffen. Allerdings können Menschen auch hier noch nicht so frei planen wie sie möchten ... Natürlich würde niemand sagen: ›Wir schaffen unser Kind ab.‹ Aber liegt nicht trotzdem unausgesprochen die Möglichkeit darin, daß etwas, das angeschafft wird, auch wieder abgeschafft werden kann?«[18]

Wird das Kind als Reichtum und Beglückung empfunden oder dient es dazu, den Mann oder die Frau in die Ehe zu zwingen? Wird ein Kind »gemacht«, um die Lösung vom Elternhaus zu erpressen? Wird ein Kind »geplant«, um die zerbröckelnde Ehe zu retten? Oder wird ein Kind »produziert«, um das Prestige der Eltern zu heben? Immer handelt es sich um Verplanungen und um Bedingungen, die Eltern versteckt und getarnt ins Feld führen.

Kürzlich bekam ich eine Geburtsanzeige zugeschickt. Die Eltern hatten ganz schlicht und bedenkenswert auf die Karte geschrieben: »Gott hat uns ein gesundes Kind in die Wiege gelegt. Die dankbaren

Eltern.« Und die Unterschrift. Das Kind wurde nicht verplant, sondern als Geschenk Gottes in Empfang genommen.

5. Das Ungeborene braucht die Ansprache der Mutter

Mit zwei Wochen beginnt das Herz eines Embroys zu schlagen. 14 Tage danach fängt das Gehirn an zu arbeiten. Schon in der 8. Woche bewegt das Kind im Mutterleib Kopf, Arme und Rumpf. In dieser Zeit entwickeln sich alle Veranlagungen, die später beim fertigen Menschen zu finden sind. Es nimmt Geräusche wahr, und es registriert Veränderungen des Lichts. Es kennt Freude und Angst, Aggressionen und Glück. So jedenfalls behauptet es Dr. Verny, der ein aufsehenerregendes Buch geschrieben hat mit dem Titel »Das Seelenleben des Ungeborenen«.

Der Schlüssel zum Seelenleben eines Ungeborenen ist seine Mutter. Denn jedes Gefühl, das eine schwangere Frau empfindet, überträgt sich auch auf die Frucht in ihrem Leibe. Das erste Geräusch, das ein Embryo hört, ist der Herzschlag der Mutter. Dieser monoton klingende, sich nie verändernde Ton hat einen entscheidenden Einfluß auf die Psyche des Kindes. Ein Test bewies es. Im Krankensaal einer Neugeborenenstation in New York wurde ein Tonband installiert, das Tag und Nacht das Geräusch eines schlagenden Herzens widergab. Ergebnis: Schon nach wenigen Stunden hatte der Ton aus dem Lautsprecher die Säuglinge verändert. Sie aßen mehr als die Kinder im Nachbarsaal, die ohne Tonband aufwuchsen. Sie schliefen länger, sie atmeten besser, sie schrien weniger und sie wurden seltener krank. Dr. Verny wörtlich:

> »Ob es sich (das Kind im Mutterleib) später als glücklich oder traurig, angriffslustig oder feige, sicher oder angstgepeinigt erlebt und sich entsprechend verhält – alles das hängt davon ab, welche Botschaften es im Mutterleib empfangen hat ... Das Herz des Embryos beginnt bereits dann schneller zu schlagen, wenn die Mutter *die Idee* hat, zu rauchen. Erklärung: Der Mensch löst eine chemische Reaktion im Blut der Mutter aus, die das Kind spüren kann.«[18a]

Mütter tragen eine Riesenverantwortung. Das Seelenleben des Kindes, die Zufriedenheit der Heranwachsenden, Ausgeglichenheit und Zuversicht der Heranwachsenden hat *auch* mit den ersten 9 Monaten im Mutterleib zu tun.

6. Alkohol und Nikotin

Selbstverständlich sind Alkohol und Nikotin während der Schwangerschaft *verboten*. Das Kind trinkt und raucht mit. Es wird außerdem *süchtig* und muß gleich nach der Geburt eine Entziehungskur durchmachen, wenn die Frau während der Schwangerschaft Drogen genommen hat. Auch Rauchen schädigt das Kind. Schon zwei Zigaretten, so zeigt eine neue Untersuchung, drosseln die Herztätigkeit des Babys im Mutterleib ganz erheblich. Das Kind ist gezwungen, mitzurauchen. Sein Blut wird mit Giftstoffen belastet und vermag deshalb nicht genug Sauerstoff zu transportieren.

Es gibt eine Behinderung, die in den Zeitungen meist verschwiegen wird: die *Alkohol-Embryopathie*. Die Betroffenen sind Kinder, die als Embryos durch übermäßigen Alkoholkonsum ihrer Mutter geschädigt wurden. Diese Kinder sind bei der Geburt untergewichtig und zu klein. Sie haben je nach Schweregrad der Schädigung einen zu kleinen Kopf, Herzfehler, Fehlbildungen im Genitalbereich und Skelettanomalien. Oft weist ihr Gesicht auch besondere Merkmale auf: niedrige Stirn, enge Lidspalten, breite Nasenwurzel und nach vorn gerichtete Nasenlöcher. Sie leiden an Appetitlosigkeit, kennen oft kein Hungergefühl. In der körperlichen und geistigen Entwicklung bleiben sie zurück. In der Bundesrepublik Deutschland gibt es ca. 600 000 registrierte Alkoholiker. Jährlich wird bei ca. 1800 Neugeborenen Alkohol-Embryopathie diagnostiziert. Die Dunkelziffer ist wahrscheinlich viel höher, denn viele Mütter erschweren den Ärzten die Diagnose.

7. Das Körpergewicht der Schwangeren

Die Schwangerschaften haben auch einige häßliche Begleiterscheinungen für die Mütter. Eine weniger schöne ist die *Gewichtszunahme*. Ein Arzt rät:

>»Während der 9 Schwangerschaftsmonate sollte Ihr Körpergewicht um nicht mehr als 20 Pfund zunehmen, wären also im Schnitt gut 2 Pfund pro Monat. Während der ersten 3 Monate ist die Gewichtszunahme oft geringer, aber lassen Sie sich davon nicht in falsche Sicherheit wiegen: Ab dem 4. Monat steigt das Gewicht schneller an! Es wird sich für Sie lohnen, wenn Sie es fertigbringen, nicht mehr als die besagten 20 Pfund zuzunehmen: Ihre Haut dehnt sich weniger stark, und Sie haben weniger Beschwerden mit Schwangerschaftsstreifen; Bluthochdruck und Ödeme treten nicht so leicht auf; die Geburt ist weniger schwer . . . Im Blick auf die Menge lautet die Faustregel: Iß für einen, niemals für zwei!«[19]

Keine Frage, daß diese Selbsteinschränkung Selbstbeherrschung erfordert, aber eine Hilfe für Mutter und Kind bedeutet.

8. Wenn die werdende Mutter oft müde ist

Viele Schwangere klagen beim Arzt über Müdigkeit. Diese Müdigkeit ist oft verbunden mit Niedergeschlagenheit und mürrischem Verhalten. Ich zitiere noch einmal Dr. Kettermann:

>»In meiner langen ärztlichen Praxis bin ich zu der Überzeugung gekommen, daß die Müdigkeit oft psychische Ursachen hat und daß nicht selten die müde Mutter einfach ihre eigenen Eltern nachahmt. Müdigkeit kann natürlich körperliche Ursachen haben. Zu diesen gehören zum Beispiel Blutarmut, niedriger Blutdruck, Unterfunktion der Schilddrüse, zu geringer Zuckergehalt im Blut u.a. Die wahrscheinlichste Ursache für chronische Müdigkeit bei einer Hausfrau und Mutter ist wohl die Monotonie und Langeweile, die ihr Dasein zum Teil zwangsläufig mit sich bringt.«[20]

Viele Schwangere fürchten nun, mit häuslichem Kleinkram und mit Alltagstrott ihr Leben ausfüllen zu müssen. Andere fühlen, ihre Berufskarriere sei nun zu Ende, sie seien in die vier Wände verbannt und zum Hausfrau-Dasein verurteilt. Sie hadern gegen das Schicksal der Ehe, gegen den Mann, gegen Gott und die Welt und werden immer depressiver.

Was können Sie tun? Dr. Kettermann rät:

>»Einmal in der Woche einen halben Tag Urlaub machen von Haushalt und Familie, um Freunde zu besuchen;
> Hobbys wahrnehmen! Malen, Töpfern, Sticken, Stricken, Basteln. Kreativität regt an und vertreibt die Müdigkeit;
> mit den übrigen Kindern spielen, die oft Meister der Fröhlichkeit sind und es verstehen, das Leben zu meistern.
> ›Eine der Eigenschaften Gottes, wie sie uns Jesus Christus offenbart, ist unbegrenzte Kraft. Wenn Sie auf Ihn blicken und sich von Ihm Führung und Weisheit erbitten, werden Sie die tiefste Lösung des Problems ›immer müde‹ finden.‹«[21]

9. Geschwister werden auf die Geburt vorbereitet

Die Geburt eines Babys löst in der Regel bei den Geschwistern Eifersuchtsgefühle aus. Bisher standen sie im Mittelpunkt, alles drehte sich um sie. Nach der Geburt eines Geschwisterchens müssen sie zurücktreten, müssen verzichten und bekommen weniger Zuwendung. Darum ist es wichtig, daß den Älteren erklärt wird, daß die

Mutter ein Baby erwartet. Dr. Kettermann gibt 6 Hinweise für Eltern, die ein Baby erwarten:

1. Hinweis: Erzählen Sie dem älteren Kind, daß Sie ein Baby erwarten. Tun Sie es aber erst gegen Mitte der Schwangerschaft; dann ist die Gefahr einer Fehlgeburt geringer, und die Wartezeit wird Ihrem Kind nicht endlos erscheinen.

2. Hinweis: Zeigen Sie Ihrem Kind, daß Sie es lieben, und sagen Sie ihm, daß das neue Baby noch mehr Liebe und Freude in die Familie bringen wird.

3. Hinweis: Besprechen Sie mit Ihrem Kind die notwendigen Veränderungen in der Wohnung. Wenn möglich, sollte das neue Baby in einem *eigenen* Schlafraum untergebracht werden. Es wird dann besser schlafen und das ältere Kind wird sich in seinem Zimmer nicht gestört fühlen.

4. Hinweis: Bereiten Sie die Älteren darauf vor, daß das Baby zunächst sehr klein und hilflos ist und daß man nicht vom ersten Tag an mit ihm Fußball spielen kann.

5. Hinweis: Helfen Sie Ihrem Kind auch, die Bedürfnisse des Babys zu verstehen. Es wird ungern spüren, daß es auf einmal weniger Zeit und Energie von den Eltern bekommt. Aber es kann den Verlust besser verschmerzen, wenn Sie es vorgewarnt haben. Verwenden Sie viel Zeit für Ihre Kinder, wenn das Baby schläft.

6. Hinweis: Helfen Sie Ihren Freunden und Verwandten, das ältere Kind nicht zu vergessen. Es darf nicht sein, daß sie nur noch Augen und Ohren für das Kleine haben. Eine gute Methode: Lassen Sie Ihr Kind die Besucher zu Babys Bett führen.[22]

10. Das Mutterschutzgesetz

Jede werdende Mutter braucht 6 Wochen vor und 8 Wochen nach der Geburt ihres Kindes nicht zu arbeiten. Sie erhält in dieser Zeit als Ersatz für Lohn oder Gehalt ein Mutterschaftsgeld in Höhe des Netto-Arbeitsentgeltes. Die Höhe des Mutterschaftsgeldes wird so berechnet: Nettoarbeitslohn der letzten 3 Monate geteilt durch 90 Kalendertage = Höhe des Mutterschaftsgeldes pro Tag. Für die Zahlung des Mutterschaftsgeldes vor der Entbindung ist das Zeugnis des Arztes maßgebend, in dem der voraussichtliche Tag der Entbindung angegeben ist.

Zusätzlicher Schutz:

– Nach Ablauf des 5. Schwangerschaftsmonates darf sie nicht länger als 4 Stunden am Tag im Stehen beschäftigt werden;

– verboten sind alle Arbeiten im Akkord oder am Fließband, Mehrarbeit, Nachtarbeit und Feiertagsarbeit;
– die Schwangere braucht während der Schwangerschaft keine Kündigungsfristen einzuhalten.

11. Vorsorgeuntersuchungen

Die schwangere Frau sollte die Gesundheitsvorsorge ernst nehmen. Die Sterblichkeit von Säuglingen, deren Mütter nicht bei Schwangerschaftsvorsorge-Untersuchungen waren, ist vergleichsweise größer als die der Babys, deren Mütter regelmäßig zum Arzt gegangen sind. Die Krankenkassen geben einen »Mutterschaftsvorsorgeschein« für 10 kostenlose Untersuchungen. Wer nicht krankenversichert ist, kann einen solchen Vorsorgeschein auch beim Sozialamt bekommen. Auch sollte sich jede Schwangere von ihrem Arzt den »Mütterpaß« geben lassen, den sie ständig bei sich trägt.

II. Nach der Geburt

1. Grunderfahrungen

Kinder sind Persönlichkeiten, sie werden es, aber sie sind es schon bei der Geburt aufgrund von Erbansprüchen. Die Persönlichkeit eines Kindes ist das Ergebnis eines langsamen, allmählichen Wachstums. Das Kind sitzt, bevor es steht, es stammelt, bevor es spricht; es phantasiert, bevor es die Wahrheit sagt; es zeichnet einen Kreis, bevor es ein Viereck zeichnet; es ist eigennützig, bevor es selbstlos ist, es ist auf andere angewiesen, bevor es selbständig wird. Alle seine Fertigkeiten – einschließlich seiner ethischen Vorstellungen und Begriffe – sind Wachstumsgesetzen unterworfen. An der Mutterbrust beginnt diese Entwicklung.

Das völlige *Einssein* von Mutter und Kind in der Säuglingszeit ist die Grundlage für spätere Reife und die Fähigkeit, allein zu sein, sich behaupten zu können und selbstvertrauend die Welt zu meistern. Ein Säugling muß in seinem ersten Lebensjahr die Grunderfahrung machen: Ich bin *vorbehaltlos akzeptiert* und angenommen. Es mag geschehen, was will, ich habe einen Platz in der Familie, ich gehöre dazu, meine Mutter hat mich lieb. Diese Grunderfahrung ist die sicherste Basis für spätere Liebesfähigkeit und Partnerschaftsfähigkeit. Eine gute Bemutterung fördert den Glauben an eine wohlwollende Umwelt, an den Menschen und an den lebendigen Gott.

2. Stillen

Ein Kind ist auf die Welt gekommen. Es schreit. Damit drückt es sein erstes Unlustgefühl aus: Hunger. Er läßt sich durch die einzige Nahrungsaufnahme stillen, zu der ein so kleines Wesen die Kraft hat: durch Trinken. Die erste flüssige Nahrung, die sein winziger Körper verarbeiten kann, ist Milch. Die beste Milch, die eine Mutter ihrem Kind geben kann, ist ihre eigene: die *Muttermilch*.

Dr. Köhnlechner schreibt über das Trinken:

>»Ich halte es nach dem wichtigen Atmen für die zweitwichtigste Säule, mit der wir unsere Gesundheit schützen. Fest steht: Wir können länger ohne Essen als ohne Trinken auskommen. Verdursten führt schneller zum Tod als Verhungern. Auch diese Tatsache beweist, daß unser Leben nach dem Atmen durch Trinken erhalten wird.«[23]

Leider werden nur etwa 6 % aller Säuglinge in den ersten drei Monaten gestillt. Stillen galt lange Zeit als unmodern. Viele Mütter füttern jedoch auch heute noch ihr Kind mit der Flasche. Es besteht aber kein Zweifel, daß Muttermilch für das Kind leichter zu verdauen ist als Kuhmilch. Aber noch ein wichtiger Hinweis: Stillen bedeutet nicht nur eine Art der Ernährung. Sieht man von der vorgeburtlichen Symbiose ab, ist die Beziehung zwischen Kind und Mutter nie enger als beim Stillen. Beide Partner sind eng aufeinander bezogen. Ohne Kind keine Milch, ohne Saugen an der Brust keine ausreichende Milchbildung.

»Stillen sollte zu jedem Zeitpunkt Mutter und Kind Freude machen. Beide stillen Bedürfnisse aneinander nach Nähe, Einssein, Sättigung ... Es ist andererseits, das weiß ich aus zahlreichen Gesprächen mit Betroffenen, eine Tragik, daß stillwillige Mütter selten so lange stillen, wie sie möchten. Keine Frau sollte zu irgendeinem Zeitpunkt der Stillzeit gegen ihren Willen abstillen müssen! Es gibt keinen Hinweis darauf, welcher Zeitraum die *ideale* und *natürliche* Stilldauer darstellt. Langes Stillen ist nicht *unnatürlich,* es ist nur *ungewöhnlich* in unserer Gesellschaft.«[24]

3. Entwöhnung und Versagung

Es besteht kein Zweifel, daß die Mutter die wichtigste Bezugsperson für den werdenden Menschen ist – im Guten wie im Schlechten. Eine befriedigend verlaufene Frühphase ist für die spätere Identitätsgewinnung von größter Bedeutung. Dagegen rufen Liebesverlust und leidvolle Erfahrungen mit der Mutter seelische Verletzungen hervor, die sich zeitlebens im Umgang mit anderen Menschen äußern können. Hat das Kind an der Mutterbrust Liebe, Geborgenheit und Urvertrauen tanken können, wird es selbstvertrauender, selbstbewußter und selbständiger sein Leben gestalten.[24a]

Der Schweizer Therapeut und Seelsorger, Paul Tournier, schreibt über diese notwendige Gemeinschaft zwischen Mutter und Kind und über die Geborgenheit, die das kleine Wesen darin erfährt:

»Es gibt also eine Art Gesetz, welches an das so realistische Wort Jesu Christi gemahnt: › ... Wer da hat, dem wird gegeben, daß er die Fülle habe, wer aber nicht hat, von dem wird auch genommen, was er hat‹ (Matth. 13,12). Wer also anfängliche Geborgenheit erfahren hat, der wird sich später überall heimisch fühlen; wer sie entbehren mußte, der wird überall vergeblich danach suchen. Wer in einer unpersönlichen Atmosphäre aufgewachsen ist, findet überall nur eine unpersönliche Welt. Selbst die Menschen sind für ihn nur Objekte, Dinge. Wer hingegen die Erfahrung des persönlichen Dialogs gemacht hat, knüpft dann mit allen Lebewesen ein Zwiegespräch an.«[25]

Nichts ist schlimmer als Liebesentzug, als Heimatlosigkeit, als Verlust der Grundlage, als Entwurzelung. Tournier ist sogar der Überzeugung, daß viele junge Menschen, die später in Sekten fliehen und in zweifelhaften Religionsgemeinschaften Zuflucht suchen, solche geängsteten, ungeborgenen Menschen sind, die in der Sekte die möglichst sichere Wahrheit suchen und eine möglichst vollkommene Gemeinschaft. Sie wurden als Säuglinge enttäuscht und wollen solche Enttäuschungen mit aller Gewalt verhindern. Das ist die eine Seite. Aber auch die andere Seite muß gezeigt werden.

Jahrelang war zu hören, daß die Triebansprüche und Bedürfnisse eines Säuglings zu erfüllen sind. Dadurch würden neurotische Entwicklungen vermieden. Wo liegen die Mängel dieser gewährenden Lebenseinstellung?

Wer sich erzieherisch zu der Einstellung bekennt, daß keine Frustration – also Versagungen und Einschränkungen – geduldet werden, fördert eine stark orale Haltung. Er fördert die unmittelbare Erfüllung von Lustansprüchen.

Versagung wurde jahrelang mit Unterdrückung gleichgesetzt. Durch die Mutter muß das Kind aber die ersten Frustrationen erfahren. Sie sind lebensnotwendig und machen das heranwachsende Kind mit der Realität vertraut.

Nur durch die *Auseinandersetzung mit der Realität* kann das kleine Wesen eine echte Du-Beziehung aufbauen. Distanzlosigkeit und mangelnde Abgrenzung sind die Folgen zu großer Verwöhnung.

Überfütterte Stillkinder sind Kinder, die von ihren Müttern nicht losgelassen werden können. Einerseits sucht die Mutter selbst die symbiotische Verschmelzung mit dem Kind, andererseits lernen die Kinder nicht, sich selbständig und selbstbewußt in der Welt zu bewegen.

Vielleicht ist der günstigste Zeitpunkt für eine Entwöhnung der Durchbruch der Zähne beim Säugling. Beißen stellt ein kreatives Ausgreifen des Kindes dar. Die expansive Phase des Kindes beginnt.

Eine Psychoanalytikerin schreibt:

»Nun kommt es mir so vor, als ob aus dieser *Ursehnsucht* nach der Mutterbrust, aus dieser Sehnsucht nach dem absoluten Befriedigtwerden, gerade jene zu Anfang zitierte orale Einstellung resultieren kann . . . Die Versagung oder Entwöhnung bringt nicht nur die notwendige Trennung von der Mutter, sondern auch ein wachsendes Maß an Autonomie mit sich. Ohne das Maß an Versagung, das entwicklungsgemäß ist, kann es auch keine zufriedenstellende Ich-Entwicklung geben.«[26]

Das Abstillen sollte als Ausklingen der Stillzeit praktiziert werden. Sobald das Kind überwiegend andere Nahrung zu sich nimmt und nur noch gelegentlich an der Brust saugt, versiegt die Milch allmählich. Dies ist die natürlichste Form des Abstillens.

Ein nicht unwichtiger Punkt ist die Frage der *Schadstoffbelastung* der Muttermilch. So rät die Deutsche Forschungsgemeinschaft, Stillen auf 3 bis 4 Monate zu beschränken, um Gesundheitsrisiken zu vermeiden. Die Schadstoffkonzentration in der Muttermilch ist leider zu einem ernsten Thema geworden. Und doch sind die meisten Fachleute der Meinung, daß Muttermilch immer noch die beste Grundlage für eine relativ gesunde Entwicklung des Säuglinges ist.

4. Der Schlaf des Babys

In den ersten 1 bis 2 Lebenswochen schläft das Baby wahrscheinlich 18 bis 20 Stunden pro Tag. Wach wird es nur, wenn es Hunger hat, naß ist und Stuhlgang hat; anschließend schläft es prompt wieder ein. Ob das Kind im eigenen Zimmer schlafen soll, darüber gehen die Meinungen auseinander. Die französische Analytikerin Françoise Dolto ist der Meinung, daß man das Kind nicht in ein Sonderzimmer zum Schlafen schaffen müsse, so als wollte man das Kind in die Wüste schicken. Als es im Bauch der Mutter schlief, störte es der Lärm auch nicht. Das Baby wachte irgendwann auf, und zwar durch Schaukeln, starke Geräusche und laute Musik.

Wahrscheinlich ist es aber sinnvoller, das Kind von klein auf an bestimmte *Ordnungen* zu gewöhnen. Darum schreiben die Ärzte Dr. G. H. und H. L. Kettermann:

>»Wenn möglich, lassen Sie das Kind im eigenen Zimmer schlafen. Dort ist es ruhiger und es kann nachts länger schlafen. Wird es nachts wach und unruhig, füttern und wickeln Sie es, aber stecken Sie es dann sofort wieder ins Bett. Schon in den ersten Lebensmonaten müssen Sie konsequent darauf achten, daß das Kind einen Unterschied zwischen Tag und Nacht bemerkt. Es muß von vornherein merken: Die Nacht ist zum Schlafen da, gespielt wird nur am Tag!«[27]

Gewöhnungen sind Spielregeln, die für das Kind und die Erwachsenen hilfreich sind. Erziehung zur Ordnung ist für viele Eltern ein Reizwort. Aber die echte *Tageseinteilung* ist die Voraussetzung für körperliches und geistiges Gedeihen. Je konsequenter Essens- und Schlafzeiten eingehalten werden, desto eher ist das Kind bereit, sich an klaren Richtlinien zu orientieren.

Was sollen Eltern bedenken?

Das Kind muß von Geburt an für *gute Schlafgewohnheiten* gewonnen werden. In den ersten 2 bis 3 Lebensmonaten verschläft es sowieso mehr als drei Viertel der Zeit.

Das Schlafzimmer des Kindes sollte so ruhig wie möglich sein, damit das Kind am Tage und in der Nacht vor Straßenlärm, Krach im Wohnzimmer und vor unangenehmen Geräuschen bewahrt wird. Auch ein verdunkeltes Zimmer fördert das Einschlafen. Das Kind gewöhnt sich rechtzeitig daran, im Dunklen allein zu schlafen. Wenn möglich, sollte das Kind auf keinen Fall im Zimmer der Eltern schlafen. Eltern müssen an sich selbst denken. Sie brauchen Ruhe und Erholung, und das Kind lernt, ein eigenes Leben aufzubauen.

30 % aller Kinder zwischen 6 Monaten und 4 Jahren leiden unter Schlafstörungen. Sie suchen Geborgenheit im elterlichen Bett und setzen ihren Anspruch durch lautes Weinen durch, solange sie noch nicht laufen können. Lassen sich die Eltern aus Schwäche, Nachgiebigkeit oder Angst auf den Anspruch der Kinder ein, werden sie für lange Zeit das Ehebett mit dem Kind teilen müssen.

Zweifellos gibt es Psychologen und Kinderärzte, die diese Trennung von Eltern und Kind für überholt halten. Die Berufstätigkeit der Eltern, das Alleinlassen des Kindes und die unbewußte Furcht, nicht genügend Zuwendung von Vater und Mutter zu bekommen, typische Achtmonatsängste, seien Gründe, das Kind im elterlichen Schlafzimmer aufzunehmen. Oft genügt aber schon, das Kinderbettchen für ein paar Tage neben das Ehebett zu stellen.

5. Das Baby schreit

Das Schreien macht vielen Eltern zu schaffen. Sie beunruhigen sich, werden nervös und fühlen sich hilflos. Gerade die Nervosität und die Angst, die sich auf das Kind übertragen, verstärken aber das Schreien des Babys. Eltern und Kinder machen sich gegenseitig verrückt. Darum ist *Ruhebewahren* ein wichtiger Schritt, um das Kind wieder zu beruhigen.

Dr. Kettermann führt 4 Gründe an, warum ein Kind schreit:

1. Grund: Es hat vielleicht Hunger;

2. Grund: Es fühlt sich nicht wohl, weil es z. B. naß ist, Blähungen oder Stuhlgang hat oder nicht länger auf dem Rücken oder Bauch liegen kann;

3. Grund: Es fühlt sich einsam und gelangweilt;

4. Grund: Vielleicht hat es schon gelernt, daß Sie sofort angelaufen kommen, wenn das Kind schreit.[28]

Schreien ist gesund. Das Kind vollbringt eine ungeheure Leistung. Es kann sich verständlich machen. Das Baby schreit nicht, um uns zu ärgern, sondern allein darum, weil dies die einzige Möglichkeit ist, sich zu äußern.

Hinweise für die Eltern, wenn das Kind schreit:

Wenn das Kind schreit, prüfen Sie, ob ihm etwas fehlen könnte. Sie können dem Kind Nahrung anbieten, die Windeln wechseln oder es auf eine andere Seite legen.

Selbstverständlich können Sie den Säugling auch in die Arme nehmen und wiegen. Sie geben damit dem Säugling seinen Rhythmus wieder, den es vermutlich im Körper der Mutter verspürt hat. Beim Wiegen sollten Sie vor allem mit dem Säugling sprechen: »Sieh, die Mutter ist da. Da steht der Vater. Wir sind für dich da.« Wenn das Kind schreit, wird es sich an die Schwingungen der Stimme seiner Eltern erinnern und wieder beruhigt sein.

Wenn das Kind schreit und Sie ganz ruhig bleiben und schweigen, wenn das Geschrei also keinen Widerhall findet, dann schweigt oft auch das Kind.

Hüten Sie sich, das Kind stundenlang zu wiegen! Lassen Sie es womöglich auch mal schreien. Wichtig ist, daß Sie keine Angst entwickeln. Schon ein mehrere Wochen altes Kind macht die Erfahrung, daß auf sein Schreien hin die Mutter kommt, es an die Brust legt, zudeckt oder sich mit ihm beschäftigt. Wer ständig nach jedem Schreien des Kindes herbeistürzt, erzieht vermutlich einen kleinen Tyrannen.

Strafen Sie den Säugling nicht, wenn er schreit! Das Kind schreit nach vermißter Liebe. Strafen vergrößert die Not des Kindes. Je ruhiger und konsequenter Sie dem Baby begegnen, desto besser.

Weinen gehört zum Leben wie das Lachen. Es ist eine seelische Reinigung und Läuterung.

6. Das Baby entdeckt die Mutter

Ein Baby kommt völlig hilflos zur Welt. Nach 1 Jahr kann es denken und sich aus eigener Kraft bewegen. Es beginnt zu sprechen und hat seine ersten Erfahrungen gemacht, die es für's ganze Leben prägen. Sobald ein Baby auf der Welt ist, beginnt es zu lernen. Sein erster Eindruck ist ein Chaos von wirren Empfindungen, von Licht, Lärm und leerem Raum. Immer neue Erfahrungen bringen jenes kleine und doch so mächtige Instrument zur Entwicklung und Reife, ohne das kein Lernen möglich ist – das Gehirn.

Das menschliche Gehirn arbeitet wie ein Computer. Bei der Geburt ist es mit den einfachsten Daten gefüttert, der Grundtendenz, unbedingt zu überleben. Alle Anlagen sind vorhanden, aber sie brauchen den körperlich-seelischen Anreiz, um praktikabel zu werden. Auch die Fähigkeit zur Liebe ist bereits da. Der Anfang ist die instinktive Zuneigung des Babys zur Mutter, die für ihr Kind die Quelle von Nahrung und Wohlbefinden ist. Sobald diese allerersten Erfahrungen gemacht werden, sie sind im Gehirn des Säuglings gespeichert, beginnt der Säugling sich selbst zu programmieren. Alle Nachrichten, die die 5 Sinne erreichen, werden selbständig sortiert und geordnet. Der Ablauf ist zunächst noch wenig eingespielt. So dauert es bei einem zweiwöchigen Baby 2 bis 3 Minuten, ehe es auf eine zärtliche Berührung reagiert. Auf eine schmerzhafte reagiert es bereits innerhalb von 2 Sekunden.

Schmecken und Riechen entwickeln sich bereits während des 3. Monats im Mutterleib. Tests mit Neugeborenen haben ergeben: Das Baby vermag sofort süß, sauer, salzig und bitter zu unterscheiden.

Das Hörvermögen ist vor der Geburt völlig ausgebildet. Ein Fötus reagiert auf laute Geräusche. Allerdings nimmt er sie mit dem ganzen Körper als rhythmische Vibration wahr. Doch nach der Geburt, sobald die Gehörgänge von Fruchtwasser befreit sind, kann das Baby hören. Als erstes lernt es, Töne zu unterscheiden. Es dauert etwa 3 Monate, bis die Hörzentren im Gehirn voll entwickelt sind. Generell zeigt das Baby 2 bis 3 Wochen nach der Geburt, daß es die ersten und wichtigsten Töne in seinem Leben – die Stimme der Mutter – von anderen unterscheiden kann. Dieses vorerst noch emotionale Erkennen und Antworten prägt den Anfang seiner Fähigkeit, zu verstehen und sich mitzuteilen.

Am längsten brauchen *die Augen*, ehe sie voll funktionieren. Das Neugeborene nimmt Hell und Dunkel wahr. Es besitzt auch einen Farbensinn. Etwa mit 2 Monaten sieht das Baby zweidimensional Bilder und nicht vor dem 5. Monat erblickt es zum ersten Mal das Gesicht der Mutter dreidimensional. Von diesem Augenblick an kann es gar nicht genug sehen. Am Anfang hat das Baby nichts als einfachste Sinneswahrnehmungen, auf die es mit Reflexbewegungen reagiert: Atmen, Saugen, Schreien - alles spielt sich zunächst unter der Bewußtseinsgrenze ab.

Aber der nächste Vorgang hat bereits eingesetzt: Feststellen, Unterscheiden, Wiedererkennen. Das Gehirn, der wunderbare Mini-Computer, hat zu arbeiten begonnen. Es legt Verhaltensformen fest. Das Baby entdeckt die Zusammenhänge von Ursache und Wirkung, es zieht Schlüsse und formt damit die Grundlage zu seinem Gedächtnis und zu seinem späteren Verhalten. Der Verstand des Babys lernt, die Stimme der Mutter, ihre Berührung, ihren Geruch von denen anderer Menschen zu unterscheiden. Das Baby beginnt, sich ein Bild von seiner Mutter zu machen.

Die Neugier eines Babys ist nicht zu bändigen. Sie ist ebenso stark und instinktiv wie der Trieb nach Nahrung. Ein gesundes Baby ist fasziniert von allem und jedem. In seinem Gehirn sind mehr als 10 Millionen Zellen an der Arbeit, neue Erfahrungen zu machen.

Der menschliche Körper entwickelt sich vom Kopf an abwärts. Das Baby lernt zuerst, seinen Kopf aufrecht zu halten. Es grapscht mit den Händen, fuchtelt mit den Ärmchen, ehe es auch nur seine Beine heben kann. Ein Baby, das sitzt, erblickt die Welt aus einer neuen Perspektive. Es präzisiert das Zusammenspiel von Hand und Auge. Mit 9 Monaten spreizt es Daumen und Zeigefinger der ausgestreckten Hand. Babys erstes Lächeln ist nichts als ein Entspannen der Gesichtsmuskeln zum Zeichen des Wohlbefindens. Aber bereits gegen Ende des ersten Monats beginnt die Außenwelt ihren Reiz auszuüben: Das Baby lächelt nicht mehr in sich hinein – es lächelt an. Und sobald es seine Mutter erkennen kann, ist es sein liebstes Spiel, ihr Lächeln zu sehen und wiederzulächeln. Im 5. Monat beginnt es, sein lächeln vorsichtiger zu verteilen. Es kann nun Bekanntes und Unbewußtes unterscheiden und lächelt nur noch vertraute Gesichter an.

7. Eßgewohnheiten

Viele Mütter haben Probleme mit dem Füttern ihres Babys. Sie drängen ihm Nahrung auf, die das Kind nicht will. Schon einige Monate nach der Geburt hat sich ein starker Kampf zwischen Mutter und Kind entwickelt, was die Mahlzeiten angeht. Das Kind läßt den Brei aus dem Mund laufen und schmiert ihn im Gesicht herum. Meist ist das Kind einfach satt. Wichtig ist, nehmen Sie dem Kind sofort den Teller weg!

Einige Regeln für Eltern und Erzieher:

Wichtig ist, daß das Kind nicht ständig zwischendurch ißt und sich Nahrung erbettelt. Es gibt Kinder, die den ganzen Tag Kleinigkeiten zu sich nehmen, aber keine einzige richtige Mahlzeit bekommen. Sie entwickeln Eßgewohnheiten, die sich später im Erwachsenenalter rächen.

Eltern müssen sich hüten, dem Kind Mahlzeiten *aufzuzwingen*. Das Kind weiß am besten, wieviel es braucht. Das Wachstum des Kindes geht nach 18 Monaten langsamer voran. Es braucht dann weniger als vor dem 1. Geburtstag.

Wenn das Kind beginnt, *mit Nahrung zu spielen*, nehmen Sie dem Kind den Teller weg. Wollte das Baby nur spielen und hat noch

Hunger, kapiert es schnell: Wenn ich mit dem Essen spiele, gibt's nichts mehr.

Eine Störung im Nahrungsbereich: Das Kind bekommt keine Nahrung oder wird gehindert, Nahrung zu sich zu nehmen, diese Frustration kann zu verstärktem *Daumenlutschen* führen. Darum ist es nicht ratsam, den Säugling stundenlang auf Nahrung warten zu lassen.

Wichtig ist, daß das Kind lernt, bis zur nächsten Mahlzeit zu warten. Es sollte lernen, am Tisch mit anderen zu essen. Lediglich Flüssigkeit darf das Kind zwischendurch zu sich nehmen. Nur *liebevolle Konsequenz* hilft, Regeln und Essensgewohnheiten einzuüben.

Beginnen Sie jede Mahlzeit mit einem *Dankgebet*. Das Kind spürt und erlebt, wie wir froh und dankbar unsere Speisen genießen. Danken macht froh, und das Dankgebet verhindert, daß wir leichtfertig an der Mahlzeit herummäkeln. Die drei kurzen Tischgebete mögen als Anregung dienen:

»Jedes Tier, das hat sein Essen, jede Blume trinkt von dir,
hast auch uns noch nicht vergessen, lieber Gott, wir danken dir.«

»Alle guten Gaben, alles, was wir haben,
kommt, o Gott, von dir: Dank sei dir dafür.«

»Wir danken dir, o treuer Gott, daß du uns gibst das täglich Brot.
Laß uns in dem, was du uns gibst, erkennen, Herr,
daß du uns liebst.«

8. Daumenlutschen

Wann lutschen Kinder überhaupt am Daumen? Christa Meves schreibt:

»Das Daumenlutschen ist der elementarste *Trost*, den es in der Menschheit gibt. Trost gegen Schmerz, Einsamkeit, Verlassenheit und Hunger. Die meisten entdecken diese Möglichkeit der Selbstbeschwichtigung schon wenige Tage oder Wochen nach ihrer Geburt ... Wir wissen heute, daß Säuglinge, die man nicht stundenlang schreien läßt, sondern ihnen stattdessen ›nach Bedarf‹ die Mutterbrust reicht, keineswegs unentwegt am Daumen lutschen. Sie haben ja das, wonach ihr Herz verlangt: die Mutter und die Süße ihrer Nahrungsquelle.«[29]

Christa Meves spricht von der Urunlust, allein, hungrig und verlassen zu sein. Sie ist der Meinung, daß permanente Daumenlutscher später häufig zu permanenten Zigarettenrauchern würden, zum Konsumieren neigen und abhängig werden. Es gibt aber auch ganz ausgeglichene und glückliche Kinder, die am Daumen lutschen. Sie haben ein besonders starkes *Saugbedürfnis*. Häufig kommt es vor, daß Kinder abends vor dem Schlafengehen noch eine Weile an einem Finger nukkeln. Im 1. Lebensjahr haben alle Kinder ein natürliches Saugbedürfnis. Sonst könnten sie nicht trinken. Lutschen und Saugen sind lange Zeit ihre größte Freude. Während der ersten 3 bis 4 Monate ist dieses Bedürfnis am stärksten. Vom 8. Lebensmonat an läßt es normalerweise schnell nach. Mit 1 Jahr haben die meisten Kinder das Lutschen überwunden. Es kommt bei Kindern im 1. Lebensjahr also darauf an, das Lutschbedürfnis zu befriedigen. Am besten während der Mahlzeit. Sehr häufig stecken Babys sofort den Daumen in den Mund, wenn sie gerade erst getrunken haben – auch wenn sie satt sind. Unbestritten ist auch, daß es Aufnahmen von Ungeborenen im Mutterleib gibt, die dort schon am Daumen lutschen.

Was müssen Mütter beachten? Was können Mütter tun?
Wenn Babys, die getrunken haben, den Daumen in den Mund stecken, müssen die Mütter die Mahlzeit künstlich verlängern. Bei Brustkindern machen sie das am besten so: Trinkt sich das Kind an einer Brust satt, so darf es auch nach Leerung der Brust noch solange weitersaugen, wie es will.

Lutschen Flaschenkinder am Daumen, so muß der Sauger nur ein kleines Loch haben, damit es länger dauert, bis die Flasche leer ist. Im ersten halben Jahr sollte ein Baby etwa 15 bis 20 Minuten für eine Flasche brauchen. Gemeint ist die Trinkzeit ohne Pause.

Wenn Mütter dem Kind viel Körperkontakt schenken, mit ihm schmusen und mit ihm spielen, wird das Kind in jeder Weise abgelenkt. Ebenso, wenn man dem Kind Spielsachen in die Hand gibt. Es braucht Gegenstände, um sich kreativ zu betätigen. Spielen schützt vor Langeweile.

Wird das Kind ständig auf das Daumenlutschen angesprochen – fürsorgliche und ängstliche Eltern wollen es natürlich verhindern –, wird das Lutschen erst recht zum Problem. Merke: Erhebst du ein Problem zum Problem, bekommst du ein Problem!

Bei Kindern mit großem Saugbedürfnis kann unter Umständen ein Schnuller eine große Entspannung bedeuten. Die meisten Schnuller sind heute so beschaffen, daß sie Zähnen und Kiefer keinen Schaden zufügen.

Machtkämpfe und Folterwerkzeuge sind natürlich erst recht nicht der Weg, dem Kind das Daumenlutschen abzugewöhnen. Ungeeignet sind daher Rohre und Schienen, Handschuhe mit langen Gummistäben, Senf, Gitter für die Daumen u. ä. Das Wichtigste ist immer: die seelischen Ursachen zu finden. Finden Sie keinen Anhaltspunkt, können Sie sich damit trösten, daß Ihr Kind ein besonders starkes Saugbedürfnis hat.

9. Erste Erfahrungen mit Gott

Ohne Frage beginnt jede Erziehung im Augenblick der Geburt: Die Erziehung zur Gemeinschaft, zur Selbständigkeit, zur Verantwortung, zur Liebesfähigkeit und zur Geduld. Auch die Erziehung zum Glauben – wenn man das so ungeschützt formulieren darf - beginnt mit dem 1. Lebenstag, bevor das Kind denken kann. Viele meinen, das Kind versteht nicht, was wir sagen, was wir glauben, was wir beten. Marielene Leist formuliert das so:

> »Heute wissen wir, daß Glauben etwas ganz anderes ist, daß es auf Erfahrung beruht und mit dem Verstand viel weniger zu tun hat, als wir früher angenommen haben. Wie aber können wir dem Kind von Gott erzählen, wenn es noch nicht unsere Worte versteht? . . . Unsere Sorge ist unnötig. Unsere Kinder haben schon das Wichtigste über Gott erfahren, noch bevor sie einen Satz zu sprechen vermögen.«[30]

Was sollten Eltern bedenken?

Vater und Mutter, die an Gott glauben, praktizieren, was sie glauben, sie leben, was sie für wahr halten. Sie zeigen im täglichen Leben, daß sie sich auf den lebendigen Gott verlassen und tragen alle Dinge vor Sein Angesicht. Das Kind »versteht« nicht dogmatische Lehrsätze, aber es spürt das Vertrauen, das die Eltern einer unsichtbaren Macht entgegenbringen. Und das Kind spürt, daß zwei Menschen da sind, auf die Verlaß ist, die sich treu und verantwortungsvoll um das Kind kümmern. Das Kind lernt Vertrauen, eine unschätzbare Basis für den späteren Glauben. Es erlebt und erfährt: Die Eltern sind der verlängerte Arm des lebendigen Gottes auf dieser Erde. Sie trösten, wie Gott tröstet; sie helfen, wie Gott hilft. Sie schenken Geborgenheit, wie Gott Geborgenheit schenkt. Die Eltern sind im besten Sinne seine »Stellvertreter« auf dieser Erde.

Das Kind erlebt, daß die Eltern über ihm *beten*. Sie sprechen mit einem Unsichtbaren, als wenn er anwesend wäre. Das Kind erfährt, daß die Eltern zuversichtlich sind, daß sie hoffnungsfroh und gelassen alle Dinge einem Dritten anvertrauen. Das Kind spürt, daß die Eltern zufrieden und ruhig die Hände falten. Es versteht kein Wort und wird doch mit der Quelle allen Lebens vertraut gemacht.

Noch einmal Marielene Leist:

>Irgendwann verbindet sich für das Kind die Erfahrung des *Anderen mit dem Wort* >Gott<. *Irgendwann weiß das Kind, daß der, dem so erstaunliche Erfahrungen gelten, Gott genannt wird, der unsichtbar bleibt.*«[31]

10. Loslassen können

Kinder sind ein Geschenk Gottes, das uns auf Zeit anvertraut ist. Sie sind eine Leihgabe, bis sie auf eigenen Füßen stehen können. Wir dürfen sie nicht gewaltsam festhalten und sie zum Eigentum machen wollen. Schon in einem Psalm hat David ein brauchbares Bild benutzt, um den Stellenwert des Kindes, das uns anvertraut ist, zu beschreiben.

>Wie Pfeile in der Hand eines Kriegers (oder: Helden), so sind die Söhne der Jugendkraft: Wohl dem Mann, der mit ihnen seinen Köcher gefüllt hat!« (Psalm 127,4 u. 5.)

Pfeile sind Gegenstände, die wir fortschießen. Wir benutzen sie, aber wir behalten sie nicht. Wir tragen sie bei uns, aber wir schicken sie in die Welt hinaus. Der orientalische Weise Kahlil Gibran hat eine eindrückliche Geschichte »Von den Kindern« geschrieben, die auch den Gedanken von Pfeil und Bogen aufgreift. Wir sind in der Tat der Bogen, von dem unsere Kinder als lebende Pfeile entsandt werden. Die Geschichte von Gibran lautet: »Von den Kindern«.

>Ein Weib, das ein Kind an der Brust hielt, sagte: >Rede uns von den Kindern.< Und er sprach also:

Eure Kinder sind nicht *eure* Kinder. Es sind die Söhne und Töchter von des Lebens Verlangen nach sich selber. Sie kommen durch euch, doch nicht *von* euch;

und sie sind auch bei euch, so gehören sie euch doch nicht.

Ihr dürft ihnen eure Liebe geben, doch nicht eure Gedanken, denn sie haben ihre eigenen Gedanken. Ihr dürft ihren Leib behausen, doch nicht ihre Seele, denn die Seele wohnt im Hause von morgen, das ihr nicht zu betreten vermöget, selbst nicht in euren Träumen. Ihr dürft euch bestreben, ihnen gleich zu werden, doch suchet nicht, sie euch gleich zu machen. Denn das Leben läuft nicht rückwärts, noch verweilet es beim Gestern. Ihr seid die Bogen, von denen eure Kinder als lebende Pfeile entsandt werden.

Der Schütze sieht das Zeichen auf dem Pfade der Unendlichkeit, und er biegt euch mit seiner Macht, auf daß seine Pfeile schnell und weit fliegen. Möge das Fliegen in des Schützen Hand euch zur Freude gereichen; denn gleich wie er den fliegenden Pfeil liebet, so liebt er auch den Bogen, der standhaft bleibt.«[32]

III. Unser Kleinkind

Die Jahres des Kleinkindes, zuerst zwischen 1 und 3, sind für die Eltern in der Regel aufreibende Jahre. Das Kind wird von einer unglaublichen Beweglichkeit beherrscht. Das Kind will spielen und herumtoben. Die Frage ist, ob es dabei von den Eltern ermutigt, unterdrückt oder gebremst wird.

Es ist auch die Zeit,
> wo es anfängt zu sprechen,
> wo es sauber werden soll,
> wo es lernt, mit anderen auszukommen, und
> wo es lernt, mit seinem Trotz umzugehen.

Kritisch ist, daß das Kind seinem eigenen Willen gegenüber eine bestimmte Haltung einnehmen muß. Es muß lernen, *Willenskraft* zu zeigen. In dieser Zeit, wo das Kind im Begriff ist, eine selbständige Person herauszukehren, erlebt es Widerstand, Reibung und notwendige Auseinandersetzung mit der Umwelt. Das Kind probiert seinen Willen auf alle nur mögliche Weisen aus. Aus der Interaktion mit Eltern kann sich ein *negatives* Kind entwickeln, es kann sich den Wünschen der Eltern anpassen, und es kann von unbefriedigten Wünschen und Bedürfnissen bedrängt werden, die sich später in unseren Lebensabschnitten kritisch auswirken. Aufgabe der Eltern in diesem Entwicklungsabschnitt ist es, dem Kind zu helfen,
> seinen eigenen Willen zu entwickeln,
> notwendige Grenzen zu respektieren, und
> die Unabhängigkeit des Kindes zu fördern.

1. Das Baby ist in Bewegung

Vielleicht sind Krabbeln und Beweglichkeit die hervorstechendsten Merkmale in der Zeit, wo das Kind ca. 1 Jahr alt ist.
> Es hat ca. 6 bis 8 Zähnchen bekommen,
> es hat ein Gewicht von ca. 9 bis 11 kg,
> seine Länge beträgt etwa 75 bis 78 cm,
> es beginnt bereits unsicher zu gehen,
> es kennt seine Umgebung genau,
> es schläft ca. 12 Stunden,
> es spielt gern mit Geschwistern und Eltern,
> es versteht schon einige Worte,
> es ahmt Erwachsene und Tiere nach.

In diesem Alter und später flitzt das Kind also auf allen Vieren durch die Wohnung, faßt alles an, erforscht und entdeckt seine Umwelt. Das Kind erprobt seine Kraft, betätigt seine Muskeln und seinen Geist und entwickelt seinen Charakter. Es ist die Zeit, wo Eltern in der Gefahr stehen, übermäßig ängstlich und steuernd einzugreifen und die Neugier und das Temperament des Kindes zu bremsen. Das Leben kann für das Baby eine Kette von Frustrationen und Enttäuschungen werden. Es hört nur noch »Nein«, »Willst du das wohl lassen!«, »Faß das nicht an!«, »Jetzt ist aber Schluß!« Die Stimme der Mutter schrillt, ihre Nerven sind gespannt, die Welt des Kindes wird zum Feindesland. Eroberungen sind verboten. Neugier und Forschung sind ungehörig.

Was müssen Eltern bedenken?

1) Sie müssen *feste und klare Grenzen setzen;*

2) sie müssen *dem Kind etwas zutrauen,* damit das Kind Selbstvertrauen und Selbstbewußtsein entwickelt;

3) sie müssen *die Neugier und den Forscherdrang des Kindes unterstützen* und *seine Kreativität fördern.*

2. Die kindliche Phantasie muß aktiviert werden

Schon in den beiden ersten Lebensjahren, etwa vom 3. Monat an, scheint das Kind Bewegungen seines Körpers zu beobachten und diese willentlich zu wiederholen. Es beschäftigt sich mit seinem Körper und vor allen Dingen mit den Möglichkeiten seiner einzelnen Gliedmaßen. Besonders spielanregend ist alles, was auf die Aktivitäten eines Kindes in irgendeiner Form reagiert, und sei es nur, daß es einen besonderen Anblick oder ein überraschendes Geräusch bietet. Handlungen, die irgendeinen Effekt haben, werden dann vom Kind sofort leidenschaftlich wiederholt.

Besonders wichtig sind die Lebensabschnitte der *Spielentwicklung* vom 2. bis zum 4. Lebensjahr. Diese Periode ist durch Nachahmen gekennzeichnet. Personen werden nachgeahmt. Alltagssituationen werden nachgespielt, Geräusche, Töne und Stimmen werden imitiert. Für die einzelnen Rollen und Aufgaben wird das Spielmaterial willkürlich umgedeutet. Das Kind reagiert noch wenig auf die Beschaffenheit des Spielzeugs, sondern setzt es – ohne Rücksicht auf dessen eigentliche Funktion – in die eigenen materialunabhängigen Spielideen ein. Dabei kann das Kind selbst eine ganze Reihe Rollen übernehmen. Puppen und Stofftiere werden zu Spielpartnern. Erst ab dem 4. Jahr gewinnt das *kollektive Rollenspiel* immer mehr an Bedeutung. Auf eine Spielanregung hin bringen mehrere Kinder ihre Vorstellungen und Phantasien in die Gruppe ein. Durch motivierende Vorschläge und Akzeptieren der Ideen anderer entsteht eine *Spielgemeinschaft.*

Spielen ist für das Kind bis zu 7 Jahren genauso wichtig und lebensnotwendig wie für den Erwachsenen die Arbeit. Es ist ein Fehlschluß vom Erwachsenen, für den Spiel nur ein Ausgleich, eine Freizeitgestaltung, eine Entspannung bedeutet, wenn er seinen Wertmaßstab an das kindliche Spiel anlegt.

Mit 2 Jahren etwa, wenn das Kind mit Bauen beginnt, erwacht in ihm noch eine andere Fähigkeit: Es kann Handlungen wie Händewaschen »trocken« ausführen und hat Freude daran –, es »ißt« seinen Sandkuchen, es »gießt« Blumen. Das bedeutet aber, daß es sich diese Tätigkeiten bereits *vorstellen* kann.

Das Spielen gehört ebenso wie Erkunden, Nachahmen, phantasievolles Abwandeln des Erlernten und Nachgeahmten zu den Strategien des kindlichen Verhaltens für den aktiven Erfahrungserwerb und somit zu den biologischen Grundbedürfnissen des Kleinkindes. Im Spiel laufen motorische, manuelle und geistige Vorübungen für das weitere Leben ab; eigentlich ein Trainingsprogramm für den Alltag von späteren Jugendlichen und Erwachsenen. Das Spiel ist auch eine Möglichkeit der Auseinandersetzung mit dem Erlebten und befriedigt gleichzeitig die Grundbedürfnisse eines Kindes. Der natürliche Bewegungsdrang eines Kleinkindes, oft mit wenig gedämpfter Laufäußerung, kann im Spiel ausgedrückt werden.

Einige Hinweise für Eltern:

1) In Spielen können die Kinder emotionale Spannungen austragen, ausdrücken und bearbeiten, so daß sie Ängste abbauen und auch Einsichten in das Verhalten anderer gewinnen.

2) Eltern und Erzieher sollten nicht vorgegebene Situationen aus dem Alltag vom Kind spielen lassen. Damit berücksichtigen sie die Bedürfnisse des Kindes nicht; ihre Vorstellungen sind für die Entwicklung des Kindes wertlos.

3) Die Spiele sollten von den Erwachsenen nicht unterbrochen werden. Es ist gut, 5 Minuten vor einem Spielschluß den Kindern Bescheid zu sagen, wenn etwas Wichtiges auf dem Plan steht.

4) Der Erwachsene muß sich hüten, Kinder vor 5 bis 6 Jahren nach der Bedeutung ihres Bauwerkes oder ihres Bildes zu fragen. Die Phantasie ist sehr in Bewegung, und jetzt kann etwas eine Blume darstellen und im nächsten Augenblick ein Auto werden. Die.

festlegende Frage des Erwachsenen engt die freie Phantasie des Kindes zu früh ein. Das Kind wächst mit der irrigen Meinung auf, daß nur etwas schön sei, wenn es eine bestimmte Bedeutung habe.

5) Ein zu hohes Sauberkeitsideal der Eltern und Erzieher oder eine angstbesetzte Überbehütung können eine freie Spielaktivität hemmen. Ein Kind von allen Flecken und jeder Verletzungsgefahr fernhalten zu wollen, bedeutet gleichzeitig, Tatendrang, Entdeckungsversuche, Feststellung der eigenen Möglichkeiten und Überprüfung der eigenen Fortschritte im Keim zu ersticken. Selbstverständlich muß ein Erwachsener bei offensichtlicher, ernster Verletzungsgefahr beschützend eingreifen.

6) Da das Spielen *keine sinnlose Nebenbeschäftigung* ist, weil sie der menschlichen Selbstentfaltung und Selbstgestaltung dient, ist nicht in erster Linie das Spielzeug wichtig, sondern die *Phantasie* des Kindes. Das Spielzeug soll möglichst einfach sein. Auf jeden Fall muß es gestaltbar und vielfach verwendbar sein. Bälle und Bauklötze haben einen hohen Stellenwert in der Spielwelt des Kindes.

3. Unser Kind lernt sprechen

Bis Ende des 3. Monats nach der Geburt können sich Babys nur durch Schreien verständlich machen. Zwischen dem 4. und 6. Monat lernt das Baby dann eine Menge anderer Töne zu produzieren: es fängt an zu quietschen und zu gurren, es juchzt und lallt, und bei bestimmten Bewegungen ächzt es vor Anstrengung. Das Baby plappert nun sehr gerne, vor allem, wenn es alleine ist. Im Gegensatz zum Schreien sind diese neuen Laute meist keine Mitteilungen, das Baby freut sich vielmehr an den neuen Fähigkeiten. Die ersten richtigen Wörter, die es spricht, sind meist »Mama« oder »Papa«. Oft meinen die Kinder noch nicht einmal die Eltern damit. Erst mit 10 Monaten sagen die meisten Babys wirklich Mama und Papa und verwechseln auch beide Worte nicht mehr. Etwa mit 1 Jahr ist das Kind in der Lage, zwei bzw. fünf oder zehn sinnvolle Wörter aus der Kindersprache zu beherrschen; 1 Jahr später, am Ende des 2. Lebensjahres, verfügen die meisten Kinder schon über einen gewissen aber unterschiedlichen Wortschatz. Mit 4 Jahren können sie sich sehr gut über Freuden und Kümmernisse äußern.

Nach den Untersuchungen der Kindermedizin ergeben sich für das 2. Lebensjahr folgende Durchschnittswerte: Mit etwa 13 bis 15 Monaten sprechen Kinder außer »Mama« und »Papa« drei sinnvolle Wörter und zeigen durch sinnvolle Lautäußerungen ihre Wünsche an. Sie zeigen dabei auf bestimmte Gegenstände und verbinden damit bestimmte Worte. Bis zum 2. Geburtstag sagen Kinder ihren eigenen Vornamen. Wichtig ist zu betonen, daß nicht alle Kinder sich gleich entwickeln, sondern ein unterschiedliches Tempo an den Tag legen.

Einige Hinweise für Eltern:

1) Wichtig ist, daß Eltern ihrem Kind immer in Ruhe zuhören und viel mit ihm sprechen. Eltern, die viel mit dem Kind sprechen, die aber auch zuhören können, werden erleben, daß das Kind zur richtigen Zeit sprechen lernt.

2) Kinder werden mit Menschen, die sie besonders mögen, gern sprechen. Sie erleben, daß diese sich für das Kind interessieren, daß sie geduldig zuhören und die Fragen nach Möglichkeit beantworten. Vertrauen, das Erwachsene dem Kind schenken, stärkt die Kontakt- und Sprechbereitschaft. Angst macht stumm.

3) Lassen Sie Ihr Kind möglichst viel mit anderen Kindern spielen, und zwar nicht nur mit Gleichaltrigen. Wenn Kinder unter sich sind, verhalten sie sich gelockert, ungehemmt und unbeschwert und schwatzen drauflos. Wie von selbst erweitern sie damit ihren Wortschatz.

4) Sprachfähigkeit *und* Hören hängen eng miteinander zusammen. Je besser ein Kind hören kann, umso leichter fällt ihm auch das Sprechen. Darum sollten Eltern darauf achten, ob das Kind auch gut hören kann und nicht Hörschäden aufweist. Eltern können überprüfen, ob und wie ihr Kind auf Geräusche reagiert oder ob es bestimmte Tonquellen nicht erkennt.

4. Unser Kind wird zur Sauberkeit erzogen

Die Sauberkeitserziehung spielt in vielen Familien eine große Rolle. Früher hatte sie eine unglaubliche Bedeutung, und Eltern und Großeltern waren stolz darauf, wenn sie ihr Kind mit 1 Jahr schon völlig sauber erzogen hatten. Mit 3/4-Jahren wurden die Kinder auf's Töpfchen gesetzt, oft stundenlang saßen sie dort und lieferten ihr Geschäft ab. Oft erlebten diese Eltern aber, daß die Kinder mit 2 1/2 oder 3 Jahren in die Hose machten und deuteten dieses als Bosheit des Kindes. Wir sind heute ein Stück weiter und beurteilen dieses Verhalten anders. Fachleute haben ermittelt, daß das menschliche Nervensystem, das die Ausscheidungsvorgänge steuert, erst im 3. Lebensjahr die volle Funktionsfähigkeit erlangt. Das bedeutet, daß ein Kind erst zwischen seinem 2. und 3. Geburtstag in der Lage ist, Blase und Darm bewußt zu kontrollieren. Die französische Psychoanalytikerin Françoise Dolto schreibt in ihrem Buch:

»Erst ab 2 Jahren, das heißt ab dem Zeitpunkt, wenn das Kind in der Lage ist, eine Haushaltsleiter allein bis zur letzten Stufe, an der es sich mit seinen Händen festhält, hinauf- und wieder hinunter zu klettern, ist sein Nervensystem so weit ausgebildet, daß es, wenn es aufpaßt, sauber sein kann. Vorher geht es nicht ... Sicherlich können sie tagsüber nicht vor ungefähr 21 Monaten, was die Mädchen angeht, und 23 Monaten, was die Jungen angeht, sauber sein. Die Jungen werden etwas später als die Mädchen sauber.«[36]

Es gibt Untersuchungen, bei denen Kinder nicht ausdrücklich zur Reinlichkeit angehalten wurden. Die Ergebnisse sind erstaunlich; denn die Kinder wurden von selber sauber, und zwar nicht viel später als der Durchschnitt derer, die zur Reinlichkeit erzogen werden! Das zeigt, daß die Darm- und Blasenkontrolle vorwiegend von Wachstum und Reife und erst in zweiter Linie von der Erziehung abhängt. Diese Tatsachen stehen im Widerspruch zur allgemeinen Meinung. Immer wieder kann man von stolzen Müttern hören, ihre Kinder seien vor Ablauf des 1. Lebensjahres trocken gewesen.

Einige Hinweise für Eltern:

1) Ein Kind im 3. Lebensjahr ist alt genug, daß man mit ihm spricht und ihm erklärt, um was es geht. Das Kind soll sich allmählich daran gewöhnen, daß hier eine Umstellung bevorsteht, daß von ihm eine Einordnung und Anpassung an soziale Spielregeln verlangt werden kann.

2) Eltern sollten bedenken, daß das Kind, das sich im Trotzalter befindet, gern Widerstand leistet und leicht mit den Eltern in einen Machtkampf geraten kann (s. S. 118). Eltern, die zwingen und Gewalt anwenden, werden bittere Enttäuschungen erleben. Das Kind muß *gewonnen* werden. Es ist ratsam, mit dem Kind gemeinsam ein Töpfchen einzukaufen oder das Kind zu fragen, ob es lieber einen Einsatz für die Klobrille haben möchte, um wie ein Erwachsener auf die Toilette gehen zu können.

3) Je weniger die Eltern und Erzieher das Kind *zwingen*, werden sie es gewinnen, selbständig zu werden und wie ein Erwachsener zu handeln. Jedes Kind ist auch stolz darauf, erwachsen zu werden und wie ein Erwachsener leben, planen und handeln zu können.

4) Eltern müssen wissen, daß Darmtätigkeit und Blasentätigkeit von verschiedenen Nerven kontrolliert werden. Welches von beiden

Systemen zuerst ausgereift ist, ist unterschiedlich. Das eine Kind kann zuerst die Blase und später den Darm kontrollieren. Bei anderen ist es umgekehrt. In seltenen Fällen sind beide Fähigkeiten gleichzeitig entwickelt.

5) Eltern sollten dem Kind nachts noch eine ganze Weile Windeln anziehen. Eltern werden dann davor bewahrt, gewaltsame Vorsichtsmaßnahmen wie Trinkverbot am Abend anzuwenden. Normalerweise wird ein Kind, das tagsüber sauber ist, innerhalb von 6 oder 8 Wochen auch nachts trocken bleiben. Der Grund ist darin zu sehen, daß das bewußte Kontrollieren der Blasen- und Darmtätigkeit am Tage sich auch nachts als Nerventätigkeit auswirkt.

6) Eltern sollten wissen, daß das kleine Kind noch keine Einsicht in die Vorteile der Sauberkeit hat. Ekel kennt es nicht; es beschäftigt sich mit seinen Körperausscheidungen mit dem gleichen Interesse wie mit anderen Gegenständen. Auch die beim Einnässen auftretende warme Feuchte stört das Kind wenig; denn sie entspricht dem vorgeburtlichen Zustand, dem Aufenthalt im Fruchtwasser.

7) Eltern sollen wissen, daß die Übergangsphase vom Liegen zum Sitzen und vom Stehen zum Gehen vom Ende des 1. Lebensjahres besonders *ungeeignet* für die Reinlichkeitserziehung ist. Hier hat das Kind mit der Neugestaltung seiner Lebensweise innerlich so viel zu leisten, daß man es mit der Förderung nach Reinlichkeit nicht zusätzlich belasten sollte.

5. Unser Kind näßt ein

Unter *Bettnässen* versteht man ein unfreiwilliges nächtliches Einnässen während des Schlafes. Eltern sollen sich keine Gedanken machen, wenn das Kind bis zum 3. Lebensjahr noch nicht trocken ist. Viele Kinder werden sogar erst mit dem 4. und 5. Lebensjahr richtig »trocken«. Als Bettnässer werden Kinder bezeichnet, die nach 3 1/2–4 Jahren noch nicht trocken sind. Die wichtigste Frage ist natürlich: Was sind die Gründe für eine mißglückte Reinlichkeitserziehung, was sind die Motive und Ursachen für das verbreitete Symptom des *Bettnässens?*

Der Volksmund macht eine *Blasenschwäche* verantwortlich, aber er übersieht dabei, daß der typische Bettnässer tagsüber die Blase gut beherrscht. Auch »schwache Blasennerven« werden oft beschuldigt. Doch die medizinische Forschung konnte nachweisen, daß ein »Träufeln« in kleinsten Mengen erfolgen müßte und nicht die einmalige Gesamtentleerung, wie es beim Bettnässen geschieht. Auch der Tiefschlaf des kleinen Kindes wird für das Bettnässen verantwortlich gemacht. Untersuchungen haben jedoch ergeben, daß gerade Tiefschlaf zu automatischer Sicherung des Blasenverschlusses und nicht zur Entschlaffung der Schließmuskulatur führt. Der Bettnässer entleert nicht im Tiefschlaf, sondern erst in der Phase des Halbschlafes, meist kurz vor dem Aufwachen.

Was können die Gründe sein?

1) Widerstand und Machtkampf: Die amerikanische Individualpsychologin Lucy K. Ackerknecht schreibt zu diesem Thema:

»In diese Phase fällt das Sauberkeitstraining, das es oft als Kampfmittel benutzt. Viele Verhaltensstörungen bei Kindern werden von den Eltern auf diese Zeit zurückgeführt. In fast allen Fällen hat jedoch die soziale Mißinterpretation und die daraus erwachsene Fehlentwicklung schon im Säuglingsalter und in der Frühkindheit begonnen, zu einer Zeit, in der Eltern oder andere Bezugspersonen durch ihr Verhalten das Kind haben glauben lassen, daß es etwas ganz Außerordentliches sei, und daß sich die Welt nach ihm richten müsse ... Wenn das Kind eine offenkundige Trotzhaltung einnimmt oder passiv Widerstand leistet, findet ein *Machtkampf* zwischen ihm und den Eltern statt. Einnässen und Einkoten werden in dieser, von Freund anal genannten Phase, zum Machtkampf herangezogen. Das gesunde, nicht entmutigte Kind, benutzt Sauberkeitstraining nicht zu diesem Zweck, während entmutigte Kinder noch bis in die Pubertät hinein einnässen und gelegentlich auch einkoten können ... Es handelt sich, wenn keine organischen Gründe vorliegen, fast immer um den eben erwähnten Machtkampf.«[37]

2) Das neue Geschwister: Wenn ein neues Geschwister geboren wird, fühlt sich das ältere Kind in seiner bisherigen Stellung bedroht. Das ältere Kind erlebt eine besondere Härte des Lebens durch die Eltern; es fühlt sich *entthront* und erfährt eine schwerwiegende Versagung. Ja, es kann sich von der Mutter verraten fühlen und beginnt einzunässen, um wieder ein Baby zu sein, das von der Mutter besonders betreut wird.

3) Der neue Vater: Auch eine Scheidung kann ein Kind in seiner Position und Lebenseinstellung empfindlich treffen. Das Kind kann die Erschütterungen nur schwer verarbeiten, es ist unglücklich und »weint durch die Blase«. Ein neuer Vater wird nicht akzeptiert.

4) Die Ersatzbefriedigung: Einnässen kann auch als *Ersatzbefriedigung* verstanden werden. Das Kind träumt sich zurück ins Baby-Dasein. Es konnte machen, was es wollte, es war hilflos und ihm wurde erlaubt, alles laufen zu lassen. Entscheidend ist, daß der Bettnässer nicht so »denkt«, sondern daß er so handelt, *als ob* diese Vorstellungen ihn beherrschten.

Einige Hinweise für Eltern:
Jeder Erzieher, der mit bettnässenden Kindern zu tun hat, sollte sich klarmachen, daß Reinlichkeit keine Frage des guten Willens ist. Hier sind kompliziertere seelische Vorgänge im Spiel.
Keine Strafen!
Viele Eltern sind der Meinung, daß sie durch harte Strafen ihr Kind vom Bettnässen befreien könnten. Sie sehen in seinem Verhalten eine Boshaftigkeit und Aggression. Kinder werden unter die kalte Brause gestellt, in feuchte Bettlaken gewickelt oder einige Male nachts geweckt.

1) Gehen Sie zum Arzt! Bettnässen kann selbstverständlich Folge einer Störung des Urogenitalsystems sein. Nur der Kinderarzt kann untersuchen, ob etwaige körperliche Ursachen aufzuspüren sind. *Manchmal* ist auch Abhilfe durch Medikamente möglich.

2) Nächtliches Abhalten hilft nichts. Nahezu alle Eltern von Bettnässerkindern haben sich die Mühe gemacht, das Kind nachts im Halbschlaf abzuhalten. Sie haben weiterhin darauf geachtet, daß es abends wenig trinkt. Alles gute Zureden und alle theoretisch einleuchtenden Praktiken helfen nichts. Es sind Verhaltenseigenarten, die dem Kind zeigen, daß man sich besonders mit ihm beschäftigen muß. Meist werden die Eltern dann besonders böse und zeigen das dem Kind auch.

3) Heraus aus dem Machtkampf! Wenn Bettnässen mit Machtkampf verglichen werden kann, ist es erforderlich für Eltern und Erzieher, aus diesem Machtkampf auszusteigen. Wesentlich ist es, sich mit den Frustrationen des Kindes auseinanderzusetzen. Hat es Sorgen und Nöte? Spielt die Entthronung eine Rolle? Spielen Umzug, Schulanfang, Todesfall oder andere einschneidende Erlebnisse eine Rolle? Das Kind braucht »Streicheleinheiten«. Eltern, die dem Kind Liebe und Zuwendung geben, fördern das seelische Wohlergehen.

4) Keine Bestechung! Da vielen Eltern das Einnässen zum Problem wird, versuchen sie es mit *Bestechungen.* »Wenn du morgen trocken bist, bekommst du 1 Mark!« – »Wenn du das Bettnässen völlig überwunden hast, schenken wir dir ein Fahrrad!« – »Wenn du das Bettnässen aufgibst, bekommst du den geliebten Hund, den du dir schon lange wünschst.« Bestechungen sind autoritäre Methoden und verstärken das Kind unter Umständen in seiner Machtkampfeinstellung. Eltern spielen dem Kind voll in die Hände.

6) Logische Folgen anwenden!
»Je weniger Aufsehen die Eltern machen, desto eher wird das Kind die Kontrolle gewinnen. Das Aufwecken in der Nacht verhindert das Bett-

nässen nicht, sondern bringt dem Kind bei, Wasser zu lassen, ohne voll wach zu sein. Eine logische Folge ist, das Kind sein schmutziges Bettuch selbst in einen Behälter mit Wasser legen und, wenn es älter ist, selbst waschen zu lassen. Unter diesen Umständen wird es lernen, daß es an ihm selbst liegt, seine Bedürfnisse zu kontrollieren; wie auch immer es das bewerkstelligt, es wird weder besonderes Mitleid noch Strafe und Verachtung erhalten.«[38]

6. Unser Kind trotzt

Eine Phase, die tiefe Spuren hinterläßt, ist die Trotzphase.

1) Ursachen des Trotzes
Wir unterscheiden die *erste* und die *zweite Trotzphase*. Die erste setzt man etwa zwischen dem 2. und 4. Lebensjahr an. Der Schwerpunkt liegt am Ende des zweiten Lebensjahres und erstreckt sich noch über das ganze dritte Lebensjahr hinweg. Die zweite Trotzphase fällt mit der Zeit der Vorpubertät zusammen.

Lange Zeit nahmen die Entwicklungspsychologen an, es handele sich um eine endogene, von innen her kommende reifungsbedingte allgemeine Entwicklungserscheinung. Beobachtungen der Kulturantropologen bestätigen aber, daß bei Völkern, die keinerlei erzieherische Forderungen an die Kinder stellen, wie zum Beispiel die Menschen auf Bali, keine Trotzphase in Erscheinung tritt. So geht man heute stärker davon aus, daß Trotz eine Funktion des Erziehungseinflusses ist. Mit anderen Worten: Trotz kann dort nicht auftauchen, wo erzieherische Forderungen fehlen. Es wäre aber völlig unsinnig, das Beispiel von Bali auf unsere Kultur und unsere Gesellschaft übertragen zu wollen. Unsere Kinder können nicht unter »paradiesischen«, konkurrenzlosen gesellschaftlichen Bedingungen aufwachsen. Sie werden in eine Industrie- und Leistungsgesellschaft hineingeboren. Und solange wir diese Gesellschaftsform bejahen, müssen wir unsere Kinder dafür vorbereiten.

2) Trotz ist positiv
Das Wort *Trotz* kommt von trutzen, tratzen – sich wehren. Es *ist eine Form der Ich-Behauptung*, ein sich wehren gegen fremde Gebote und Verbote.

Wer kindliche Fehlhaltungen abfangen will, muß sich zunächst einmal darüber im klaren sein, daß Trotz nichts »Böses« ist, daß

Trotz nicht mit allen pädagogischen Mitteln unterdrückt und ausgerottet werden muß. Trotz ist ein normales Entwicklungsstadium in unserer Kultur. Trotz ist die natürliche Folge einer abwehrenden Willensfunktion. Trotz ist die Fähigkeit, selbst planen, Entschlüsse fassen und konsequent handeln zu wollen. *Das Kind sagt plötzlich »Ich«.* Bis dahin hat es mit seinem Namen Wünsche geäußert. »Markus will haben. Mirjam hat Hunger.«

»Nein« wird zum Lieblingswort in dieser Phase. Auf alle Fragen antwortet das Kind mit »nein.« Man spürt den Stolz des Kindes, einen eigenen Willen zu haben. Es ist der Ausgangspunkt für selbständiges Denken und die Bildung einer eigenen Meinung. Es gibt genügend Untersuchungen, die bestätigen, daß willensschwache Kinder in dieser Phase unselbstständig gemacht, daß ihnen eigenes Wollen und eigenständiges Denken nicht erlaubt wurden.

Durchsetzungkraft gehört zu jedem Menschen. Sie fällt uns nicht in den Schoß. Sie muß eingeübt werden. Ein Kind, das sich der Mutter mit Eigensinn und Abwehr entgegenstellt, verteidigt, wenn auch in unerfreulicher und verbesserungsbedürftiger Form, die eigene kleine Persönlichkeit gegen den übermächtigen, fremden Willen, der seine Selbstständigkeit bedroht. Wenn aber das Kind Auflehnung in dem Alter zeigt, ist das im Grunde ein bewunderungswürdiges Verhalten. Es gehört doch *Mut* dazu, sich als »*Zwerg*« gegen die »Riesen« zur Wehr zu setzen. Sie stehen buchstäblich »haushoch« über ihm. Was würde wohl ein Erwachsener empfinden, wenn er sich solchen »Übermenschen« konfrontiert sähe?

3) Ichhaftigkeit tut not

Der Weg vom sogenannten unschuldigen Kinde zur reifen, leistungsfähigen Persönlichkeit führt über die *Ichhaftigkeit*. An der Gesellschaft, an seinesgleichen, am Leiden entsteht das Bewußtsein seiner selbst. Eltern sollten sich hüten, daß in ihrer Erziehung die Ichhaftigkeit der Kinder, die sein muß, nicht zur Sturheit führt. Der frühzeitige Erwerb des Nein ist für die kindliche Normalentwicklung wichtig.

Die Versagungen durch die Mutter sollten altersgemäß sein, damit das kindliche Ich in seinen Fähigkeiten gestärkt wird, auf unmittelbare Bedürfnisbefriedigung zu verzichten und nach und nach Einschränkungen zu ertragen. Das Lustprinzip muß vom Realitätsprinzip abgelöst werden, wie die Psychoanalyse es formuliert. Lernt das Kind nicht, sich in Versagungen zu üben, so bleibt es triebhaften Impulsen ausgeliefert.

Die beiden Extreme elterlicher Fehlerziehung sind: Zu strenge Erziehung, die eine krankhafte Triebunterdrückung bewirkt, und eine zu laxe Erziehung, die eine Triebüberflutung nach sich zieht.

Das Kind muß durch eine Widerspruchsperiode hindurch. Man könnte die gesamte Lebenseinstellung mit den drei Worten kennzeichnen: Ich will nicht. Alle Leitlinien sind negativ. Das Kind ist der Meinung, es könnte durch Verneinung alle Lebensprobleme lösen.

Die pädagogischen Bemühungen dieser Phase müssen darin bestehen, den Frieden zwischen Kind und Eltern herzustellen und Kampf zu vermeiden. Kinder befinden sich im Machtkampf mit den Erwachsenen, und gerade in der Zeit der Ichfindung versuchen sie ihre Überlegenheit zu demonstrieren. Eltern und Erzieher, die sich auf einen Wett- und Machtkampf einlassen, werden besiegt: Dem Kind stehen mehr Mittel und Möglichkeiten als dem Erwachsenen zur Verfügung.

Nun gibt es nicht wenig Erwachsene, die resignieren, es mit Zureden versuchen oder das Kind abzulenken versuchen. Andere erkaufen sich mit Belohnungen den Gehorsam des Kindes, was taktisch unklug ist. Das Kind hat den Erzieher in der Hand. Es kann beliebig die Belohnungen steigern und verleitet den Erzieher, immer größere Kompromisse zu schließen. Schließlich platzt dem Pädagogen der Kragen, und er greift zu altbewährten Hausmitteln der autoritären Zeit zurück – er prügelt. Es erübrigt sich zu wiederholen: Strafen sind wirkungslos. Zu einer positiven Beilegung des Kampfes gehören Mut, Vertrauen und Gelassenheit. Leider fürchten viele um ihre Autorität und ringen um die eigene Überlegenheit.

4) Was Eltern vermeiden müssen

Das Trotzalter wird von sehr vielen Erwachsenen falsch verstanden. Es ist die erste noch ungebändigte Äußerung eines eigenen Willens beim Kind. Infolgedessen muß der Trotz *nicht gebrochen,* sondern in richtige Bahnen gelenkt werden. Es handelt sich um die Phase, wo Eltern unwissend dem Kind die Zähne zeigen, durchgreifen und autoritär sind. Freiheit ist ein Wort der Erwachsenen, das sie ständig im Munde führen, wovon sie im Prinzip überzeugt sind, das sie jedoch bei Kleinkindern um das dritte Lebensjahr noch nicht anwenden wollen. Kinder haben *keine* eigene Meinung zu haben, sie sollen die Anweisungen der Erwachsenen respektieren und dem Ideal der Eltern nacheifern. Nicht wenige Erzieher sind davon überzeugt, daß sie den Willen der Kinder »brechen« müssen. Denn was »Hänschen nicht lernt, lernt Hans nimmermehr«. Trotz muß man – wie sie meinen – im Keim ersticken, wenn einem die Kinder nicht über den Kopf wachsen sollen.

Allein der letzte Nachsatz sollte jeden vernünftigen Erwachsenen unruhig machen. Sollen uns unsere Kinder wirklich nicht überflügeln?

In einer autoritären Gesellschaft, wo »Ruhe die erste Bürgerpflicht«, Unterordnung, Hörigkeit und Gefolgschaft groß geschrieben werden, mochte diese Erziehung nützlich sein. Der willensschwache und rückgratlose Staatsbürger war das Ideal für Diktaturen und Regierungen verschiedenster Prägung. Eine moderne Erziehung sollte radikal diese alten Erziehungszöpfe abschneiden.

Es hilft nichts, einen kleinen Trotzkopf so lange zu prügeln, bis er aus Schwäche nachgibt, denn dann ist zugleich mit dem Trotz etwas viel Wichtigeres gebrochen worden: *Das Zutrauen in die Erwachsenen* und die Widerstandskraft allem jenem gegenüber, dem das Kind einmal wirklich widerstehen soll. Statt zu erziehen, hat man etwas verdorben.

Leider sind ja die Kinder von vornherein benachteiligt. Die Eltern sind von ihren Fähigkeiten und Einsichten überzeugt, und die »dummen« Kinder werden beschimpft, geschlagen und ungerecht behandelt, weil sie den Vorstellungen der Erzieher entsprechen sollen. Eltern, die ihre Übermacht ausspielen, treiben einen Keil zwischen sich und ihr Kind. Ganz allmählich ändert es seine Taktik, sagt nicht mehr, was es denkt, versucht aber auf seine Weise, Überlegenheit zu zeigen. Vielleicht sind solche Kinder zu Hause brav und in der Schule Rowdies, zu Hause »Engel« und auf der Straße »Bengel«. Sie haben sich angepaßt, sie entsprechen der Übermacht ihrer Eltern, exerzieren aber auswärts ihren Widerstand.

Gefügigkeit sollte auf keinen Fall idealisiert werden. Sie macht lebensunfähig und bringt Kindern und Erwachsenen mehr Ärger als Freude. Gefügigkeit ist ein Zeichen von Entmutigung. Der Mutige ist weder gefügig noch trotzig, er tut, was er für Recht hält. Das sollte Erziehungsziel sein. Das mutige Kind übernimmt Verantwortung, das mutlose und gefügige Kind schließt sich an, ordnet sich unter, scheut die Verantwortung und läßt sich manipulieren. Aber auch elterliche *Nachgiebigkeit* kann Kinder zu Drückebergern erziehen. Nachgiebigkeit macht abhängig. Mit der Nachgiebigkeit buhlt die Mutter um die Liebe und die Gefügigkeit des Kindes. Es bleibt im Schlepptau und wird unselbstständig. Das gefügig gemachte Kind wird dann kommandiert und wächst als Befehlsempfänger heran und schiebt alle Verantwortung auf andere. Solche Kinder sind ohne

Initiative und geraten schon bei kleinen Mißerfolgen aus der Fassung und werden später als Ehepartner gute Pantoffelhelden.

Für alle pädagogischen Bemühungen ist es entscheidend, daß Eltern niemals etwas übernehmen, was Kinder selbst leisten können. Das Kind muß selbstständig arbeiten, forschen und Erfahrungen sammeln. Nur wenn es Eltern gelingt, dem Kind zu Verantwortungsbewußtsein zu verhelfen, wird Gefügigkeit abgebaut, ehrlicher Gehorsam jedoch gefördert. Wenn Mütter ihrem Kind jeden Willen beschneiden, sollten sie sich fragen, was sich hinter ihrer Haltung verbirgt. Es ist kein Zufall, daß kindlicher Eigensinn durch Überängstlichkeit der Mutter hervorgerufen werden kann. Es darf kein Dreirad besteigen, weil es damit stürzen könnte. Es darf nicht auf die Straße, weil es dort überfahren werden könnte; darf hundert Spielsachen nicht benutzen, weil sie zu gefährlich sind. Kinder solcher Mütter entwickeln automatisch größere Abwehr, sind trotziger und bockiger, kämpfen mit tauglichen und untauglichen Mitteln für ihre Bewegungsfreiheit und Selbständigkeit. Es wundert keinen Erziehungsberater, wenn jene Mütter an ihren »ungeratenen« und »eigensinnigen« Kindern kein gutes Haar lassen. Hier ist Trotz eine typische Re-Aktion. Die Psychologin E. Kemmler hat 500 Trotzkinder untersucht und kam zu dem verblüffenden Ergebnis, daß bis auf einen einzigen Fall alle Trotzanfälle durch die Anforderung der Erwachsenen ausgelöst waren. Kinder trotzen nicht gegen sich selbst. Das »Nein« gilt ausschließlich den Befehlen oder Anweisungen der Mutter, des Vaters oder der Erzieher im Kindergarten.

Amerikanische und deutsche Forschungen sind den Anlässen zu Trotzanfällen nachgegangen. Sie faßten vier wesentliche Auslösungsmomente zusammen, die alle Eltern und Erzieher beherzigen sollten:

a) Einmischungen in die körperliche Betätigung des Kindes: Das Kind malt und Mutti nimmt den Sitft, um aus der Kritzelei ein vernünftiges Bild zu gestalten. Sie baut für das Kind den Turm oder nimmt dem Kind die Seife weg, um es selbst zu waschen.

b) Umstellungen in der gewohnten Ordnung: Das kleine Kind hat sich an bestimmte *Ordnungen*, an bestimmte Plätze und an einen bestimmten Rhythmus gewöhnt. Jede Umstellung macht das Kind verwirrt, es reagiert mit Zorn. Es ist ein weitverbreiteter Irrtum zu glauben, Kinder kämpften gegen die Ordnung an. Kinder können penetrant auf Einhaltung bestimmter Sitzordnungen und Rituale pochen. Der falsche Stuhl, die falsche Tasse, die falsche Gabel und der falsche Bleistift lösen Zorn aus.

c) Wegnahme oder Verweigern gewünschter Gegenstände: Das Kind hat noch keinen Zeitbegriff. Das Ausleihen des Spielzeuges an Geschwister stößt auf Widerstand. Es glaubt, endgültig die Sachen verloren zu haben. Das Kind soll seine Spielsachen wegräumen. Es kann sich aber nicht in die Zeitpläne der Eltern einordnen, weil ihm das Zeitgefühl und das Gefühl für das Diktat der Uhr fehlen.

d) Durchkreuzen eines kindlichen Planes: Das Kind lebt in einer anderen Welt. Unsere schönsten Geschenke, Pläne und Vorstellungen stoßen auf schärfsten Widerstand, wenn der augenblickliche Spielplan durchkreuzt wird.

5) Laute und stille Kinder

Es gibt Antriebe, Bedürfnisse und Bestrebungen, die uns in verschiedener Stärke mit auf den Lebensweg gegeben sind. Eltern, die starrköpfige Kinder haben, sind meist davon überzeugt, daß sie das geerbt haben. Sie sprechen von einer »schlechten Veranlagung«. Davon kann aber keine Rede sein. Was diese Kinder geerbt haben, sind bestenfalls Robustheit, Energie und Willenskraft. Wenn diese Vitalkräfte aber ins Negative umschlagen, wenn eine elterliche Fehlerziehung diese Anlagen negativ auflädt, dann kommen Starrköpfigkeit, Verbocktheit und Jähzorn dabei heraus.

Anders verhalten sich Kinder, die von Haus aus zart, weichlich und sensibel sind. Sie würden niemals eine offene Auflehnung wagen. Sie verhalten sich lieber passiv und leisten verdeckten und versteckten Widerstand. Die Ursachen sind die gleichen: Das Kind fühlt sich enttäuscht, fühlt sich unverstanden und verkehrt behandelt, aber es reagiert anders als das trotzige Kind. Es ist in tiefster Seele unglücklich, und seine Fügsamkeit ist nur Schein. Es frißt allen Kummer in sich hinein, verkriecht sich ins Schneckenhaus und kommt schwer aus sich heraus.

Das stille Kind ist also nur scheinbar brav. Es kämpft mit anderen Mitteln und anderen Waffen als das bockige und störrische. Die »Flucht« ins Schneckenhaus, die »Flucht« in die Stille ist sehr oft mit »Flucht« in die Krankheit verbunden. Es klingt übertrieben, wenn man behauptet, es produziert Krankheiten: Fieber, Bauchweh, Kopfschmerzen und Asthma. Das wird *nicht* in erster Linie inszeniert, dahinter steckt keine ausgeklügelte Bosheit, es ist ein mehr unbewußtes Verhalten mit entsprechenden Konsequenzen. Das stille, folgsame und überbrave Kind ist gefährdeter als das robuste und starrköpfige, weil die Fehlerziehung schwerer erkannt und leichter übersehen wird und weil die Ursachen der Erkrankungen falsch interpretiert werden. Erst wenn laufend Krankheiten und Schulversagen eintreten, klingeln die Alarmglocken. Es lohnt sich, einen Schulpsychologen oder Erziehungsberater aufzusuchen, um die Motivation dieser Kinder kennenzulernen.

Pädagogisch gilt, daß Ermutigung und Stärkung des Selbstgefühls die entscheidenden Entwicklungsanreize bleiben müssen, um das Kind vor Entmutigung, Versagen in Schule, Beruf und später in der Ehe zu bewahren.

6) Trotz und Neurose

Es ist das Verdienst Freuds, daß er mit der Entdeckung des Unbewußten seelische Vorgänge beschrieb, die in der Hauptsache nicht bewußt verlaufen. Er zeigte auf, daß die menschlichen Bedingungen für die Entstehung seelischer Leiden in der frühen Kindheit zu suchen sind und mit der Nichtbewältigung von Konflikten zusammenhängen. Ihre Regungen werden ins »Unbewußte« verdrängt. Nach Freud scheitert der Neurotiker an den unbewältigten Konfliktsituationen zwischen Trieb, Ich und Gewissen. Seine Krankheit ist geradezu der mißglückte Versuch, ethisch und sozial die volle ihm zugemutete, von ihm innerlich auch bejahte autonome Verantwortung zu übernehmen. Die autonome Entwicklung des Ich und der ganzen Persönlichkeit hängt von der Gemeinschaft, von der Familie und in erster Linie von der Mutter ab.

In der Trotzphase entwickelt sich das Ich, das Steuerungsorgan der Persönlichkeit. Das Ich ist der Ausgangspunkt und Initiator der seelischen Vorgänge.

7. Unser Kind in der Gruppe

Andersartigkeit ist Schicksal, ist naturgegeben, ist gottgewollt. Jeder Mensch ist ein Original. Kinder und Erwachsene sind keine 08/15-Typen, keine auf Leisten gezogene Einheitsmenschen. Das bedeutet Reichtum und Konflikt zugleich. Unterschiede von Kindern und Erwachsenen können wir nicht wegdiskutieren. Wer sie verschleiert und verharmlost, tut sich und den heranwachsenden Kindern einen schlechten Dienst.[39 u. 40]

1) Lauter kleine Originale

In der Tat: Eine Gruppe von Kindern stellt eine Fülle von Andersartigkeiten dar.

Stefan ist groß und schlank, André ist klein und dick;

Annette verhält sich schüchtern, Sara ist kontaktfreudig;

Christoph spielt still und stumm vor sich hin, Angelika muß gleichzeitig reden, gestikulieren und das Gegenüber beanspruchen;

Ralf hat eine große motorische Unruhe, vermutlich leidet er unter einer leichten frühkindlichen Hirnstörung. Er soll aber – und zwar aus heilpädagogischen Gründen – mit den anderen Kindern spielen;

Gerry ist dunkelhäutig, sein Vater ist Neger, Gerry kennt seinen leiblichen Vater nur von Bildern;

Julia hat vor einem Vierteljahr noch ein Geschwisterchen bekommen, lutscht am Daumen, ist wütend, verhält sich unausstehlich und macht alle Spiele der anderen Kinder kaputt;

Ismael ist ein Türkenjunge, sein Gott ist Allah, er spricht nur gebrochen deutsch;

Ines hat ein zu kurzes Bein, hinkt und fällt leicht hin;

Gerry kann wunderschön singen, Ralf krächzt, wenn er singen soll, wie ein Rabe;

Evas Eltern arbeiten beide, sie wird morgens zum Kindergarten gebracht, mittags holt die Großmutter sie ab, abends um 6 Uhr kommt sie zu den Eltern.

Ein winziger Ausschnitt von *Andersartigkeiten*: andere Hautfarbe, andere Bewegung, anderer Ausdruck, andere Haltung, andere Lebenseinstellung, andere Herkunft und andere körperliche, seelische und geistige Grundausstattung.

Andersartigkeit kann Neugier und Interesse an anderen wecken. Andersartigkeit kann eine positive Herausforderung für Eltern und Kinder sein. Sie kann aber auch Reibungen, Rivalität, Eifersucht, Mißtrauen, Haß und Feindschaft auslösen.

Wovon hängt es ab, wie unsere Kinder sich in der Gruppe bewähren, wie sie sich fühlen und wie sie sich verhalten?

In erster Linie von den Erwachsenen. Kinder sind ein Spiegelbild der Eltern, sie reproduzieren, was wir gepredigt, sie leben, was wir vorgelebt, sie ahmen nach, was sie bei uns gesehen und gehört haben. Sie lernen am Modell. Und welches Modell stellen wir ihnen zur Verfügung?

2) Hat jedes Kind die gleichen Startchancen? (s. auch Seite 34–37) Das wäre die Erfüllung eines herrlichen Wunschtraums. Jedoch: Nicht in der Chancengleichheit, sondern in der Gleichwertigkeit liegt die Lösung. Gleiche Bedingungen wären nur ein armseliger Ersatz für die Grundeinstellung, daß der »Wert« eines Säuglings, ja, der eines Ungeborenen um nichts geringer ist als der eines ausgereiften Menschen. Wer von diesem Wertbegriff ausgeht, begegnet einem Kind nicht mit Herablassung.

Kirchen, Christen, christliche Erzieher und Kindergärten, die aus christlicher Verantwortung Kinder ins Leben begleiten, haben einen Auftrag, diesen Grundgedanken, der auch im Neuen Testament ein wesentlicher Gesichtspunkt ist, zu leben und zu bezeugen. Der Begriff *Gleichberechtigung* wird in allen Lexika ausgiebig behandelt; das Wort *Gleichwertigkeit* führt ein Kümmerdasein. Im neusten Handbuch der »Familien- und Lebensberatung« taucht das Wort nicht einmal auf.

Zugehörigkeit, Gleichwertigkeit und Zusammenarbeit sind lebensnotwendig, und zwar in der Familie, im Kindergarten, in der Schule, in der Gesellschaft und unter den Völkern. Fehlt eine dieser drei Komponenten, dann gibt es Reibung. Jedes Rädchen muß ins andere greifen. Eine Uhr kann nur *laufen*, wenn sich bereitwillig alle Teile bewegen lassen und ineinandergreifen.

Das verlangt Kooperationsbereitschaft. Einer ist auf den andern angewiesen. Kein Glied kann sich selbständig machen und an den andern vorbeileben. Hat die Pauke einen anderen Rhythmus, gerät das harmonische Zusammenspiel durcheinander. Bricht einer das Spiel von sich aus ab, entsteht eine Lücke, ein anderer muß einspringen und den Part übernehmen.

Das ist das Elend in vielen Familien. Eltern und Kinder arbeiten gegeneinander und nicht miteinander. Die einen bestimmen, die andern fühlen sich gegängelt. Die einen spielen mehrere Instrumente gleichzeitig – um im Bild zu bleiben –, die andern verhalten sich passiv. Das Ergebnis: Gestörte Zusammenarbeit, gestörte Harmonie, gestörte zwischenmenschliche Beziehungen, Machtkampf, Mißtrauen und Feindschaft. Um das zu verhindern, dringt das Orchester auf *Verantwortlichkeit*.

Ein Kind, das sich zugehörig fühlt, das am Zusammenspiel interessiert ist, trägt auch Verantwortung für die Gruppe. Es denkt mit, es plant mit, es spielt mit, es freut sich mit am Gelingen. Man kann ohne Übertreibung sagen: Ein verantwortliches Kind fühlt sich in der Familie und in der Gruppe wohl, es fühlt sich zugehörig, fühlt sich gleichwertig und nicht minderwertig. Es hat darum keine Veranlassung, sich auszuschließen und sich isoliert zu verhalten.

Verantwortungslosigkeit charakterisiert: Abwehr, Auflehnung, Drückebergerei, Haß, Rache, Egoismus, Unkameradschaftlichkeit,

Eifersucht und Rücksichtslosigkeit. Eltern und Erzieher reagieren sauer, Kampf und Widerstand verstärken sich, die Kluft wird größer, das Vertrauen zueinander geringer und Zusammenarbeit und Zusammengehörigkeitsgefühl sinken auf den Nullpunkt.

Darum lautet auch der Fundamentalsatz der Realitätstherapie, die der Amerikaner William Glasser begründet hat: *»Der Mensch handelt nicht verantwortungslos, weil er krank ist* (seelisch krank, verhaltensgestört), *sondern er ist krank, weil er verantwortungslos handelt.«*

3) Daniel stört die Gruppe

Der Vierjährige versteht es, die ganze Kindergruppe durcheinander zu wirbeln. Wo er geht und steht, ist was los. Hier wirft er was um, dort zerrt er ein Mädchen von den Spielsachen weg. Plötzlich schreit er los. Dann hat er Schmerzen und dramatisiert so gekonnt, daß sich gleich zwei Gruppenleiterinnen um ihn bemühen. Daniel ist das jüngste Kind von drei weiteren Geschwistern, alles Mädchen. Die beiden ältesten Schwestern – sieben und neun Jahre älter – haben oft Mutterstelle vertreten und mögen den Bruder sehr. Er war der langersehnte Junge. Er trägt den Namen des Großvaters. Vater und Mutter – besonders aber die Mutter – haben ihn verwöhnt, herausgestellt und auf den Thron gehoben. Mutter sagt: »Er ist ein goldiger Junge! Seine strahlend blauen Augen, und dann sein herrlicher Charme! Man kann ihm nicht böse sein.« Was ist geschehen? Schauen wir uns das etwas genauer an:

Die Mutter hat den einzigen Sohn auf den Thron gesetzt, den der Junge auch heute lautstark und nachdrücklich verteidigt. Die Mutter kommt in die Beratung und ist fest davon überzeugt, daß sie alle Kinder gleich behandelt hat. Sie bestätigt eine besondere Zuneigung zu dem Jungen, ist sich aber nicht klar darüber, daß sie ihn vorgezogen, verwöhnt und stark beachtet hat. Der Junge hat die Zuneigung erspürt und entsprechende Schlüsse gezogen. Er versteht es, die Mutter zu Sonderleistungen zu animieren. Und die Folgen? Rudolf Dreikurs und Erik Blumenthal beschreiben sie so:

»Wenn ein Kind aus irgendeinem Grunde eine Sonderstellung einnimmt, wird es ihm besonders schwierig werden, sein Gemeinschaftsgefühl zu entwickeln … Auch ein besonders häßliches oder kränkliches Kind hat mit demselben Problem zu kämpfen. Auffallende Vorteile oder Verdienste können die Entwicklung des Gemeinschaftsgefühls ebenso behindern. Eltern sollten sich darüber klar sein, daß Minderwertigkeitsgefühle auch infolge zu starker Beachtung entstehen können … Wenn die Eltern jedes Kind genauso wie die anderen behandeln könnten – das

127

Älteste und das Jüngste, das Starke und das Kleine, die Jungen und die Mädchen – auch dann würde es Ungleichheiten in ihrer Stellung und ihren Konflikten geben. Demgemäß wird jedes Kind auf die Eltern und auf seine Situation anders reagieren.«[41]

Daniel hat es verstanden, sich durch seinen *Charme* Vorteile zu verschaffen. Charme ist nicht einfach vererbt, sondern ein erfolgreiches Arrangement und eine wirkungsvolle Verhaltenseigenart, mühelos Vorteile und Vergünstigungen einzuheimsen. Der Nachteil: Nicht überall zieht Charme. Leistungen sind mit Liebenswürdigkeit nicht zu erbringen. Wenn von Daniel Beiträge gefordert werden, zieht er sich entmutigt zurück. Er hat es nicht gelernt, von Anfang an seinen Part im Familienorchester zu spielen. Seine Arbeit wurde ihm erlassen, drei Frauen standen bereit, seinen Orchesterpart zu übernehmen.

Daniel ist es gewöhnt, besonders *beachtet* zu werden. Er hat aus dieser Tatsache den untrüglichen Schluß gezogen: Du mußt nur auftrumpfen, dann drehen sich die Erwachsenen um dich. Psychologisch kann man das auch so ausdrücken: Der Junge verhält sich so, *als ob* er sich verstandesmäßig klar gemacht hätte, daß sich ein Leben lang alles um ihn drehen müsse. Schon ganz früh hat er begonnen, eine *aktive* Rolle in der Errichtung zwischenmenschlicher Beziehungen innerhalb der Familie und dann im Kindergarten zu spielen. »Der goldige Kerl«, der drei Frauen beeindruckt hat, provoziert einen verwöhnenden Lebensstil. Er wird zum Tyrannen, Mutter und Schwestern werden zu Sklaven.

Sein Großvater, der den gleichen Namen trägt und sich besonders für den einzigen Jungen verantwortlich fühlte, hat in den Erben große Hoffnungen gesetzt. Jede spritzige Bemerkung und kecke Lebensäußerung wird als etwas Gewichtiges herausgestellt. Daniel muß im Rahmen der Familie den Eindruck gewinnen, etwas Besonderes zu sein. Um so mehr überrascht es ihn, daß er in der rauhen Wirklichkeit – im Kindergarten – auf so leichte Art Lob und Bewunderung nicht einstecken kann. Er reagiert destruktiv und wird ein Mißklang im »Kindergarten-Orchester«.

4) Meßlatte anlegen verboten!
Gutes Zusammenspiel, Kooperation, Mitmachen und Mitspielen gelingen in der Regel nur, wenn Kinder in der Gruppe nicht gegeneinander stehen, sondern Interesse aneinander zeigen. Was stört nun hauptsächlich dieses Gemeinschaftsgefühl? Antwort: Das Sichvergleichen.

Eine Form der Eifersucht, der Rivalität, des Konkurrenzdenkens und des falschen Ehrgeizes ist das *Vergleichen*. Erwachsene verstehen diese Kunst meisterhaft, und die Kinder spiegeln sie munter wider. Mit Konkurrenzsucht und Rivalitätsgefühl wird kein Mensch geboren. Aber schnell kann jeder diese gemeinschaftsfeindliche Technik anwenden.

Frau Wagner sagt: »Ich habe dem Kind das nicht beigebracht. Es vergleicht sich ständig mit anderen und prüft, ob diese schneller, stärker, ausdauernder und besser sind.«

Frau Wagner ist überdurchschnittlich ehrgeizig. Sie merkt gar nicht, daß sie ständig auf der Lauer liegt, ob ihre Tochter auch mithalten kann. Schon ist der Seelenfriede im Kind gestört. Die Tochter spielt, singt, arbeitet und malt nicht mehr um des schöpferischen Spiels willen, nein, sie tut alles, um mithalten zu können. Sie entfaltet nicht einfach ihre Gaben, sondern will *besser sein* als andere.

Ehrgeiz und Wettkampfvorstellungen sind tief in uns verwurzelt. Wohin das Auge blickt, wird verglichen, gemessen und gewertet.

Wer ist besser?

Wer ist klüger?

Wer ist schneller?

Wer ist mächtiger?

Wer ist fleißiger?

Wer ist sauberer?

Eltern machen folgende Fehler:

1) Sie ziehen ihre Kinder vor – bewußt oder unbewußt. Sie streichen sie heraus und erziehen damit zum Konkurrenzdenken.

2) Sie erziehen damit zur Gemeinschaftsfeindlichkeit. Rivalität, Konkurrenzdenken und Überlegenheitsstreben untergraben die Gemeinschaft.

3) Sie unterlaufen das christliche Vorbild der Gleichwertigkeit. Das biblische Beispiel vom Leib macht deutlich, daß kein Glied Vorrechte und Sonderstellungen genießen soll.

5) Toleranz für Dreijährige

Es genügt für Eltern nicht, mit dem Kopf ein bißchen tolerant zu sein. »Ich bin ja im Prinzip sehr tolerant, aber ich habe mich bei der Leiterin beschwert, daß ausgerechnet unser Junge in eine Gruppe gesteckt wurde, wo er mit einem Türkenjungen und einem behinderten Kind spielen soll.«

Das sind Vorurteile, Vergleiche, Rangunterschiede. Die Kooperation wird gebremst. Ein unsozialer Wettkampf wird angestachelt.

Der Diskriminierung wird das Wort geredet. Das soziale Lernen wird gestört. Reinmar Tschirsch, ehemaliger Mitarbeiter in der Evangelischen Ehe-, Familien- und Lebensberatungsstelle in Kassel, hat auf diesen Punkt der Kindererziehung besonders aufmerksam gemacht und schreibt:

»Ein Kind macht zunehmend die Erfahrung, daß andere Menschen anderes glauben und anderes für verpflichtend halten als das, was einem selbst gewiß und selbstverständlich ist. Es ist wichtig, daß diese Erfahrung verarbeitet wird, daß *die Toleranz des Kindes gegenüber Andersdenkenden und Andersartigen wächst* und zugleich die eigene Gewißheit nicht ihren Halt verliert. Die ›naive‹ Annahme, alle Menschen seien ganz so wie man selbst, gleich weiß, reich, gesund, groß, mit gleicher Sprache, gleichem Verhalten, gleicher Religion – muß aufgegeben werden. Und es ist zu verhüten, daß die Bekanntschaft mit anderen, mit Fremden, in vorurteilshafter Befangenheit endet, in der Einstellung, dies Fremde sei eben auch schlechter, es könne weggewünscht, ›zur Hölle‹ gewünscht werden.«[42]

Intoleranz, Vorurteile, den andern nicht gleichwertig nehmen können, rufen Haß und dissoziale Gefühle hervor. Wundern wir uns, wenn wir andere, die nicht hundertprozentig in unser Schema passen, »auf den Mond« wünschen? Das »Beseitigen« beginnt im Herzen, in Gedanken, mit der Zunge.

6) Wenn die Gruppe »Familie« spielt

Soziale Fähigkeiten müssen spielerisch und spielend eintrainiert werden. Das Familienspiel bietet unter anderem dazu eine gute Möglichkeit.

Daniel versetzt sich in den Vater, ernst, verschlossen, ab und zu schimpfend. Barbara spielt die Mutter, fürsorglich, bemutternd und immer vermittelnd. Klaus spielt eine Tochter von 12 Jahren, und Ingrid versucht, ein Baby von fast einem Jahr darzustellen. Sandra agiert als Großmutter, die mit im Hause lebt, und Alois als Großvater. Jedes Kind gibt seinen Erfahrungsschatz zum besten. Alle Kinder haben Botschaften von ihren Eltern erhalten, wie *man* zu sein hat, wie *man* geht und sich benimmt.

Während des Spiels kritisiert Klaus die »Mutter«, Alois den »Vater«, weil sie in ihrer häuslichen Umgebung andere Erfahrungen gesammelt haben. Die Kinder tauschen sich aus.   »Mein Vater schimpft nicht, der ist immer still und sagt gar nichts.«

»Meine Mutter ist nicht so lieb wie Barbara«, sagt ein Mädchen tief ernst. Es hat eine Mutter, die ständig nervlich überreizt reagiert.

Die Kinder geraten in Streit, weil die Rollen angeblich falsch dargestellt werden.

»So macht *man* das doch gar nicht!« sagt Sandra.

»Es ist alles falsch«, brüllt Klaus dazwischen.

»Der Klaus ist ja doof«, grollt Inge.

Die Kinder lernen, Gefühle, Wünsche und Bedürfnisse auszusprechen, zu verstehen und zu respektieren. Der Gruppenleiterin im Hintergrund gelingt es, den Kindern zu helfen, daß sie die Beiträge zum Familienspiel nicht als falsch, unrichtig und schief interpretieren, sondern verstehen,

– daß jedes Kind anders ist,
– es andere Erfahrungen gesammelt hat,
– es ein Recht hat, seine Vorstellungen zu spielen und zu leben,
– daß kein Kind wegen unterschiedlicher Anschauungen fertig gemacht wird,
– daß Meinungsverschiedenheiten nicht Krieg bedeuten müssen, und
– daß es allerdings darauf ankommt, trotz widersprüchlicher Auffassungen sozialfreundlich und mitmenschlich miteinander umzugehen.

Antoinette Becker, Co-Autorin des »Handbuches der emotionalen und sozialen Erziehung« beschreibt drei wesentliche Teilaspekte (Toleranz, Kommunikation und Verantwortung), auf die es im Kindergarten und in der Kindererziehung zu Hause ankommt:

»Toleranz bedeutet, die eigenen Maßstäbe nicht zu verabsolutieren; die Probleme auch vom Standpunkt der anderen zu sehen. Solidarität bedeutet die Fähigkeit zum gemeinsamen, bundesgenössischen Handeln ... Solidarität und Toleranz sind soziale Fähigkeiten, die sich nicht von selbst einstellen, sondern von klein auf nicht nur eingeübt, sondern in ihren Gefährdungen erlebt werden müssen ... Kindergarten und Spielgruppen müssen ein Abbild der Welt sein, nicht ein Schonraum. Sie müssen ein Ort sein, an dem falsche Harmonie und Verdrängung durch Aufklärung und Erfahrung abgebaut werden.«[43]

Dies alles jedoch nur im Rahmen einer Erziehung, die sich nicht allein am Sozialverhalten der Kinder orientiert, sondern dieses Sozialverhalten im Zusammenhang mit dem gesamten Erziehungsauftrag von Eltern und Erziehern sieht.

8. Frühkindliche Sexualerziehung

1) Was heißt: Sexualerziehung?

Ein Stiefkind der Pädagogik ist bis heute – trotz allem – die Sexualerziehung geblieben. Viele Eltern und Erzieher sind hilflos und wissen bei der Fülle der Veröffentlichungen, die sich vielfach hart widersprechen, keinen Rat.

Das Durcheinander beginnt schon bei den Begriffen. Die einen sprechen von »Aufklärung«. Dieses Wort sollte aus unserem Vokabular gestrichen werden; es hat nichts zu tun mit dem, was wir am liebsten mit *Geschlechtererziehung* umschrieben hätten. Unter Aufklärung verstehen auch heute noch viele Eltern: »Du mußt deinem Sohn jetzt Bescheid sagen.« »Setz dich da mal hin, ich kläre dich jetzt auf!« Genau das wollen wir vermeiden.

Es geht um Geleit, und zwar von der Wiege an. Es geht um erzieherische Hilfe für den Bereich des Sexuellen, die in der frühen Kindheit einsetzt und vielleicht bei der Heirat der Kinder endet. Geschlechtererziehung erstreckt sich über die ganze Kindheit. Hätten sich die Kultusminister nicht für das Wort »Sexualerziehung« entschieden, würde ich unmißverständlich für das Wort »Geschlechtererziehung« plädieren. *Denn immer geht es um eine gesamtpersonale Erziehung.* Das Sexuelle ist nichts Besonderes, nichts Außergewöhnliches und auch nichts »Heikles«. Gott hat den Menschen mit Geschlechtsorganen ausgerüstet. Und vom ganzen Menschen einschließlich der übrigen Schöpfung hat er gesagt: »Siehe, es war sehr gut.« Wer als Christ sexuelle Probleme tabuisiert, diskriminiert und verschweigt, verachtet Gottes gute Schöpfung. Darum ist dem Kirchenvater Tertullian unbedingt zuzustimmen, der geschrieben hat: *»Wir dürfen uns nicht schämen, die Dinge beim Namen zu nennen, die Gott sich nicht geschämt hat zu erschaffen.«*

Das Sexuelle ist kein ausgefallenes Teilgebiet der Erziehung. Es durchwirkt die ganze Seele, den ganzen Leib, den Geist, das Fühlen, das Denken und das Tun. Jeder ist nur Mensch als Mann und als Frau. Und deshalb heißt Sexualerziehung, das Kind aus der Besonderheit seines männlichen oder weiblichen Geschlechts in seiner ganzen Persönlichkeit zu bilden und zu formen – und dies aus christlicher Verantwortung. Ausgangspunkt einer erfolgreichen Sexualerziehung ist die vorgelebte intakte Ehe der Eltern. Auf die Atmosphäre kommt es an, auf das »Betriebsklima«. Diese Atmosphäre, die vom Glauben an den lebendigen Gott bestimmt sein sollte, wird vom Kind eingeatmet und vernommen. Sie prägt das Kind.

Wie wollen Vater und Mutter überzeugen, wenn ihre eheliche Gemeinschaft langweilig, zerrüttet und unharmonisch ist? Wie wollen sie beispielsweise Liebesfähigkeit vermitteln? Eltern bedeuten Kindern mehr als hygienische Pflege und geistige Unterrichtung. Familie ist mehr als Brut- und Aufzuchtsstätte. Das Kind übernimmt, was Eltern über eheliche Liebe und Treue denken, was sie über Zärtlichkeit, über Männer, über Frauen, über Sex, über freie Liebe, über Abtreibung, über Freundschaft und Körperkontakte sagen, leben und verschweigen. Eltern müssen nicht reden, sie sprechen mit ihrer ganzen Existenz. Und Kinder sind ein Spiegelbild elterlichen Lebens und Verhaltens – auch in bezug auf alle sexuellen Probleme.

Kleine Kinder, die in der Familie und speziell bei den Vätern und Müttern kein partnerschaftliches Vertrauen gelernt haben, können später ihren Partnern kein Vertrauen schenken. Kinder, die erlebt haben, daß Männer »verteufelt« wurden, haben später eine schlechte Meinung über Männer. Diese Punkte sind wesentlicher als die Kenntnis von biologischen Tatsachen, vom Funktionieren der Geschlechtsorgane und das Wissen vom Bau des Geschlechtsapparates. Die Wissensvermittlung über biologische Fakten ist in der Vergangenheit bis zum Überdruß getrieben worden. Freundschaftsfähigkeit, Liebesfähigkeit und Partnerschaftsfähigkeit haben aber erschreckend abgenommen.

2) Sexualerziehung ist Aufgabe der Eltern
Schon im Artikel 6 des Grundgesetzes heißt es: »Pflege und Erziehung des Kindes sind das natürliche Recht der Eltern und zuvörderst ihnen obliegende Pflichten. Über die Betätigung wacht die staatliche Gemeinschaft.« Wer diese Aufgabe ganz der Schule überläßt, handelt leichtfertig und als Christ unverantwortlich.

Sexualerziehung beginnt in der Wiege. In den Windeln liegt kein geschlechtsneutrales Wesen, sondern immer ein Junge oder ein Mädchen. *Das* Kind als Neutrum ist sprachlich gesehen Unsinn: Das Kind ist kein geschlechtsloses Wesen. Männlichsein und Weiblichsein sind natürlich und gottgewollt. Schon sehr früh können Kinder sexuelle Lustgefühle haben. Wir sagen: Das Kind *begreift* seinen Leib. Dieser Begriff hat eine Doppelbedeutung. Das Kind betastet sich und lernt sich kennen, und es begreift, daß es Junge oder Mädchen ist, und versteht, sich an Glied und Scheide Lustgefühle zu verschaffen. Etwa ab der 53. Woche können Kinder die Lustquelle entdecken und sexuelle Gefühle erzielen. Selbstverständlich haben sie nicht die Intensität und Qualität wie bei Erwachsenen. Wenn in den ersten Jahren Erwachsene Kinder rigoros hindern, diese Regionen zu berühren, kann dieser Bereich tabuisiert und negativ besetzt werden. Jugendliche und spätere Erwachsene werten dann diesen Bereich als schmutzig, unanständig und sündig. Unbewußt haben sie eine schlechte Meinung von dieser Region. Sexuelle Gefühle und Gedanken werden vor Gott als Sünde registriert, und so können – es besteht also keine zwingende Notwendigkeit – sexuelle Störungen bei entsprechender Sensibilität entstehen.

Wann ist der richtige Zeitpunkt für ein offenes Wort? Bevor das Kind zur Schule kommt. Einige Jahre vor der Einschulung beginnen Eltern mit dem Gespräch. Sexualerziehung beginnt so früh wie möglich. Je mehr wir den Zeitpunkt hinausziehen, desto schwieriger wird der Einstieg. Leider verpassen viele Eltern die natürliche Anknüpfung. Pädagogisch gilt: *Es gibt keine Verfrühung.* Sie ist völlig ungefährlich; *aber es gibt Verspätungen,* die bleiben Reparaturen. Sexualerziehung will nicht wie die Feuerwehr immer dann eingreifen, wenn es brennt. Sie will in die Zukunft schauen und vorbeugen. Strenggenommen beginnt daher die Sexualerziehung 20 Jahre vor der Geburt des 1. Kindes. Mit anderen Worten: Nur verantwortliche Eltern, die ihre Sexualität bejahen und aus Gottes Hand annehmen, können sexualpädagogisch verantwortlich erziehen und ihren Kindern das nötige Geleit geben.

Sexualerziehung beginnt damit, daß den Kindern die wichtigsten Ausdrücke für die Sexualorgane und alle sexuellen Vorgänge *richtig* gesagt werden. »*Die Benennung ist der erste Akt der Bewältigung«,* schrieb ein führender Pädagoge, Otto Friedrich Bollnow. Richtige Ausdrücke versachlichen. Sie geben Sicherheit und schaffen Vertrauen. Wer mit Ausdrücken verniedlicht, umschreibt und tabuisiert, verschärft die Situation. Er vergrößert die Angst und Unsicherheit der Kinder. Hüten Sie sich vor Tier- und Pflanzenbeispielen! Das Tier kennt keine Erotik. Denn Erotik ist Liebeskunst. Das Tier ist programmiert. Alle Liebes- und Sexualbeziehungen des Menschen schließen das Animalische ein, aber gehen weit darüber hinaus. Das Tier kennt keine Verantwortung, es hat keine verpflichtende Wertordnung. Das Tier wird getrieben; der Mensch soll lernen, seine Triebe zu beherrschen.

3) Die drei wichtigsten Fragen
Sie sollten etwa bis zum fünften Lebensjahr knapp und klar und wahr beantwortet werden. Sie lauten:

Wo kommen die Babys her?

Wie kommen die Babys aus dem Bauch der Mutter heraus?
Wie kommen die Babys in den Bauch der Mutter hinein?

Wo kommen die Babys her?
Mögliche Antwort – und ich vermeide bewußt jede wissenschaftliche Formulierung –: Sie wachsen bei Mutter im Bauch. Im Prinzip genügt die Antwort. Wir vermeiden zu sagen: Sie wachsen bei Mutti unter dem Herzen. Diese Verschleierung schafft unnötige Probleme. Genauso falsch ist der Satz: Wenn Vater und Mutter sich liebhaben (was heißt das überhaupt), bringt der liebe Gott ein Kind. Hier werden dem Kind ungewollt falsche Vorstellungen geliefert. Die Ehe ist eindeutig nicht nur zum Kinderkriegen da. Gott hat die Ehe unmißverständlich als Lebens- und Liebesbund geschaffen.

Wie kommen die Babys aus dem Bauch der Mutter heraus?
Antwort: Das Kind kommt zwischen den Beinen der Mutter aus der Scheide. Auch das genügt im Prinzip wiederum. Vater hat ein Glied, er hat keinen Spalt, keine Scheide, aus dem ein Kind heraustreten kann. Die Scheide weitet sich, und das Baby kann herauskommen. In dem Alter wird möglichst nicht von »wahnsinnigen« Schmerzen, vom Kaiserschnitt, von Blut und belastenden Problemen gesprochen.

Wie kommen die Babys in den Bauch der Mutter hinein?
Diese Frage weckt die meisten Ängste bei Eltern. Sie fürchten, daß hier das Fragen kein Ende nehmen könnte. Erfahrungsgemäß ist das nicht der Fall. Ausnahmen bestätigen die Regel. Die Antwort also: Vater hat ein Glied, damit legt er bei Mutti Samen in die Scheide. Verbindet sich der Samen von Vater mit dem winzigen Ei von Mutti im Bauch, kann daraus ein Baby entstehen, wenn Vater und Mutter das möchten und sie Gott darum bitten, daß er's geschehen läßt. Es ist überflüssig, in dem Alter der Kinder von sexueller Lust, von Erregung, von Steifwerden des Gliedes, von Techniken und Praktiken des Geschlechtsverkehrs zu reden. Die Antwort ist sachlich und biologisch nicht falsch. Die Antwort ist wahr und löst bei fragenden älteren Kindern später keine Schwierigkeiten aus.

Was sollten Eltern tun, wenn Kinder keine Fragen in Richtung Geschlechtererziehung stellen?
In Vorträgen und Beratungen wird diese Frage häufig gestellt. Antwort: Es gibt offene Kinder, die das Herz auf der Zunge tragen, und es gibt introvertierte Kinder, nach innen gekehrte Kinder, die zurückhaltend und verschlossen sind. Die offenen Kinder fragen al-

les, weil jeder Gedanke laut gedacht wird. Die stillen Kinder denken viel und machen sich viele Gedanken, äußern sich aber nicht. Mit Scham hat das in der Regel wenig zu tun. Von daher ist es sinnvoll, auch wenn Kinder nicht fragen, eine günstige Gelegenheit wahrzunehmen, über alle Vorgänge offen zu sprechen. Auf alle Fälle ist es falsch, sich die »Aufklärung vorzunehmen.« Vielleicht erwartet die Mutter noch ein Kind, eine Frau in der Verwandschaft oder eine Bekannte des Hauses und der Familie ist schwanger. Diese Umstände sind gute Gesprächsanknüpfungen. Generell empfiehlt es sich, *alle Lebensfragen* nüchtern, sachlich, ehrlich und offen selbst vor den kleinsten Kindern auszusprechen und auszubreiten. Alle Familienmitglieder nehmen an allen Vorgängen, so weit es irgend möglich ist, teil. Das zahlt sich aus. In diesem Sinne wird Geschlechtererziehung im besten Sinne Lebensbegleitung.

Sind wissende Kinder geschützte Kinder? Sind aufgeklärte Kinder immun?

Wissen ersetzt kein Gewissen. Und Wissensvermittlung ist noch keine Gewissensbildung. Die Information ersetzt noch keine Wertordnung. Aber wissende Kinder, die alle Vorgänge des sexuellen Lebens als gute Schöpfung Gottes anerkennen und akzeptieren, sind *geschütztere* Kinder. Das glaube ich allerdings. Wo Kinder hinter dem Rücken der Eltern tuscheln und sich über sexuelle Vorgänge in obszöner Weise unterhalten, wird Gottes gute Schöpfung in den Schmutz getreten.

4) Zusammenfassung einiger Thesen:

a) Der Begriff Sexualerziehung ist unglücklich. Unpassend ist das Wort »Aufklärung«, weil es weniger um biologische Informationen, sondern um Gewissens- und Gesinnungsbildung geht. Sexualerziehung ist immer Teil einer *gesamtpersonalen* Erziehung. Deshalb besser: Geschlechtererziehung.

b) Christliche Eltern sind zur »Sexualerziehung« *verpflichtet,* und wir sollten uns nicht schämen, »die Dinge beim Namen zu nennen, die Gott sich nicht geschämt hat zu erschaffen«.

c) Sexualerziehung wird da fruchtbar, wo Eltern als Christen eine intakte Ehe, Treue, Liebe, Zärtlichkeit und echte Partnerschaft *vorleben.*

d) Spätere Liebesfähigkeit und Partnerschaftsfähigkeit beginnen im Kinderzimmer. Nicht in erster Linie prägt die wortstarke Erziehung, sondern das *Vorbild* der Eltern, die Bejahung der gottgewollten Sexualität.

e) Sexualität beginnt in der Wiege. Das Kind ist kein Neutrum, sondern ein Junge oder ein Mädchen, das auch entsprechend seinem Geschlecht bejaht und erzogen werden sollte. Geschlechtliche Bevorzugung oder Benachteiligung wirken sich später schädlich aus.

f) Schon früh begreift das Kind seinen Leib und kann sexuelle Lustgefühle hervorrufen, die nicht rigoros unterbunden werden sollten. Erst mit zunehmendem Alter lernt das Kind, Gottes Geschenk richtig einzuordnen und nicht nur auf egoistischen Lustgewinn aus zu sein.

g) In der Sexualerziehung gibt es *keine Verfrühung*, höchstens eine zu drastische und abstoßende »Aufklärung«. Eine verspätete Sexualerziehung hat es schwer, das Vertrauen des Kindes zu gewinnen. Oft haben ältere Kameraden eine schmutzige »Aufklärung« besorgt.

h) In der Sexualerziehung ist es wichtig, daß Kinder die richtigen Ausdrücke kennen, denn »die Benennung ist der erste Akt der Bewältigung.« Wer verschleiert, verniedlicht und tabuisiert, verunsichert das Kind.

i) In der Sexualerziehung sind Tier- und Pflanzenbeispiele unangebracht, weil sexuelle Beziehungen unter Menschen, in der Verantwortung vor Gott, eine andere Dimension haben. Das Tier kennt keine Verantwortlichkeit, keine Werte und wird in der Regel von Brunstzeiten gesteuert.

j) Die drei wichtigsten Fragen »Wo kommen die Babys her? – wie kommen die Babys aus dem Bauch der Mutter heraus? – wie kommen sie in den Bauch der Mutter hinein?« sollten klar, sachlich richtig, ohne Verschleierung und ohne unnütze Einzelheiten vor der Einschulung beantwortet werden.

k) In der Sexualerziehung warten Eltern nicht grundsätzlich ab, bis die Kinder Fragen stellen. Es gibt offene und stille Kinder. Das Gespräch über *alle Lebensfragen* in der Familie – unter Einschluß sexueller Tatsachen – ist der beste Weg, die Sexualerziehung als Teil der Persönlichkeitsbildung zu verstehen.

l) Die Maßstäbe der Bibel über den Leib als dem Tempel des Heiligen Geistes, über das Leibliche, über Zeugung, Liebe, Ehe, Partnerschaft und Treue sind für die frühkindliche Erziehung Richtschnur und Wegweisung.

IV. Unser Schulkind

1. Wann ist ein Schulkind schulreif?

Von der Geburt bis zum Schuleintritt ist ein langer Weg. Die Kindergartenzeit ist vorbei, ein neues Leben hat begonnen. Neben das Spiel tritt die *Arbeit*. Lehrer und Klassenkameraden gewinnen einen großen Einfluß. Aus dem Kleinkind wird ein Schulkind.

1) Die körperlich-seelischen Veränderungen
Entwicklungspsychologisch bezeichnet man den Übergang vom Kleinkind zum Schulkind als *Gestaltwandel*. Der kindliche Organismus erfährt Veränderungen. Etwa mit dem 6. Lebensjahr beginnt dieser Gestaltwandel. Die Kinder werden schmaler, Arme und Beine wachsen beschleunigt, die Konturen der Gliedmaßen verändern sich. Am Brustkorb bilden sich stärker Muskeln, und die Rippen treten hervor. Der Hals wird länger und kräftiger. Dieser Wandlungsprozeß dauert etwa 1 Jahr. Zu beobachten ist, daß Jungen und Mädchen ein verschiedenes Entwicklungstempo zeigen. Mädchen beginnen und beenden den Gestaltwandel im allgemeinen früher als Knaben. Dieser Gestaltwandel hat für Eltern eine Reihe von Konsequenzen. Viele Kleidungsstücke passen nicht mehr, sie müssen ständig ergänzt werden. Deutlich wird auch, daß mit der körperlichen Veränderung eine seelische Umstrukturierung Hand in Hand geht. Unglücklicherweise befindet sich das Kind beim Schuleintritt in einer Übergangsphase, wo es unharmonischer und uneinheitlicher in seinem Leben zugeht:

Eigentlich müßte das Kind reifer und vernünftiger erscheinen, dabei wird es oft schlimmer als im Trotzalter von diesem Gestaltwandel beansprucht.

Das Kind soll in eine realistische Phase des Lebens eintreten, doch die phantasieorientierte Geisteshaltung des Kleinkindalters herrscht oft noch vor. Aber gerade die realistische Weltsicht wird vom Schulkind verlangt. Das Weltbild wird versachlicht und desillusioniert. Sachwissen und intellektuelle Einsicht müssen beim Schulkind das Feld beherrschen.

Da der Gestaltwandel sehr oft zu Beginn der Schulzeit einsetzt, erleben Eltern in dieser Übergangsphase Erziehungsschwierigkeiten und Verhaltensstörungen. Für Eltern ist es sehr wichtig, in dieser Zeit Geduld aufzubringen. Ist die Schulreife nicht gegeben, kann das

Kind noch einen Schulkindergarten besuchen, um für das Schulzeitalter gerüstet zu werden.

Für die Sechsjährigen beginnt in wenigen Wochen ein völlig neuer Abschnitt ihres Lebens – die Schulzeit. Diesem wichtigen Termin ist im allgemeinen ein *Reifetest* vorausgegangen, und das Ergebnis hat möglicherweise manche Eltern tief gekränkt, wenn ihnen die Fachleute gesagt haben, ihr Kind sei noch nicht schulreif.

Doch dabei sollten sie bedenken: Die Einschulung des Kindes darf keinesfalls eine *Prestigefrage* für die Eltern werden! Es wäre der schlechteste Dienst, den sie dem 6-Jährigen erweisen könnten, wenn sie ihn ihre Enttäuschung spüren ließen, oder ihm gar Vorwürfe machten, daß er den Test nicht »geschafft« hat. Hier muß man ganz klar erkennen, um was es geht, und auch, daß Schulreife nicht mit Intelligenz gleichzusetzen ist. Jedes Kind entwickelt sich in seiner eigenen Weise, und da darf man nicht etwas erzwingen wollen, wofür die Voraussetzungen fehlen. Sehr viele Voraussetzungen aber sind nötig, damit das Kind den Forderungen, die die Schule stellt, gewachsen ist, und damit das Lernen Freude macht und Erfolg bringt.

2) Voraussetzungen der Schulreife

a) Die Entwicklungsphasen des Kleinkindes sind abgeschlossen. Die Trotzphase oder besser das *Trotzalter* ist überwunden, die Motorik, Darm- und Blasenfunktionen werden beherrscht, die Annahme der Geschlechtsrolle ist vollzogen, die Lernwilligkeit und Aufnahmebereitschaft sind weitgehend gegeben, das Kind läßt sich nicht mehr ohne weiteres von Trieben und starken Bedürfnissen überrollen.

b) Ein mehr oder weniger *realistisches Weltbild hat sich* in der Vorstellung der Kinder *gebildet.* Spiel und Ernst, Spaß und Arbeit, Reales und Irreales werden klarer unterschieden. Eine sachbezogene Arbeitshaltung ist erkennbar.

c) *Die Einordnung in die Klassengemeinschaft macht keine Schwierigkeiten.* In der Gruppe von Kindern fühlt sich das Kind einigermaßen wohl und fällt nicht völlig aus der Rolle. Das Kind ist gemeinschaftsfähig; dazu gehören eine Portion Anpassungsfähigkeit und eine Portion Durchsetzungsfähigkeit. Erst ein gesundes Maß zwischen diesen beiden Extremen gewährleistet die Gruppenfähigkeit.

d) Das Kind, das einschulungsfähig ist, *empfindet die Welt der Gemeinschaft*, in der es lebt, *als seine wirkliche Welt* und trennt sie von der Innenwelt der Phantasie, der Märchen. An den elterlichen Vorbildern hat sich im Herzen des Kindes eine Kontrollinstanz, das Gewissen, gebildet. Gut und Böse werden von jetzt aber nicht mehr völlig von den Eltern bestimmt, sondern das eigene Gewissen sagt dem Kind, was es zu tun und zu lassen hat.

3) Wie äußert sich geistig-seelische Schulreife?

Laien können mit einigem Geschick feststellen, ob das Kind die Anforderungen erfüllt. Hier sind einige Kriterien:

a) Die Beobachtungs- und Nachahmungsfähigkeit lassen sich daran erkennen, ob das Kind Ansätze dazu zeigt, Geschehenes und Dargestelltes nachzugestalten. Ein 6-jähriges Kind muß zum Beispiel in der Lage sein, einfache Farbsymbole (Kreis, Dreieck, Rechteck, Spirale und Schlinge) nachzuzeichnen. Die Fähigkeit zur Nachahmung zeigt sich auch darin, daß ein Kind einen kurzen Satz, der in großen Druckbuchstaben geschrieben ist, nachzeichnen kann. Zum Beispiel: »Opa ist da«. Im Beisein des Kindes wird der Satz vorgeschrieben.

b) Man kann das Kind auch auffordern, Perlen in bestimmter Reihenfolge der Farben auf eine Schnur zu ziehen oder Steckbausteine in bestimmter Form- und Farbfolge auf Stäbchen aufzustecken.

c) 5- und 6-Jährige, die langandauernd intensiv spielen können, werden in der Regel auch in der Schule eine gehörige Portion Durchhaltekraft zur Verfügung haben. Kinder dagegen, die kein Spiel durchhalten, die alle zwei Minuten was Neues beginnen, die in ihrer Aufmerksamkeit ständig abgelenkt werden, können auch in der Schule keine Konzentration zeigen. Die Schule erwartet, daß das Kind bei einer spielerischen Arbeit auch Mißgeschicke in Kauf nehmen kann, Schwierigkeiten nicht ausweicht und sich bemüht, hartnäckig ein Ziel anzupeilen und bei der Sache zu bleiben.

d) Die Erinnerungsfähigkeit eines Kindes läßt sich leicht nachprüfen. Neue Begriffe werden eingeführt, wenn Eltern und Kind ein Bilderbuch betrachten. Verse oder kurze Sätze werden vorgesprochen, die das Kind wiederholen muß. In der Regel ist die Merkfähigkeit des Kindes besser als bei Erwachsenen.

4) Fragen zur Schulreife

Fachleute haben durch langjährige Erfahrungen verschiedene Fragen zusammengestellt, die in groben Umrissen das Bild eines schulisch reifen Kindes beschreiben, wenn Eltern sie positiv beantworten können.

– »Liest« das Kind schon in Bilderbüchern? Fährt es Zeilen nach, wenn es Lesen spielt? Ist es stolz auf sein Zählen?

- Kann es für längere Zeit bei der Sache bleiben? Kann es mindestens eine halbe Stunde lang intensiv ein Spiel durchziehen? Stört es noch die Spiele der anderen? Und kann es im Spiel verlieren, ohne zu weinen?
- Nimmt es sich schon selbständig Arbeiten vor? Will es schon mithelfen und sich nützlich machen? Hat es schon für irgendwelche häuslichen Dienste die Verantwortung übernommen?
- Lernt es gerne auswendig? Fragt es nach der Bedeutung von Wörtern? Führt es Angefangenes zu Ende? Bindet es die Schnürsenkel selbst? Putzt es selbständig die Nase?
- Beachtet es – ohne Hinweise der Eltern – Gebote und Verbote? Trotzt es noch häufig? Hat es schon Anschluß an Nachbarkinder? Ging es gern in den Kindergarten? Hilft es schon freiwillig anderen? Zeigt es auch außerhalb des Hauses Unternehmungslust? Kennt es Konkurrenzgefühle mit Gleichaltrigen? Sieht es Bestrafungen ein?

5) Hinweise für Eltern

a) Wenn ein Kind zurückgestellt wird, weil Arzt und Schule es für richtig halten, dann sollten die Eltern bei dem Kind eine positive Einstellung dazu wecken. Sie können ihm das Gefühl vermitteln, daß der Schulkindergarten eine andere Art von Schule ist und daß es dort genau so viel Spaß haben wird und etwas lernt.

b) Eltern dürfen die Schule nicht verteufeln und den Kindern damit drohen, weil sie so nur Angst und Ablehnung erzeugen. Wenn die Eltern selbst schlechte Erinnerungen an die Schule haben, so sollten sie sich doch bemühen, diese Haltung nicht auf das Kind zu übertragen. Sonst gewinnt das Kind das Gefühl, das Lernen sei eine scheußliche Arbeit und gar eine Strafe, die man nur widerwillig erledigen kann. *Freude auf die Schule und Lernwilligkeit zu wecken* ist gerade jetzt eine sehr wichtige Aufgabe.

c) Lernen und Leistungen hängen nicht in erster Linie von einem hohen Intelligenzquotienten ab, sondern von der Stimmung. Ja, wir können überspitzt formulieren: Alle Lebensvorgänge stehen mit dem Gefühl in engster Verbindung. Freude und Fröhlichkeit, Schwermut und Verdrossenheit können Motoren oder Störfaktoren des Lernens sein. Fühlt sich ein Kind bedrängt und beengt, oder fühlt es sich wohl und frei? Was übertragen die Eltern, was leben sie vor? *Schulreife ist* nicht nur eine Frage der Intelligenz, sondern *vor allem eine Frage der genannten Lebenseinstellung.*

d) *Schon mit Fünf zur Schule?* Immer wieder kreist die Sorge der

Eltern um die Grundfrage: Ist es besser, ein Kind früher einzuschulen, oder ihm noch ein »Reservejahr« zuzubilligen. Am Psychologischen Institut der Universität Wien wurden jahrelang die schulischen Erfolge von normal und von vorzeitig eingeschulten Kindern verfolgt. Ergebnis: Die vorzeitig eingeschulten Kinder haben während ihrer ganzen Schulzeit Probleme mitzukommen. Es gelingt ihnen auch viel seltener der Sprung in eine höhere Schule. Dr. Braunschmid schreibt:

> »Obwohl die von mir untersuchten Früheingeschulten überdurchschnittlich intelligent waren, sanken schon nach dem 1. Schuljahr die Leistungen merklich ab.«[44]

Vielen Schülern wären Lernprobleme in den höheren Klassen erspart geblieben, wenn man sie später eingeschult hätte. Auch wenn ein Kind sehr intelligent ist, muß es nicht unbedingt reif für die Schule sein. Denn es kann ihm die nötige Koordinationsfähigkeit fehlen, die beispielsweise zum Schreibenlernen nötig ist, oder auch einfach die Geduld, längere Zeit am Tisch stillzusitzen.

2. Unser Kind ist faul

1) Faulheit ist lernbar
Das klingt verrückt, stimmt aber unbedingt. Denn Faulheit ist in der Tat lernbar. Der Mensch kann *alles* lernen, Gutes und Schlechtes, Nützliches und Schädliches, Brauchbares und Unbrauchbares. Es kommt nur auf seine Einstellung an. Hat er gute und positive Gedanken im Hinblick auf sich und andere, wird er sich bemühen, etwas Gutes zu *lernen.* Spuken aber feindliche, negative und destruktive Gedanken in seinem Kopf herum, kann er sich entscheiden, Schlechtes zu lernen. Der Mensch ist kein Tier, das von Instinkten getrieben wird. Er kann mehr oder weniger frei entscheiden, sich auf die nützliche Seite des Lebens zu stellen oder die unnütze Seite vorzuziehen.

Noch einmal: Faulheit ist lernbar. Alles ist lernbar. Der Mensch kann hassen lernen, er kann lieben lernen, kämpfen, arbeiten; er kann Dummheit lernen und – er kann Faulheit lernen! Selbst Angst, Liebenswürdigkeit, Jähzorn, Aggressivität, Langsamkeit, zwei verkehrte Hände, Musikalität und Unmusikalität, Oberflächlichkeit und Gründlichkeit, Ordnung und Unordnung – alles ist lernbar.

Und wovon hängt es ab, wofür sich der Mensch entscheidet? Von den Eltern, von den Geschwistern, von den Vorbildern, die das Kind hatte oder nicht hatte, von der Moral, die dem Kind vorgelebt wurde, von den Überzeugungen und politischen Werturteilen, die es erlebte und erlitt, und von tausend Einflüssen, die auf das Kind einströmen. *Schöpferisch aktiv* verarbeitet das Kind alle Einflüsse und schafft sich eine eigene Meinung. Es entschließt sich bewußt und unbewußt zu bestimmten Verhaltensweisen, Ansichten und Einstellungen.

Es lernt aus Versuch und Irrtum,
– aus Erfolgen und Mißerfolgen,
– aus Zuwendung und Ablehnung,
– aus Können und Nichtkönnen,
– aus Beachtung und Nichtbeachtung,
und zieht Schlüsse, und baut die Erfahrung in seinen persönlichen Lebensstil ein.

Faulheit wird uns also nicht wie ein Kuckucksei in die Wiege gelegt, das wir ausbrüten müßten, um uns zeitlebens mit der »Mißgeburt« herumzuquälen. Der Mensch *macht* Erfahrungen, und die geben den Ton an. Es ist also falsch zu glauben, der Mensch würde gewaltsam in eine Rolle gedrängt, gegen die er sich nicht wehren kann. Nein, er schaut sich alles an und wählt das für ihn Beste heraus. Er *macht* Erfahrungen, und die Formulierung zeigt eindrücklich, daß er selbst an der Produktion handfest beteiligt ist. So gewinnt der Mensch also eine Einstellung zur Ordnung, zur Arbeit, zur Schule und zur Faulheit.

Damit haben wir die Frage schon beantwortet: Faulheit ist *nicht* angeboren. Faulheit ist *kein* Schicksal, dem man nicht entrinnen kann. Faulheit ist *keine* Krankheit, die ein Lebewesen wie Krebs überfällt. Faulheit ist lernbar.

2) Faulheit, oder die Arbeit macht keinen Spaß

Arbeit, die uns bedrückt, stößt ab. Arbeit, die belastet, macht keine Freude. Arbeit, die wir widerwillig tun, gelingt nicht.

Herr Berger ist Jazz-Pianist. Ein beneidenswerter Musiker. Er hat einen neunjährigen Sohn, der unbedingt Pianist werden soll. Der Vater hat ihm ein Klavier geschenkt, das er in seinem großen Spielzimmer traktieren darf. Der Junge hat einmal in der Woche Unterricht, den er auch durchhalten muß. Der Vater ist überzeugt, der Junge hat das Zeug zum Musiker. Einige Jahre hält der Junge widerwillig durch, dann bricht er eines Tages abrupt das Klavierspiel ab und will nie wieder in seinem Leben ein Instrument anrühren, wie er sagt. Was ist hier schiefgelaufen? Ich greife einige Punkte heraus:

a) Der Klavierunterricht wird als Bestrafung empfunden. Der Vater war ein großer Pianist, aber seine Frau, die den Unterricht des Sohnes *überwachte,* eine schlechte Pädagogin. Wenn der Junge nicht gehorchte, bekam er von der Mutter zu hören: »Dauernd muß ich dich zehnmal rufen, und du kommst nicht. Jetzt übst du dafür eine halbe Stunde länger auf dem Piano.« Der Unterricht macht keine Freude mehr, er wird als *Bestrafung* empfunden.

b) Desinteressierte Erzieher verbreiten Desinteresse. Der alte Lehrer des Vaters hatte der Familie einen Gefallen tun wollen, als er zusagte, den Jungen zu unterrichten. Im Grunde war der Lehrer ständig verstimmt, weil er mit einem Anfänger arbeiten mußte. *Die Verstimmung wirkte sich negativ auf die Lern- und Übungsbereitschaft des Jungen aus.* Hinzu kam, daß der Lehrer ständig seine Unzufriedenheit über den mangelnden Fortschritt des Jungen äußerte. Die Spannung wurde eines Tages unerträglich. Aus dem schönen Spiel war bitterer Ernst geworden.

3) Faulheit ist Interesselosigkeit

Das Beispiel demonstriert unmißverständlich, daß *Interesselosigkeit* eine der wichtigsten Ursachen für Faulheit ist. Wir schreiben dem Kind damit keine Entschuldigung aus, nehmen es nicht über Gebühr in Schutz. Aber wir Eltern fragen uns: Was haben wir falsch gemacht? Womit haben wir die Interesselosigkeit des Kindes gefördert? Der Jugendpsychiater Reinhard Lempp sagt es klipp und klar:

> »Ich will hier nicht auf den alten Einwand von der Faulheit der Kinder eingehen. Es gibt keine faulen Kinder, es gibt nur *desinteressierte* Kinder.«[45]

Wenn ein Kind zufriedenstellend arbeitet, was sagen wir dann?

»Philipp ist begeisterter Sportler«,

»Ruth hat eine *Vorliebe* für klassische Musik«,

»Armin hat eine *Neigung* für Mathematik. Immer wieder setzt er sich hin und brütet schwere Aufgaben aus.«

»Jens hat ein starkes *Interesse* an Büchern.«

Hat ein Kind eine positive Einstellung zur Schule, zu irgendeinem Fach, zum Unterricht, hat es auch Interesse. Hat das Kind erst eine negative Einstellung entwickelt, zeigt es *Vermeidungsreaktionen, Fluchttendenzen, die kalte Schulter, Desinteresse.*

4) Unsere Arbeitseinstellung prägt

Was denken wir als Eltern über die Arbeit? Viele sind mit der Vorstellung groß geworden, daß Arbeit hart, unangenehm, sauer, schwer und mühsam ist. Sie halten Arbeit für eine *leidige Pflicht.* Sie denken nicht nur so, sie handeln und reden auch entsprechend.

Erstaunlicherweise wundern sie sich, daß ihre Kinder arbeitsscheu, faul und abwehrend sind. Freude steckt an, aber Mißmut auch. Stellen wir uns bitte einen Augenblick vor: Die Arbeit ist eine Lust. Wir *dürfen* arbeiten. Arbeit ist das Salz des Lebens.

Jörg ist zehn Jahre alt und hat die Arbeitslust seinem Vater *abgeguckt.* Der Vater ist Hobby-Koch. Mit Lust und Leidenschaft kocht er am Wochenende für die Familie. Plötzlich gibt es einen Streit darüber, wer am Wochenende kochen darf. Mutti und Vati schwärmen von den schönsten Gerichten, die sie zubereiten wollen. Jörg hört das alles mit. In ihm setzt sich der Gedanke fest: Kochen muß eine *Lust* sein. Unbedingt will er auch am Wochenende in der Küche mitmischen. Aber Vati und Mutti lassen sich an diesen Tagen den Kochlöffel nicht aus der Hand nehmen. Jörg weicht auf Tage in der Woche aus. Er freut sich, schmackhafte Mahlzeiten für alle Familienangehörigen kochen zu dürfen. Auf der Straße spielen die Nachbarskinder. Nichts zieht ihn nach draußen. Die Mutter wirft mal einen Blick in die Küche, Jörg will sich nicht helfen lassen. Er ist stolz auf seine Kochkünste, und die höchste Auszeichnung ist, wenn der Familie das Wasser im Munde zusammenläuft und die Gerichte schmecken. Die meisten seiner Kameraden drücken sich vor den kleinsten Hausaufgaben, aber sie investieren Kraft, Schweiß und Arbeit in ihre Spiele. Jörg kocht leidenschaftlich gern.

Jörg wird in dieser Familie niemals ein Faulenzer. Nach menschlichem Ermessen wird er auch niemals an einer Arbeitsstörung leiden. Er hat Interesse an der Arbeit, Freude am Tun, Zufriedenheit am Gelingen. Er arbeitet nicht, um andere zu übertrumpfen, um anderen zu beweisen, daß er es besser kann. Für ihn ist Arbeit Spiel und Vergnügen. Die Eltern haben ihm die Arbeit schmackhaft gemacht. Die Eltern haben ihm vorgelebt, daß Arbeit Spaß machen kann.

5) Fragen an die Eltern
Welche *Einstellung zur Arbeit* haben Sie? Fällt Ihnen die Arbeit schwer? Nörgeln und kritisieren Sie? Drücken Sie in Worten und Taten Unlust aus?

Appellieren Sie ständig an das Pflichtbewußtsein Ihres Kindes und *machen* ungewollt *die Arbeit zur Strafe?*

Schimpfen Sie hier und da auf die Sinnlosigkeit der Schularbeit, *über die »blödsinnigen Hausaufgaben«* und auf die »verfluchte Schule«? Wenn nun Ihr Kind Ihre Aussprüche ernster nimmt als Sie?

3. Was fördert die Lernbereitschaft?

Noch schlichter formuliert: Wie können Eltern den Motor zum Lernen ankurbeln? Was kann ein Kind bewegen, sich intensiver mit Schulaufgaben zu beschäftigen und williger mit Unterrichtsproblemen auseinanderzusetzen? Welche Gesichtspunkte helfen, den Widerstand zu verringern und die Freude am Arbeiten zu verstärken?

1) Sechs Vorschläge für Eltern

1. Vorschlag: *Lassen Sie das Kind mitentscheiden.*
Strikte Anweisungen reizen zum Widerspruch. »Allwissende« Eltern – bewußt oder unbewußt – hemmen die Freude am Mitmachen. Positiv wirkt sich aus, wenn sich Eltern *mit* ihren Kindern über Übungsprogramme verständigen und die Zeiten, wann Schularbeiten erledigt werden müssen, *mit* den Kindern abstimmen. In dem Augenblick, wo Kinder mitreden, miturteilen und mitentscheiden können, verbessert sich das Lernklima zusehends.

2. Vorschlag: *Geben Sie Anleitung zum Selbsterarbeiten.*
Die geschickte Anleitung zum *Selbsterarbeiten, Selbstfinden* und *Selbstausführen* ist für die Lernbereitschaft des Kindes von Bedeutung. Unterschungen haben ergeben, daß
80% von dem, was einer *gehört* hat, vergessen wird;
70% von dem, was einer *gesehen* hat, vergessen wird;
50% von dem, was einer *gesehen und gehört* hat, vergessen wird;
aber nur 10% von dem, was einer *selbst ausgeführt* hat, wird vergessen!
Aufgaben, die das Kind mit eigener Kraft gelöst, und Probleme, in die es sich hineinvertieft hat, bleiben haften. Gelingt es den Eltern, Kinder zu bewegen, sich mit Neugierde und detektivischem Spürsinn an Aufgaben heranzumachen, ist der Lernerfolg am größten, aber auch die Chance, das Gelernte wirklich zu behalten.

3. Vorschlag: *Gestatten Sie, daß das Kind sich Aufgaben selbst stellt.*
Statt auf Druck der Eltern Aufgaben zu wiederholen, kann das Kind sich eigene Teilziele und Fristen setzen. Es nimmt sich beispielsweise vor, bis zu einem bestimmten Zeitpunkt ein Kapitel zu beherrschen, sich eine Anzahl Vokabeln anzueignen. Sehr oft haben Eltern hohe Ziele vor Augen, die das Kind ablehnt und die die Initiative lähmen. Selbstgewählte Etappenziele geben dem Kind Richtlinien, Sinn und – wenn sie erreicht werden – Erfolgserlebnisse. Und Erfolgserlebnisse stacheln erneut die Lernbereitschaft an.

4. Vorschlag: *Nur glückliche Kinder können sich geistig entfalten.*
Begabung ist oft eine Frage des individuellen Glücks, der Zufriedenheit und des seelischen Wohlbefindens. Seelischer Druck und Unzufriedenheit blockieren. Ehezerwürfnisse, schwere Krankheiten der Angehörigen, Tod von Familienmitgliedern und anhaltende Berufssorgen der Eltern können das Lernklima verschlechtern und das Interesse am Unterricht blockieren. Die Kinder sind unkonzentriert und abgelenkt.

Haben Sie einmal ernsthaft darüber nachgedacht, wie Sie das seelische Wohlbefinden Ihres Kindes verbessern können? Geben Sie dem Kind die Möglichkeit, sich auszusprechen? Können Sie warten, wenn das Kind den Zeitpunkt für Gespräche für verfehlt hält? Haben Sie die Geduld, noch länger am Bettrand Ihres Kindes auszuhalten, wenn Sie spüren, daß es noch was loswerden möchte? Nehmen Sie den Kummer ernst, den Sie beim Kind vermuten? Ertappen Sie sich dabei, daß Sie Probleme Ihres Kindes verharmlosen? *Gehen Sie bitte nicht von sich aus, wenn Sie Probleme und Schwierigkeiten Ihres Kindes aufgreifen.* Ihr Maßstab ist nicht der Maßstab Ihres Kindes! Was Sie für belanglos halten, nimmt unter Umständen Ihr Kind sehr ernst.

5. Vorschlag: *Beachten Sie das Lerntempo des Kindes.*
Jedes Kind hat sein eigenes *Lerntempo.* Auch wir Erwachsene sind verschieden schnell. Es gibt langsame und schnelle, es gibt oberflächliche und sehr gewissenhafte Kinder. Gewissenhaftigkeit hat viele Vorteile, kann aber den Menschen hindern, zügig zu arbeiten. Beispielsweise verliert er bei schriftlichen Arbeiten die Zeit aus dem Auge. Er verrennt sich in Einzelheiten, nimmt Kleinigkeiten zu wichtig und schafft das vorgeschriebene Pensum nicht. Andere Kinder trödeln gern, schaffen schwer den Anfang und kommen nur langsam in Fahrt. Respektieren Sie gewisse Eigenarten, bejahen Sie das Eigentempo und verhelfen so dem Kind zu einem guten Selbstverständnis. Ständige Kritik am Tempo muß den Selbstwert untergraben. Das Kind verwechselt dann Langsamkeit mit Dummheit. Wir wissen auch, daß verschiedene Typen – lange, hagere, schmächtige beispielsweise – ein anderes Tempo an den Tag legen als korpulente, vollschlanke und behäbige Menschen. Schon das Temperament ist von Mensch zu Mensch verschieden. Aber das gilt allgemein: Kritiksucht, Druck, Angst und Überforderung können das Tempo erheblich hemmen. *Die Lernleistung ist am höchsten, wenn jeder Schüler in dem ihm gemässen Tempo lernt.*

6. Vorschlag: *Geben Sie sofort eine Erfolgsbestätigung.*
Eine sofortige *Erfolgsbestätigung* ist eine Lernverstärkung.
Hans gilt in der Familie als Faulpelz. Zwischen Vater und Sohn herrscht daher ständig Krisenstimmung. Hans hat das ganze Wochenende dazu benutzt, sein Physikheft zu überholen. Er steht in Physik mangelhaft. Der Lehrer hat aber dem Kind versprochen, die Note anzuheben, wenn es sich durch Zeichnungen und Ausarbeitungen mit bestimmten Themen auseinandersetzt. Stolz zeigt Hans dem Vater die Mappe: »Das ganze Wochenende habe ich an der Mappe gesessen. Ich hoffe bestimmt, ich kriege noch ausreichend.« Der Vater: »›Zusammenfallen‹ wird in einem Wort geschrieben. Deine deutsche Sprache ist für dich immer noch eine Fremdsprache!«

Das ist keine Erfolgsbestätigung, das ist massive Kritik. Das ist keine Lernverstärkung, sondern mit Sicherheit eine Lernminderung. Solche gutgemeinte Kritik – der Vater hat es sicher gutgemeint – untergräbt das Selbstwertgefühl, mindert die Arbeitsfreude. Fast immer läßt sich an einer Arbeit *etwas* Positives entdecken. Greifen wir das Positive auf und nicht das Negative! Können wir es eintrainieren, das Lobenswerte zu verstärken und das Kritische zu *übersehen*? Das weniger Gelungene kennt das Kind genau. *Wir wollen die Minuspunkte nicht unterstreichen, wir wollen den Erfolg bestätigen.*

2) Was hindert die Lernbereitschaft?

a) Furcht, Angst, Drohungen:
Sie zerstören die Vertrauensbasis zwischen Eltern und Kindern. Angst blockiert, und Drohungen verleiten zum Widerstand.
Wie können solche Drohungen aussehen?
– Wenn Eltern und Erzieher den Kindern zu verstehen geben, daß ihre Anstrengungen keine Aussicht auf Erfolg haben;
– wenn Eltern dem Kind sagen: »Wenn du nicht willst, lassen wir dich auch hängen«;
– wenn Eltern zu ihrem Kind sagen: »Wenn du kein Interesse hast, laß es bleiben, dann wirst du eben Hilfsarbeiter«;
– wenn Eltern ihrem Kind sagen: »Du verstehst so viel von Mathematik wie die Kuh vom Sonntag. Du hast Glück, wenn du die Hauptschule ohne Sitzenbleiben schaffst«;
– wenn Eltern dem Kind sagen: »Bis zu den Zeugnissen sehen wir uns das noch an, dann gehst du zurück auf die Hauptschule!«

Neben Drohungen benutzen die Eltern auch Erpressungen. Erfahrungsgemäß werden dadurch laute oder leise Widerstände aufgebaut. Druck erzeugt Gegendruck. Plötzlich haben sich Eltern und Kinder in eine Sackgasse manövriert.

b) Mangelnde Gesprächsbereitschaft:
Viele Eltern sind wenig gesprächsbereit. Sie treffen Anordnungen. Sie bestimmen. Der Zeitaufwand ist geringer, die Folgen sind allerdings schwerwiegender.

»Heute abend gibt es kein Fernsehen, da wird erst mal geübt!«
»Ein geruhsames Wochenende ist für dich gestrichen, da wird Latein gepaukt!«
»Mit Faulenzen kommt man im Leben nicht weiter. Jeden Abend wird in dieser Woche geübt, da kannst zu zeigen, ob du überhaupt Interesse an der höheren Schule hast!«

Die Kinder werden verstockt. Das Üben wird zur Strafe. Die Eltern reagieren ihren Unmut an den Kindern ab. Das Interesse an der Arbeit wird schon im Vorstadium untergraben.

Und wie könnten Eltern mit ihren Kindern sprechen?

»Ich habe heute abend eine Stunde Zeit für dich; sollten wir uns gemeinsam die englischen Vokabeln vorknöpfen?«
»Die letzte Arbeit zeigt einige Mängel in Grammatik. Sollten wir beide die Arbeit noch einmal durchgehen?«
»Für das gemeinsame Üben sollten wir uns etwas Zeit nehmen. Was schlägst du vor, wie lange wir zusammensitzen?«

c) Überheblichkeit:
Die Lernbereitschaft wird gehemmt, wenn Eltern wiederholt die Meinung des Kindes nicht akzeptieren und respektieren. Viele Eltern kehren unbewußt *Überheblichkeit* heraus, wenn sie die Meinung der Kinder überhören. Gegenargumente werden nicht ernst genommen, Einwendungen heruntergespielt. Ähnlich ist es, wenn Argumente des Kindes lächerlich gemacht werden. Ironie ist eine scharfe Waffe. Ironie ist eine schlimme Form der Überheblichkeit. Das Kind kommt sich klein und häßlich vor. Der Vater sagt:

»Was du über den § 218 sagst, kennzeichnet mal wieder deinen jugendlichen Unverstand.«

Warum kann der Vater nicht sagen:

»Das ist sehr interessant, deine Meinung über Abtreibung zu hören. Du hast dir Gedanken gemacht, kannst du mir Näheres darüber sagen?« Oder:

»Du beziehst sehr konsequent eine Gegenposition. Mich interessiert, wie du sie begründest.«

Dieser Vater nimmt sein Kind ernst. Bewußte oder unbewußte Überheblichkeit nimmt den Partner nicht ernst.

d) Gebremste Neugier:
Die Lernfreude wird eingeschränkt, wenn die *Neugier* des Kindes gehemmt wird. Der wichtigste und ursprüngliche Grund der Lernbereitschaft ist Neugier. Das Kind will die Welt kennenlernen, will alles *begreifen* – und zwar in jeder Beziehung. Von daher sind die Tage erfüllt mit Forschen, Entdeckungen und endlosen Fragereien.

Die Neugier des Kindes bedeutet, daß es nicht träge, faul und von Geburt an desinteressiert ist. Durch Überforderung, negative Einstellung zur Arbeit und Druck können wir allerdings die anlagebedingte Neugier reduzieren. Und dieser Unterdrückungsprozeß des Neugierverhaltens setzt in der Regel schon sehr früh ein.

Wodurch kann Neugier untergraben werden?

– Durch Überfütterung. Das Kind wird mit Wissen vollgestopft, weil Eltern angelerntes Wissen mit Intelligenz verwechseln;

– durch Überforderung. Die Eltern wollen gern ein Musterkind heranbilden. Sie wollen – zweifellos in guter Absicht – das Beste aus dem Kind herausholen:

– durch unsachgemäße Leistungssteigerung. Das Kind soll schon mit acht Jahren komplizierte Geschichten lesen und verstehen können. Lesen ist anregend und interessant. Wäre es nicht so, würden nicht jedes Jahr Millionen von Büchern gekauft und gelesen;

– durch Ablehnung kindlicher Fragen.

Antworten auf Fragen zu finden ist beglückend. Das Kind will Erfahrungen sammeln und weiterkommen. Es will groß werden und mithalten können. Das abgewiesene Kind wird still gemacht, es schließt sich womöglich ab und wird zusehends passiver. Passivität ist aber pädagogisch und psychologisch schwerer zu behandeln als Aktivität und robuste Durchsetzungskraft.

4. Unser Kind ist willensschwach

Faulheit und Willensschwäche scheinen ein Geschwisterpaar zu sein. Eltern, die über faule Kinder berichten, sprechen in der Regel auch über Willensschwäche.

»Der Bengel hat keinen Funken Willenskraft in sich;
er läßt sich einfach gehen, läßt sich willenlos treiben.«

»Das Kind ist einfach nicht stark genug, um sich zusammenzurei-
ßen.«

»Unsere Tochter will ja mit der Faulheit fertig werden. Ab und zu
nimmt sie einen Anlauf. Dann bricht die Willenskraft wieder zusammen.«

»Bernd zeigt nicht den geringsten Mumm. Vor den lächerlichen
Schularbeiten klappt er zusammen wie ein Taschenmesser; der sagt
einfach: Ich kann nicht!«

Faulheit und Willensschwäche wohnen wie feindliche Untermie-
ter in unserer Brust, gegen die wir machtlos zu sein scheinen.

1) Willensschwäche ist ein starke Waffe

Hans-Peter ist 12 Jahre alt, ein weicher, aber cleverer Junge. Er ist
kein Rebell, er leistet keinen harten Widerstand gegen die Eltern,
aber seine Faulheit ist »himmelschreiend«, wie der Vater sagt. Dieser
ist ein starker, entscheidungsfähiger Mann, der nicht viel redet,
wenn er erzieht, sondern handelt. »Wenn der nicht will, muß er fühlen!« sagt er, »wir mußten das früher auch.« Nach dem letzten Zeugnis allerdings ist der Vater am Ende. Vier Fünfen, der Junge ist sit-
zengeblieben. »Der ist stinkendfaul, und ich weiß, daß er es kann.
Hans-Peter hatte in den ersten Grundschuljahren prima Zeugnisse.
Er kann nach dem Abitur studieren. Ich mußte mir in Abendstun-
den alles hart erarbeiten. Mir wurde nichts geschenkt. Ich habe mich
durchgebissen.«

Hans-Peter sitzt ohne Freizeit am Schreibtisch und muß arbeiten.
Der Vater ist unerbittlich. »Und wenn er nicht will, muß er eben sitzen, bis er fertig ist. Hans-Peter hat es in der Hand!« Er hat es tatsächlich in der Hand. Er bestimmt, was er will. Die Schule ist die Ar-
chillesferse des Vaters. Hans-Peter ist weich. Gegen den Vater
kommt er weder mit dem Mund noch mit Opposition zum Zuge.
Den Ehrgeiz des Vaters teilt er nicht. Gegen seine Strafen – Entziehung der Freizeit, Beschneidung der Fernsehzeit und unangenehme
Hausarbeit – ist Hans-Peter machtlos. Doch mit der Schule kann er
den Vater an der empfindlichsten Stelle treffen. Seine Faulheit wird
zur Waffe, seine Willensschwäche zur Stärke. *Faulheit ist in der Tat
»Willensstärke«.* Hans-Peter muß eine Reihe Unannehmlichkeiten
in Kauf nehmen, um sich gegen den Vater durchzusetzen, und es gelingt ihm.

2) Willensschwäche ist ein starkes Argument

Das schauen wir uns genauer an:

Das Gerede von der Willensschwäche und der Willensstärke ist sehr fragwürdig. Wer sich willensstark zeigt, hat an einer Sache Interesse. Er setzt sich ein, hat Ausdauer und hat Freude an der Arbeit. Wer sich willensschwach zeigt, gibt damit zu erkennen, daß *er kein Interesse hat und daß er nicht will*.

Willensschwäche ist ein starkes Argument gegen Eltern, Lehrer und Autoritätspersonen. *Wer Willensschwäche gezielt einsetzt, entmachtet die stärksten Eltern.* Sie kapitulieren, weil sie weder mit Strafe noch mit Gewalt den Willen ihres Kindes verändern können. Im Gegenteil, das Kind zeigt sich stark, bei seiner Schwäche zu bleiben.

Daß Schwache stark sein können, zeigt sich überall im täglichen Leben. Zum Beispiel in der Ehe. Je schwächer der eine Partner, desto gefesselter der andere. Er muß einspringen, wenn der Schwache nicht kann; er muß Arbeiten übernehmen, die der andere liegenläßt. Der sogenannte Starke steht im Dienste des Schwachen. *Ohnmacht wird zur Macht.* Mit Hilflosigkeit kann der sogenannte Starke gegängelt werden. Er liegt an der Kette und ist durch Schwäche angebunden worden. Schwäche ist daher eine der stärksten Waffen der Herausforderung und der Inanspruchnahme.

Wer mit Willensschwäche operiert, *verschanzt sich hinter der Schwäche.* Wenn Eltern davon überzeugt sind, daß Willensschwäche anlagebedingt sei, dann ist das Kind von vornherein entschuldigt. Denn gegen solches Erbe kann bekanntlich kein Mensch zu Felde ziehen.

Willensschwäche verrät, daß ein Ziel nur mit geringer Kraft angesteuert wird. Ist aber *das Ziel uninteressant,* ist es die Willenskraft auch. Wofür soll der Mensch sich anstrengen? Von daher wird das Sprichwort verständlich: »Wo ein Ziel ist, da ist auch ein Wille.«

3) Wie begegnen wir dem willensschwachen Kind?

1. Schritt: Finden Sie als Eltern oder Erzieher heraus, was das Kind mit Willensschwäche erreichen will. Willensschwäche ist in erster Linie keine Eigenschaft, sondern ein *Verhaltensmuster.* Willensschwäche ist ein Arrangement, um sich in der Familie, in der Schule gegen Vater oder Mutter oder gegen ein tüchtiges Geschwister zu behaupten. Willensschwäche kann ein *Alibi* sein, um nicht zugeben zu müssen, daß das schwächere Kind mit dem fleißigen oder tüchtigen nicht mithalten kann. Willensschwäche kann eine Entschuldigung für eigene Mängel beinhalten, um vor sich selbst, vor Gott und dem andern eine plausible Rechtfertigung zu besitzen.

2. Schritt: Nicht kämpfen, sondern das Kind gewinnen wollen!

Wer Willensschwäche mit Strafen, Medizin, Liebesentzug und mit Drohungen verringern will, verstärkt das Symptom. Denn Willensschwäche ist – von Ausnahmen, die krankhafter Natur sind, abgesehen – eine Strategie, die zur Durchsetzung eigener Interessen eingesetzt wird. Wir haben gesagt: Willensschwäche ist ein starkes Argument, Willensschwäche ist ein Selbstbehauptungsmuster.

3. Schritt: Dem Kind helfen, daß es bestätigt und anerkannt wird. Jedes Kind sucht Anerkennung, Bestätigung und einen Platz in der Gemeinschaft. Schafft es das Kind nicht, auf positive Weise sich zu beweisen und durchzusetzen, benutzt es destruktive oder gemeinschaftsfeindliche Verhaltensmuster. Es schützt sich, um nicht durchzufallen, es wehrt sich auf seine Weise, um nicht diskriminiert zu werden. Gelingt es uns, dem Kind Ziele zu benennen, die es mit seiner Intelligenz und mit seinen Gaben erreichen kann, wird es die Willensschwäche aufgeben. Jeder kleinste Fortschritt ist Ermutigung und Verringerung der Willensschwäche. Jede Bestätigung der eigenen Anstrengung ist Abbau der Willensschwäche. Gelingt es uns nicht, dem Kind erreichbare Ziele schmackhaft zu machen, für die es sich lohnt, Zeit, Geduld, Kraft und Lerneifer einzusetzen, wird es in seiner Willensschwäche verharren. Es kann ja aller Welt und sich selbst klarmachen: Ich schaffe es nicht, ich bin ja willensschwach, laßt mich in Ruhe!

5. Unser Kind ist konzentrationsschwach

Faulheit kennt eine unangenehme Begleitmusik: *Konzentrationsstörungen.* Das Kind ist nicht bei der Sache. Die kleinste Kleinigkeit lenkt es ab. Aufgaben kann es nicht behalten, Gelerntes nicht speichern. Was geht im Kind vor?

1) Das gestörte Spielverhalten
Die Unfähigkeit zur Konzentration zeigt sich schon sehr früh, aber viele Eltern neigen dazu, das Symptom zu verniedlichen oder zu übersehen. Ein ernstes Warnsymptom für Konzentrationsschwäche des Kindes zeigt sich im gestörten Spielverhalten. Das Kind kann sich nicht ausdauernd und sinnvoll allein beschäftigen. Viele Eltern halten ihre Kinder für Spätentwickler. In der Schule machen sie die Lehrer, die Größe der Klasse und einen »angeborenen« Konzentrationsmangel für Schwierigkeiten der Kinder verantwortlich. Fest steht jedoch, daß in den seltensten Fällen ein angeborener Charakterfehler die Ursache der Konzentrationsschwäche ist.

Hirnorganische Symptome *können* allerdings auch eine Rolle spielen. Professor Dr. Reinhard Lempp und seine Mitarbeiter untersuchten 124 Kinder, die trotz normaler Begabung in der Schule versagten. Das Ergebnis: Bei einem Drittel lag die Ursache der Störung in der Familie. Bei einem weiteren Drittel wurde eine sogenannte »organische Teilleistungsstörung« herausgefunden, die von einer leichten frühkindlichen Hirnschädigung herrührte. Beim Rest diagnostizierten die Ärzte sowohl hirnorganische Störungen als auch gestörte familiäre Beziehungen.

Bei der Hirnschädigung handelt es sich meistens um einen ganz winzigen Defekt, der bei Komplikationen in der Schwangerschaft oder während der Geburt entstehen kann. Solche Kinder sind zwar völlig gesund, sind jedoch nicht in der Lage, bestimmte äußere Reize – zum Beispiel Bilder und Geräusche – normal zu verarbeiten. Dieser Umstand wird zur eigentlichen Ursache der Konzentrationsschwäche: Das Kind kann wichtige und unwichtige Reize nicht unterscheiden und auswählen. Es fliegt auf jedes Geräusch, arbeitet unkorrekt und ordnet falsch ein. Eltern und Kameraden bezeichnen diese Kinder als »zerfahren, dumm, schusselig und zappelig.« Es empfiehlt sich immer, einen erfahrenen Kinderarzt zu Rate zu ziehen, denn es gibt therapeutische Hilfen, die eingeübt werden sollten.

2) Sachlichkeit kontra Ichhaftigkeit

Beobachten wir einmal ein Kind beim Spiel. Es beschäftigt sich mit Bauklötzen, Legosteinen oder Puppen. Es ist völlig auf das Spiel konzentriert. Wir beobachten eine sachbezogene Hingabe an das Spiel. Mit Ernst und Aufmerksamkeit, Wachheit und Lebendigkeit spielt das Kind. Wann aber wird das Spiel ichhaft und damit unkonzentriert?

– Wenn das Kind sich *beobachtet* fühlt. Es fühlt sich irritiert und abgelenkt;

– wenn es *Lob* ernten will. Alle Bewegungen und Überlegungen werden ichhaft. Es spielt nicht mehr hingegeben, sondern mit Berechnung. Es ist nicht mehr gelöst, sondern gespannt;

– wenn es *Tadel* fürchten muß. Es kann nicht mehr mit Ernst bei der Sache sein;

– wenn es *Aufmerksamkeit* erregen will. Es ist nicht am Spiel interessiert, an der Sache, es ist *an sich selbst* interessiert. Es will beachtet werden und in den Mittelpunkt rücken.

Die Beobachtungen im Spiel können wir ohne Schwierigkeit auf die Arbeit übertragen. Auch hier bestätigt sich, daß Konzentrations-schwäche durch Ichhaftigkeit und mangelnde Sachlichkeit gekenn-zeichnet ist.

3) Die Flucht in die Phantasiewelt

Viele Eltern bezeichnen ihre Kinder als *Träumer*. Sie beklagen ihr reiches Phantasieleben. Die Kinder verhalten sich »entrückt«. Sie le-ben nicht in der Realität und sind nicht mit beiden Beinen auf der Erde. Ihre Gedanken schweifen ab, ihre Phantasie geht auf Reisen. Mit anderen Worten: Sie sind nicht bei der Sache. Können sie nicht bei der Sache sein, oder wollen sie nicht bei der Sache sein?

Wie erklären wir uns die *Flucht* in die Phantasiewelt? Viele ver-wöhnte Kinder haben es nicht gelernt, sich sachlich und ernst mit Arbeit und Schularbeiten auseinanderzusetzen; einige erleben ihre Geschwister als bedrückendes Vorbild. Wenn Eltern und Erzieher zu allem Überfluß auch noch auf diese Vorbilder hinweisen, sinkt der Arbeitseifer ab, und die Flucht in eine schöne Welt beginnt.

Auch Überforderung und Ehrgeiz der Eltern können den Wider-stand hervorlocken. Dieser Widerstand kann auch auf die Lehrer übertragen werden. Flucht in die Phantasiewelt ist Widerstand. Sie muß nicht in erster Linie Flucht vor der Arbeit sein, sondern kann auch als Flucht vor dem Zwang, sich einordnen zu müssen, verstan-den werden. Das verwöhnte Kind, das arbeitsunwillig ist, schwingt sich zum Tyrannen auf. So unkonzentriert eine Reihe Kinder sind, so konzentriert können sie jenseits der Realität in der Phantasie, in der Traumwelt Geschicklichkeit, Geduld, Produktivität, Energie und Kreativität entfalten.

4) Praktische Ratschläge und pädagogische Hinweise:

– Eltern sollten dem Kind das Gefühl geben, daß es von ihnen verstanden und nicht im Stich gelassen wird.

– Vor allem Heranwachsende, die infolge der hormonellen Um-stellung ihres Körpers häufig unter Unkonzentriertheit leiden, brauchen diese Sicherheit der Eltern und ihre Liebe.

– Spiele, die dem Kind Spaß machen, sollten nicht verboten wer-den. Fast jedes Spiel fordert einen Menge Konzentration, die das Kind unbewußt einüben und erlernen kann.

– Eltern überprüfen ihren Leistungsanspruch. Es kann sein, daß sie ihr Kind überfordern, daß sie zu viel erwarten und zu wenig er-mutigen. Die Bestätigung des kleinsten Fortschrittes baut in der Re-gel Konzentrationsschwäche ab.

– Das Lernen am Abend kann konzentrationsfördernd sein. Untersuchungen haben ergeben, daß Menschen, die abends intensiv lernen und gleich danach einschlafen, bis zu 56 % behalten. Wer dagegen wach bleibt, kann sich nur an 9 % erinnern. Im Schlaf bleibt das Gehirn frei von neuen Eindrücken, die das Gelernte überdecken.

– Man muß wissen, daß alle Störfaktoren, die das Nervensystem unmittelbar erregen (ein fallender Bleistift, Lärm vor der Tür, Gespräche der Geschwister, Radio- oder Fernsehgeräusche), die gewünschte Aufmerksamkeit des Kindes herabsetzen.

– Die medikamentöse Behandlung konzentrationsschwacher Kinder stellt die Ärzte im Augenblick noch vor einige Schwierigkeiten. Unkonzentriertheit ist meistens mit gesteigerter *Unruhe* gepaart. Wird die Unruhe mit bestimmten Wirkstoffen gehemmt, sinken meistens auch die Aufmerksamkeit und die Lernfähigkeit des Kindes. Höhere Dosen führen oft zu Schlaf. Aktivierende Medikamente erhöhen leider die Nervosität.

– Bevor Eltern zum Arzt gehen, um sich Medikamente gegen die Konzentrationsschwäche ihrer Kinder verschreiben zu lassen, um eine mögliche körperliche Ursache des Konzentrationsmangels ausfindig zu machen, sollten sie sich zwei Fragen ehrlich beantworten:

– Könnte es sein, daß die Konzentrationsschwäche des Kindes mit Störungen und Schwierigkeiten im familiären Bereich zu tun hat? (Geschwister-Rivalität, Eheprobleme der Eltern, Autoritätsprobleme zwischen Eltern und Kindern.)

– Könnte es sein, daß die Eltern sich mit Nachdruck eine körperlich begründete Konzentrationsschwäche bescheinigen lassen möchten, um vor sich selbst gerechtfertigt zu sein?

Selbstverständlich – und das sollte an dieser Stelle noch einmal betont werden –, gibt es Leistungs- und Teilleistungsstörungen, die oft mit Konzentrationsschwäche einhergehen und *körperlich* begründet sind. Leichte Gehirnanomalien und Krankheiten *können* Müdigkeit, körperliche Unruhe, Bewegungsstürme, Nervosität, Fahrigkeit und eingeschränkte Aufnahmefähigkeit hervorrufen. Wenn wir aber weder medikamentös noch medizinisch therapeutisch durchgreifend etwas dagegen unternehmen können, verbleibt uns noch *ein verbessertes erzieherisches Vorgehen.* Vielleicht möchten einige Eltern diese körperlich begründeten Störungen stärker berücksichtigt wissen. Das ist verständlich, aber wie die Erfahrung in der Beratungspraxis zeigt, oft nachteilig für alle Beteiligten.

Was ist positiv an der gewissenhaften ärztlichen Diagnose, die *körperlich begründete Teilleistungsstörungen* festgestellt hat?

Eltern und Erzieher werden ihre Ansprüche an das Kind herunterschrauben müssen – zeitweise oder immer. Falsche Erwartungen werden gebremst.

Aber: Stempeln Eltern ein Kind aufgrund einer ärztlichen Diagnose als *hirngeschädigt* oder *beschränkt aufnahmefähig* ab, besteht die Gefahr, daß Eltern aufgeben, sich auf die Diagnose berufen und das Kind in seiner Leistungsschwäche bestärken. Das Kind selbst *glaubt* an seine Schwäche und seine Störung und versteckt sich unter Umständen hinter dieser Realität und mindert seine Fähigkeiten und Möglichkeiten. Es wird mutlos. Es gibt selbst auf.

6. Unser Kind lügt

»Unser Kind ist gewissenlos!« – »Unser Kind ist ein notorischer Lügner!« – »Unser Kind lügt schlimmer, als ein Pferd laufen kann!«

Viele Eltern zittern, ihr Kind könnte später ein ausgewachsener Verbrecher werden. Sie gehen daher unnachsichtig gegen den Lügner vor und strafen erbarmungslos.

Womit hängt das Lügen zusammen? Und wie können wir unsere Kinder vor solchem Fehlverhalten bewahren?

Wenn Kinder tatsächlich der Abklatsch ihrer Eltern sind, *lernen* sie von ihnen auch ihr Verhalten. Darum ist wichtiger als aller Komfort, als Vitamine und feudale Einrichtung die »Nestwärme«, die durch seelische Bereitschaft dem Kind gegenüber, durch harmonisches Miteinander der Eltern garantiert wird. Wie das Kind behandelt, gepflegt, gestillt und gewickelt wird, ob es sich geliebt oder verstoßen weiß, ob es begehrt oder abgelehnt wird, ob es sich in grenzenlosem Vertrauen auf Vater und Mutter verlassen kann – in dieser Frühphase wird bereits über die spätere seelische Gesundheit und Charakterfestigkeit befunden.

1) Kinderlügen und Erwachsenenlügen
Kinderlügen und Erwachsenenlügen sind doch grundverschieden. Kleinkinder können noch gar nicht lügen. Sie können zwischen Sein und Schein noch nicht unterscheiden. Phantasie und Wirklichkeit gehen bei ihnen noch ineinander über. Kleinkinder leben noch in einer Märchenwelt. Erst das schulreife Kind kann zwischen dem unterscheiden, was es tatsächlich mit seinen Sinnen erlebte, und was es sich erträumte.

Wer sein Kind moralisch abqualifiziert, handelt unpädagogisch.

Er hat nicht begriffen, was in der Seele des Kleinen vorgeht. Die Motive können verschieden sein, aber immer sagen sie etwas über die Ängste und Hoffnungen aus, die das Kind umtreiben. Sie können für Eltern eine bittere Wahrheit sein.

Wenn z. B. der Vierjährige seinem neugeborenen Schwesterchen an die Gurgel greift, wutverzerrt das unerwünschte Schwesterchen beiseiteräumen will und sagt: »Die Gitte soll tot sein«, ist das für die Eltern eine kalte Dusche. Der Vierjährige bekommt eine gehörige Tracht Prügel und hat hinfort sein Schwesterchen lieb zu haben. Wenn er in Zukunft etwas Liebes über »Gitte« sagt, wird er von Mutti gestreichelt und bekommt ein Lutschbonbon. Er wird für eine *Lüge gelobt*, für die Unwahrheit belohnt. In bester Absicht haben die Eltern das Kind zum Heuchler erzogen.

2) Lüge und Vertrauen

Wenn Kinder anfangen, systematisch zu lügen und die Wahrheit zu verdrehen, steckt dahinter eine Vertrauenskrise. Das Vertrauen zur Umwelt, in erster Linie zu den Eltern, ist gestört, wie im Falle des kleinen Jungen, der sein Schwesterchen schikanierte. Eltern können die Wahrheit nicht ertragen: die Eifersucht des beiseite gerückten Erstgeborenen. Das süße Baby muß auch vom Bruder geliebt werden. Wenn nicht ... Der Vertrauensbruch ist vollzogen. Das Kind greift zur Lüge und erfährt: Mit der Lüge lebt sich's besser.

Das Beispiel zeigt aber auch, daß *Strafen* die Situation *verschlimmern*. Strafe hat noch niemals ein Kind zur Wahrheitsliebe erzogen. Ja, die Angst vor Strafe kann eine Kette von Lügengeschichten heraufbeschwören. Eltern, die darum den Lügen ihrer Kinder erfolgreich begegnen wollen, spielen nicht den Staatsanwalt und locken ihre Kinder nicht in Fallen, die sie ihnen gestellt haben. »Die Überführung« eines Kindes, die häßliche Bloßstellung, verbunden mit einer gehörigen Tracht Prügel, zwingt lediglich das Kind beim nächsten Mal, raffinierter zu lügen.

Eltern sollen die Lüge sachlich beim Namen nennen und Verständnis für die seelische Notlage des Kindes aufbringen. Sie sollen dem Kind die Chance geben, ehrlich den wunden Punkt einzugestehen, damit es den Weg zur Wahrhaftigkeit findet. Kinder werden mißtrauisch und böse, wenn sie spüren, daß die Eltern die Antwort auf die Frage schon kennen; wenn sie spüren, daß die dramatisierte Untersuchung eine *Demütigung* bewerkstelligen soll. Kinder, die in die Enge getrieben werden, lügen verzweifelt weiter. Sie wollen sich durchsetzen, selbst auf Kosten der Wahrheit.

Kinder, die aus Angst vor Bestrafung lügen, sind ein Vorwurf gegen die Eltern; diese haben die Lüge herausgefordert. Kinder, die ihre Schulhefte nicht zeigen und lügen, keine Arbeiten geschrieben zu haben, die die Unterschriften der Eltern fälschen, *lügen aus Angst*. Die Lüge ist eine Flucht: Kinder sind sich der Liebe der Eltern nicht sicher und versuchen, sich durch erfundene Taten und aufgebauschte Leistungen immer ins rechte Licht zu rücken. *Hier ist zutiefst das Vertrauensverhältnis gestört.* Kinder haben nicht das Gefühl, mit ihren Eltern über Erfolge und Mißerfolge furchtlos sprechen zu können. Hier gilt der Satz, daß mit Güte der beginnende Hang zur Unehrlichkeit eher auszutreiben ist als durch Strenge.

Schlimmer ist es, wenn Kinder immer und überall lügen. Das beruht vielfach auf einem tiefen Gefühl der Unsicherheit, das sich auch im *Stehlen* äußern kann. Die Unwahrhaftigkeit des Kindes ist die verzweifelte Verteidigung gegen die Welt, von der es sich ungerecht behandelt fühlt, in der es für das Kind keine Freundlichkeit und Sicherheit mehr gibt. Kinder wollen der Welt beweisen, daß es ihr recht geschieht, wenn sie belogen wird, weil sie sich gegen die Kinder gestellt hat.

Lügen ist nicht ein Zeichen des schlechten Charakters, sondern die Verteidigung eines unglücklichen und ängstlichen Kindes.

3) Prahlen und Aufschneiden

Das Prahlen, Aufschneiden und Renommieren deutet auf seelische Gestörtheiten und Umweltkonflikte hin. Vielleicht wird der Junge von Kameraden gehänselt, weil er etwas klein geraten ist, rote Haare und zwei verkehrte Hände hat, weil er noch nicht Rad fahren kann und in der Schule in einigen Fächern versagt oder im Schatten seiner älteren und intelligenteren Geschwister steht. Er sucht ein *Ventil*, er macht sich stark, indem er aufschneidet, indem er mit dem Mund anderen Heldentaten vorlügt.

Eltern haben die Aufgabe, solche Aufschneidereien nicht herauszuprügeln, sondern auf ihre *Motive* hin zu untersuchen. Vielleicht erkennen sie das schwache Selbstvertrauen ihres Kindes und versuchen auf anderen Gebieten, dem Kind das *Vertrauen* in die eigene Leistung zu schenken. Niemand kann auf allen Gebieten etwas leisten. Jeder hat aber Stärken und Möglichkeiten, die es zu entfalten gilt.

Prahlende Lügenkinder sind oft enttäuschte und entmutigte Kinder. Sie trösten sich mit sich selbst, fangen an zu träumen und zu phantasieren und stellen sich in den Mittelpunkt ihrer eigenen

Wünsche. Je weniger sie anerkannt werden, je schlechtere Arbeiten sie schreiben, je weniger die Eltern und Lehrer mit ihnen zufrieden sind, desto intensiver fliehen sie aus der bösen Welt in eine Scheinwelt. Die penetranten Lügen sind eine ständige *Flucht* aus der Sackgasse. Nimmt die Bestrafung zu, können die Kinder eines Tages ausreißen; sie fliehen ins Unbekannte, ins Abenteuer.

4) Lüge und sexuelle Lust

Wir Menschen sind in der Lage, aus allem Kapital zu schlagen. Auch Kinder bringen es fertig, aus positivem oder negativem Leben Lust zu schlagen. Angst ist im allgemeinen kein Lusterleben, aber sie kann sexuelle Lust auslösen.

Häufig kommt es bei Jungen vor, daß sie einen Orgasmus erleben, wenn in der Klasse eine Arbeit geschrieben wird, die sie nicht beherrschen. Die sich steigernde Angst, die Arbeit danebenzuschreiben, löst plötzlich – ohne manuelle Berührung des Gliedes – einen lustvollen Samenaustritt aus. Auch Kinder, die gelogen haben und die man zum Geständnis der Wahrheit zwingt, können – wenn sie in die Enge getrieben werden – Lustängste verspüren. Wiederum bei Jungen können sich auf dem Gipfel der Angst spontane Samenentleerungen einstellen.

Eltern sind keine Inquisitoren und Detektive, denen es unter Umständen selbst Freude bereitet, ihre Kinder leiden zu sehen. Und doch sind ihre Verhöre manchmal grausam. Grausame Verhöre können Kinder wollüstig erregen. Es ist eine Erfahrung der Psychotherapie, daß Strafe eine masochistische Befriedigung auslösen kann. Der französische Dichter und Schriftsteller Rousseau hat das eindrücklich beschrieben. Er hatte einen harten Lehrherrn, und Rousseau fühlte sich daher berechtigt, zu lügen und zu stehlen. Er wurde immer häufiger bestraft, aber er machte sich immer weniger ein Gewissen daraus, weil er die Strafe als Entlastung empfand und suchte. Der Psychotherapeut Hild schreibt dazu:

»Bei Kindern gegen Ende dieser Kinderjahre ist es von der Schulangst zum Verschweigen schlechter Arbeiten, zur Lüge, nur ein Schritt. Wir können immer wieder und ohne Ausnahme feststellen, daß die Zeit des schlechten Gewissens nach der Lüge oder der Entwendung auch eine Zeit gehäufter sexueller Erregungen oder gehäufter Onanie ist. Man muß hier bedenken, daß gerade für diese Kinder *Angst auch Lust ist,* und man muß weiter bedenken, daß gerade diese Kinder aus Angst lügen und aus Protest stehlen. Was tun wir? Natürlich erhält das Kind eine kurze, aber energische Strafe. Mit einem guten Gewissen Böses zu tun, ist schwer. Nur unser Vertrauen und unsere Vergebung geben dem Kind die Freiheit, sich von sich selbst und seiner dunklen Genüßlichkeit abzuwenden und wieder in die freie Klarheit des rechten Weges zu treten.«[46]

Gestörte Beziehungen der Kinder zu Eltern und Lehrern werden verschieden beantwortet. Bei robusten und kraftvollen Kindern können sich Erziehungsschwierigkeiten im Angriff gegen Eltern und Erwachsene entladen. Schwächliche und zarte Kinder ergreifen die »Flucht.« Sie bevorzugen den »Rückzug«. Darum sind Daumenlutschen, Nägelkauen, Naschen, Stehlen und Lügen *Fluchtversuche* und lustbetonte Ersatzhandlungen, um das gestörte Eltern-Kind-Verhältnis auszubalancieren.

5) Erziehungseinsichten

Je weniger wir die Taten des Kindes als »moralische Entgleisungen« anprangern, je weniger wir mit harten Strafen gegen die »Charakterlosigkeit« zu Felde ziehen, je mehr wir hinter die Motive des Kindes zurückfragen, hinter die offenen und versteckten Wünsche und Ziele, je mehr wir dem Kinde mit Verständnis und Vertrauen, Aufmunterung und Bestätigung begegnen, desto schneller werden die Symptome – hier besonders die Lügereien – verschwinden. Fritz Künkel hat Recht, wenn er schreibt:

> »Man kann ein lügenhaftes Kind so hart bestrafen, daß es nicht mehr lügt, aber man wird auf diese Weise niemals ein offenherziges und freimütiges Kind aus ihm machen; sondern man wird nur erreichen, daß es den Sinn seines Leitbildes mit anderen noch raffinierteren Mitteln verwirklicht. Wenn sein Leitbild etwa hieß: ›Ich bin der schlaue Fuchs, den niemand durchschaut‹, so wird es anstatt des Lügens zwar die Wahrheit sagen, aber doch nur dann und in der Form, die ihm, dem Fuchs, die unbedingte Überlegenheit über den Löwen (den Vater) und über den Bären (den Lehrer) zu sichern vermag. Man prügelt also das unaufrichtige Kind in eine immer größere Unaufrichtigkeit hinein.«[47]

Viele Eltern verlangen von ihren Kindern »Gewissen«, obwohl sie selbst großzügig damit verfahren. Am Telefon lassen sie sich verleugnen. In der Straßenbahn zahlen sie halbe Preise für das mitfahrende Kind, obschon es in Wahrheit älter ist, es paktiert der eine Elternteil mit dem Kind gegen den andern, damit kleine Sünden nicht ans Tageslicht kommen; sie lügen aus Diplomatie und Höflichkeit, aus Renommiersucht und nur so zum Spaß und wundern sich, wenn sich beim Kind die Grenzen zwischen Gut und Böse, Wahrheit und Lüge vermischen. Professor Heinz-Rolf Lückert gibt 10 Thesen, Grundsätze und Erziehungseinsichten an, die Eltern und Lehrer berücksichtigen sollten:

1. Sei dem Kinde gegenüber stets wahrhaftig, auch im Kleinen.
2. Halte dein Kind nie zu einer Lüge an, auch nicht in geringfügigen Angelegenheiten.
3. Gebrauche nie das Sprichwort: »Wer einmal lügt, dem glaubt man nicht, und wenn er auch die Wahrheit spricht«; damit entmutigst du dein Kind und hemmst es bei dem Versuch, den rechten Weg zu finden.
4. Wenn du von einer Verfehlung des Kindes weißt, frage es nicht erst danach, indem du dich unwissend stellst (das heißt, es zu täuschen versuchen). Du hast z. B. erfahren, daß dein Sohn statt in die Schule, wie er angab, im Kino gewesen ist. Frage also jetzt nicht, um ihn zu überführen: Wie war es denn in der Schule? Wo warst du denn heute nachmittag? Fange das Gespräch und die Auseinandersetzung ohne Täuschung an! Andernfalls gibst du Anlaß, daß dein Kind eine Lüge mehr von sich gibt.
5. Vermeide überflüssiges Fragen. Auch ein Kind hat ein Recht auf Geheimnisse.
6. Verlange vom Kind nicht das Versprechen, daß es *nie wieder* lügt; Verhilf ihm zu dem *Vorsatz* – nicht wieder lügen *zu wollen*.
7. Bausche Einzelfälle nicht auf. Ein Kind, das gelegentlich mal lügt, ist noch kein lügenhaftes Kind.
8. Bestrafe dein Kind nicht zu hart. Versuche seine Fehler zu ergründen. Durch Angst binden wir das Kind an sein Fehlverhalten, du möchtest es aber doch davon befreien.
9. Mache dein Kind zum aktiven Mitkämpfer gegen die Lüge durch Förderung des Vertrauens, Selbstvertrauens und der Selbstverantwortlichkeit. Gib dein Kind nie auf. *Nie* ist bei einem Kind »Hopfen und Malz verloren«.
10. Suche den Grund für kindliches Fehlverhalten nicht gleich in seinem Charakter. Es ist eine tiefe Wahrheit: Viele Kinderfehler entstehen durch Erziehungsfehler.[48]

7. Unser Kind stiehlt

Lügen und Stehlen gehören zu »Verbrechen«, die bei Kindern in der Regel von Erwachsenen unnachsichtig geahndet werden. Eltern sind erschüttert, wenn Kinder stehlen, und fallen erbarmungslos über sie her. Niemand steht den Kleinen bei. Sie können sich nicht verteidigen, und die Erwachsenen kennen sich vielfach in der »Sprache des Kindes« nicht aus.

1) Das Kleinkind »vergreift« sich
Zu Anfang greift das Kind nach allem, was in erreichbarer Nähe ist: Zigaretten, Porzellan, Feuer, Kristallvasen, glühende Öfen, Brenn-

nessel, Nadeln usw. Klapse auf die Hand, der Schmerz der Nessel, des heißen Ofens leiten das Kind an, Gefahren zu meiden. Auch Kindergartenkinder haben noch kein Gefühl für »mein« und »dein«. Unbewußt leben sie den kommunistischen Grundsatz: Privateigentum ist Diebstahl. Sie glauben, daß alles allen gehört. Sie nehmen sich, was sie brauchen, stecken ein, was ihnen gefällt, und wundern sich, wenn sie zu Hause einen Klaps bekommen, weil sie die schönen Sachen von Spielkameraden mitgehen ließen. Sie stehlen nicht, sie vergreifen sich bestenfalls. Kleine Kinder werden nicht mit dem Grundsatz geboren »Du sollst nicht stehlen.« Sie haben keine angeborene Tendenz, diesen Satz zu befolgen.

Das moralische Empfinden eines Kindes ist erst etwa mit sechs Jahren vorhanden. Auch den Unterschied zwischen »mein« und »dein« lernt es nun. In einem Buch des Gesell-Institutes heißt es: »Wahrscheinlich treten die Hauptschwierigkeiten im Hinblick auf das Wegnehmen von Dingen, die dem Kind nicht gehören, zwischen dem 5. und 8. Jahr auf. Das Kind ist nicht reif genug, der Versuchung zu widerstehen, diese Dinge zu nehmen (Bleistifte, Radiergummi, Geld). Auch wenn man ihm immer wieder gesagt hat, es möchte dieser Versuchung widerstehen.«

Kleine Kinder haben auch keine Vorstellung von *Wert und Unwert*. Das macht die Geschichte eines kleinen, amerikanischen Jungen deutlich, der Rockefeller schrieb, er hätte einen Dollar und wünschte sich gern ein Auto von ihm. Rockefeller lud den Jungen ein und wollte ihm – wahrscheinlich auch aus werbepsychologischen Gründen – einen großen Wagen schenken. Aber der Junge, der sich Erwachsenenautos und Spielzeugautos angeschaut hatte, entschied sich zum Schluß für ein Spielzeugauto. Es bedeutete ihm mehr.

Der Diebstahl hat etwas mit *Eigentum* zu tun. Das Kind, das niemals eigene Spielsachen, niemals eine eigene Spielecke, einen eigenen Schrank oder eine eigene Schublade erlebt hat, wird leicht in der Schule, bei Freunden und Bekannten Dinge an sich nehmen, die es mehr oder weniger für Kollektiveigentum hält. Kinder wachsen in die Welt hinein und sehen täglich neue schöne Dinge. Sie wollen das Neue *begreifen* lernen – im wahrsten Sinne des Wortes. Ein Kind will alles betrachten und befühlen. Es will die Sachen in die Hand nehmen und sich mit ihnen vertraut machen. Und vom ersten Berühren bis zum Behaltenwollen ist nur ein Schritt. Je härter jetzt Erwachsene reagieren, desto verwirrter wird das Kind. Es beginnt die Dinge zu verstecken, und es beginnt zu lügen. Vielleicht hat das Kind zunächst an Behalten und Mitnehmen gar nicht gedacht. Außerdem ist es im Verzichten und Wartenkönnen noch nicht geübt. *Je weniger Eltern von »Diebstahl« sprechen, aber das Kind anhalten, das »Gefundene« zurückzubringen, und zwar ohne Gewalt und Prügel, desto eher wird das Kind geheilt, sich fremdes Gut anzueignen.*

Alle Eltern legen Wert darauf, daß ihre Kinder Achtung vor dem Eigentum haben. Sie respektieren daher das Eigentum des Kindes, stehen ihm bei, wenn Geschwister und Kameraden das Spielzeug nehmen und ausleihen, und sorgen dafür, daß das ausgeliehene Spielzeug zur rechten Zeit und am rechten Platz und seinem rechtmäßigen Eigentümer zugeführt wird. Kinder haben einen Sinn für *Gerechtigkeit.*

2) Der Diebstahl in der Pubertät

Wenn die Pubertät beginnt, ist Stehlen oft ein Ventil für innere Unzufriedenheit. Da stiehlt das Mädchen in einem großen Kaufhaus Lippenstifte, kosmetische Artikel und Nylonstrümpfe. Das kann eine ausgemachte Protesthaltung sein. Es will nicht mehr wie ein »Baby« behandelt werden, das noch mit Puppen spielt und das bewußt oder unbewußt von den Eltern klein gehalten wird. Es will zu den Erwachsenen zählen, will groß sein und ernst genommen werden. Vielleicht fühlt es sich auch zu wenig beachtet, fühlt sich von den »altmodischen« Eltern eingeengt und in seinem Freiheitsdrang beschnitten.

Dahinter kann auch ein Bedürfnis nach Geltung stecken, wie es mir der Lehrling eines großen Maschinenbetriebes schilderte: Er hatte zweimal in die Kasse gegriffen und insgesamt 1000 DM entwendet. Für sich hatte er nichts dafür gekauft. Er wollte seinen Kameraden imponieren, die alle Motorräder fuhren und die, wie er sagte, in der Stadt »eine Show abzogen«. Sie hatten lange Haare und kamen bei den Mädchen an. Seine strengen Eltern erlaubten ihm weder die langen Haare noch ein Motorrad. Sie fürchteten um seine Gesundheit und waren ängstlich, ihm könnte bei der Raserei etwas zustoßen. Zu Hause war er artig und unbedingt gefügig und ein gehorsamer Sohn seiner Mutter. Er tat, was sie wollte. Er kaufte, was sie mochte. Als unselbständiges Muttersöhnchen wuchs er heran, bis er sich in der Begegnung mit robusten Kindern als Waschlappen wiederfand. Da griff er in die Kasse und warf mit dem Geld nur so um sich. Und wozu? »Die Jungs sollten glauben, ich könnte mir dreimal ein Motorrad erlauben und ich brauchte so ein Ding nicht.« Er stand abseits, war nicht beliebt und wurde nicht beachtet. Er wollte mithalten und *erkaufte* sich die ersehnte Geltung.

Diebstahl kann auch ein *Kampfmittel* gegen die Erwachsenen, gegen die Eltern sein. Das hat mir der 16jährige Schüler eines Gymnasiums gestanden. Er hatte im Kaufhof Schallplatten gestohlen. In der Klasse hatte er den Diebstahl vorangekündigt: »Wer morgen billig Schallplatten kaufen will, melde sich!« Er bot die neuen Platten zum halben Preis an. Im Grunde handelte er nicht dumm, sondern *gezielt*. Er wollte gefaßt werden, die Schule war ihm verhaßt. Seine Eltern sahen im Schulbesuch eine Prestigefrage. Sie zwangen ihm ihren Lebensstil auf. Vater und Großvater waren sehr autoritäre Persönlichkeiten. Die Mutter machte in ihrer Liebe zum Kind, wie sie meinte, viele Entscheidungen des Vaters rückgängig. Eine kurze Strafe verbüßte er im Gefängnis, und er wußte, wie sehr er seine frommen, angesehenen Eltern damit treffen konnte. Sie wollten seinen Willen brechen, und er zeigte ihnen, wer der Stärkere war.

Der Diebstahl spielt nicht umsonst besonders in der Wohlstandsgesellschaft eine Rolle. Geld ist ein uraltes Symbol für Liebe. Wer Geld stiehlt, holt sich gewaltsam die Liebe, die ihm vorenthalten wird. Darum sind mangelnde Liebe, mangelnde Nestwärme und Geborgenheit vielfach die treibenden Kräfte, die Diebereien auslösen. Gerade wohlhabende Eltern fallen aus allen Wolken, wenn ihre Kinder lange Finger machen. Hinter der »Luxusverwahrlosung« steckt ein tiefempfundener Liebesmangel. Kinder bekommen alles. Eltern erfüllen mit Geld alle Wünsche. Die Zuneigung der Kinder erkaufen sie sich mit Geld, aber Zeit ist zu kostbar, um sie an den Sohn, die Tochter zu verschwenden. »Zeit ist Geld. Und mit Geld kann man alles kaufen.«

Viele mißtrauen diesen banalen Sätzen, aber sie sind uns allen eingewurzelt. Ihre Geltung wird durch unser Konsumdenken in der Leistungsgesellschaft immer wieder bezeugt. Trotzdem stimmen sie nicht; denn *wer Zeit opfert, gewinnt Zeit: Was Eltern ihren Kindern in deren Kindheit und Jugend an Zeit widmen, zahlt sich später an vielfachem Zeitgewinn aus* – allein schon dadurch, daß die Verständigung funktioniert. Wer dagegen keine Zeit aufwendet, züchtet Langeweile, und Langeweile treibt zum Ungehorsam.

Eltern, denen Geldverdienen wichtiger ist als Zeit haben für Kinder; Eltern, die Geld zum Götzen in ihrem Leben machen, dürfen sich nicht wundern, wenn das Gewissen ihrer Kinder in Beziehung zum Geld einen Knacks bekommen hat. Sie werden leicht ins andere Extrem fallen, indem sie grundsätzlich auf Kosten anderer leben oder folgerichtig die Linie ihrer Eltern fortsetzen: Raffen, weil Geld zum Lebensziel geworden ist.

3) *Überforderung und Diebstahl*

Der Diebstahl eines Kindes kann auch *Abwehr* einer Überforderung sein. In der Eltern- und Jugendberatung begegnen uns Erwachsene, die alles daransetzen, ihre Kinder etwas werden zu lassen. Sie halten sie für überbegabt, entdecken Eigenschaften und Talente, wo Außenstehende als Berater nur durchschnittliche Leistungen erkennen. Die Augen eines Elternteils sind gehalten. Ihre Wahrnehmungsfunktion ist beeinträchtigt. Schlimm wird es, wenn sie unangemessene Forderungen im Kind mit List und Gewalt erzwingen wollen. Sie versuchen, im Guten und Bösen zum Ziel zu kommen. Das Kind badet es aus und reagiert für die Eltern schockierend.

Da ist ein Vater, der es bis zum Werkmeister gebracht hat. Gleichzeitig ist er Betriebsratsvorsitzender, weil seine unbedingte Ehrlichkeit und sein Sinn für Gerechtigkeit geschätzt werden. Seinen Sohn versucht er gleichfalls zu einem sauberen, anständigen und ehrlichen Menschen zu erziehen. Und die Hochschule, die er selbst nicht geschafft hat, wird selbstredend sein Sohn besuchen. Der soll es einmal besser haben. Der Intelligenzquotient des Jungen reicht nur für die Volksschule. Der Vater sieht mehr, der Vater erwartet mehr. Jeden Abend und an allen Wochenenden büffelt der Vater mit seinem Sohn. Dieser kommt zum Gymnasium und schafft drei Klassen. Dann bricht langsam, aber sicher das Fiasko herein. Der Junge beginnt zu stehlen. Man möchte sagen, der Junge stiehlt besinnungslos. Der Berater erarbeitet im Gespräch mit dem Jungen, daß sich in diesem eine tiefe Abneigung gegen die Schule und die hochgestochenen Pläne des Vaters entwickelt haben. Er ist praktisch veranlagt. Er bastelt in jeder freien Minute und wünscht sich sehnlichst einen handwerklichen Beruf. Und eine weitere wichtige Bitte verbindet er mit diesem Wunsch: Er möchte aus dem Haus und dem Druck des Vaters entfliehen. Der Wunsch wird ihm erfüllt und die Diebstähle hören auf. Die zum Teil sinnlosen Diebstähle waren ein einziges *Aufbegehren* gegen die Forderung des Vaters. Der Sohn demonstrierte damit seinem Vater, daß er für die zugedachte Rolle untauglich war. Er erteilte seinem Vater zugleich eine Lektion.

Das Mißverhältnis zwischen elterlicher Ideal-Forderung und der kindlichen Leistungsmöglichkeit kann also das beschriebene Fehlverhalten auslösen. Daß neurotische Überforderungen bei Kindern auch das Gegenteil auslösen können, soll nur der Vollständigkeit halber erwähnt werden. Das Kind identifiziert sich dann hingebungsvoll mit den hochgesteckten Wünschen der Eltern, bemüht sich um ihre Realisierung und entdeckt eines Tages, daß es hinter den Erwartungen zurückbleibt. Es resigniert, wird depressiv, und es stellen sich Schuldgefühle ein. Schuldgefühle provozieren Aggressionen, die sich nach außen wie nach innen richten können. So ist es auch verständlich, daß solche Kinder, die sich als Versager fühlen, diesen *Selbsthaß* in Selbstmord ummünzen. Mit dem Selbstmord will das Kind aber gleichzeitig den oder die Erwachsenen treffen, die in ihrer Verblendung das Kind zu Hochleistungen zwingen wollten.

4) Die Kleptomanie

Ein Sonderkapitel ist die Stehl*sucht*, die Kleptomanie. Es handelt sich um ein Seelenleiden, das den Dieb unter einem unwiderstehlichen Druck stehlen läßt. Kleptomanie ist eine *Zwangsneurose*. Eine Zwangshandlung, zu der der Betreffende – gegen seine vernünftige Einsicht – getrieben wird. Stehlsucht ist daher mit einem gewöhnlichen Diebstahl nicht zu vergleichen.

Die Krankheit tritt häufiger bei Frauen und Mädchen, selten bei Männern auf. Der Stehlzwang kommt über sie, und sie entwenden ohne Schuldgefühle wahllos oder immer die gleichen Gegenstände, die sie in ihrem Räumen stapeln. Mädchen in der Pubertät oder Frauen können die Kleptomanie wie einen Fieberrausch erleben. Er ist eine verbotene und gefährliche Handlung zugleich. Und die Gefahr erwischt zu werden, verleiht dem Entwenden einen wollüstigen Reiz. Das Nehmen, ohne gefaßt zu werden, immer in Angst aufzufallen, darin liegt der Reiz des gefährlichen Spiels. Hier hilft kein Vorwurf, es hilft keine Strafe weiter, sondern lediglich eine psychotherapeutische Behandlung.

5) Die Bestrafung der Missetäter

Hat das Kind wirklich aus innerer Not gestohlen, steckt also ein Fehlverhalten hinter der Tat, kann eine drakonische Bestrafung wenig oder gar nichts ausrichten. Ja, sie wird das Kind noch trotziger, noch einsamer und verstockter machen. Das Kind versucht noch raffinierter und versteckter seine Diebstähle zu tätigen.

Die wenigsten Kinder stehlen aus Habgier, darum sollten sich Erzieher viel Zeit nehmen, die Seelenlage des Kindes zu entschlüsseln. Bei kleineren Diebstählen sollte man den Kindern die Summe vom wöchentlichen Taschengeld abziehen. Erwachsene sollten sich genau prüfen, ob ihre Strafen nicht dazu dienen, ihre Eitelkeit, ihr Machtgelüst und verstecktes Rachegefühl gegen das Kind zu befriedigen. Harte Strafen kurieren am Symptom herum. Die Ursachen liegen tiefer. *Größeres Vertrauen, mehr Verständnis und das Eingehen*

auf die geheimen Wünsche der Kinder bringen vielfach ein solches Fehl-
verhalten zum Schweigen.

Besonders bei kleinen Kindern müssen Eltern sich vor Dramati-
sierungen hüten. Denn je mehr Aufhebens sie von schlechten Angewohnheiten machen, je mehr sie schimpfen und schlagen, desto
mehr entdeckt das Kind, daß es etwas getan hat, das ihm die Aufmerksamkeit der Eltern sichert; oder womit es die Eltern aufregen
und ärgern kann. Es hat eine starke Waffe in der Hand, mit der es die
Eltern schlagen kann. Hier nehmen wir nicht dem Kind den Wind
aus den Segeln, sondern – wie Professor Dreikurs sagt – »auch hier
nehmen wir unsere Segel aus seinem Wind, wenn wir uns nicht beeindrucken lassen.« Und doch hat auch die »heilsame« Strafe ihren
Sinn. Professor Lückert schreibt:

> »Oft geling es ihm (dem Psychologen) ohne Einsatz von Strafen das Ziel
> zu erreichen. Aber immer wieder begegnet es ihm, daß er auf diesem
> Wege scheitert. Es scheint sich irgend etwas im jugendlichen Ordnungs-
> störer gegen diesen Weg zu sträuben. Wenn wir genau hinsehen, erken-
> nen wir, daß er im Grunde seines Herzens nach Strafe verlangt. Er weiß
> um die Unrechtmäßigkeit seines Handelns, er fühlt – wenn auch oft nur
> andeutungsweise – seine Schuld. Und aus diesem Schuldgefühl heraus
> begehrt er nach Befreiung durch Sühne. Versagen wir sie ihm, so wird er
> uns durch neue und massive Störungen provozieren.«[49]

Alle Eltern wollen, daß ihre Kinder »gut« werden, daß sie sich mit
dem »Guten« identifizieren, daß »Gutsein« für sie zum erstrebens-
werten Lebensziel wird. Nun läßt es sich nicht leugnen, daß das
Werterlebnis der Kinder am Wertgefühl der Eltern erwacht. Was Eltern als Wert anerkennen, was sie bejahen und hochhalten, wird zunächst unkritisch vom Kind bejaht und übernommen. Diese Erziehung beginnt nicht erst bei der Geburt. Die Sexualpädagogik kennt
den Begriff der »vorgeburtlichen Erziehung«. Wie ein Neugeborenes
empfangen wird, wie es bejaht und akzeptiert wird, davon hängt
wesentlich seine spätere Entwicklung ab. Gerade die Psychotherapie
hat wiederholt die Erfahrung gemacht, daß spätere Fehlentwicklungen ihre ersten Ursachen darin haben, daß das betreffende Kind unerwünscht war. Ein Kind aber, das sich nicht bejaht fühlt, kann sich
selbst nicht bejahen. Es fühlt sich ungeliebt, hält sich nicht für gut
und kann darum auch später mit dem »Gut-sein« nichts anfangen,
während es mit »Böse-sein« zumindest Aufmerksamkeit erzielt.

8. Medikamente bei verhaltensauffälligen Kindern?

Bei Verhaltensauffälligkeiten konsultieren viele Eltern den Kinderarzt, um sich Medikamente für das Kind verschreiben zu lassen. Man spricht davon, daß in Amerika ca. 2 Millionen Schulkinder wegen Hyperaktivität Medikamente erhielten. Das Lieblingsmittel wurde in Hunderten Millionen Tabletten verkauft. In vielen Städten Japans und der USA gehören Psychopharmakologen zur Schule, die troublemakers, überhyperaktiven und motorisch gestörten Kindern Medikamente verschreiben und den passiven und gleichgültigen Anregungsmittel verpassen. Nach einer Umfrage erhielten in Hamburg fast 20 % aller Schulanfänger im Alter von 5 bis 7 Jahren ein oder mehrere Male Psychopharmaka. Psychopharmaka werden an erster Stelle bei Schulproblemen und Konzentrationsstörungen verabreicht. Störungen im Schulalltag werden mit den verschiedensten Begriffen umschrieben:
- Leistungsstörungen,
- Verhaltensstörungen,
- Verhaltensauffälligkeiten,
- Erziehungsschwierigkeiten,
- Hyperaktivität,
- hyperkinetisches Syndrom,
- minimale cerebrale Disfunktion,
- minimale kindliche Hirnschädigung,
- emotionale oder funktionale Störung,
- Entwicklungs- und Gemeinschaftsstörung.

Leichtfertig wird auch das Verhalten unruhiger, aggressiver, selbstbewußter oder ungeliebter Kinder als »verhaltensgestört« oder »hyperaktiv« etikettiert und somit als behandlungsbedürftig eingestuft. So kann aus einem »normalen« Kind durch die Deutung seines Verhaltens sehr schnell ein »krankes« Kind gemacht werden. Da die Eltern »nur das Beste« wollen, überreden sie den Kinderarzt, ihnen Psychopharmaka zu verschreiben. Die Werbung der Firmen ist erfolgreich, aber gefährlich:

> »Das Kind wird ausgeglichener, umgänglicher, hilfsbereiter, weniger mürrisch. Es packt freiwillig Dinge an, die getan werden müssen, seien es Hausaufgaben, seien es außerschulische Tätigkeiten. Es räumt plötzlich ohne Verlangen sein Zimmer auf ... Kurz, das Medikament ermöglicht es dem Kind, seine Impulse besser zu steuern, es kann besser und länger aufpassen, es verhält sich im sozialen Bereich angemessener und auch die Hyperaktivität wird etwas reduziert.«

So lesen Eltern es in einem Merkblatt zur Behandlung hyperaktiver

Kinder mit Psychoanaleptia. Das Behandlungsziel wird deutlich: die Anpassung des Kindes. Auf diese Weise werden Schulkrisen, Konzentrationsschwächen, Lernstörungen, Ermüdbarkeit und Kontaktschwierigkeiten behandelt. Hirnschäden, Unruhe, Reizbarkeit, Aggressivität und Kontaktschwäche sollen durch diese Mittel »umfassend verbessert« werden. In einem katholischen Taschenkalender, der von der Landesarbeitsgemeinschaft des Jugendschutzes versandt wurde, heißt es schlicht und treffend: Erfolg durch Pillen schaffen ... bis dich die Pillen schaffen.«

Die medikamentöse Behandlung sollte nur in äußersten Notfällen erfolgen. Besser ist es für Eltern und Erzieher, mit dem störenden Kind eine Beratungsstelle aufzusuchen, um genau zu analysieren, was im famililären Umfeld oder in der Schule geschehen ist.

3. Teil

Kind und Religion

I. Die christliche Erziehung

Für die religiöse Entwicklung des Menschen ist die Kindheit von entscheidender Bedeutung. Frömmigkeit wird nicht vererbt. Frömmigkeit ist Herzenssache, sagt man, Frömmigkeit und Glaube sind Geschenke Gottes. Also Geschenke und keine Selbstanfertigung. Der Glaube ist kein Handwerk, das wir wie die Schuhmacherei erlernen könnten. Der Glaube ist nicht mit einem Heft von christlichen Vokabeln zu vergleichen, die wir uns mühsam einprägen. Auch dem Kind können wir den Glauben nicht eintrichtern, wie man ihm Vokabeln eintrichtert. Im 5. Buch Mose heißt es: »Der Herr, unser Gott, ist ein einiger Herr. Und du sollst den Herrn, deinen Gott, liebhaben von ganzem Herzen, von ganzer Seele, von allem Vermögen. Und diese Worte, die ich dir heute gebiete, sollst du zu Herzen nehmen und sollst sie deinen Kindern einschärfen und davon reden, wenn du in deinem Hause sitzt oder auf dem Wege gehst, wenn du dich niederlegst oder aufstehst.« (5. Mose 6,4–7)

Was steht da? Morgens, mittags und abends sollen wir unseren Kleinen von Gott *erzählen*. Wir müssen keine Gottesdienste abhalten mit feierlichen Abläufen, müssen keine perfekten Predigten vorbereiten, sondern *erzählen*, was uns wichtig ist, wo wir Gottes Liebe spüren, was unsere Seele erfüllt, was wir uns von Ihm zu Herzen genommen haben. Wie Gott in der Vergangenheit gehandelt hat und was er heute zu tausend Alltagsproblemen im Haus, Familie und Politik sagt. Damit *vergegenwärtigen* wir den lebendigen Gott, vergegenwärtigen seinen Willen und räumen ihm den Platz ein, der ihm gebührt. Mit anderen Worten: Frömmigkeit fällt nicht vom Himmel. Schon das Neugeborene macht Grunderfahrungen, die für das spätere Glaubensleben wegweisend sind. Der Säugling macht Urerfahrungen, die fundamental sind für spätere Glaubensentscheidungen.

1. Was heißt christliche Erziehung?

Das Wesen der christlichen Erziehung wird am treffendsten umschrieben mit dem Gleichnis vom Wachsen des Reiches Gottes. In dem Gleichnis erzählt Jesus, daß das Werden des Reiches Gottes mit einem Bauern verglichen wird, der den Tag über seine Arbeit tut, den Boden bearbeitet, Samen ausstreut, und sich abends beruhigt schlafen legt, um Gott alles weitere zu überlassen. Der Bauer kann nichts machen. Er kann wach liegen oder grübeln, er kann sich Gedanken machen oder schlafen, am Wachsen des Samens ändert er nichts.

Die Eltern beten mit den Kindern,
– befehlen sich und ihre Kinder Gott an,
– erzählen biblische Geschichten,
– versuchen, die Gebote Gottes zu leben;
»doch Wachstum und Gedeihen steht in des Herren Hand.«

Die Frucht des Glaubens ist sein Geschenk. Wir können die Frucht nicht herbeizaubern. Darum gilt auch für die christliche Erziehung: »Alle eure Sorgen werfet auf ihn, denn er sorgt für euch« (1. Petr. 5,17).

Sorgen, Ängstigen und Verlangen sind menschlich – aber *unnütz*. Das Gleichnis Jesu und das Wort des Petrus sagen Eltern und Erziehern: Tut euer Bestes, und alles weitere überlaßt Gott! Der Segen ist Gottes Sache.

Das gibt inneren Frieden und Gelassenheit.

Christliche Erziehung kann man auch mit einem Wort von Dostojewski umschreiben: »Einen Menschen lieben heißt: Ihn so zu sehen, wie ihn Gott gemeint hat.«
– Nicht unsere Wünsche sollen bei den Kindern realisiert werden;
– nicht *unsere* Gedanken für die Kinder sind maßgebend;
– nicht das Beste, was *wir* wollen, ist für das Kind das Beste;
– nicht *unsere* Zukunftspläne und Lebensentwürfe sind Richtschnur für unsere Kinder,
sondern das, was Gott mit ihnen vorhat.

Und wie sieht Gott unser Kind?
– »Du bist geliebt – auch wenn du mal den Eltern auf den Nerven herumtrampelst.«
– »Du bist begabt – auch wenn Eltern und Erzieher dir wenig zutrauen.«
– »Du bist angenommen – auch wenn Freunde und Eltern dir das Gegenteil sagen.«
– »Du wirst gebraucht – auch wenn du dir selbst manchmal überflüssig vorkommst.«

2. Unser Kind ist angenommen

Angenommensein ist die Basis jeder religiösen Erziehung. Der Amerikaner Watson hat Beobachtungen an Kleinkindern weitergegeben, die demonstrieren, was Angenommensein für unser Leben bedeutet. Kleinstkinder und Säuglinge erleben Panikstimmung und produzieren Katastrophengefühle, wenn ihnen diese *Grundlage*, (»Unterlage«) entzogen wird. Sie erleben keinen Halt mehr;
- sie vermissen die Grundlage,
- hängen buchstäblich in der Luft,
- spüren das Bodenlose und können es nicht orten.

Das Baby kann diese Hilflosigkeit nicht verstehen. Es wird von irren Ängsten umgetrieben. Haltlos und ungeborgen hängt es in der Luft.

Angenommensein ist daher die Grundlage für jede religiöse Erziehung. Das Kind muß sich sicher fühlen. Es muß Vertrauen an die Welt entwickeln können. Und die Mutter bedeutet im 1. Lebensjahr *die* Vertrauensbasis. Eltern, die rückhaltlos zum Kind ja sagen, Eltern, die für das Baby Gott von Herzen danken können, Eltern, die sich über das neue Menschlein von Herzen freuen können, geben dem Kind das beste Fundament, das man sich denken kann. Dieses Fundament hat nichts mit einem religiösen Grundgefühl zu tun, aber es ist die Basis für das Angenommensein Gottes.

Ungeliebte, im Stich gelassene, abgelehnte Kinder wachsen nicht mit Urvertrauen an diese Welt – und an Gott – auf. In ihnen lauern schlimme Ängste, enttäuscht, verlassen und abgelehnt zu werden. Ihr Vertrauen zu Menschen und Gott ist durchlöchert. Ihre Grundlage ist brüchig. Sie fühlen sich nicht angenommen, sondern heimatlos. Ihr Welt- und Lebensgefühl ist nicht Zuversicht und Lebensmut, ihr Grundgefühl ist Angst und Pessimismus.

Immer wieder begegnen uns in der Beratung erwachsene Menschen, die fest davon überzeugt sind, nicht das Kind ihrer Eltern zu sein. »Ich habe das unbestimmte Gefühl, ich gehöre nicht dazu. Ich bin ein Außenseiter, ich stehe am Rande und werde nicht geliebt wie die anderen.« Wie kommen diese Menschen darauf? Die Antwort ist relativ einfach:
- Sie wurden übersehen,
- andere Geschwister wurden vorgezogen,
- das Kind war unerwünscht,
- es reagiert mit krankhafter Eifersucht auf andere Geschwister.

Das Gefühl, angenommen, geliebt, akzeptiert und bejaht zu sein, fehlt. Zweifel sind stärker als Vertrauen, Ängste sitzen tiefer als Gefühle der Geborgenheit.

Das Statistische Bundesamt teilte vor ein paar Jahren mit, daß in der Bundesrepublik jedes zweite deutsche Kind nicht erwünscht sei. Wenn diese Zahl stimmt, können wir uns vorstellen, wie viele Kinder aufwachsen mit dem bitteren Gefühl, nicht angenommen zu sein. Wie wollen wir diesen Kindern vermitteln, daß der lebendige Gott unser Vater ist, daß Er rückhaltlos und ohne Bedingung zu uns Ja sagt, daß Er uns angenommen hat – wie wir sind.

Hermann Multhaupt hat ein eindrückliches Gedicht verfaßt, daß die innere Not des nicht angenommenen Kindes widerspiegelt. Es wird kritisiert und nicht geliebt, es wird erzogen und nicht angenommen, es wird herumgeschubst, aber nicht akzeptiert. Das Gedicht trägt den bezeichnenden Titel: »*Manchmal möchte ich Hund sein.*«

> Manchmal möchte ich Hund sein,
> ein Prachtkerl, wie Fiffi.
> Ich liefe kläffend durchs Haus,
> und alle
> streichelten mein gebürstetes Fell
> und sagten:
> Was für ein niedliches Tier!
> Über die Pfotenabdrücke
> auf der frisch gebohnerten Treppe
> sieht man schweigend hinweg.
>
> Oder ich wäre Musch,
> die samtene Siamkatze.
> Ich läge,
> wenn es mir Spaß macht,
> behaglich am Herd
> oder schnurrte mich
> in den Schlaf.
> Auf flaumweichen Sofakissen,
> wenn ich die Milch verschütte,
> regt keiner sich künstlich auf.
>
> Aber ich bin nun mal nur
> ein kleiner mieser Kerl.
> Man sagt: Sitz still!
> Wie hältst du den Löffel!
> Sing nicht im Treppenhaus!
> Bis halb Drei ist Mittagszeit!
> Putz deine Fingernägel!

Schämst du dich nicht?
Du verkleckerst die Suppe!
Verschwinde vom Rasen!
Klopf dir den Sand von den Schuhen!
Du gehst mir auf die Nerven!
Es ist schon ein Kreuz mit dir!

Manchmal möchte ich ein Hund sein.[50]

3. Die Familie, der Ort der christlichen Erziehung

Für die Erziehung bleibt die Familie unersetzlich. Hier werden die Weichen für's Leben gestellt. Hier werden die Grundlagen für die christliche Erziehung gelegt. Die Familie hat nicht einfach den Sinn, Kinder in die Welt zu setzen, sondern sie hat die große Aufgabe, das Kind zu einer sozial-kulturellen Persönlichkeit heranzubilden. Das Kind ist zwar bei der Geburt voll ausgebildet, aber für die Möglichkeit, sich in dieser Welt als *Mensch* zu bewähren, bedarf es einer gründlichen Erziehung:

Das Wichtigste, das ein Kind lernt, ist *Urvertrauen,*
- sich in der Welt heimisch und geborgen zu fühlen,
- sich auf die Welt, Menschen und Tiere rückhaltlos einzulassen,
- sich in der Welt zuversichtlich, glücklich und vertrauensvoll bewegen zu können.

Urvertrauen ist – nach Erikson – eine Urmitgift des Schöpfers an das menschliche Leben. Sie kann durch Eltern und Erzieher immer wieder infrage gestellt werden. Sie kann von ihnen unterlaufen und zerstört werden. Das Kind wird beraubt und wird kraft der Angst infiziert. Urvertrauen ist die Basis für den christlichen Glauben und für alle christlichen Vorstellungen. Glauben und Vertrauen sind nahezu identisch. Ohne Vertrauen kein Glaube. Der Glaube lebt vom rückhaltlosen Vertrauen. Fehlt diese Grundlage, hat es der christliche Glaube schwer, Fuß zu fassen.

Wer in den ersten Lebensjahren Verlassenheitsängste trainiert hat, wer die Welt als Feindesland erlebt, wer sich bedroht, im Stich gelassen und einsam vorkam, wächst nur schwer in eine Glaubenswelt hinein,
- die durch Vertrauen gekennzeichnet ist,
- die von Zuversicht und Geborgenheit beherrscht wird,
- die der lebendige Gott in seinen starken Händen hält.

Wenn Mutter und Vater die Repräsentanten der gelebten Geborgenheit sind, wenn sie ihre Kraft, Zuversicht und Gelassenheit aus dem christlichen Glauben schöpfen, werden ihre Kinder ein tragfähiges Fundament für ein späteres christliches Leben mitbekommen. Hilfreich ist es, daß sich christliche Familien zusammenschließen, weil in vielen säkularisierten Familien christliche Prinzipien geleugnet werden und unsere Kinder die unterschiedlichsten Lebensgewohnheiten erleben. Wenn unsere Kinder andere gläubige Erwachsene kennenlernen, werden sie die Überzeugung gewinnen, daß der christliche Glaube ein notwendiger Lebensinhalt ist und kein überflüssiges Hobby oder eine Privatsache.

4. Die Familie als geistliche Zelle

Ich höre immer wieder von Eltern und Erziehern, daß die Familie für die Kindererziehung – auch für die christliche Kindererziehung – nur noch eine unbedeutende Rolle spielt. »Die Einflüsse von Kindergarten, Schulen und Straße sind stärker als die der Familie. Die Kräfte von Film und Fernsehen wirken nachhaltiger. Die geheimen Miterzieher sind bedrohlicher.« So und anders lauten die Befürchtungen vieler Eltern. Sie trauen ihrem eigenen Erziehungsverhalten wenig zu. Väter und Mütter zweifeln an ihren vorbildhaften Fähigkeiten. Sie befürchten, daß ihre Beispiele von negativen Erfahrungen im Kindergarten, auf der Straße und auf dem Spielplatz beiseitegefegt werden.

Ich glaube das nicht. Eine intakte Familie ist ein starker Organismus. In einer intakten Familie werden die Weichen für die Zukunft der Kinder gestellt. Schon der griechische Philosoph Plato war der Meinung:

> »Wenn die Gemeinschaft im Großen organisch erkrankt oder zerstört ist, kann ein Wiederaufbau nur von einer engeren, aber im Kern gesunden Gesinnungsgemeinschaft ausgehen, die zur Keimzelle eines neuen Organismus wird.«

Diese Sätze sind einige tausend Jahre alt und wahr. Eine Gesellschaft wird von der kleinsten Zelle erneuert. Ehe und Familie sind die Keimzelle des Staates. Und eine Gesellschaft ist so leistungsfähig wie ihre kleinsten Zellen. Die Familie als kleinste Zelle ist ein Modell, in dem christliche Lebensregeln und Überzeugungen am deutlichsten gelebt werden können. Auch Luther überlegte, »diejenigen, die mit Ernst Christen sein wollen«, in kleinen Kreisen und Gruppen zu versammeln, um der christlichen Botschaft mehr Durchschlagskraft zu verleihen. Alle geistlichen Bewegungen leben von der kleinen Gruppe, in der die Ziele und das wirkliche Leben am besten realisiert werden können. Dr. Günter Krüger formulierte auf einer Pädagogentagung:

> »Jede Kommunität und vor allem jede ihrer Ursprungszellen kann unter diesem Aspekt als ein Versuch gedeutet werden, den Geist des Evangeliums reiner und konzentrierter darzustellen und zur Wirkung kommen zu lassen.«[51]

Geistliche Klarheit ist nur in kleinen Gruppen möglich. Sie brauchen ein Mindestmaß an Geschlossenheit. Leitbilder und Wertauffassungen haben nur dann eine Chance, durchgezogen zu werden, wenn sie von der gesamten Gruppe getragen werden. Darum schrieb der bekannte Pädagoge Professor Brezinka:

> »Die kleinen Gemeinschaften können die wirkungsvollsten Träger der Erneuerung werden.«

Die Familie ist eine Zelle, in der geistliche Ziele am wirkungvollsten gelebt werden können. Allerdings ist es erforderlich, daß die Glaubensüberzeugungen nicht durch Zwang, nicht durch Überforderung und durch Erpressung vermittelt werden. In der Familie wollen *Glaubensüberzeugungen gelebt – diskutiert und praktiziert – werden.* »Der Überzeugte überzeugt«, dieser Satz Pascals läßt sich am wirkungsvollsten in der Familie realisieren, wenn die Eltern versuchen, unverkrampft ein Leben aus dem Glauben zu führen. Die Familie ist auch die wirkungsvollste Gegenkraft, dem Konformitätsdruck der einsamen Masse, der außengesteuerten Gesellschaft (David Riesman) zu begegnen.

5. Eine christliche Erziehung gewährleistet nur ein christlicher Erzieher

Ein Blinder kann uns Farben und Sichteindrücke nicht vermitteln, ein Schneider kann uns keine Ratschläge geben, wie ich ein paar Schuhe mache, und ein Atheist kann von Christus zwar reden, ihn aber nicht bezeugen. Mit dem christlichen Glauben ist es ähnlich. Nur Christen sind in der Lage, von Christus realistisch und glaubwürdig zu sprechen. Sicher, auch Christen haben Glaubensprobleme, haben Fragen und Zweifel, geraten in Hilflosigkeit. Sie werden diese Probleme vor den Kindern nicht vertuschen, sie werden sie zugeben und zum Ausdruck bringen.

Die Person des christlichen Erziehers ist maßgebend, nicht seine Dogmatik und seine theologischen Kenntnisse. Christliche Erziehung geschieht in einer Erziehungsgemeinschaft. Eltern und Kinder beeinflussen sich gegenseitig. Sie leben, spielen, denken, beten und essen zusammen. Erwachsene und Kinder tauschen ihre Gedanken aus, Gedanken über Gut und Böse, Recht und Unrecht, Wahrheit und Lüge. Sie reiben sich, sie mögen sich, sie identifizieren sich. Der christliche Erzieher – mit allen Fehlern und Schwächen – ist *Leitbild*, *Vorbild* und *Beispiel* für die Kinder. Seine Aussagen werden hinterfragt, sein Leben wird besprochen und sein Handeln wird bewertet. Keinen Augenblick kann sich der Erzieher verstecken und verleugnen. Er steht im Mittelpunkt des Geschehens.

Probleme der christlichen Erziehung ergeben sich nicht aus den Schwierigkeiten zwischen alt und jung. Es handelt sich also nicht um *Generationenprobleme*, sondern um *Kommunikationsprobleme*. Nicht das Alter steht den Erwachsenen im Wege, sondern ihr mangelndes Verständnis für die Kinder. Sie leben ich-bezogen, egoistisch und sind auf Selbstverwirklichung angelegt. Die Folge:
– sie schauen nicht auf die Kinder,
– die Gespräche verstummen,
– Eltern und Kinder reden aneinander vorbei,
– Eltern verstehen es nicht, sich in die Seele ihres Kindes hineinzuversetzen,
– die Kinder verstummen und reagieren vereinsamt.
Gespräche sind die intensivste Art der Erziehung, sie sind die intensivste Art der Beziehung. Je mehr Zeit sich die Eltern nehmen hinzuhören, sich den Kindern zuzuwenden, desto inniger die Gemeinschaft. Eltern, die aus dem Glauben leben, müssen keine christliche Erziehung arrangieren. Sie leben, was sie glauben, und sie praktizieren, wovon ihr Herz voll ist, und damit haben sie schon das Wichtigste für die christliche Erziehung ihrer Kinder getan.

6. Gott hat ein Gesicht

Wir sprechen und beten nicht ins Blaue hinein. Der lebendige Gott ist ein Ansprechpartner. Er ist unsichtbar, aber er hat ein Gesicht und einen Namen. Gott ist kein Phantom, keine Formel, kein blutleerer Begriff. Paul Roth, dem wir viele tiefsinnige und humorige Gedichte verdanken, schrieb:

»Laßt mir meinen Gott, ihr Schlauköpfe und Studierenden. Zerredet ihn nicht, macht ihn mir nicht zum Nebel, zur Formel. Mein Gott muß ein Gesicht haben, einen Namen. Mit einer Formel kann ich nicht leben, nicht glücklich sein, kann ich nicht sterben. Vielleicht ist sein Gesicht anders, als ich meinte . . . Laßt mir einen Gott, mit dem ich sprechen kann, auf den ich hoffen, an den ich glauben darf, daß er mich liebt über den Tod hinaus. Denn wenn es ans Sterben geht, dann habt ihr nur Willen und Psychologie und Achselzucken. Wer von euch wird mich geleiten? Und wenn's ums Leben geht, was könnt ihr mir geben für Ihn? Nun? - - -«[52]

Der ehemalige Präsident des Diakonischen Werkes, Theodor Schober, hat diesen Text kommentiert und *Erwägungen zum Kinderglauben* veröffentlicht. Darin wird deutlich: Gott hat in der Tat ein *Gesicht*. In Jesus Christus hat er sich uns zugewendet. Christus ist das zur Erde gewandte Antlitz Gottes. Als Eltern und Erzieher helfen wir unseren Kindern wahrhaftig nicht, wenn wir »das alte Gesicht zerteilen, zerstören und kein neues Gesicht zeichnen« können. Erwachsene wie Kinder brauchen ein Gegenüber. Mit Gott in Christus können wir sprechen, auf Ihn können wir hoffen, auf Ihn können wir bauen. Einer Formel können wir uns nicht anvertrauen, einem blutleeren Begriff können wir unser Leben nicht anheimstellen. Theodor Schober schreibt:

»Das habe ich schon als Kind gelernt. Die Gebete beim Einschlafen, die Geschichten im Kindergottesdienst, manche Bilder zu Hause haben dazu beigetragen, daß ich mir Gott mit diesem Gesicht vorstellen kann. Je älter ich werde, desto weniger möchte ich dieses Gesicht missen, das mir schon in der Kindheit heilig wurde: vom Kinderfreund, vom gnädigen Vater im Himmel, vom guten Hirten, vom barmherzigen Samariter, mit der Dornenkrone und mit der siegreichen Gebärde des Auferstandenen.«[53]

Eltern, die dieses Gesicht suchen und sich diesem Namen zuwenden, werden ihren Kindern das *Antlitz Gottes* groß machen.

7. Der Apfel fällt nicht weit vom Stamm

Kinder leben, was sie gehört und gesehen haben. Wer sein Kind respektvoll und aufmerksam behandelt, wird erleben, daß das Kind die Eltern respektvoll und mit Achtung behandeln wird. Wenn Eltern und Erzieher auf die Gedanken und Meinungen der Kinder hören, wird das Kind mit großer Wahrscheinlichkeit auch auf ihre Meinungen und Gedanken hören. Tut man aber alles, was das Kind sagt, unbedacht als »dumm« oder »kindisch«, als keiner Beachtung wert ab, dann tritt wiederum das Wechselseitigkeitsprinzip in Kraft: Das Kind reagiert ebenso. Von einem unbekannten Verfasser gibt es ein Gedicht, das den Titel trägt: »*Kinder lernen, was sie erleben.*« Hier ist es:

Lebt ein Kind mit Krittelei,
  lernt es verdammen.
Lebt ein Kind mit Feindseligkeit,
  lernt es kämpfen.
Lebt ein Kind mit der Angst,
  lernt es Furchtsamkeit.
Lebt ein Kind mit Mitleid,
  lernt es Selbstmitleid.
Lebt ein Kind mit Spott,
  lernt es Schüchternheit.
Lebt ein Kind mit Eifersucht,
  lernt es Schuldgefühle.
Aber:
Erlebt ein Kind Nachsicht,
  lernt es Geduld.
Erlebt ein Kind Ermutigung,
  lernt es Zuversicht.
Erlebt ein Kind Lob,
  lernt es Empfänglichkeit.
Erlebt ein Kind Bejahung,
  lernt es lieben.
Erlebt ein Kind Zustimmung,
  lernt es, sich selbst zu mögen.
Erlebt ein Kind Anerkennung,
  lernt es, daß es gut ist, ein Ziel zu haben.
Erlebt ein Kind Ehrlichkeit,
  lernt es, was Wahrheit ist.
Erlebt ein Kind Fairness,
  lernt es Gerechtigkeit.
Erlebt ein Kind Sicherheit,
  lernt es Vertrauen in sich selbst und zu Gott.
Erlebt ein Kind Freundlichkeit,
  lernt es, die Welt als guten Ort schätzen.

8. Geben Sie kindgemäße Antworten!

Unsere Kinder stellen Fragen über Fragen. Sie können uns mit Fragen geradezu lähmen. Manchmal sind wir bereit, oft ungehalten. Kinder wollen alles ergründen und wollen wissen, was die Welt im Innersten zusammenhält. Hier wird christliche Erziehung selbstverständlich.

»Wo wohnt der liebe Gott?«

»Wo war ich, als ich noch nicht geboren war?«

»Kommt unser Hund auch in den Himmel, wenn er tot ist?«

»Kann der liebe Gott auch Lakritz im Himmel kaufen?«

Für alle Antworten, die wir geben, gilt:

- Hüten Sie sich vor Banalitäten!
- Hüten Sie sich vor zu großer Kindlichkeit!
- Hüten Sie sich vor Bildern, die Sie später widerrufen müssen!
- Hüten Sie sich davor, überhaupt nichts zu wissen!

Die Projektgruppe Glaubensinformation in Zusammenarbeit mit dem verstorbenen Theologen Professor Thielicke schrieb über das Kindgemäße:

»... ziehen daraus viele Eltern den Schluß, ›Ich muß meinem Kind eine Antwort geben, die seiner Vorstellungskraft entspricht. Also antworte ich: Der liebe Gott sitzt auf einem goldenen Thron hoch über den Wolken.‹ Diese Antwort mag ein Kind zwar zunächst befriedigen, kann aber später eine Menge Schaden anrichten. Denn unser Kind kann so an das Bild des auf der Wolke thronenden Gottes gebunden werden, daß es nie mehr davon loskommt. Es kann nicht zu einem reifen Erwachsenenglauben durchdringen, weil ihm die verkindlichte Gottesvorstellung unüberwindbar im Wege steht.«[54]

Versuchen wir es mit Bildern und Gleichnissen. Jesus predigte in Gleichnissen, die jedermann verstand. Die Projektgruppe beantwortet die Fragen nach der Wohnung Gottes so, daß er mit der *Luft* verglichen wird, die uns alle umgibt, und die wir einatmen. So ist Gott in der Lage, uns zu hören, uns zu sehen und zu begleiten, wo wir gehen, stehen, liegen oder leben.

Wichtig ist, daß wir unseren Kindern keine Ungereimtheiten erzählen. Wir sollten die Antwort nicht später widerrufen müssen. Wer eine lebendige Beziehung zu Gott hat, wird auch überzeugend antworten können. Kinder haben dafür ein sicheres Gehör und Gespür. Und wenn wir mal keine Antwort wissen, ist es auch keine Schande. Eltern und Erzieher sind nicht allwissend. Entscheidend bleibt, daß wir die Antwort auf Lebensfragen unseren Kindern nicht schuldig bleiben.

9. Gott, der ganz andere – Gott wurde Mensch

Unsere Kinder sollen erleben, daß der lebendige Gott die Kraft ist, die über Leben und Tod, über Himmel und Erde regiert. Wir vermitteln dem Kind das biblische Wissen,

- daß Gott der Vater aller Menschen ist,
- daß Gott der Schöpfer jedes Lebewesens ist,
- daß Gott der Beschützer und Bewahrer allen Lebens ist.

Das Kind spürt, daß einer da ist, der größer, stärker und wichtiger ist als die Eltern. Drei- bis fünfjährige Kinder haben schon eine bestimmte Vorstellung von Gott. Sie bringen Sein Tun und Lassen mit unserer Alltagswelt in Verbindung: »Wie groß ist Gott?« – »Fährt Gott auch Auto?« – »Macht Gott auch Urlaub?« – »Wann schläft Gott?«

Wir dürfen uns Gott in dem Maße veranschaulichen, wie die Bibel es erlaubt. Viele »Menschlichkeiten« sind Gott fremd. Er ißt nicht, er fährt kein Auto, er trägt keine Maßanzüge, er geht nicht zum Friseur usw. Es ist hilfreich, wenn wir unseren Kindern vermitteln können:

Gott wurde Mensch, um mit uns zu sprechen,

Gott wurde Mensch, um uns zu erlösen,

Gott wurde Mensch, um uns nahe zu sein.

Aber: Gott ist auch der ganz *Andere*, der *Unbegreifliche*, der *Unsichtbare*. Gott wohnt in einem *Licht*, zu dem niemand Zutritt hat. Gott ist so anders, daß wir ihn mit Worten nicht beschreiben können.

10. Das Kreuz Christi verdeutlichen

Zu den schwierigsten, aber auch zu den schönsten Aufgaben im Rahmen der christlichen Erziehung gehört die Erklärung des *Kreuzes Christi*. Für kleine Kinder ist der Marterpfahl ein Schreckgespenst. Einen Menschen annageln und sterben lassen, gehört zu den grausamsten menschlichen Erfindungen. Und doch steht für den Christen das Kreuz im Mittelpunkt allen christlichen Geschehens. Kinder fragen nach der Bedeutung des Kreuzes.

Es begegnet uns auf Schritt und Tritt: Das Kreuz bildet die Spitze von Kirchen, es hängt an vielen Wänden, steht auf vielen Tischen, wird als Schmuck getragen, ist abgebildet in vielen Büchern, und es ist das Zeichen der Auferstehung auf unseren Gräbern. In der Passions- und Osterzeit wird das Kreuzeszeichen zum beherrschenden Symbol. Christus ist der Gekreuzigte und der Auferstandene. Wer sich ihm anvertraut, geht durch den Tod in ein Leben mit Gott ein. Der Friedhof beherbergt nur die Hülle des Menschen, nicht sein wahres Leben.

»Warum mußte Jesus sterben?«

»Warum hat man ihn so umgebracht?«

Wir dürfen kleinen Kindern den Leidensweg nicht ausmalen, das

Sterben am Kreuz nicht in Einzelheiten ausdeuten. Aussparen können wir diesen wichtigen Lebensabschnitt nicht. Aber sensible Kinder können verwirrt und beunruhigt werden. Sie sind überfordert, malen sich alle Stationen aus und reagieren mit Angst.

Wir wollen es unseren Kindern begreiflich machen: Ohne Gott leben ist der Tod. Ohne Gott endet unser Leben in einer Katastrophe. Nun hat Gott das Liebste gegeben, seinen Sohn, um uns durch seinen Tod ein ewiges Leben zu schenken. Wer sich an den gekreuzigten und auferstandenen Jesus hält, ist mit Gott für immer und ewig verbunden. Das Kreuz will uns keine Angst einjagen. Das Bild des gekreuzigten Christus will unsere Seele nicht unter Druck setzen. Jesus hat die Angst, die Schmerzen und den Tod auf sich genommen. Wir müssen die Seelenqualen nicht wiederholen, wir müssen die entsetzlichen Leiden nicht ständig nachempfinden. Erst Heranwachsende können sein Leben und Sterben meditieren. Sie sind in der Lage, das Opfer rational einzuordnen.

Der Tod Jesu ist schrecklich – aber die Rettung für alle Menschen;

der Tod Jesu kann unser Gemüt belasten – aber der Gedanke an die Auferstehung wird uns beglücken;

der Tod Jesu am Kreuz kann Kinder ängstigen – und doch ist der Marterpfahl das Siegeszeichen der Christen.

Die Kreuze der verschiedenen caritativen Organisationen sind Abbilder jenes Kreuzes, das vor einigen tausend Jahren auf Golgatha gestanden hat.

Das »Rote Kreuz« – es will verwundeten und kranken Menschen helfen,

das »Blaue Kreuz« will Suchtkranke aus ihrer Abhängigkeit befreien,

das »Schwarze Kreuz« will Gefangenen in aller Welt beistehen,

das »Weiße Kreuz« setzt sich für sittliche Reinheit ein.

Das Kind soll wissen, daß das Zeichen des Kreuzes, das über dem Täufling angedeutet wird, ein Lebenszeichen beinhaltet:

Christi Tod ist unser Leben,

Sein Sterben ist unser Sieg,

Sein Leiden ist unsere Befreiung.

Wie man das Kreuzgeschehen und Ostern den Kindern begreifbarer machen kann, schildert ein Vater aus Bremerhaven. Er schreibt:

»In der Passionszeit bauen wir in unserer Kirche jedes Jahr einen Ostergarten. 1 oder 2 Tage vor Karfreitag fahren einige Kindergottesdiensthelfer in den Wald, um Moos zu sammeln. Wir haben – das ist natürlich ideal, aber nicht unbedingt nötig – uns einen Tisch aus Metall machen lassen, der an den Seiten Ränder hat, die etwa 5 cm hoch gezogen sind. An diesem Tisch entsteht eine kleine Osterlandschaft. Durch eine Reihe kleiner Hügel führt ein Weg zu einem Felsengrab. Ein Stein, der das Grab vorher verschlossen hatte, wird Ostern an die Seite gewälzt. Über dem Grab wölbt sich ein etwas höherer Hügel, auf dem drei Kreuze stehen. Drei Gestalten sieht man zum Grabe kommen: die Frauen. Die Landschaft ist mit grünem, frischem Moos bedeckt, und überall aus dem Moos gucken leuchtende Frühlingsblumen. Nach dem Kindergottesdienst drängen sich die Kinder um den Ostergarten. Natürlich hängt es von den Pastoren, Kindergottesdiensthelfern und Eltern ab, wie dieser Anhaltspunkt für die Phantasie unserer Kinder gedeutet und psychologisch gewertet wird. Wir empfinden diese Methode aber jedes Jahr wieder als Hilfe.«[56]

11. Den Glauben durch Erzählen vermitteln

Die Theologie hat das *Erzählen* wieder entdeckt. Vor der Zeit des Fernsehens und des Radios wurde viel mehr erzählt. Eltern und Großeltern erzählten der jungen Generation ihre Erlebnisse, berichteten über Gehörtes, Erlebtes und Gesehenes. Auf diese Weise wurden bestimmte Erfahrungen vermittelt, wichtige Einstellungen weitergegeben, Werte und Unwerte verdeutlicht. *Durch Erzählungen werden dem Kind Orientierungen angeboten.* Der erwachsene Erzähler gibt seinen Berichten seine subjektive Deutung. Er spiegelt seine Erfahrungen und seine persönliche Einstellung wider. Und das wollen Kinder: den persönlichen Standpunkt, die persönliche Betroffenheit, das persönliche Engagement. Sie haben die Möglichkeit, den Standpunkt zu teilen, Meinungen zu verwerfen, Erfahrungen zu übernehmen und Werte anzuerkennen.

Erzählen ist ein Akt der Kommunikation. Zwei Partner treten in Beziehung: durch Worte, durch Gesten, durch inneres Engagement. Der Erzähler gibt viel von sich preis: von seiner Betroffenheit, von seinem Engagement, von seiner Überzeugung, von seinem Glauben. Denn in, unter und über den Erzählungen geht es uns ja um Gott, um seine Maßstäbe, um seine Wahrheit, um seine Gebote und um seinen Willen. Der Erzähler bezieht Stellung. Ein Erwachsener, der keine Stellung bezieht, der sich hinter Allgemeinplätzen verschanzt, wirkt langweilig. Ja, ein unbeteiligter Erzähler ist ein Widerspruch in sich, denn Erzählungen bringen menschliche Grunderfahrungen zur Sprache, sie werten die gemachten Erfahrungen und sind Spiegelbilder des Erzählers. »Erzähl' uns, was du gesehen, gehört und erfahren hast, und ich sage dir, wer du bist!«, schrieb der Begründer der Individualpsychologie, Alfred Adler.

Die Erzählung spiegelt meinen Lebensstil,
– meine persönliche Weltanschauung,
– meine subjektive Glaubensüberzeugung,
– meine Denk-, Lebens- und Handlungsweisen wider. Der Erzähler gibt also Antwort über sich selbst. Er vermittelt auch eine *Glaubensüberzeugung*, die lückenlos zur Sprache kommt.

Die Gleichnisse Jesu zeigen, daß wesentliche Glaubensinhalte *erzählt* werden. Diese Gleichnisse sind keine Glaubensbeweise, sie sind einfühlbar, gegenständlich und nachvollziehbar und doch ganz hintergründig. Die Hörer identifizieren sich, fühlen sich betroffen und gehen mit.

Wer erzählt, welche *Erfahrungen* er mit Gott im Alltag, im Beruf und in Krisensituationen gemacht hat, bringt Kinder zum Nachdenken. Er weckt ein Interesse an Glaubensfragen mehr, als wenn er theologische Wahrheiten doziert und biblische Begriffe referiert. Unser Erzählen in der Verkündigung ist echter und ehrlicher. Sie macht im besten Sinne des Wortes *betroffener*.

12. Wenn die christliche Erziehung Schaden anrichtet

Viele Jugendliche und Erwachsene, viele Kinder und Pubertierende haben an sich selbst nicht selten eine negative christliche Erziehung erfahren. Eltern und Erzieher haben es gut gemeint, haben aber *das Gewissen geknebelt, die Seele vergewaltigt und eine gesunde christliche Entwicklung verhindert.* Auch hier gilt der Satz »Die guten christlichen Absichten sind Erziehungsfehler.« Die Eltern wollen das Gute und erreichen das Zweifelhafte; sie wollen das Optimale und erreichen das Negative, die guten Absichten werden zu Prinzipien, die unbedingt zu erfüllen sind, weil sich dahinter persönliche Wünsche und Forderungen der Erwachsenen verstecken: Das Kind erlebt seelischen und geistlichen Druck. Es will Gott und den Eltern gefallen, wird jedoch von Zweifeln und Grübelzwängen zerfressen.

Ein problematischer Satz, der wieder von Eltern und Erziehern formuliert wird, lautet:»Nur das Beste ist für unser Kind gut genug.« Kinder sind eine kostbare Gabe Gottes, denken diese bewußt christlichen Eltern und Erzieher, und darum sollen die Kinder auch eine optimale christliche Erziehung genießen.

Ein gutes christliches Fundament ist eine tragfähige Basis für das ganze Leben. Das Gefährliche ist, daß sich immer Richtiges und Falsches, Hilfreiches und weniger Hilfreiches mischen. Werden dann noch Kinder angesprochen, die mimosenhaft sensibel reagieren, die von Hause aus dünnhäutig und hellhörig veranlagt sind, wird der Erziehungsprozeß problematisch. Richtige geistliche Botschaften wurden überakzentuiert wahrgenommen. Aus der frohmachenden Botschaft wird eine *angstmachende* und bedrückende Nachricht, der kein Mensch – ob Kind oder Erwachsener – gewachsen ist. Bedrohliches und Beunruhigendes überwiegen, Beglückendes und Frohmachendes werden verraten, Gebote und Gesetze diktieren den Alltag. Die Erlösung steht in der Bibel, aber nicht in den Herzen der Kinder geschrieben. Wo liegen die Fehler?

Das Beste wird falsch *eingesetzt*, es wird mit *falschem Ehrgeiz* vermittelt, und zur *Morallehre* umfunktioniert. *Gesetze* werden gefordert, Gnade und Liebe werden unterbewertet. Die *Angst* dominiert und nicht die Hoffnung.

13. Der Pubertierende wird innerlich zerrissen

An anderer Stelle ist die Pubertät genauer beschrieben worden. Sie ist die Zeit der großen *Gefühlsschwankungen*. Im biosozialen Reifungsprozeß ist der Jugendliche hin- und hergerissen. Religiöse Fragen und Probleme heizen ihn zusätzlich auf. Er neigt dazu, *alles zu dramatisieren*, auch den christlichen Glauben. Er will *radikal leben und glauben*. Pubertierende wollen keine faulen Kompromisse und verachten Halbheiten. Sie lieben das Ganz-oder-Garnicht.

Wenn wir als Eltern und Erzieher sie hier nicht liebevoll begleiten, lassen wir sie in bitterste Enttäuschungen hineinrennen: Die ersehnte geistliche *Vollkommenheit* erweist sich als unerreichbar, den moralischen Ansprüchen kann man nicht genügen, und so wird Christus plötzlich als unbrauchbar beiseite gefegt. Er hat die übertriebenen Hoffnungen der Jugendlichen nicht erfüllt. Sie wollten mit Christus die personifizierte Vollkommenheit erreichen – nun lassen sie sich hemmungslos treiben. Mit Zwischenlösungen mögen sich die Erwachsenen abgeben, die sowieso zu allen möglichen Konzessionen bereit sind. In einem Tagebuch werden die religiösen Erfahrungen eines Teenagers weitergegeben:

»Oh, ich glaube, mich zerreißt es bald, dieser Konflikt in mir: ›Welt-Christus ... Wo soll ich mich hinwenden? Ich finde weder Weg noch Rat. Darf ich, was darf ich, was nicht, soll ich mich wirklich ganz von der Welt abwenden? ... O Gott, was ist jetzt wirklich dein Wille? Ich beginne langsam an allem zu zweifeln.«[57]

Der Jugendliche erlebt einen zermürbenden Kampf zwischen Glauben und Zweifel. Er wird in Scheinprobleme verstrickt und zur *Grübelsucht* verführt.

14. Nicht die Ohren hängen lassen!

Ein ernstzunehmendes Problem christlicher Erziehung ist die *Resignation*. Viele bewußte und reife Christen sind ihre Opfer geworden. Sie reagieren *resigniert,* ihr Denken ist ohne Hoffnung, sie handeln *entmutigt.* Im Widerstand gegen den oberflächlichen Optimismus haben sie sich dessen Gegenströmung ergeben: Eingeschüchtert haben sie sich der Fünf-Minuten-vor-Zwölf-Haltung angeschlossen. Die steigende Zahl der Arbeitslosen, die Inflationsrate und die verminderte Kaufkraft, die schwindelnd hohe Verschuldung der meisten Länder der Erde, die Weltwirtschaftskrise, die Unregierbarkeit der Welt, Terror und Atomschreck – alles das sind Zeichen, die auch den Christen lähmendes Entsetzen einflößen. Selbstverständlich predigen viele Christen diese Geisteshaltung nicht, aber sie *leben* sie. Kinder und Heranwachsende *erfahren* diese Lebenseinstellung als eine Glaubenseinstellung. Systematisch werden sie mit diesem Gift der Hoffnungslosigkeit infiziert. Diese »No-future-Gesinnung« untergräbt gesunde Lebenskräfte, verstärkt eine resignative Grundhaltung, macht lahm und antriebslos und blockiert viele positive Kräfte.

Der *Pessimismus* der erwachsenen Christen wirkt ansteckend. Jugendliche stehen mutlos vor dem Problem unserer Welt und glauben nicht mehr, daß der lebendige Gott das letzte Wort spricht. Der ehemalige Leiter der von Bodelschwinghschen Anstalten in Bethel, Pastor Alex Funke, hat in einem Artikel die realistische Sicht der Christen herausgestellt.

> »Wie gehen Christen diese Aufgaben an? Auf den allerersten, den immer wieder neu allerersten Schritt hat uns Theologieprofessor Karl Barth aufmerksam gemacht. Am Abend vor seiner Todesnacht telefonierte er mit seinem Freund Eduard Thurneysen. Sie sprachen über die dunkle Weltlage. Da sagte Karl Barth: ›Aber nur ja die Ohren nicht hängen lassen. Nie! Denn – es wird regiert!‹ Das ›Es‹ zielte nicht ab auf die Hauptstädte der Weltmächte, sondern auf den, der Himmel und Erde regiert. Christen wissen: Was immer historisch sich ereignen mag, die Zukunft der Menschheit entscheidet der Gott, der nicht ohne uns Gott sein will. Realistische Sicht – ja, Resignation – nein.«[58]

Die Bibel spricht von drei großen Gaben, die Gottes Heiliger Geist schenkt: Glaube, Hoffnung und Liebe (1. Kor. 13,13). Hoffnung bedeutet *Zuversicht, Kraft, Mut.* Hoffnung heißt: voller Zuversicht in die *Zukunft* schauen, da weder Gegenwärtiges noch Zukünftiges, weder Hohes noch Tiefes uns von der Liebe Gottes in Christus trennen können. Christen leben von der Hoffnung und nicht von der Schwarzseherei. Christen sind realistisch und nicht pessimistisch; sie vertrauen Gott auch für morgen und glauben nicht an die Unregierbarkeit der Welt.

Jugendliche, die bei Christen diese Zuversicht als Lebenshaltung im Glauben erleben – diese Jugendlichen werden nicht so schnell aufgeben.

II. Gewissensbildung

Gewissensbildung ist in der Erziehung eine Selbstverständlichkeit. Sie beginnt im Elternhaus. Hier werden die Weichen für das Leben gestellt. Auch die Schule hat im Rahmen ihres Erziehungsauftrages hier eine wichtige Funktion.

Der Begriff der Gewissensbildung ist für viele Menschen unklar und umstritten. Und doch wird er unreflektiert immer wieder verwandt. Aber wo hat das Gewissen seinen Sitz? Wie entsteht es? Wie frei ist es? Hat man es von Kind auf? Ist es die Stimme Gottes? Ist es etwas Gegebenes, Feststehendes? Oder ist es die Stimme der jeweiligen Gesellschaft? Ist es stammesgeschichtlich vererbt? Eine Urgegebenheit? Wie weit wird es sozialpsychologisch beeinflußt? Wie weit ist es von Kultur, Milieu, Sitte und Brauchtum abhängig? Was hat es schließlich mit dem Über-Ich der Tiefenpsychologie gemeinsam?

Der Volksmund faßt das Gewissen als eine Realität. Allerdings spricht er von unzähligen »Gewissen«. Die Eigenschaftswörter machen das deutlich. In Zeitungen, Rundfunk und Fernsehen hört man von einem christlichen, philosophischen, einem ästhetischen, pädagogischen, wissenschaftlichen, künstlerischen, katholischen, protestantischen, sektiererischen, öffentlichen und privaten Gewissen. Eine Fülle von Attributen werden ihm beigelegt. Es kann schlecht und rein, feige und eng, schlafend und wach, träge und rege, hart und zart sein. Seine Funktionen kennzeichnen es als Universalgenie mit einem Personkern. Es kann Kläger und Richter, Zeuge und Staatsanwalt, Verteidiger, Pädagoge, Führer, Berater, Wachhund und Polizist zugleich sein. Bei dem einen mehr, bei dem anderen weniger.

1. Was ist das Gewissen?

Wer den Weg des Gewissens nachzeichnen will, muß den Weg des Menschen nachzeichnen – und zwar von der Wiege an. Die Erkenntnisse der Tiefenpsychologie haben uns gelehrt, daß sich das Gewissen der Kinder langsam entwickelt, und zwar im Umgang mit dem Nächsten, mit den Angehörigen und durch Erziehung. Die Gewissensbildung geschieht in der frühen Kindheit am nachhaltigsten. Sie beginnt mit der Geburt des Kindes und ist weitgehend am Ende der Pubertät abgeschlossen. Ein funktionierendes Gewissen, ein tadelloser Charakter oder ein schwaches Gewissen und ein labil gewordener Charakter sind vielfach Folgen einer gelungenen oder gescheiterten Gewissens- und Gesinnungsbildung der ersten Lebensjahre. Damit das Gewissen funktioniert, bedarf es der Entfaltung, der Bildung. Eltern, Schule und Umwelt wirken auf das Gewissen ein, prägen, gewöhnen, verwöhnen, hemmen, stärken und beeinflussen es. Das Gewissen kann nicht als *Instinkt* angesehen werden, der sich ohne Zutun von außen gleichsam nach einem inneren Entwicklungsgesetz einfach ausformte. Wie jede Anlage, so hat auch das Gewissen eine ihm eigene optimale *Entfaltungszeit* im Laufe des Lebens.

Das Gewissen tritt bei allen Menschen verschieden auf und ist offensichtlich von Erbanlagen und Umwelteinflüssen abhängig. Ohne eine Anleitung des Menschen ist die Arbeitsweise des Gewissens nicht erklärbar. So wenig ein Kind sprechen würde, wenn nicht sowohl eine Anlage als auch eine Anleitung dazu vorhanden wären, so wenig würde sich durch unsere Erziehung allein so etwas wie ein Gewissen bilden lassen, wenn nicht eine Grundlage für diese Hemmtriebfeder, die das Gewissen später darstellt, im Kind schon angelegt wäre.

Die Sozialwissenschaften haben jahrhundertelange Vorstellungen über das Gewissen immer wieder revidiert. Man sah in ihm etwas *Gegebenes*, Feststehendes und relativ Unveränderliches. Man identifizierte es mit *Gottes Stimme*, die den Menschen sagt, was gut und was böse ist. Heute wissen wir, daß das Gewissen sich verschieden entwickeln kann. Da war es bei den Kopfjägern Formosas Brauch und zugleich Gesetz, daß sie bis zur Erreichung des heiratsfähigen Alters und zum Erwerb ihrer Männlichkeit einen oder mehrere Skalpe »erjagt« haben mußten. Für keinen Krieger bedeuteten diese für unsere Begriffe »schändlichen« Akte unübersteigbare Gewissensbarrieren. Sie befanden sich in völliger Übereinstimmung mit Sitte und Tradition ihres Stammes.

Ein weiteres Beispiel soll die soziokulturelle Beeinflussung des Gewissens verdeutlichen: 1966 standen zwei Indianer in Berlin, wo der Weltkongreß für Evangelisation unter Leitung von Dr. Billy Graham tagte, auf dem Podium und erklärten, daß sie zu den Mördern gehörten, die einige Jahre zuvor Missionare, die zu den Aukas gekommen waren, ohne irgendwelche Gewissensbisse und Gewissenskonflikte getötet hätten. Sie waren Christen geworden. Ihr Gewissen hatte sich gewandelt. Ihr Gewissen war erneuert und hatte einen völlig anderen Maßstab bekommen.

Die Beispiele machen deutlich, daß man auch bei einem Säugling von einem perfekten Gewissen, das ihm mit in die Wiege gelegt worden wäre, nicht sprechen kann. Er empfindet keinerlei Regungen von recht und schlecht. Er ist im wahrsten Sinne des Wortes *amoralisch*: ohne Moral.

2. Vom Kindergewissen zum reifen Gewissen

Das Kleinkind hat, streng genommen, noch kein Gewissen. Der Säugling erfährt im Normalfall vom ersten Augenblick an Liebe, Wärme, Geborgenheit usw. Er erfährt die Mutter als Quelle der Zärtlichkeit. Im 2. Lebensjahr lernt er, bestimmte Aufgaben zu erfüllen. Es setzt die Anleitung zur Reinlichkeit ein.

Schon im 3. Lebensjahr fügt sich das Kind bestimmten Verboten, wird gehorsam, macht ins Töpfchen, selbst wenn die Mutter, die im allgemeinen diesen Befehl gegeben hat, nicht anwesend ist. Das Kind erlangt eine gewisse Selbständigkeit. Es weiß, was es tut, aber man kann noch nicht von sittlichem Wollen sprechen. Das Kind verhält sich so, weil es *muß*. Es gehorcht, weil ihm eine Autorität gegenübersteht. Es fügt sich, weil »man« einen Druck ausübt.

Etwa mit dem 3. Geburtstag wird das Kind *»verhandlungsfähig«*. Man kann sich mit ihm unterhalten. Es versteht die Wünsche der Mutter. Die Kinder sind auch schon so weit, daß sie zum Vater oder zur Mutter hingehen und fragen, was sie tun sollen. Dies ist die Zeit, wo die ersten Anfänge der Gewissensbildung liegen. Es liegt nahe anzunehmen, daß die eigentliche Grundlage der Gewissensbildung die Freude an der *Ordnung des Zusammenlebens ist,* mit der gleichzeitig auch eine Tendenz der Kinder zu bemerken ist, sich dieser Ordnung im Rahmen der elementaren eigenen Bedürfnisse einzufügen, daß es dem Kind gewissermaßen Spaß macht, mitzuspielen nach den Spielregeln, die im Haushalt gelten.

Die Stimme des Gewissens ist zunächst nichts anderes als die Stimme von Vater, Mutter, Onkel oder Lehrer. Das Verbot der Eltern wirkt als Gewissensstimme nach. Später identifiziert sich der Heranwachsende so stark mit den Gewissensforderungen, welche ursprünglich von den Autoritätspersonen an ihn gestellt werden, daß die Stimme mehr und mehr den Ton einer überpersönlichen Macht annimmt, und wird von der eigenen zur Gottesstimme.

Vom Paragraphengewissen bis zur Gewissensfreiheit, das ist der Weg der Erziehung. Die Bindung der Kinder an Gebote und Verbote, an starre Schemata, an die Richtlinien von Vater und Mutter, Onkel und Tante, werden abgelöst durch freie Übernahme der Bindung an sich selbst. Spätestens in der Reifezeit ändert sich das. Denn während der Reifezeit entwickelt und mausert sich das Gewissen zu einer gültigen Form. Es geschieht dies bei den Mädchen in der Regel früher als bei den Jungen.

In der Übergangszeit zwischen Kindheit und Erwachsenenzeit, der Pubertät, stellt sich jeder Erzieher grundsätzlich auf die vielen Probleme der Jugendlichen ein. Das Seelenorgan hat sich verändert und sieht, hört und empfindet die Welt plötzlich anders. Kinder verstehen uns nicht mehr, wir verstehen die Kinder nicht mehr. Der Riß vertieft sich, und alles kann auf einem Mißverständnis beruhen, wenn man nicht bedenkt, daß ein verändertes subjektives Gefühlserleben automatisch die Welt als verändert erlebt.

Jetzt ist es für die Erzieher entscheidend, keine grundlegenden Fehler zu machen. Uneinsichtigkeit, Härte und rigorose Strenge erreichen bestimmt das Gegenteil. Moralische Appelle und entrüstete Vorwürfe vergrößern die Kluft. Es geht um *Verstehen.* Verstehen heißt nicht, alles laufen zu lassen; es *heißt, dem Kinde sein verändertes Verhalten nicht übelnehmen.* Eltern und Erzieher sitzen nicht auf einem so hohen Roß, daß sie nicht Fehler einsehen und Schwächen zugeben könnten. Sie lassen Kritik zu und geben der Einübung zu kritischem Denken Raum. Ihre Autorität wird nicht abnehmen. Die Erziehung zur Freiheit und Mündigkeit ist aber der Sinn aller Erziehungskonflikte. Erziehungskonflikte lösen wir nicht, indem wir Wege vorschreiben, sondern unseren Kindern und Jugendlichen *Hilfe zur Selbsthilfe* vermitteln.

Wer jetzt auf seine *Autorität pocht,* wird das partnerschaftliche Gespräch verfehlen. Der autoritäre Führungsstil verhindert die Reifung und damit die volle Entfaltung der Persönlichkeit. Er fördert die Fremddisziplin und nicht die Selbstzucht. Er fördert ein unselbständiges Gewissen, ein *Fremdgewissen,* und nicht ein freies, eigenständiges Gewissen.

3. Der biblisch-theologische Aspekt des Gewissens

Ursprünglich ist der Begriff des Gewissens eine Schöpfung des griechischen und römischen Geistes. Das griechische Wort *syneidenai* (Mitwissen oder: »Zeuge seiner selbst sein«) wurde lange, bevor die Philosophen sich seiner bemächtigten, verwendet. In unserem Begriff Gewissen steckt das Wort »Wissen«. Immer hat das Gewissen die Funktion der Selbstbezichtigung, des Richtens, des Anklagens und Verurteilens gehabt.

Was aber liefert dem Gewissen nun die Maßstäbe? Auf welcher Grundlage regt es sich? Kann es unsicher werden? Ist es vorstellbar, daß es hilflos vor einer Entscheidung steht, daß es sich aus Schwäche anpaßt, dem Konformismus erliegt?

Unser Bewußtsein ist korrupt. Von daher leuchtet es ein, daß die Formel: »Ich bin nur meinem Gewissen verantwortlich« alles und nichts bedeuten kann. Wenn das kleine Kind so spricht, meint es, daß es seinen Eltern verantwortlich ist. Wenn der bewußte Christ so spricht, meint er, er sei Jesus Christus verantwortlich. Und wenn der Kommunist die Formel anwendet, meint er doch, daß er seiner Partei verantwortlich ist. Die Frage nach dem Gewissen ist eine Frage nach dem *Herrn*, dem Auftraggeber. Denn jeder hat ein Gewissen, aber bei jedem ist gleichsam die Zentrale anders besetzt. Es gibt daher immer ein christliches, kapitalistisches, kommunistisches, verkrüppeltes oder labiles Gewissen, aber es gibt kein leeres, kein neutrales Gewissen ohne diesen oder jenen Bezug. Das Gewissen ist eine Art Wachhund des inneren Lebens. Aber der Hund braucht einen Herrn.

Im Neuen Testament ist Gewissen eine persönliche Aktion, nichts Statisches, sondern Tätigkeit, Ausdruck des bewußten Lebens, eng verbunden mit dem *Herzen*, der Wurzel unseres Lebens. Das Alte Testament betont, daß das *Herz* (und nicht das Gewissen) die Verbindung zur menschlichen Verantwortung herstellt. Das Wort Gewissen kommt in der Lutherbibel des Alten Testamentes nur zweimal vor. Die Sache, um die es geht, ist aber in der hebräischen Sprache mit »Herz« klar umrissen. Wenn es im 1. Samuelbuch von David heißt, daß sein »Herz« schlug, steht hier bei anderen Übersetzern »Gewissen«.

Ein Wort aus dem Buch Jeremia weist deutlich darauf hin: »Ich will mein Gesetz in ihr Herz geben und in ihren Sinn schreiben; und sie sollen mein Volk sein, so will ich ihr Gott sein« (Jer. 31,33). Das *Herz* ist das entscheidende personale Zentrum des Menschen, das auf die Forderungen Gottes antwortet. Und die Stellung des Herzens entscheidet über die Stellung zu Gott und den Menschen. Jesus hat die Sprache des Alten Testamentes aufgenommen und spricht wiederholt vom Herzen: »Merkt ihr denn nicht, daß alles, was von außen in den Menschen hineingeht, ihn nicht unrein machen kann? Denn es geht nicht in sein Herz, sondern in den Bauch. Was aus dem Menschen herauskommt, das macht den Menschen unrein; denn von innen, aus dem Herzen der Menschen kommen die bösen Gedanken: Unzucht, Dieberei, Mord, Ehebruch ...« (Mark. 7,18–23).

Hier wird deutlich, daß hinter, über und vor allem die Beziehung zu Gott rangiert. Nicht das Herz, nicht das Gewissen richtet, sondern der Herr. So spricht auch Petrus davon, daß er vom Heiligen Geist sowohl im Herzen als auch im Gewissen getroffen wird. *Herz und Gewissen* sind letztlich Synonyme und austauschbar.

Auch *Glaube und Gewissen* stehen für den Christen in enger Beziehung zueinander. Denn wenn Paulus das Herz im üblichen biblischen Wortverständnis als das geistliche Zentrum des Menschen versteht, ist sicher das Gewissen mit eingeschlossen als das Zentrum des Herzens. Man könnte theologisch formulieren: Mit dem Herzen oder mit dem Gewissen glaubt man. Der Glaube hängt schon darum wesentlich mit dem Gewissen zusammen (Röm. 10,10).

Dietrich Bonhoeffer war der Meinung, daß das Handeln wider das Gewissen selbstmörderisches Handeln gegen sich selbst sei. Er weiß aber, daß damit nicht alle Fragen beantwortet sind. Zunächst geht er davon aus, daß der Christ sich an Jesus Christus gebunden weiß.

>»Jesus Christus ist mein Gewissen geworden ... nicht ein Gesetz, sondern der lebendige Gott und der lebendige Mensch, wie er uns in Jesus Christus begegnet, ist Ursprung und Ziel meines Gewissens.«[59]

Jesus Christus wird zum Befreier des Gewissens, das sich Gott und den Menschen zur Verfügung stellt. Paulus ruft den Christen zu: »Wandelt in der Liebe, gleich wie Christus uns geliebt hat« (Eph. 5,2). Im Blick auf die Liebe, die Christus den Menschen gezeigt hat, soll das Handeln Gottes nachgelebt werden. Die Liebe ist kein eingebauter Kompaß, der automatisch funktioniert, sie muß verschiedene Stadien des Reifens durchlaufen wie das Gewissen, oder sie bekommt durch eine christliche Erziehung oder durch Glauben einen Herrn. Erst dann wird die Liebe vom Gewissen gelenkt und geleitet.

»Laßt uns lieben; denn Er hat uns zuerst geliebt« (1. Joh. 4,19). Selbstlosigkeit, Höflichkeit, Freundlichkeit, Mitleid, Nachsicht und Eifersuchtslosigkeit sind *Geschenke*. Es ist die Antwort aus Liebe. Aber drei Dimensionen gehören für den Christen immer zusammen: Gottesliebe, Nächstenliebe, Selbstliebe. Nicht umsonst bezeichnet die Bibel das Herz als Sitz der Liebe Gottes, weil Gott die Liebe dahin ausgegossen hat. Das Herz ist aber weitgehend mit dem Gewissen identisch und darum handeln wir dem Gewissen gemäß, wenn das, was wir tun, »von Herzen« kommt. Denn was *gewissenlos* ist, das ist auch *herzlos*. Gewissensfreiheit ist Freiheit des Herzens, ist Voraussetzung zur Liebesfähigkeit.

4. Fehlformen des Gewissens

In diesem Abschnitt soll eine kurze Zusammenfassung einiger Fehlformen des Gewissens versucht werden.

a) Das verwahrloste Gewissen

Daß erwachsene Menschen immer ein intaktes und funktionierendes Gewissen hätten, ist ein Trugschluß. Es gibt Menschen, die an der Stelle ihres Gewissens ein Chaos haben, eine Wüste. Mir ist das so an einem Mann deutlich geworden, mit dem ich längere Zeit in Kontakt stand.

Ich besuchte den 32-jährigen im Gefängnis. Er hatte schwere Einbrüche hinter sich, war bei einem Ausbruch aus dem Zuchthaus – einige Jahre zuvor – brutal über einen Aufseher hergefallen. In Gesprächen stellte ich fest, daß sein Vater ein begüterter Mann war, der es zu etwas gebracht hatte, und zwar in kurzer Zeit. Allerdings war er dabei »über Leichen gegangen«, wie wir zu sagen pflegen. Und seinem Sohn hatte er die Lebensmaxime mit auf den Weg gegeben: »Du mußt deine Ellbogen gebrauchen!« »Gut ist, was etwas einbringt.« »Du bist kein Priester, der von Barmherzigkeit lebt, und unsere Firma ist kein Caritasverein.« Nur solche Menschen standen bei ihm hoch in Kurs, die etwas leisteten. Andere wurden abgeschoben, entlassen und ausgebootet.

Das Ende vom Lied war, daß der Sohn seinen Vater noch übertrumpfen wollte, bei finanziellen Aktionen aber einige Reinfälle erlebte und jetzt auf Biegen oder Brechen durch Einbruch sich das Fehlende zu beschaffen suchte. Ein Gewissen hatte der Mann nicht. Der Ellenbogengebrauch, von seinem Vater vorexerziert, hatte die Entstehung des Gewissens verhindert. Der Junge wuchs im Milieu eines amoralischen Egoismus' auf. Egoismus und Habsucht hatten alle anderen mitmenschlichen Gefühle an die Wand gespielt. Sittliche Werte waren vom Geld abhängig. Reue und Scham waren Zeichen von Dummheit und Versagen. Das Gewissen war auf der Strecke geblieben, verkrüppelt, verwachsen, verkümmert.

b) Das Notstandsgewissen

Für den sogenannten *Notstand* werden sogenannte Notstandsgesetze verfaßt. Daß sie umstritten sind, weiß jeder aus der Politik. Es gibt aber auch Notstände in der Geschlechtererziehung. Jedenfalls sind viele Eltern der Meinung, daß der Notstand – das Mädchen bekommt vor der Ehe ein Kind – auf alle Fälle vermieden werden soll.

Eine Gewissenserziehung der Eltern an den Kindern hat stattgefunden. Nur etwas knapp. Sie ist in dem schlichten Satz zusammengefaßt: »Komm mir nur nicht mit einem Kind nach Hause!« Was die Tochter ansonsten anstellt, was sie treibt, wie sie sich verhält, wann sie nach Hause kommt, wie weit ihre Intimbeziehungen gehen, ist völlig gleichgültig. Die Eltern wollen eine *anständige* Familie. Und bei Mutter und Großmutter mütterlicherseits und väterlicherseits hat es unehelich geborene Kinder nicht gegeben. Das war nicht vorgekommen, nicht vorgesehen und darf bei den eigenen Kindern auch nicht vorkommen. Der Vater ist Lehrer, Pfarrer, Bankdirektor, sitzt im Gemeinderat oder ist Vorsitzender eines bürgerlichen Vereins, und da werden solche »Pleiten« in der Kindererziehung öffentlich übel vermerkt. Der Ruf des Vaters und des Hauses muß tadellos sein und bleiben. Die Fassade muß einen blendenden Eindruck machen. »Doch wie es da drinnen aussieht, geht niemand was an.« Die Eltern interessieren sich darum auch nicht einmal dafür, was die Kinder machen. Die Eltern sind tolerant und großzügig – wenn nur der *Notstand* nicht ausgerufen wird.

Das Gewissen ist für den Notfall da, das *Gewissen wird für den Notfall dressiert.* Von einer bewußten Gewissensbildung kann keine Rede sein. Das Gewissen schläft, bis eine bestimmte Grenze überschritten wird.

c) Das Drückebergergewissen

Ich hatte in einem Kurs von Jugendlichen über das Petting, den Kuß und über voreheliche Beziehungen gesprochen. Am Schluß der Veranstaltung kam ein Mädchen zu mir, das über bestimmte Dinge etwas erfahren wollte. Während des Gespräches versuchte es, mir mehrfach deutlich zu machen, wie es trotz gewisser vorehelicher Praktiken doch noch seine »Unschuld« bewahrt habe. Anders ausgedrückt, es sei noch physiologisch intakt. Seine mannigfachen Erlebnisse seien völlig uninteressant, den zukünftigen Mann habe es nicht betrogen. Er könnte es ja feststellen. Der Hymen sei unbeschädigt.

Die Mutter des Mädchens hatte mit beredten Worten im Laufe der Jahre von dem Wunsch der Männer gesprochen, ein sauberes, unberührtes Mädchen heiraten zu wollen. Über die verantwortliche Liebe und Partnerschaft war kein Wort gefallen. »Männer wollen Jungfrauen«, sagte die Mutter, wobei einzig und allein der Nachdruck auf die *Unversehrtheit* der Jungfrau gelegt wurde. Unausgesprochen hatte sie der Tochter zugestanden: »Du kannst machen, was du willst, sieh nur zu, daß du körperlich Jungfrau bleibst.«

Mit anderen Worten, erlaubt ist alles, solange es keine Spuren hinterläßt. Erlaubt ist, was nicht bestimmte Moralvorstellungen »buchstäblich« verletzt. Gut ist, was nicht gegen die Bestimmungen verstößt, schlecht ist, was auffällt, was ans Tageslicht kommt, was herauskommt. Diese Jugendliche hatte viel von den Erwachsenen gelernt.

d) Das verängstigte Gewissen

Dieses Gewissen funktioniert weitgehend nur, weil es *Strafe erwartet*, wenn es ein Gebot übertreten hat. Eltern, Erzieher und andere Autoritätspersonen setzen Gebote, Grenzen und Maßstäbe. Gehorcht der junge Mensch, ist es gut; gehorcht er nicht, gibt es Strafe. Wenn das Kind weiß, daß alle Übertretungen hart und bedingungslos geahndet werden, weil es um den Buchstaben des Gesetzes geht, lösen alle Übertretungen, Fehlhaltungen und jedes Versagen Angst aus.

Furcht vor Strafe sitzt dem Kind in allen Poren.

»Es gehört sich nicht, in deinem Alter schon einen Freund zu haben«, hat der Vater gesagt. Und wie er das gesagt hat! Es war eine Androhung. Er hat die Tochter darauf aufmerksam gemacht, in Gebärden und Worten, was sie zu erwarten hat, sollte sie es sich gestatten, seine Weisungen in den Wind zu schlagen.

Das Mädchen weiß, der Vater ist *kompromißlos*. Auch er ist von seinem Vater an Zucht und Ordnung gewöhnt worden. Gebote waren dazu da, gehalten zu werden, und er will bei seinen Kindern ähnlich verfahren. *Furcht* aber wirft alle guten Vorsätze über den Haufen. Sie übertönt selbst das Gebot. Das *verängstigte Gewissen* wird die Freundschaft überschatten, das Vertrauen zum Elternhaus ist erschüttert, und die Angst vor Strafe kann seelische Schäden hervorrufen. In der Schule gibt es Versagen, weil die Angst wie ein Damoklesschwert über der Seele des Kindes hängt. Die Eltern haben sich im Netz ihrer harten Forderungen verstrickt. Ihre Konsequenz hat sie unbeweglich gemacht. Die Kinder suchen ein Loch, um dem Druck zu entfliehen. Sie beginnen zu lügen, zittern vor Strafe und laufen mit einem quälenden Gewissen herum. Die Erziehung mit Angst vor Strafe ist pädagogisch zweifelhaft und aus christlicher Verantwortung abzulehnen. Sie steht zwar auf höherer Stufe als die Erziehung, die ein Notstandsgewissen heranbildet, *aber sie unterschlägt die Liebe*. Sie fordert, aber führt nicht; sie gebietet, aber sie leitet nicht.

III. Seelsorge an Kindern

Wer als Mitarbeiter, als Seelsorger in der Kinderarbeit steht, hat es ständig mit Problemen, Konflikten und Nöten der Kinder zu tun. Schwierigkeiten, Konflikte und Krisen gehören zum Leben des Menschen, auch schon des Kindes. Auch bewußte Christen sind davon nicht verschont.

Das Neue Testament macht deutlich, daß Kinder ausdrücklich von Jesus eingeladen werden. Jesus spricht Kindern das Reich Gottes zu. Jeder, der in das Himmelreich eintreten will, muß es annehmen, wie Kinder es tun. Ja, der Mensch, der klein ist wie ein Kind, ist der Größte im Himmelreich. Jesus korrigiert seine Jünger, die Kinder nicht ganz ernst nahmen, wie es häufig bei Erwachsenen geschieht. Er fordert sie auf: »Laßt die Kinder zu mir kommen und hindert sie nicht, denn gerade für Menschen wie sie steht die neue Welt Gottes offen« (Mark. 10,14). Und an anderer Stelle wird er noch deutlicher: »Wer in meinem Namen solch ein Kind aufnimmt, der nimmt mich auf« (Mark. 9,37). Wörtlich heißt es: »Er stellte es in ihre Mitte.« Jesus machte das Kind zum Mittelpunkt.

Auf diesem Hintergrund ist Seelsorge an Kindern kein Kinderspiel, eine Beschäftigung, die man mit der linken Hand machen könnte, sondern eine Aufgabe von höchster geistlicher Priorität.

Kleine und Große haben Nöte. Sie können seelischer Natur, sie können erzieherischer, geistiger oder geistlicher Natur sein. Und nicht zuletzt können sich die Störungen in psychosomatischen Krankheiten ausdrücken.

Wie geht der Seelsorger damit um?

Worauf sollte er als Mitarbeiter achten?

Welche konkreten Hilfen für den seelsorgerlichen Umgang gibt es?

1. Christus ist der eigentliche Seelsorger

Gerade jungen Mitarbeitern, die mit Kindern arbeiten, muß dieser Gesichtspunkt deutlich werden. *So werden sie bewahrt:*

- *vor Eitelkeit:* »Ich mache das schon, es ist ja nur ein Kind!«
- *vor Angst:* »Ich weiß gar nicht genau, was ich mit ihnen reden soll!«
- *vor Überforderung:* »Ich komme unter enormen Leistungsdruck, wenn Eltern mir ein Kind anbefehlen, um mit ihm zu reden.«

Seelsorge geschieht im Namen Jesu, nicht in meinem Namen. Sie geschieht in Seinem Auftrag, nicht in meiner Machtvollkommenheit. Christus hat das Monopol für die Sorge um den Menschen. Er macht sich Sorgen um uns. Darum heißt es im Neuen Testament: »Alle eure Sorgen werfet auf Ihn, Er sorgt für euch« (1. Petr. 5,7).

Das ist eine unglaubliche Entlastung für jeden Seelsorger, denn wir müssen es nicht machen,
wir tragen nicht die ganze Verantwortung für das Gelingen,
wir werfen unsere Unsicherheit, unsere Fragen, unsere Sorgen um das Kind auf Ihn,
wir sind Sein Werkzeug.
Wir sind nicht seine Macher, nicht die Konfliktlöser und Patentbeantworter. Machen wir uns klar: Er ist der Meister. Wir sind Seine Handlager. Wir stellen uns zur Verfügung mit allen unseren Schwächen und Fehlern – wir treten in Seinem Namen auf und nicht in unserem.

Das hat zur Folge: Ich bin ruhiger, unverkrampfter, gelassener, gefaßter; denn: »Herr, du bist der Dritte in unserer Mitte. Ich stelle mich zur Verfügung, Amen.«

Ich komme aus einer Richtung der Psychotherapie, die von Alfred Adler geprägt wurde. Von ihm ist der Satz: »Stelle deine Sache auf nichts!« Nicht auf dein Können, nicht auf deine Überlegenheit, nicht auf deine gepriesene Autorität.

Es geht nicht um mich, sondern um den Seelsorgesuchenden. Es geht um Jesus Christus. Er ist der Seelsorger. Ich muß nichts beweisen, ich muß gar nichts bestätigen, darum habe ich es auch nicht nötig, mich zu profilieren.

2. Ich versetze mich in das Kind hinein

Warum ist das wichtig? Die Probleme des Kindes sind in der Regel nicht meine Probleme, die Gefühle des Kindes nicht meine Gefühle, die Sicht des Kindes nicht meine Sicht. Jeder fühlt anders – lebt anders – denkt anders – glaubt anders. Zehn Auslegungen über den selben Text sind alle verschieden. Zehn Gebete über das selbe Thema sind mit Sicherheit alle verschieden. Darum ist es wichtig, daß wir die Probleme und Hintergründe des ratsuchenden Kindes ganz ernst nehmen.

Des Kindes Gedanken, seine Gefühle sind wichtig, nicht meine; seine Probleme sind wichtig, nicht wie ich sie beurteile.

Ich versuche deshalb, mit den Ohren des anderen zu hören, mit seinen Augen zu sehen, mit seinem Herzen zu fühlen.

Es erfordert Geduld, dem Kind zuzuhören. Es erfordert aber auch Geduld, warten zu können. Und nicht zuletzt erfordert es Geduld, Liebe zu üben. In diesem Zusammenhang ist es wichtig, daß wir nicht sofort einen Kommentar geben, daß wir nicht argumentieren, auch nicht biblisch. Wir stehen sonst in der Gefahr zu widersprechen, zu korrigieren und die falschen Ansichten, die das Kind hat, nur zu verstärken. Viel wichtiger ist zu fragen, wie das Kind zu diesen Überzeugungen oder Ansichten gekommen ist. Wie beurteilt es selbst seine Lage? Was glaubt es selbst, woher seine Probleme und Schwierigkeiten gekommen sind? Was ist seine Sicht der Dinge, wie es weitergehen soll? Wie mutlos ist es in dieser Lage und wie mutlos ist es überhaupt? Wie zuversichtlich oder pessimistisch kann es glauben oder leben?

Erst wenn wir uns ein Bild über diese Gründe und Hintergründe, auch über die unverstandenen Ziele gemacht haben, können wir mit biblischen Lösungen kommen.

3. Wer Seelsorge an Kindern treiben will, muß die Kinder verstehen

Verhaltensweisen bei Kindern sollen nicht *beschrieben*, sondern *verstanden* werden. Wir heften oft Etiketten an die Verhaltensmuster von Kindern. Auch Eltern und Erzieher tun das:

»Werner ist faul.« – »Annegret ist konzentrationsschwach.« – »Sven stört ständig den Kindergottesdienst.« – »Unser Uli ist der Sündenbock der Familie.« – »Angelika näßt ein.« – »Ralf hat ständig Alpträume.«

Solche Bemerkungen sagen nichts über die dahinterliegenden Gründe aus. Und sie sagen nichts über die verborgenen Ziele des störenden Kindes aus. Die beschriebenen Symptome sind Anzeichen für unglückliches Fühlen und Denken. Das Kind fühlt sich nicht nur unglücklich, es denkt auch in unglücklichen Bahnen. Dieses Unglücklichsein, das die Symptome produziert, müssen wir in der Seelsorge bearbeiten. Auch wenn die Symptome krankhafte Züge zeigen, ist die Krankheit Ausdruck von Unfrieden und Unglücklichsein dieser kleinen Persönlichkeit. Die Persönlichkeit ist gestört und bringt ihre Störung zum Ausdruck.

Bekämpfen wir die Symptome, dann decken wir das Problem zu und verstärken in der Regel auch die dahinterliegenden Gründe und

Motive; wir betreiben Symptomkosmetik und keine Seelsorge.

Seelsorge will den ganzen Menschen heilmachen. Seelsorge hat das ganze Kind im Auge, seine Symptome und seine inneren Motive. Erst wenn wir das Denken, Fühlen, Glauben und Handeln eines Kindes verstanden haben, bekommen wir Verständnis für die Symptome.

Wer die Symptome in der Seelsorge als Wichtigstes bearbeitet, nimmt das Kind nicht ernst. Wir verschlimmern seinen Zustand. Wir bestrafen das Kind und helfen ihm nicht. Ich will das mit einem Bild deutlich machen: Symptombekämpfung ist Unkrautvernichtung durch Abrupfen der Blätter über der Erde. Die Wurzeln bleiben im Boden und wachsen sofort weiter, und mit doppelter Wucht schießen neue Triebe ins Kraut.

4. Was wollen Kinder mit störendem Verhalten bezwecken?

In Seelsorge und Beratung werden uns Kinder vorgestellt, die in der Familie, in der Gruppe, in der Gemeinde, in der Schule auffallen, dissozial reagieren, stören und gestört sind;

Sie spielen den Clown,

sie stören andere Kinder,

sie zerschlagen Spielsachen anderer Spielgefährten,

sie schlagen und beißen,

sie reißen sich selbst die Haare aus,

sie beißen ihre Arme oder Pullover kaputt usw.

Unsere entscheidende Frage lautet:

Wozu tun sie das?

Was wollen sie damit bezwecken?

Wen wollen sie damit beeindrucken?

Wen wollen sie erpressen?

Wozu benutzen sie gerade diese Muster?

Wer soll darauf böse reagieren?

Wer soll geärgert, provoziert oder bestraft werden?

Aus der Fülle der Möglichkeiten habe ich nur eine Handvoll herausgestellt. Denn solche Symptome dienen einer ganzen Reihe von Zielen: Sie sollen der Durchsetzung im Leben, als Alibi, als Ausrede, als Entschuldigung dienen; sie haben den Zweck, dem andern die Schuld zu geben oder einem selbst dazu zu verhelfen, daß man im Mittelpunkt steht. Symptome sind ein Racheverhalten; sie wollen den anderen in die Knie zwingen.

Allerdings muß deutlich gesagt werden: Die Symptome sind unbewußte, unverstandene Schöpfungen des Menschen, um sich zu behaupten. Sie sind in der Hauptsache nicht verursacht, sie werden benutzt, sie werden als Mittel zum Zweck eingesetzt.

5. Geistliche Fehlreaktionen beim Kind sind in der Familien trainiert worden

Wenn wir ein Problem beim Kind, eine Verhaltensauffälligkeit, eine geistliche Fehlhaltung richtig einschätzen wollen, müssen wir die Entstehungsgeschichte nachzeichnen. Sehr oft werden in der Familie die Weichen gestellt.

Ein Beispiel: Eltern ist es sehr wichtig, daß Kinder *Werte* ernstnehmen. Gewissenserziehung und Werteerziehung sind beiden Eltern oder einem Elternteil wesentlich. Diese Priorität verrät die Selbsteinschätzung der Eltern. Diese Gewichtung der Eltern drückt ihre Ziele aus. Diese Ziele sind nicht falsch, können aber mit falschen Methoden überzogen werden.

Leicht geschieht es dann,
– daß Kindern mit Gott gedroht wird,
– daß Kindern der allwissende Gott als Detektiv und Schnüffler vorgelebt wird,
– das Kindern ein Gottesbild vermittelt wird, das Angst einflößt:
»Wenn du an die Schokolade gehst, merkt sich der liebe Gott diese Sünde genau.«
»Was du heimlich tust, hat Gott auch gesehen.«
»Wir müssen vor Gott für jedes böse Wort Rechenschaft ablegen.«
»Wenn du die Spielsachen von der Inge kaputtmachst, bin ich ganz traurig.«

Das bewußte oder unbewußte Ziel der Eltern ist es, den Kindern Schuldgefühle zu machen. Sie rechnen damit, daß das Kind, da es mit Schuldgefühlen nicht leben mag, dem Willen der Eltern entspricht. Viele Eltern beherrschen diese Methode meisterhaft.

Es ist ein Interaktionsmuster, mit dem Kinder groß werden, das sie auch als kleine Christen im Alltag widerspiegeln. Kinder haben diese Muster erlebt, erfahren und trainiert. Die Folge ist: Sensible Kinder entwickeln ein überzüchtetes Gewissen, krankhafte Schuldgefühle, krankhafte Symptome; sie praktizieren einen verkrampften Glauben und leben geistliche Fehlhaltungen, die durch Beratung und Seelsorge behoben werden müssen.

6. Seelsorge am Kind ist Seelsorge an der Familie

In der Grundsatzerklärung des »Internationalen Bibellesebundes« heißt es:

> »Wir möchten unterstreichen, wie notwendig es ist, nicht allein die Kinder, sondern die Familie als Ganzes zu erreichen. Denn nach Gottes Plan obliegt die geistliche Erziehung der Kinder den Eltern und: Gottes Heil gilt der ganzen Familie.«[60]

In den letzten Jahren rückt die Familie mehr und mehr ins Blickfeld der therapeutischen und seelsorgerlichen Bemühungen. Probleme der Kinder sind Probleme der Familie. Schwierigkeiten des Kindes sind Schwierigkeiten der ganze Familie. Störungen und Neurosen des Kindes sind Störungen der Familie. Professor Eberhard Richter schrieb als Psychoanalytiker vor Jahren den Bestseller: »Patient Familie.« Das heißt: Am störenden Kind zeigt sich die Störung der Familie. Die Symptome des Kindes sind ein Hinweis für die »Krankheit« der Familie. Das kranke Kind wird in der Familie krank gemacht. Die Familie ist ein Organismus, wo ein Glied mit allen anderen Gliedern verknüpft ist.

Darum gilt: Auch geistliche Störungen des Kindes, das in der Beratung oder in der Seelsorge vorgestellt wird, sind überwiegend geistliche Störungen der Familie.

7. Was sind geistliche Störungen und wie können sie sich in der Familie und im Kind äußern?

Dazu ein Beispiel: Ich habe ein 8-jähriges Kind in der Beratung gehabt, das von der Schule an unsere Beratungsstelle überwiesen wurde. Der Junge war ältestes Kind und konnte in der Schule nicht zur Toilette gehen. Nur zu Hause benutzte er die Toilette. Sein Gewissen funktionierte wie eine Briefwaage. Er witterte Sünde, längst bevor sie geschehen war. Nachts lag er wach und grübelte, ob er Böses getan hatte, vor allem in Gedanken. Seine Haltung und sein Wesen waren von tiefem Lebensernst geprägt. Freude und Unbeschwertheit waren ihm fremd. Seine 3 Jahre jüngere Schwester war das Gegenteil von ihm: frech, burschikos, oberflächlich und eine Bettnässerin. Die Eltern, besonders die Mutter, litten unter der Tochter. Der Junge wurde selbstverständlich in die Auseinandersetzungen mit hineingezogen. Die Beziehung zwischen Mutter und Tochter war äußerst gespannt, die Beziehung zum Sohn dagegen sehr gut. Der Vater war angepaßt, stellte sich verbal auf die Seite der Frau, um sie nicht noch mehr zu beschweren, nahm vordergründig gegen die

Tochter Partei, lobte den Sohn, zog sich aber ansonsten zurück, weil er auch geistlich der übrigen Familie nicht folgen konnte.

Der Sohn verhielt sich *überangepaßt – übergewissenhafter – übersauber.*

Der Vater war sehr oft weg, machte Überstunden und bildete sich laufend beruflich fort. Wobei das Wort »fort« die Situation am treffendsten umschrieb. Die Mutter war ängstlich gläubig, betete zweimal am Tag mit dem Jungen, wobei immer wieder auch die Bitte an Gott laut wurde, er möge doch die Tochter zu einem anständigen Menschen bekehren.

In der Familie lebte noch der Vater der Frau als Witwer, war voll ins Familienleben integriert, auch ein übergewissenhaft und ängstlicher Mensch, der ständig Befürchtungen produzierte. Er sprach und beschäftigte sich viel mit dem 8-jährigen Enkel, diskutierte mit ihm über Sünde, Glauben und Nachfolge Jesu. Der Großvater war sehr stolz, einen so ernsthaften und gläubigen Enkel zu haben.

8. Was spiegelt die Familiensituation wider?

Die übertriebene Sauberkeit des Jungen, die krankhafte Schmutzfurcht des Jungen und die krankhafte Gewissenhaftigkeit sind Symptome einer gestörten Familie. Der Junge produziert eine Neurose im Umfeld einer ungeistlichen Ängstlichkeit. Sündenangst und ungesunde Befürchtungen haben die Vitalität des Jungen gelähmt, haben seinen Bewegungsspielraum erheblich eingeengt.

Die Folgen sind:

Der Junge steht überdurchschnittlich im Mittelpunkt des Interesses;

Die 5-jährige Schwester wird in dem Klima immer unanständiger, unsauberer, eifersüchtiger und rebellischer. Sie kann mit dem sauberen Bruder nicht mithalten, sie will es auch nicht und profiliert sich auf ihre Weise;

Das Symptom des Jungen, um das sich viel zu stark Großvater und Mutter kümmerten, verhindert bei den *Eltern,* daß sie an ihren schwerwiegenden Eheproblemen arbeiten. Der Junge entlastet die Eltern und zieht eine besondere Last auf sich.

Das Subsystem Mutter/Großvater/Enkel ist zu mächtig und bringt *die Familie* aus dem Gleichgewicht.

Deutlich wird: *Seelsorge an Kindern ist Seelsorge an der ganzen Familie. Die geistliche Gesundung der Familie hat die geistliche Gesundung des Jungen zur Folge.*

9. Die 4 Ziele störenden Verhaltens

Sämtliche Verhaltensweisen eines Kindes geben uns die Richtung an, in die es gehen will. Das Kind glaubt, nur auf diese Weise zum Zuge zu kommen. Das Kind ist überzeugt, nur auf diese Weise sich im Leben behaupten und durchsetzen zu können, und handelt entsprechend. Durch alle Verhaltensmuster schimmert die Motivation durch:
- die Bewegungsrichtung des Kindes,
- die geheime Absicht,
- das verborgene Ziel,
- der unverstandene Zweck.

Es gibt nur 4 Ziele, denen man sämtliche auffälligen Verhaltensmuster zuordnen kann.

1. Ziel: Aufmerksamkeit erregen
Kinder versuchen pausenlos, in der Gruppe, in der Klasse, in der Familie, auf der Straße und in der Kindergottesdienstgruppe Aufmerksamkeit zu erregen.
- Sie spielen sich auf,
- sie ziehen eine Schau ab,
- sie geben an,
- sie erzählen unsinnige Dinge,
- sie sind besonders still,
- sie sind besonders fleißig,
- sie sind besonders moralisch,
- sie sind aggressiv und destruktiv.

Jedes Verhalten kann *benutzt* werden, um Aufmerksamkeit zu erregen, zu erzwingen.

Beispiel: Angst ist nicht eine Eigenschaft, sondern ein Verhaltensmuster. Ein 6-jähriger Junge hat panische Angst vor allem Möglichen: vor Hunden, vor Katzen, vor Vögeln, vor Lärm, vor sehr starken und motorischen Kindern. Die Angst zeigt übertriebene, krankhafte Züge. Die Eltern sind gezwungen und müssen ihn überallhin begleiten. Er braucht ständig einen Beistand. Sie beten abends und morgens mit ihm, daß der lebendige Gott da ist, daß Er ihn beschützt und begleitet und daß er keine Angst zu haben braucht.

Warum hilft das Gebet nicht? Warum läßt die Angst des Jungen nicht nach?

Antwort: Die Eltern haben das Ziel der Angst nicht verstanden. Was drückt der Junge mit seiner Angst aus? Er hat noch 3 Geschwister, die nach seiner Meinung von den Eltern vorgezogen werden. Er hat Angstsymptome produziert und bekommt, was die Eltern ihm freiwillig nicht geben wollen: Aufmerksamkeit, Zuwendung, Anteilnahme, Nähe, Gespräche, Mitleid usw.

Stimmen die Ziele aber, wird deutlich, daß Beten um Angstbefreiung niemals zum Erfolg führen kann. Der Junge braucht ja die Angst, um Zuwendung zu erhalten; das Gebet darf also nicht erhört werden, da sonst – bei Heilung von der Angst – die Zuwendung beim gemeinsamen Gebet wegfiele. Bekäme er aber freiwillig, also ohne eigenes Nachhelfen, die Zuwendung von den Eltern, würde sich die Angst verlieren. Wenn die Eltern um Kraft bitten, diese Zuwendung leisten zu können, wird das Gebet konkret, kann der Heilige Geist viel gezielter eingreifen, und der Junge ist glücklich und dankbar für das Gebet. Er fühlt sich verstanden. Durch unkonkrete Gebete hindern wir sehr oft den Heiligen Geist, in uns wirksam zu werden. Unbewußt bauen wir ihm einen Wall entgegen.

2. Ziel: *Machtkampf und Überlegenheitsstreben*

An dieser Stelle wird das Problem des Kindes schon viel härter und unangenehmer. Es liegt mit seiner Umgebung, mit seinen Eltern, mit Vorgesetzten und anderen Menschen im Kampf. Der Fehler der Erwachsenen ist auch, daß sie sich auf diesen Machtkampf einlassen. Das Kind hat das Gefühl, Herr zu sein. Es will herrschen, es muß das letzte Wort haben, es muß den Ton angeben, es will die Oberhand behalten. Es ist selbstverständlich, daß sich viele Partner, Eltern, Erzieher und Vorgesetzte das nicht bieten lassen. Das Kind, das sich aber unbewußt dieses Ziel gesetzt hat, wird auf der ganzen Linie kämpfen, um zu siegen. Es benutzt den Machtkampf, um an der Spitze zu stehen.

Machtkämpfe können beinhalten:
– immer recht behalten wollen,
– überall widersprechen,
– alles besser wissen wollen,
– im Spiel unbedingt den Ton angeben müssen,
– andere Menschen ständig kritisieren wollen,
– alles, was andere machen, schlecht machen,
– sich auf Kosten der anderen durchsetzen,
– ungehorsam sein.

In ungezählten Problemen kann dieser Machtkampf zum Vorschein kommen. Und wir müssen als Seelsorger erkennen, was das Kind in seinem Verhalten und Wesen erreichen will. Jeder findet täglich Beispiele in Familie, Gruppe und Schule, wo das Kind mit Kameraden, mit Mitarbeitern, Eltern und Erziehern zeigen will, daß es selber überlegen sein muß.

3. Ziel: Rache und Vergeltung

Wenn es dem Kind nicht gelungen ist, mit Aufmerksamkeit und Machtkampf seine Position zu festigen, steigert es seine Ziele und benutzt Rache und Vergeltung. Rache und Vergeltung sind hinterlistige und gemeine Ziele.

Rache und Vergeltung können beinhalten:
- die Eltern vor anderen Menschen schlecht machen,
- Vorgesetzte oder Erwachsene an der schwächsten Stelle treffen,
- hinterhältig ihnen etwas antun,
- Eltern und Erzieher bloßstellen,
- Kameraden, Eltern oder andere Menschen belügen oder bestehlen,
- heimlich etwas hintertreiben,
- Schaden zufügen statt Schaden zu verhindern.

Das ist nur ein kleiner Strauß von Rachegedanken und Vergeltungsmaßnahmen, die das Kind unbewußt tun kann, um sich auf diese Weise durchzusetzen, um auf diese Weise sich zu behaupten. Selbstverständlich kann das Kind auch bewußt diese Mittel einsetzen. Es sind in der Regel gemeine und hinterhältige Verhaltensweisen, zu denen das Kind sich gezwungen fühlt, weil es glaubt, auf positivere Weise mit den Erwachsenen nicht mehr zum Ziel zu kommen. So können Faulheit, Konzentrationsunfähigkeit, Hilflosigkeit und Dummheit *benutzt* werden, um die Erwachsenen zu bestrafen oder fertig zu machen.

Um es noch einmal zu sagen: Ich kann als Seelsorger erst dann einem Kind helfen, wenn ich dessen verborgene Ziele erkannt habe. Habe ich nicht begriffen, warum ein Kind seine Eltern belügt, kann ich dem Kind nicht ernsthaft helfen. Das Ziel der Lüge muß erkannt werden.

Lügt es aus Angst vor seinen Eltern?

Lügt es, um sich wichtig zu tun?

– um in den Mittelpunkt zu kommen?

– um seine Eltern zu blamieren?

– um sich Vorteile zu verschaffen?

Lügt es, weil es seinen Eltern die Wahrheit nicht anvertrauen kann, in dem Glauben, Vater und Mutter würden das seelisch und geistig nicht ertragen?

Alle Lügen bleiben Lügen, aber ich kann dem Kind nur helfen, wenn ich die geheimen Ziele und Motive des Lügens genau erforscht habe. Stellen Sie sich vor, ein Kind lügt, weil es kein Vertrauen zu den Eltern hat. Die Eltern bestrafen es durch Liebesentzug, durch Schläge oder Bloßstellung. Das mangelnde Vertrauen wird schlimmer, die Wut des Kindes wird größer. Auch die Lügerei wird intensiver, die Auseinandersetzung zwischen Kind und Eltern unangenehmer. Eine geistliche Hilfe nimmt das Kind von den Eltern dann überhaupt nicht mehr an. Und der Seelsorger, hat er die eigentlichen Ziele des Kindes nicht verstanden, stößt mit frommen Worten ganz bestimmt auf massiven Widerstand – redet er nicht genauso wie die Eltern?

4. Ziel: *Rückzug und Selbstaufgabe*

Das 4. Ziel des Kindes ist das gefährlichste. In der Regel sind Eltern allein nicht in der Lage, aus eigener Kraft dieses destruktive Ziel zu verändern, das Kind zu gewinnen. Hier kann man nur einen erfahrenen Seelsorger und Berater um Hilfe bitten.

Was beinhaltet das Ziel: Rückzug und Selbstaufgabe?

Das Kind gibt sich auf,
– ist völlig passiv,
– verhält sich total gleichgültig,
– hat jeglichen Lebensmut verloren,
– hat den Glauben an die Eltern und an eine gute Lösung für seine Probleme aufgegeben,
– zeigt ein fatales Desinteresse,
– spricht auf nichts mehr an.

Es resigniert, ist depressiv, verzweifelt und hoffnungslos. »Zuckerbrot und Peitsche«, zwei Mittel, die Eltern abwechselnd ausprobiert haben, sind sinnlos. Das Kind trotzt allen Bemühungen. Dem Kind ist wirklich *alles* egal: Drohungen, Erpressungen, Strafe, Liebesentzug – alle Gewalt und Erziehungsmittel zeigen keine Wirkung mehr. Sehr oft haben die Eltern das Kind schon vorher aufgegeben. Die Folge ist, daß das Kind sich aufgibt. Wer seinem Kind nichts mehr zutraut, wie soll das Kind noch Lebensmut aufbringen?

Was können Seelsorger tun?

Das Allerwichtigste ist: Für das Kind vertrauen, daß es nicht so weiterleben muß.

So ermutigt er das Kind, er fördert es, stärkt sein Selbstbewußtsein, begegnet ihm mit Vertrauen, strahlt Hoffnung, Zuversicht auf Lösungsmöglichkeiten aus.

Das Kind wird zunächst mit allen Mitteln versuchen, den Seelsorger zu entmutigen. Das Kind provoziert den Seelsorger, daß er es auch aufgibt. Es testet ihn, wieviel Vertrauen und Geduld er dem Kind entgegenbringen will. Die Versuchung, aufzugeben, ist nun auch für den Seelsorger sehr groß.

Hier können wir von Christus lernen, wie wir als Seelsorger dem Kind begegnen sollen. Er hatte Geduld. Die Agape, die personifizierte Liebe, die in Christus Gestalt angenommen hat (1. Kor. 13);

– erduldet alles,
– hofft alles,
– glaubt alles,
– gibt niemals jemanden auf,
– und vertraut in jeder Lage.

»Die Liebe (Seine Liebe) hört niemals auf« (1. Kor. 13,8).

Nur eine solche mutmachende, hoffende und glaubende Liebe wird ein solch völlig entmutigtes Kind wieder aus der Verzweiflung und Hoffnungslosigkeit herausholen können.

Nirgendwo braucht der Seelsorger mehr den Beistand des Heiligen Geistes.

Nirgendwo braucht der Seelsorger stärker das Gebet, das ihm Kraft, Geduld und Ermutigung verleiht.

Das ist Seelsorge an Kindern im Namen Jesu.

IV. Mit Kindern beten

12 *Aspekte für eine sinnvolle Gebetserziehung*

Wenn *Beten* die zentrale Lebensäußerung der Christen ist, dann ist es sinnvoll und hilfreich, daß unsere Kinder in diese lebensgestaltende Praxis hineinwachsen. Wenn es stimmt, was die meisten Forscher annehmen, daß wir im 1. Lebensjahr mehr lernen als in irgendeinem anderen Jahr unseres Lebens, dann ist die *Gebetserziehung* kein überflüssiges Anhängsel, sondern für bewußte Christen so wichtig wie Essen und Trinken.

Viele Eltern fragen, wie sie mit der Gebetserziehung beginnen sollen. Sie meinen, Glauben könne nur durch *Worte* vermittelt werden, sie müßten dem Kind von Gott erzählen, dem Kind also über den Verstand beikommen. In Wirklichkeit aber beruht jeder Glaube auf einer unbewußten Erfahrung, die früher beginnt, als wir ahnen.

Die Familie ist der eigentliche Ort, wo der Glaube zur Sprache gebracht wird. Besonders Säuglinge und Kleinkinder werden nicht über den Kopf belehrt, das Gebet wird nicht systematisch eintrainiert. Für Kleinkinder ist darum wichtig, daß
  – der Glaube nicht in erster Linie gepredigt, sondern *gelebt* wird;
  – er nicht in erster Linie verkündigt, sondern *praktiziert wird;*
  – er nicht in erster Linie gelehrt, sondern *erfahren* wird.

Mit dem Gebet ist es ähnlich. Das Kind soll betende Eltern *erleben*, die Beziehung zu dem lebendigen Gott soll über die Eltern *erfahren* werden. Wir schauen uns an, was Säuglinge erleben, die aus dem Paradies des mütterlichen Leibes vertrieben sind. Wir wollen uns klarmachen, was das Neugeborene erlebt, welche Grunderfahrungen es in der neuen Welt macht und wie es positiv oder negativ darauf reagieren kann.

Beten lernen ist ein Prozeß mit vielen Entwicklungsschritten – ein Weg, der einen Anfang und kein Ende hat.

Beten lernen verlangt also viele Reifungsschritte, die Eltern und Erzieher kennen sollten. Zwölf Aspekte sollen diesen Weg kennzeichnen.

1. Aspekt: Vater und Mutter als die ersten »Götter«

Die ersten Bezugspersonen des Kindes sind Mutter und Vater, besonders die Mutter. (Der Buchtitel eines Psychotherapeuten lautet: »Die Mutter als Schicksal«). Die Eltern bedeuten für das Kind die Welt, das Leben, Himmel und Hölle zugleich. In diesem Sinne hat die katholische Autorin Marielene Leist geschrieben:

> »Das Kind erfährt seine Eltern als die ersten Götter. Noch bevor es das Wort Gott kennengelernt hat, hat es die Erfahrung von Vater und Mutter, die scheinbar allmächtig sind. Sie können seinen Hunger stillen, seinen Schmerz lindern, das Spielzeug bringen, ihnen das Herz erfreuen mit ihren Späßen, es warm und geborgen im Arm halten. Das ist die frühe Erfahrung vom göttlichen Wirken, die dem Kind zuteil wird. Wenn der Säugling in eine Welt hineinwächst, die derart voller Wärme und Liebe ist, so ist seine früheste und grundlegende Erfahrung vom Leben, das von einem Höheren gelenkt wird, positiv. Mag einmal aus diesem Kind werden, was es will, über diese frühe Erfahrung wird es nie ganz hinauswachsen. Es wird ihm auch in der bittersten Not glaubhaft sein, daß Gott zu helfen vermag.«[61]

Aber auch das Gegenteil macht Frau Leist deutlich. Die Mutter, die das Baby als Spielzeug benutzt, es überzärtlich liebt, dann hektisch beiseiteschiebt, es im Stich läßt, diesem Kind wird es sich vermutlich unauslöschlich einprägen:

- das Leben besteht nur aus ein paar wunderschönen Augenblicken,
- die meiste Zeit mußt du warten, entbehren und Trübsal blasen,
- auch Gott ist kein Gott verströmender Liebe, sondern das Schöne und Wünschenswerte bekommst du nur für kurze Zeit.

Für Kinder, die ins Elend hineingeboren werden, kann's auch die Hölle sein.

Vater und Mutter prägen das Bild von Gott, ohne es zu wollen, stärker, als ihnen lieb sein kann. Wie sehr selbst die Vorstellung vom Himmel mit der Mutter in Verbindung gebracht wird, macht Reinmar Tschirch an einem Beispiel deutlich. Da ist Ortrud, 2 1/2 Jahre alt, sie soll das Kindergebet lernen: »Lieber Gott, mach mich fromm, daß ich in den Himmel komm.« Aber Ortrud wehrt sich und erlebt den Himmel als fernen finsteren Ort. Tschirch kommentiert:

> »Und doch hat das Mißverständnis von Ortrud seinen tieferen Sinn. Der Himmel ist für sie gleichsam noch das Bett der Mutter, ihre Nähe, Wärme und Zärtlichkeit. Nur hier kann sie erfahren, was in dem alten Wort ›Himmel‹ aufbewahrt ist: letzte Geborgenheit und Liebe, letztes Glück und letzte Freude. Das Vertrauen darauf wird ihr nur durch die Mutter vermittelt.«[62]

2. Aspekt: Wer mit Kindern beten will, muß selbst beten

Wer seine Kinder zum Beten anleiten will, muß selbst dahinterstehen. Ich zitierte schon den Satz: »Wer selbst eine Glatze hat, kann anderen kein Haarwuchsmittel anpreisen.« Wir machen uns lächerlich. Wir wirken unecht und verlogen, und unsere Kinder haben ein feines Gefühl für Echtheit und Überzeugungskraft. Wer selbst nicht betet, kann Kindern kein Gebetsleben schmackhaft machen. Was mich im Kern meiner Persönlichkeit umtreibt, davon kann ich berichten. Da finde ich Worte, da bleibe ich nicht stumm. Was mich bewegt, kann ich bewegend anderen vermitteln. Was mich begeistert, damit kann ich andere begeistern, was mir Freude bereitet, damit kann ich anderen Freude bereiten.

Aber auch das Gegenteil gilt: Was mich kalt läßt, damit werde ich andere nicht erwärmen. Was mich nicht interessiert, damit werde ich bei keinem anderen Interesse wecken.

Wer selbst innig beten kann, spricht nicht nur mit dem Mund. Er spricht nicht nur Worte vor sich hin, läßt nicht nur seine grauen Gehirnzellen einige fromme Sätze überlegen. Er spricht mit dem Herzen. Er spricht mit seiner ganzen Existenz. Solche Gebete sind nicht blutleer und lebensfremd. Sie vermitteln eine lebendige Beziehung zum lebendigen Gott. Und darauf kommt es an.

Das Kostbarste, was wir unseren Kindern schenken können, ist *Zeit*. Wer sich für Kinder keine Zeit nehmen will, soll auf Kinder verzichten. Die Zeit, die wir mit Kindern verbringen, sind für sie Beispiel und Vorbild. Kinder suchen unser Beispiel und machen uns zum Vorbild. Im 1. Petrusbrief heißt es: »Denn dazu seid ihr berufen, da auch Christus gelitten hat für euch und euch ein Vorbild gelassen, daß ihr nachfolgen sollt seinen Fußstapfen« (1. Petr. 2,21).

Ich war damals 23 Jahre alt und Mitarbeiter bei dem unvergeßlichen Evangelisten und damaligen Bundeswart des CVJM Johannes Busch in Witten. Es war nach dem Kriege, und es gab noch keine anständigen Zigarren. Viele rauchten selbst angebauten Tabak. Ein älterer Mitarbeiter hatte aus der Zigarrenstadt Bünde eine gute Kiste Zigarren mitgebracht und überreichte jedem ein – für damalige Verhältnisse – kostbares Stück. Johannes Busch sagte damals sinngemäß in seiner unnachahmlichen Art: »Liebe Brüder! Das ist wahrhaftig ein Gottesgeschenk. Bevor wir sie uns anstecken, wollen wir unserem großartigen Gott Dank sagen und ihm ein Rauchopfer darbringen. Jeder Zug aus der Zigarre soll ein Lobpreis Gottes sein.«

Das war nichts Gekünsteltes, das war ein echtes und spontanes

Gebet. Das kam von Herzen, und das ging zu Herzen. Nicht nur die tiefen Lebensprobleme werden vor Gott ausgeschüttet, sondern auch die kleinen Alltagsfreuden und Leiden werden vor ihm ausgebreitet. Wo Kinder das bei ihren Eltern erleben, beziehen sie auch selbst ihre Freuden und Leiden in das Gebet ein.

3. Aspekt: Über dem Säugling beten

Aus der Psychologie wissen wir, daß alle unsere Handlungen und Gefühle auf den Erfahrungen und Erlebnissen unserer Kindheit aufbauen. Kinder sind Spiegelbilder ihrer Eltern. Wir bemühen zu oft Vererbung und Veranlagung, wo wir von Nachahmung, Lernen aus Erfahrung, von Vorbildlernen sprechen müßten. Kinder sind hervorragende Beobachter. Weil sie groß werden wollen, schauen sie auf die Großen.

Der Glaube des Jugendlichen oder des Erwachsenen hat etwas mit den Ur-Erfahrungen der Säuglingszeit zu tun. *Die Lern- und Wahrnehmungsfähigkeit des Säuglings ist enorm.* Der Körper des Säuglings ist ein sensibles Instrument, das die feinsten Begegnungen der Außenwelt – sprich Vater und Mutter – wahrnimmt. Weil es negative Gefühle wie Schreien, Schimpfen, Aufgeregtsein, Angst und Unzufriedenheit nicht rational deuten kann, registriert es *mit seinem ganzen Wesen* die destruktiven Stimmungen der Bezugspersonen: Das Baby wird belastet, verunsichert; es gerät aus dem seelischen Gleichgewicht und »verkörpert« Unwohlsein.

Viele Fachleute sehen in der Urangst, die vor allem durch den Geburtsvorgang ausgelöst wurde, den Urgrund aller Ängste. Selbstverständlich ist die Urangst später dem Jugendlichen und Erwachsenen nicht bewußt. Aber es ist schon merkwürdig, daß Menschen bis zum 25. Lebensjahr instinktiv nach der Mutter rufen, wenn sie in großen Nöten sind. Nur die Mutter als ständige Bezugsperson kann diese Urangst mildern und durch Geborgenheit ersetzen.

Und wenn die Ausstrahlung der Eltern positiv ist? Wenn besonders die Mutter Zufriedenheit und sattes Wohlgefühl ausstrahlt? Wie Seismographen reagieren die Seelen der Säuglinge darauf. *Die wohltuende Stimme von Vater und Mutter, der beruhigende und zärtliche Tonfall sind heilsam für das Baby.* Es wird das Gebet, das die Eltern sprechen, nicht verstehen, es kann den Inhalt nicht begreifen, aber das Kind erlebt Eltern, die sich glaubend und vertrauend dem Schöpfer aller Geschöpfe zuwenden und jene Ruhe, Gelassenheit und Entspannung widerspiegeln, die sie von Gott empfangen haben.

In der Tiefe der Seele des Säuglings prägen sich Bilder der Geborgenheit ein. Er fühlt sich gehalten und getragen und erfährt einen Schutz, der höher ist als alle menschliche Vernunft. Eltern leben aus der Geborgenheit Gottes, die sie an den Säugling weitervermitteln.

Das Gebet über dem Säugling ist keine Magie. Eltern versuchen nicht, über das Gebet eine magische Bindung zwischen Gott und dem Kind herzustellen. Aber wie der betende Glaube der Eltern Leib, Seele und Geist verändert, wie er den gesamten Organismus beeinflußt, so erfährt das Kind – wiederum mit seinem gesamten Organismus – daß bei gefalteten Händen Ruhe, Ausgeglichenheit und Frieden in die Eltern – und damit in das Baby – strömen.

Der Sinn des frühen Betens über dem Kind wird auch in einigen Zeilen deutlich, die Hans Barthmann als Vater an seine Tochter schreibt:

»Meine liebe Tochter! Erkennst du es nicht auch: Mit dem ersten Anlehnen des Kindes an die Mutterbrust beginnt die Erziehung zum Tischgebet. Du wirst mir sicher zustimmen – Beten erlernt man nicht. Beten erlebt man. In das Gebet wächst man hinein. Das Wichtigste ist also das Vorbild der Eltern. Nicht das Vormachen der Gebetshaltung oder das Vorsagen der Gebetsworte: sondern das eigene tiefinnere Beten der Seele.«[63]

Das Sprechen mit Gott, dem Schöpfer des Lebens und dem Geber aller guter Gaben, vermittelt Mutter und Kind Freude. Das Kind wächst in die innige Beziehung mit Gott hinein. Das Kind lernt nicht religiöse Gebärden, Händefalten, Augenschließen und Stillesein. Das sprechunfähige Kind soll nicht in erster Linie an Formen und Rituale gewöhnt werden. *Der Säugling wird im Gebet der Mutter mitgetragen.*

4. Aspekt: Der irdische Vater und der himmlische Vater

»Wie ein Vater sich seiner Kinder erbarmt, so erbarmt sich der Herr über alle, die ihn fürchten« (Psalm 103,13).

Das Bild Gottes, das in den Kindern lebendig ist, wächst aus der Erscheinung und dem Tun des Vaters, der unter ihnen lebt. Der Begriff »Vater« entspringt nicht verstandesmäßigen Überlegungen. Das Vaterbild Gottes wird zunächst nicht aus Büchern und Schriften der Bibel gebildet. Das Vaterbild Gottes wird in den Herzen der Kinder schon in frühester Kindheit durch Erleben bestimmt. Erlebt das Kind den Vater

- als Tyrann,
- als zärtlichen Beschützer,
- als Richter und Bestrafer,
- als strengen Gesetzeshüter,
- als weich und nachgiebig,
- als hart und brutal,
- als gerecht und verläßlich,
- als unberechenbar;

die Person des Vaters wirkt immer mit, wenn im Kind das Bild Gottes, des himmlischen Vaters, Gestalt annimmt. Güte und Strenge, Gesetzlichkeit und Barmherzigkeit sind Eigenschaften, die das Gemüt des Kindes infizieren.

Ich hatte vor zwei Jahren einen Mann in der Beratung, der konnte nicht beten: »Unser Vater im Himmel«. Sein irdisches Vaterbild ließ es nicht zu. Er hatte einen gesetzlichen, strengen und engstirnigen Vater erlebt. Zeit seines Lebens empfand er Angst und Abscheu vor ihm. Er konnte beten: »Lieber Heiland, lieber Herr!« Nur der Gedanke an den irdischen Vater verschloß ihm den Mund. Es war ihm auch nicht möglich, eine letzte Aussöhnung mit dem irdischen Vater zu erreichen. Die Enttäuschung saß zu tief.

Unser Vater im Himmel ist jedoch das eigentliche Urbild aller Vaterschaft. Nicht umgekehrt. Alles, was sich auf Erden Vater nennt, ist ein blasser Abglanz göttlicher Vaterschaft.

Hat das Kind einen gütigen und liebevollen Vater erlebt, entwickelt sich in ihm auch eine entsprechende Vorstellung des gütigen Vatergottes. Es ist in der Tat so: In der Liebe des Vaters begegnet dem Kinde der himmlische Vater. Deutlich wird, welch ungeheure Verantwortung Väter tragen, um ein positives Vaterbild Gottes im Herzen der Kinder wachsen zu lassen.

5. Aspekt: Wie sollen wir von Gott reden?

Nicht die dogmatischen Einzelheiten sind wichtig. Die Theologie muß nicht lückenlos schlüssig sein. Wichtig ist,
- daß das Kind *spürt*, wir reden von der Quelle des Lebens;
- daß es *erlebt*: Es ist eine lebendige Macht da, die unser aller Leben in ihrer Hand hält;
- daß es *erfährt*: Es ist eine Kraft da, der wir Achtung und Vertrauen entgegenbringen.

Wenn wir fragen, wie der Mensch sich zu Gott stellen soll, so erhalten wir von Martin Luther die Antwort: »Wir sollen Gott fürchten und lieben . . .« Damit ist nichts anderes gemeint als Achtung und Vertrauen. Ilse Weißenbühler schreibt darüber:

> »Wir sehen also, in welch großem Maße wir von Anfang an für das Kind ein *Erstbild* Gottes sind: In uns lernt es zum ersten Male Überlegenheit, Kraft und Schutz kennen. Wir sollten zunächst ein Bild sein für Gott und dann eingestehen, daß wir allerdings ein recht unvollkommenes Bild sind. Eltern sind einmal Übermittler von Gottes Wahrheit und damit ihren Kindern ›vor-gesetzt‹. Sie sind aber auch unvollkommene Menschen, die selbst der Hilfe Gottes bedürfen, und damit ihren Kindern gleichgeordnet.«[64]

Eltern präsentieren sich ihren Kindern nicht als Supereltern. Von klein auf zeigen sie ihre Schwächen und gestehen sie ein. Ihre Autorität wird dadurch nicht geschwächt, wie einige Eltern glauben. Im Gegenteil, die echte Autorität wird gestärkt. Wenn Eltern Ehrlichkeit und Aufrichtigkeit leben, trägt dies zur eigenen inneren Festigkeit der Kinder bei. Kinder und Jugendliche haben ein waches Ohr dafür – wie auch für angemaßte Autorität, für autoritäres Verhalten, das immer Herrschaftsanspruch bedeutet und von Kindern in der Regel abgelehnt wird.

Wenn wir von Gott reden, wollen wir nicht nur religiöses Wissen weitergeben, sondern wir wollen deutlich machen, *daß uns in Gott der Weg, die Wahrheit und das Leben begegnen.* Gebetserziehung heißt deshalb, daß alle Sinne des Kindes für die Erfahrungen mit Gott geweckt werden können: die Augen, die Ohren, das Gefühl, der Geruch und der Geschmack.

Unsere Augen sehen überall die Wunder Gottes,

unsere Ohren *hören* die Stimmen der Natur, hören Gott in seinem Wort

unser Gefühl *erlebt* die Geborgenheit bei Gott,

unser Geruchsinn *genießt* den herrlichen Duft der Früchte und Speisen, und

unser Geschmacksinn *schmeckt* die Freundlichkeit Gottes, wie es in der Bibel heißt.

6. Aspekt: Das fragwürdige Kindergebet

Es gibt eine Reihe bestimmter Kindergebete, die sehr problematisch sind. Woran liegt das? Solche Gebete

– spiegeln die Hoffnungen und Wünsche der Erwachsenen wider,

– bringen Dinge zur Sprache, die das Kind innerlich ablehnt oder nicht versteht,

- bringen ein falsches Verständnis vom Kind, auch von Gott zum Ausdruck,
- bringen die kindlichen Freuden und Sorgen nicht zur Sprache.

Da ist zunächst das bekannte Kindergebet:

> »Ich bin klein,
> mein Herz ist rein,
> soll niemand drin wohnen
> als Jesus allein«.

Wer seine Kinder dieses Gebet bis zum Schulalter sprechen läßt, erlebt: Dagegen wehrt sich das Kind, und zwar zu recht. Es ist nicht mehr klein, es will schon groß sein. Und die Sache mit dem reinen Herzen ist theologisch anfechtbar und für das Kind schwer vorstellbar. Sehen wir in den Kindern das reine unschuldige Wesen, das noch jenseits von Gut und Böse lebt?

Und stimmt die letzte Zeile des Kindergebetes? Soll in unserem Herzen *nur* Jesus alleine wohnen? Das Kind wird diesen Gedanken schwer nachvollziehen können. Möchte das kleine Kind nicht, daß neben Jesus auch Vater und Mutter, auch die Geschwister, auch Großvater und Großmutter, auch Tiere und Nachbarskinder einen Platz haben?

Aber wie überhaupt? Wie groß müßte dieses Herz sein! Das »Jesus allein« wirkt überzogen und unecht. Die guten Ansichten der Erwachsenen sind Erziehungsfehler. Sie können auf Dauer Glaubenshindernisse heraufbeschwören.

Auch ein anderes Kindergebet, das in den meisten Familien bekannt ist, gehört zu den wenig hilfreichen:

> »Lieber Gott, mach mich fromm,
> daß ich in den Himmel komm.«

Das kindliche Sinnen und Trachten wird auf den Himmel gerichtet. Der Alltag der Kinder wird ausgeblendet. Im Hintergrund drohen Strafen und Hölle, wenn der Himmel verfehlt, wenn der Alltag unfromm und lieblos verbracht wurde. Das Kind will noch nicht in den Himmel, es will bei Vater und Mutter und dem Hund bleiben. Selbstverständlich leben wir Christen auf den Himmel zu, wir wollen durch unser Leben diesen Weg verdeutlichen, aber wir wollen unsere Kleinstkinder nicht mit diesem Schwerpunktgebet Angst einjagen und den Alltag verdunkeln.

Und was ist ein hilfreiches Kindergebet? Es ist beispielsweise das Abendgebet von Luise Hensel, das gleichzeitig als Abschluß der kindlichen Gebete gesungen werden kann:

> »Müde bin ich, geh' zur Ruh',
> schließe beide Äuglein zu;
> Vater laß die Augen dein
> über meinem Bette sein.«

Reinmar Tschirch formuliert noch einmal, was das Kindergebet beinhalten soll:

> »Die wichtigste Forderung an ein Kindergebet: Es soll wahr sein, wahr auch vor dem Denken und Gewissen der Erwachsenen. Ein Kindergebet muß auch darin wahr sein, daß christlicher Glaube, Vertrauen, Liebe und Hoffnung im Sinne Jesu wirklich zur Sprache kommen und nicht eine naive, kindliche Religiosität. Und es muß das Erleben des Kindes darin vorkommen.«[65]

Ein ebenfalls ungeeignetes Kindergebet lautet:

> »O segne mich, ich bin noch klein,
> o mache mir das Herze rein,
> o bade mir die Seele hell
> in deinem reichen Himmelsquell.«

Solche theologisch überladenen kindlichen Bittgebete sind bedenklich und psychologisch gefährlich. Sie haben ein kaum verständliches Vokabular und treffen in keiner Weise die kindlichen Glaubensvorstellungen.

7. Aspekt: Was Kinder beten

Das kindliche Gebet formuliert,
- was Gott an Kindern getan hat,
- was Gott am Kinde tut,
- was Gott an Kindern tun wird.

Insofern ist Gebet: Dank, Bitte, Lob und Fürbitte.

Im Kindergebet wird *vor Gott* ausgesprochen, was das Kind betrifft, was es anspricht, was es herausfordert, was es infrage stellt und was es gewiß macht.

Im Gebet *dankt* das Kind für alles:
- was der Tag gebracht hat,
- für die kleinen Alltagserlebnisse,
- für den schönen Ausflug,
- für den herrlichen Pudding und die Spielsachen,
- für den Sonnenschein,
- für die Gesundheit der Eltern,
- daß es laufen, springen und singen kann,
- für alles, was froh und zufrieden macht.

In erster Linie benötigen die Eltern und Erzieher *positive Augen,* das Schöne, das Erfreuliche, das Gute und Beglückende zu sehen. Wir können mit den Kindern positives Sehen einüben. Viele Eltern und Erzieher sind jedoch *mißerfolgsorientiert, sie sehen zuerst die Fehler,* den *Mangel,* die *Defizite.* Mit scharfem Blick erspähen sie das Bedrohliche und Angstmachende. Sie infizieren ihre Kinder mit negativen Augen.

Es geht nicht um die heile Welt. Die gibt es nicht. Auch wollen wir unsere Kinder nicht vor dem Schweren und Bedrohlichen bewahren. Nur – der Christ lebt von der Hoffnung und nicht vom Zweifel; er lebt aus der Liebe Gottes und nicht von der Angst.

Und auch das andere gilt: Der Gott, der alles kann, der alles sieht, der alles hat, kann zwar alle Wünsche erfüllen, er kann uns aber auch Dinge nehmen, die uns traurig machen: den geliebten Kanarienvogel, die alt gewordene Katze, die Großmutter, die nicht mehr gehen konnte.

Es ist eine erschütternde Erfahrung für das Kind, daß Gott zwar alle Bitten und Wünsche *hört,* aber nicht *erhört.* »Der Gott, der gibt, und der Gott, der nimmt, ist derselbe Gott«, schrieb Arno Pötzsch. »Gott ist die Liebe, aber nicht der liebe Gott.« Mit dem allerwelts »lieben Gott« betrügen wir unsere Kinder. Sie reagieren eines Tages verbittert und enttäuscht, weil Er nicht alle Wünsche zufriedenstellend erfüllt. »Dein Wille geschehe!« Diesen Satz aus dem Vaterunser müssen Kinder und Große buchstabieren lernen.

Im Kindergebet soll die Welt vorkommen, in der das Kleinkind sich bewegt. F. Betz hat in ihren Büchern schöne Gebete zusammengestellt, die die Lebensbezüge des Kindes gut erfassen:

> »Ich habe Ohren und kann hören.
> Die Uhr tickt,
> der Wasserhahn tropft.
> Der Wind heult.
> Jetzt fährt ein Auto vorbei.
> Lieber Vater im Himmel,
> gut, daß ich hören kann.
>
> Ich habe Hände,
> ich kann den Roller halten,
> ich kann die Mutter umarmen,
> ich kann das Brüderchen streicheln,
> ich kann mit Fritz ringen.
> Lieber Vater im Himmel,
> meine Hände sind wichtig.

Wir bauen mit Klötzen.
Der Turm wird hoch.
Wir lassen die Autos fahren.
Die Puppe müssen wir noch schlafen legen.
Lieber Vater im Himmel,
wir spielen so schön zusammen.«[66]

Hier noch einige Kindergebete aus dem Buch *Danke, daß du bei mir bist*, unter der Rubrik »Wenn wir Angst haben«[66a]:

»Herr Jesus, ich habe Angst. Hilf mir.
Ich muß mich nicht fürchten, denn du bist bei mir.
Du bist stärker als jede Gefahr. Du hast mich lieb.
Du wirst mich beschützen. Ich danke dir.

Wenn ich ganz allein bin, die Tür geschlossen und das Licht gelöscht ist, fürchte ich mich. Es ist so dunkel, ich kann nichts sehen, und ich höre so viele Geräusche. Die Geschichten von Hexen und Schießereien und die Neuigkeiten im Fernsehen vermischen sich alle miteinander und machen mir Angst. Ich fürchte mich, und ich brauche dich, Gott.

Jesus, ich weiß, daß du mich sehr liebst
und daß du immer bei mir bist.
Darum kann ich auch mit dir über meine Angst sprechen.
Du verstehst alles und lachst nicht über mich.
Gib mir bitte Mut, laß mich tapfer sein,
nicht nur diese Nacht – sondern morgen auch.«

8. Aspekt: Das Tischgebet

Das Gebet vor und nach den Mahlzeiten ist mehr als eine gute Sitte. Viele Menschen sehen im Tischgebet eine leere Form. Formelhaft wird ein und dasselbe Gebet heruntergeleiert. Die Augen sind schon gierig auf die Speisen gerichtet, das Gebet wird als Vorspann – den Eltern zuliebe – ertragen.

Das Tischgebet ist ein Transzendenzerlebnis. Das Wort Transzendenz kommt aus dem Lateinischen und heißt wörtlich: »hinübersteigen, überschreiten«. Eine Grenze wird überschritten. Diesseitiges und Jenseitiges verbinden sich. In jedem Tischgebet wird seit ein paar Jahrtausenden dem Geber aller Gaben für das tägliche Brot gedankt. Es ist nicht selbstverständlich, daß Menschen satt werden. Aber es geht nicht nur ums Sattwerden. Das Tischgebet soll verdeutlichen, daß das Leben ein Geschenk und eine Gabe ist. Helmut Begemann schreibt:

»Wer zu Tisch betet und Gott dankt, der will sagen, daß er seine Existenz Gott verdankt und seine Zukunft in Gottes Hände legt. Noch ein anderes ist zu bedenken. Das Beten zu Tisch stiftet Gemeinschaft, eine tiefere Gemeinschaft, als wenn sie nur auf das Essen und Trinken beschränkt bliebe. Das gemeinsame Anrufen Gottes, des Vaters, macht deutlich, daß Gott geglaubt wird als einer, der der Vater aller ist, der uns durch Jesus Christus zu Seinen Kindern berufen hat und um dessentwillen wir Menschen Brüder und Schwestern sind, eine neue Familie, eine Gottesfamilie.«[67]

Ich hebe noch einmal die wichtigsten Gesichtspunkte heraus:

1) Das Tischgebet macht deutlich, daß unser Essen und Trinken und unser Leben Gottes Gaben sind.

2) Das Tischgebet stiftet Gemeinschaft. In vielen Familien wird kaum noch zusammen gegessen. Die Familie ist zerrissen. Die Kinder sind heimatlos. Gemeinsamkeiten sind selten geworden.

3) Die Tischgemeinschaft weist über die eigene Familie hinaus auf die Gottesfamilie, in der alle Christen vereint sind.

4) Das Tischgebet weist darauf hin, daß der Mensch nicht vom Brot allein lebt. Jesus sagt: »Ich bin das Brot des Lebens«. Die Tischgebete erinnern daran, daß Jesus selbst die lebendige Speise ist, die wahrhaft satt macht. Es gibt viele schöne Tischgebete. Wir müssen nicht alle auswendig können. Wir können Hefte und Vorlagen benutzen, die Tischgebete beinhalten. Neue Gebete beleben die Tischgemeinschaft und regen Eltern und Kinder zum Nachdenken an. Wir können auch statt des Gebetes ein Lied singen und danken Gott singend für alle guten Gaben.

5) Wichtig ist die Regelmäßigkeit. Wir gehen nicht zu Tisch, ohne vorher gebetet oder gesungen zu haben. Wo kleine Kinder dazugehören, reichen wir uns anschließend die Hände und leiten das Essen mit einer positiven Einstellung ein: »Fröhlich sei's beim Mittagessen!« Wir bemühen uns, Ärger und Zank abzuschütteln und wirklich dankbar das Essen einzunehmen.

Eltern und Erzieher haben es in der Hand, wie die Tischgemeinschaft aussieht; sie bestimmen durch ihre Haltung, welcher Geist das gemeinsame Essen bestimmt; sie geben ein Beispiel, daß auch das gemeinsame Essen ein Gleichnis ist für das Einssein der Christen, die durch das Band der Liebe Gottes verbunden sind.

9. Aspekt: Wenn Beten zur Gewohnheit wird

»Der Mensch ist ein Gewohnheitstier«, formulieren wir salopp. Ohne Gewohnheiten können wir nicht leben, noch nicht einmal überleben. Gewohnheiten erlauben es uns, unzählige Handlungen ohne ein großes Maß an bewußtem Denken, Mühen oder Aufmerksamkeiten durchzuführen. Gewohnheiten sind: die Schuhe zubinden, ein Hemd zuknöpfen, Fahrradfahren, einen bestimmten Platz bei Tisch einnehmen, Zähneputzen – ja, und das Beten.

Eine Gewohnheit ist ein erlerntes Schema des Handelns, Denkens oder Fühlens. Dieses Schema ist uns nicht angeboren, wie es viele Reaktionen niedriger Lebewesen sind.*Gewohnheiten sind zunächst Spinngewebe, später Kabel*,sagt ein spanisches Sprichwort.

Gute Gewohnheiten und schlechte Gewohnheiten entstehen im wesentlichen auf die gleiche Art. Deshalb ist es äußerst wichtig, daß Eltern und Erzieher darauf achten, daß ihre Kinder sich schon in den ersten Lebensjahren gute Gewohnheiten aneignen. Gewohnheiten lassen sich nur schwer verlernen. Sie sind tief in unsere Persönlichkeit eingegraben. Allzu oft sind wir Sklaven schlechter Gewohnheiten. Sie sind in der Tat das, was die Bibel Sünde nennt, eine Verletzung der großen geistlichen Gesetze, der Zehn Gebote der Bergpredigt biblischer Ethik. Die Bibel stellt klar: »Stellt euch nicht der Welt gleich mit ihren falschen Anschauungen und Gewohnheiten, sondern verändert euch durch die Erneuerung eures Sinnes« (Röm. 12, 2).

Das Gebet ist eine gute Gewohnheit. Es richtet unser Sinnen und Trachten auf den Herrn aller Herren und bewahrt uns vor destruktivem Denken und Fühlen. Es macht unser Leben reich, und uns selbst macht es dankbar.Und diese beglückende Erfahrung wollen wir unseren Kindern nicht vorenthalten.

10. Aspekt: Die Ordnung des Gebetes

Das Kindergebet hat etwas mit Ordnung zu tun. Ordnung ist nicht gleichbedeutend mit Gesetz. Mit Ordnung des Gebetes meinen wir: zeitliche Ordnung, innere Sammlung, äußere Haltung und die Wahl des Ortes.

Diese Gesichtspunkte können nicht Priorität beanspruchen. Denn der Schritt von der Ordnung zur Gesetzlichkeit ist klein. Darum hat das Gebet, auch wenn das Formale bisher kleingeschrieben wurde – etwas Rituelles.

Fest formulierte Gebete sind hilf- und segensreich, z. B.: das Vaterunser, Luthers Morgensegen, Tischgebete, Liedverse zum Abend und zum Morgen. Sie sind vorgegeben, auch wenn Unlustgefühle die augenblickliche Situation kennzeichnen. Sie bieten uns ein Geländer, wenn wir noch nicht fest stehen. Solche Gebete sind daher nicht von unseren Gefühlen abhängig. Gefühle sind wetterwendisch, heute high, morgen down. Gefühle sind die Werkzeuge unserer Gedanken. Machen wir uns deprimierende Gedanken, produzieren wir auch depressive Gefühle.

Die Ordnung der Gebete hilft uns zur festen Zeit, zum bestimmten Anlaß die Hände zu falten und Freud und Leid, frohmachende und beglückende Gefühle in Gottes Hände zu legen.

Dabei ist
- der Inhalt wichtiger als die Form,
- das Echte bedeutsamer als das Äußerliche,
- das Spontane lebendiger als das zeitlich Geordnete.

Der Gegensatz von Ordnung ist Unordnung und Regellosigkeit. Von meinem Lehrer Johannes Busch habe ich das hilfreiche Wort gehört:»Wer nur betet, wenn er Lust dazu verspürt, wird es bald unterlassen.«

Beten ist also keine Lebensäußerung bei Hochstimmungen, es ist eine Lebensäußerung in Freud und Leid, bei Sonnenschein und Regen, bei Krankheit und Gesundheit. Felizitas Betz schreibt:

»Je größer die Kinder werden, umso wichtiger werden für sie feste Gepflogenheiten, die regelmäßig wiederkehren. Ab dem 3. Lebensjahr etwa verlangen die Kinder geradezu nach einem festen Ritual beim Aufstehen und beim Schlafengehen vor allem. Es tut ihnen gut, wenn wir diesem Verlangen nachgeben: Zuerst gibt es Abendbrot, dann eine Geschichte auf Vaters Schoß, dann folgen Kerzenanzünden und Beten, dann Kerzeauspusten, Ins-Bett-Gehen und Schlafen. Derartige Abläufe bringen eine Stabilität in das kindliche Leben. Verläßliche Inseln sind es dem Kind, die ihm Sicherheit geben in dem Meer von Leben, das täglich neu auf es einströmt. Vielleicht können wir regelmäßig zweimal am Tag oder wenigstens einmal ein solches Innehalten in den Tagesrhythmus einbauen, das dazu dient, die Verbindung zu Gott lebendig zu erhalten.«[68]

11. Aspekt: Kindergebete sprechen auch von Leid und Schmerz

Etwa mit 3 3/4 Jahren beginnt das Fragealter. Das Kind stellt Fragen, die nicht auf neutrales Wissen abzielen, sondern mit seinem eigenen Schicksal zu tun haben; die mit seinen Ängsten und seiner Geborgenheit zu tun haben und nach Trost und Beruhigung verlangen.

Am Anfang dieser Entwicklung steht das *Trotzalter.* Das Kind beginnt, sich von den Eltern zu lösen und mehr und mehr abzunabeln.

Die Kinderfragen beziehen sich nun auch auf Leid, Schmerz und Tod:

»Ist der tote Leo jetzt auch bei Gott?«

»Kann die Katze unter der Erde ruhig schlafen?«

»Hat der liebe Gott die Großmutter in den Himmel geholt?«

Marielene Leist schreibt:

»Kranksein – hat auch etwas mit Gott zu tun? Das Kind möchte nicht krank sein, es möchte herumspringen und guter Laune sein, statt unter Fieber und Schmerzen leiden zu müssen. Was weiß Gott von Krankheiten und Leid? Eines Tages ist die Großmutter krank, und wieder bitten die Eltern und bittet das Kind, Gott möge die Großmutter genesen lassen. Aber die Großmutter stirbt. Alle weinen, niemand erhebt Klage gegen diesen Gott, und doch sind alle traurig. Ich bin nicht der Meinung, daß Geburt und Tod, Not und Leid, Glück und Freude nur Sache des Menschen seien. Wenn das Kind von den frühesten Tagen seines Lebens an vielfältige Begegnungen mit Gott gehabt hat, wird es an der Erfahrung, daß Gott ihm nicht zur Verfügung steht, nicht zerbrechen. Es wird die Unbegreiflichkeit dieses Gottes erleben und sich der Frage nach ihm nicht mehr entziehen können.«[69]

Entscheidender als alles, was wir sagen, wirkt auf die Kinder unser eigenes Verhalten, das Kinder genau aufnehmen. *Es kommt darauf an,*

- *daß wir selbst nicht verzweifeln, wenn Krankheit und Tod in unser Leben treten,*
- *daß wir dem Tod nicht hilflos gegenüberstehen, und*
- *daß wir im Angesicht des Todes den Mut haben, Gottes Beistand zu erbitten.*

Können wir es den Kindern zeigen und vorleben, daß Gott den Toten und jeden von uns fest in seinen Händen hält? Auch im Tod können wir nicht tiefer fallen als in Gottes Hände. Vielleicht können wir mit den Kindern beten:

»Wir verstehen es nicht, daß du den Opa aus unserer Mitte zu dir genommen hast. Aber wir wissen, er ist jetzt ganz nah bei dir. Wir vertrauen dir, daß du es gut mit uns meinst.« Den Trost, den wir erbitten, vermitteln wir auch unseren Kindern.

12. Aspekt: Betend leben verkörpert einen Lebensstil

Beten ist keine Pflichtübung von 10 Sekunden oder ein paar Minuten. Beten ist kein Ritual, das einige Male am Tag zu bestimmten Anlässen absolviert wird. Von Soldaten habe ich gehört, die mehr oder weniger zum Gottesdienst abkommandiert wurden: »Wenn du in die Kirche gehst, bleibst du eine Zeitlang in der Bank stehen, schaust mit geschlossenen Augen auf die Hände, zählst langsam bis 10 und setzt dich hin.« Das ist kein Gebet, das ist eine Farce.

Beten ist eine Lebenshaltung, eine geistliche Grundhaltung und verkörpert einen bestimmten Lebensstil.

In der Bibel heißt es: »Betet ohne Unterlaß!« Das heißt nicht: Plappert den ganzen Tag vor euch hin, sondern: verkörpert im Denken, Tun und Lassen eine verantwortliche Beziehung zu Gott. Wer betet, lebt aus Gott, auch wenn er nicht alle paar Minuten den Namen Gottes im Munde führt. Selbstverständlich können wir auch spontane Dankgebete, unvorbereitete Gebetsausrufe, innige Stoßgebete, Hilferufe und Angstschreie, Ausbrüche von Freude und Wohlbefinden an die Adresse Gottes richten.

Wohl uns, wenn wir so beten und leben können, wenn die Verbindung zu unserem Herrn und Heiland nie abreißt. Solche Lebenshaltung ist die beste Voraussetzung, unsere Kinder für ein tägliches Beten mit dem himmlischen Vater geneigt zu machen.

Auch das muß deutlich gesagt werden: Wir können erzieherisch vieles richtig machen und sorgfältig vorbereiten. *Aber der Glaube ist ein Geschenk. Von Herzen beten können, ist Gnade.* Der Geist Gottes weht, wo er will, und nicht, wo wir ihn hinzwingen wollen.

Zusammengefaßt:

Wie lernt unser Kind beten? Indem *wir* beten.

Wie lernt unser Kind, sich Gott anzuvertrauen? Indem es erlebt, wie *wir* Gott rückhaltlos vertrauen.

Wie lernt unser Kind glauben? Indem *wir* glauben.

4. Teil

Pubertät und Adoleszenz

I. Das Jugendalter

Das Jugendalter, das die Lebensabschnitte Vorpubertät, Pubertät, Nachpubertät und Adoleszenz umfaßt, spielt im Reifungsprozeß des jungen Menschen eine besondere Rolle. Dieser Lebensabschnitt, der etwa vom 12.–25. Lebensjahr reicht, bereitet Eltern und den Jugendlichen selbst viele Kopfschmerzen.

Die Pubertät ist die Zeit der sexuellen Reife. Das Mädchen wird zur Frau, der Junge zum Mann. Durch die Aktivität der Sexualhormone beginnt eine äußere und innere Umstellung. Es handelt sich in dem neuen Gestaltwandel um eine völlig neue Sinngebung des Menschseins. Diese Umformung erfaßt den ganzen Menschen nach Leib, Seele und Geist. Sie umfaßt sein Triebleben, sein Gefühlsleben, seine Erlebnisfähigkeit und das Geistesleben. Diese Entscheidung schließt Ausdifferenzierung, Wachstum und Wandlung ein.

Die *Pubertätszeit ist oft Krisenzeit.* Der junge Mensch reagiert seelisch labiler. Er fühlt sich hin- und hergerissen, ist himmelhochjauchzend–zu–Tode–betrübt. Unklare Lebensgefühle und Sehnsüchte suchen ihn heim. Die Unausgeglichenheit macht ihm selbst und den Erziehern Probleme. *Dieses zweite Ablösungsalter ist als zweites Trotzalter von vielen Kennern gut umschrieben worden.*

Der Jugendliche sucht seine Identität, er muß sich selbst finden. Auf diesem Wege schießt er oft über's Ziel hinaus: Er rebelliert, er revoltiert, er überzeichnet und dramatisiert, er kämpft und übertreibt, und zwar in Sprache, in Kleidung, in Gehabe und in seinen Wertvorstellungen.

In einigen Abschnitten soll nun dieser bedeutsame Lebensabschnitt behandelt werden.

1. Warum werden unsere Kinder so früh erwachsen?

Vor zehn Jahren waren 11- und 12jährige Kinder wirklich noch Kinder. Heute werden Teenager in diesem Alter auf der Straße angesprochen, weil sie sich wie Erwachsene benehmen. Den »Kleinen« wird ein Schuh angezogen, der ihnen noch viel zu groß ist.

In der Bundesrepublik der achtziger Jahre leben etwa drei Millionen 11 – 13jährige Kinder, die anders sind als die Kinder der Erwachsenengeneration. Der amerikanische Arzt und Psychotherapeut Sam Janus schreibt in seinem beachtenswerten Buch *The Death of Innocence* (Das Ende der Unschuld) über dieses Alter:

> »Innerhalb eines einzigen Jahrhunderts hat sich in der Welt unserer Kinder ein unheimlicher Wandel vollzogen. Irgend etwas ist in dem Fahrplan ihrer Entwicklung durcheinandergeraten. Es scheint, als würden die Teenager von heute fünf Jahre ihres Lebens überspringen und schneller erwachsen werden.«

Nach Dr. Janus sind folgende Aspekte bedenkenswert:

– Die *Lockerung der Familienbande* hat die Kinder zu früh vom Elternhaus abgenabelt.

– Weil sich die Eltern jahrelang mit ihrer »*Selbstverwirklichung*« beschäftigt haben, hatten sie nicht genügend Zeit für ihre Kinder. Sie haben ihnen die schönsten Jahre gestohlen.

– Falsch verstandener *Liberalismus* hat unseren Kindern das trügerische Gefühl gegeben: »Alles ist erlaubt!«

– Die *sexuelle Revolution* hat unsere Kinder zu Lustobjekten gemacht – Lustobjekte für Erwachsene.

– Die Institution *Ehe* wurde ausgehöhlt. Das Ergebnis: Die Kinder haben ihren Halt verloren.

– Die *Scheidungsraten* sind rapide in die Höhe geschnellt. Eltern haben ihre Bedürfnisse durchgesetzt. Kinder haben die Folgen zu bezahlen.[70]

Das relativ frühe Einsetzen der Pubertät und das außergewöhnliche starke Wachstum können bis heute nicht eindeutig geklärt werden. Man vermutet, daß äußere Einflüsse wie Licht, Luft, Sonne, vitaminreiche Nahrung und allgemeine Reizüberflutung hier eine entscheidende Rolle spielen. Die Natur reagiert bekanntlich sehr stark auf äußere Reize.

2. Die entwicklungspsychologische Gliederung des Jugendalters

Wir sprechen von den Abschnitten:

Vorpubertät: Jungen: 12,4–14 Jahre, Mädchen: 10,6–13 Jahre; *Pubertät*: Jungen: 14,0–17,0 Jahre, Mädchen: 13,0–16,6 Jahre; *Abschluß des Jugendalters*: Jungen: 17,0–21,0 Jahre, Mädchen: 16, 6–20 Jahre.

Das sollten Eltern wissen:
Mädchen kommen entwicklungspsychologisch etwa zwei Jahre *früher* in die Pubertät als Jungen;
Mädchen werden oft eher und heftiger mit Pubertätsproblemen und Krisen heimgesucht;
die Beobachtung in Familie und Schule bestätigt, daß Mädchen labiler, unruhiger und hin- und hergerissener sind als Jungen.

3. Seelische Störungen in der Pubertät

Vor einigen Jahren wurden junge Menschen auf einer europäischen Insel befragt. Wahllos wurden Jugendliche psychiatrisch interviewt. Die Zahlen sprechen eine deutliche Sprache:

In der Pubertätszeit sind fast die Hälfte aller Jugendlichen *unglücklich.* Auch wenn Eltern dieses Unglücklichsein nicht ernst nehmen und als »eingebildet« zurückweisen, ist es pädagogisch ein Fehler, solche Symptome zu bagatellisieren.

Die mangelnde Selbstfindung und Ich–Identität rufen in diesem Alter erfahrungsgemäß starke *Selbstwertstörungen* hervor. Ca. 20 Prozent aller Jugendlichen leiden unter Minderwertigkeitsgefühlen, die auf zukünftige Partnerschaftsbeziehungen störend wirken. Ein gutes Selbstwertgefühl ist die Basis für eine spätere Beziehungsfähigkeit.

Die Zahl der Jugendlichen, die mit *Suizid–Gedanken* spielen, ist hoch und liegt weit über dem Durchschnitt anderer Altersabschnitte.

Beziehungsideen – das können Wahrnehmungsstörungen sein, Wahnideen und verzerrte Wahrnehmungen von Menschen der nahen und weiteren Umgebung – sind in der Adoleszenz weit verbreitet. In Extremfällen kann es zu psychotischen Auswüchsen kommen.

Auch *Angstgefühle*, nicht zu genügen, zu versagen in Schule und Beruf, nicht geliebt zu werden, das Leben nicht zu meistern, spielen bei einem Viertel aller Jugendlichen eine Rolle.

Und nicht zuletzt wird *Traurigkeit* statistisch erfaßt. Sie zeigt eine ständig gedrückte Stimmung, Niedergeschlagenheit und eine depressive Einstellung. Auch hier sind mehr als 10 Prozent aller Jugendlichen betroffen. Eine Zahl, die – verglichen mit anderen Altersabschnitten – aus dem Rahmen fällt.[71]

II. Liebe, Sex und 1000 Mißverständnisse

In einer Diskussion sagten mir Konfirmanden: »Liebe kann man nicht erklären. Sie kommt und hat uns beim Wickel.«

Stimmt das? Wir sagen: Die Liebe ist da, sie überfällt uns, sie reißt uns mit, sie zieht uns hinauf und hinab, fesselt, quält, treibt, schüttelt, erregt, zermalmt und beglückt uns. Fast alle Eigenschaftswörter lassen sich für dieses zentrale Schlüsselwort einsetzen. Sie kann Himmel und Hölle, Paradies und Fegefeuer, das Schönste und Furchtbarste für einen Menschen bedeuten.

Das Wort Liebe besteht nur aus fünf Buchstaben, aber aus tausend Mißverständnissen. Jeder versteht etwas von Liebe. Jeder kann mitreden, jeder beurteilt sie durch seine private Brille. Liebe kennzeichnet bei uns alles: Sie kann auf Personen, Sachen und selbst auf Abstraktes ausgedehnt werden. Wir sprechen von: Liebe zu Gott, Liebe zum Kind, Liebe zum Hund, Liebe zum Alkohol, Liebe zur Kunst, Liebe zur Natur, Liebe zum Fußballspielen, Liebe zur Dirne, Liebe zur Mathematik, Liebe zum Instrument usw. Liebe ist der Schlüssel für alle partnerschaftlichen und mitmenschlichen Beziehungen.

1. Sexualität und Liebe

Die Sexualität ist eine wunderbare Gabe, die weder tabuisiert, verdächtigt, unterschlagen noch totgeschwiegen werden darf. Wer sie heruntersetzt, beleidigt Gott, der sie geschaffen und dem Menschen gegeben hat. Die Sexualität gehört zum Wesen des Menschen.

Bei den meisten Tieren wird das Sexualverhalten, das gleichzeitig der Fortpflanzung dient, durch äußere Reize und Signale in Tätigkeit gesetzt: durch steigende Temperatur, zunehmende Tageslänge im Frühling, durch Regenfall oder ähnliches. Tierisches sexuelles Verhalten ist darum weitgehend instinkthaft gesteuert. Wenn Tiere kastriert werden, erlischt ihr Trieb und sie verhalten sich völlig geschlechtsneutral.

Im Gegensatz zum Tier ist der Mensch in seinem Sexualverhalten frei. Der Mensch steht unter keinem Zwang durch biologische Gegebenheiten. Wenn beim Menschen Eierstöcke oder Hoden entfernt werden, ist er durchaus noch in der Lage, sich sexuell zu betätigen. Und wenn wir wollen, können wir uns auch jeder sexuellen Tätigkeit enthalten. Die menschliche Sexualität kann jede Gestalt annehmen, die der Mensch ihr geben will.

Liebe und Sexualität sind grundlegend verschiedener Art. Extrem formuliert, ist die Sexualität ein biologischer Drang, das Produkt chemischer Prozesse. Liebe ist ein emotionaler starker Wunsch.

Sexualität ist der Trieb, der eine organische Spannung beseitigen will. Liebe ist ein Bedürfnis, sich von dem Alleinsein zu befreien.

Sexualität strebt nach körperlicher Befriedigung. Liebe strebt nach Glück und menschlicher Bindung.

Sexualität wählt den Körper, ist ein Ruf der Natur. Liebe ist ein Ruf der Kultur.

Der Reiz des Sexuellen verschwindet nach der Befriedigung. Der Reiz der Liebe bleibt.

Es ist kein Zweifel, daß beide Strömungen in der wahren Liebe zusammengehören und dann auf einen Partner gerichtet sind. Die Liebe hat ihren Ursprung nicht in den Geschlechtstrieben; sie ist ein Ergebnis der individuellen Ich–Entwicklung, insbesondere des Wunsches nach Verbesserung und Erfüllung des Selbst.

2. Verliebtheit als Ekstase

Mit dem Spruch: »Verliebtheit macht blind« wollen wir sagen: Der Liebende liebt mit geschlossenen Augen. Das trifft auch auf den Jugendlichen zu. Fehler, Schwächen und schlechte Charaktereigenschaften des Partners werden oft gar nicht registriert. Der andere wird so, wie er wirklich ist, gar nicht wahrgenommen. Wir müssen deshalb die Hintergründe ableuchten, um den verborgenen Wünschen und Sehnsüchten auf die Spur zu kommen.

Vielfach spricht man von Liebe, wo nur von Leidenschaft und Verliebtheit die Rede sein dürfte. Verliebtheit kann sich freilich wie Liebe auswirken, sich bis zur Tollheit steigern, einem Hin- und Herschwanken zwischen Ekstase und Verzweiflung. Daß Verliebtheit gewissermaßen eine Bewußtseinstrübung darstellt, zeigt sich auch in unserem Sprachgebrauch. Wir sagen: »Sie ist verknallt!« Wollten wir nicht sagen: »Sie hat einen Knall?« Der spanische Philosoph Ortega y Gasset formuliert daher unmißverständlich, wenn er schreibt:

»Die Verliebtheit ist ein Zustand seelischer Armut, der das Leben unseres Bewußtseins verengt, verödet und lähmt. Lassen wir die romantischen Gesten und erkennen wir in der Verliebtheit einen untergeordneten Geisteszustand, eine Art vorübergehenden Schwachsinns.«

Und in der Tat, die Verliebtheit ist eine Bezauberung. Die Eltern sagen es drastischer: »Unser Sohn hat ein Brett vor dem Kopf, er schwebt, er ist zeitweise geistesabwesend, er hat die falsche Brille auf, er sieht alles rosa.«

3. Verliebtheit als Selbsttäuschung

Verliebtheit ist ein prickelndes Gefühl. Das hängt nicht von der Kraft und Fähigkeit der eigenen Liebe ab, sondern von der reizvollen, anziehenden, betörenden und beeindruckenden Art, Haltung und Erscheinung des Geliebten. Leider stimmt es, was ein Liebesfachmann geschrieben hat: »Der Weg zur Hölle ist mit unwirklichen, romantischen Erwartungen gepflastert.« Trotz der tief wurzelnden Sehnsucht nach wirklicher Liebe hält man fast alle übrigen Dinge für wichtiger: Erfolg, Prestige, Geld, Macht; beinahe unsere ganze Energie benutzen wir dazu, um zu lernen, wie man diese Ziele erreicht. Selbst die Gefühle der Liebe und Verliebtheit müssen herhalten, um diese persönlichen Wünsche, geheimen Absichten und Bedürfnisse zu befriedigen.

Der verliebte Mann nun *ist Reizen verfallen*, und er möchte diese *Reize genießen*. Er möchte etwas *für sich haben*. Das begehrte Wesen dient ihm dazu, *seine Wünsche zu befriedigen.* So kann die eingebildete Liebe ein Gebräu aus verletztem Stolz, Geltungssucht, Einsamkeit, Prestige-Denken, Geborgenheitssehnsucht und Anerkennungssucht sein. Eine schnell herbeigeführte sexuelle Beziehung steigert das Gefühl der Verliebtheit. Sexuelle Anziehung gaukelt Liebe vor, aber die Enttäuschung folgt oft unmittelbar. Solange der junge Mensch wahre Liebe mit Leidenschaft, seelischen Erschütterungen mit Schmachten und unstillbarer Sehnsucht gleichsetzt, wird er – vor allem, wenn es später um die Ehe geht – heftige Enttäuschungen in Kauf nehmen müssen. Die Liebe kann auf tausenderlei Art mißbraucht werden. Die romantische Liebe und Verliebtheit sind solche Verzerrungen.

Liebe hat wahrhaftig viele Gesichter. Hinter ihren fünf Buchstaben verbergen sich die unglaublichsten Absichten, die sonderbarsten Wünsche und die vielfältigsten Ängste und Befürchtungen. Und so lange die Erde besteht, wird wohl der Begriff der Liebe für unzählige Bedürfnisse, Ausreden und Zwecke herhalten müssen.

4. Was hat die Liebe mit Gott zu tun?

Wer von der Liebe reden will, muß am Anfang beginnen. Am Anfang steht der Schöpfer und der Wohltäter der Menschen. Am Anfang steht Gott als der Inbegriff der Liebe.

Menge hat in seiner Bibelübersetzung über das 13. Kapitel des 1. Korintherbriefes geschrieben: »Das Hohe Lied von der Liebe als der höchsten Geistesgabe.« Da wird unmißverständlich ausgedrückt, daß Liebe kein Faktor ist, den wir im Blut haben, den wir schon bei der Geburt mit in die Wiege gelegt bekommen haben. Liebe ist ein Geschenk, eine kostenlose Zuwendung. Liebe ist Gnade. Jesus ist selbst die Agape (Liebe). Junge Leute verwechseln Liebe oft mit erregenden Gefühlen. Liebe aber ist kein Gefühl, sondern in erster Linie eine Gesinnung. Das wird an Jesus deutlich. Nicht Gefühle trieben ihn zu den Menschen, nicht Gefühle ließen ihn den Tod am Kreuz sterben. Es war seine Gesinnung. Antipathie und Sympathie spielten bei seiner Liebe keine Rolle.

Unsere natürliche Liebe ist kein Perpetuum mobile, ein Apparat, der von selbst läuft. Sie muß immer wieder neu aufgeladen werden. Dr. Bovet hat in einem Bild versucht, die Liebe Gottes in ihrer Beziehung zur menschlichen Liebe zu zeigen, und vergleicht letztere mit einer Akkumulatorenbatterie, die je nach der Anzahl ihrer Elemente einen Gleichstrom von 2, 10, 50 oder 100 Volt abgibt. So habe auch die natürliche Liebe des Menschen je nach Temperament unterschiedliche Spannung. Allen Akkumulatorenbatterien sei jedoch gemeinsam, daß sie nach einer gewissen Zeit keinen Strom mehr liefern. Sie sind erschöpft. Nun werden die Batterien nicht weggeworfen, sondern man lädt sie am Leitungswechselstrom von 220 Volt wieder auf. So bekommt der Mensch durch Gott in Jesus Christus wieder neue Liebe ins Herz und kann auch wieder Liebe abgeben.

III. Liebe ist auch Freundschaft

Ich sehe den Mann noch vor mir, der in einem kleinen Kreis vertraulich unter Freunden den Satz sagte: »Meine Frau ist meine beste Freundin!« Einige nickten stumm, keiner widersprach. Jeder überprüfte wohl einen Augenblick das eigene Verhältnis zu seiner Frau.
– Ist meine Frau auch meine Freundin?
– Kann ich ihr alles anvertrauen, was mich bewegt?
– Bin ich in der Lage, Freud und Leid mit ihr zu teilen?
– Ist sie mir eine Ergänzung und ein Gegenüber, das ich nicht missen möchte?

1. Was ist Freundschaft?

Der protestantische Theologe Emil Brunner hat sie so charakterisiert:

> »Freundschaft ist nicht möglich ohne ein gewisses ästhetisches Verhältnis, ohne ein besonderes Wohlgefallen des Freundes am Freunde. Man kann nicht Freund sein, wenn man nicht zum anderen sagen kann: Ich liebe dich, weil du so bist. Aber die Freundschaft wird sofort aus einem echt menschlichen und wohltätigen Element zu einem lebensfeindlichen und gemeinschaftsbedrohenden, ja sie wird in sich selbst vergiftet, wo es mit diesem Wohlgefallen sein Bewenden hat, wo dieses Ästhetische nicht umschlossen ist von der personenhaften Verantwortlichkeit, die von allem Sosein unabhängig allein auf dem Dasein des anderen begründet ist. Auf diesem Personenhaften beruht das, was der Freundschaft erst ihr Rückgrat gibt: die Treue und das völlig uneigennützige Füreinanderdasein.«[72]

Ich hebe noch einmal einige Akzente hervor, die Brunner für charakteristisch hält:

– Freundschaft basiert auf *äußerlichem Wohlgefallen*. Der andere wird geliebt, weil man ihn mag, so wie er ist.

– Freundschaft meint aber auch den ganzen Menschen. *Sein Personsein*, seine Eigenarten, sein Wesen, seinen Charakter, seine Einmaligkeit. Das schließt seine Fehler ein.

– Freundschaft meint gegenseitige *Verantwortung*. Zwei Menschen beantworten ihre Fragen und verantworten sich voreinander.

– Freundschaft meint auch *Treue*. Wer einen wirklichen Freund hat, der ist ihm treu und hintergeht ihn nicht.

– Freundschaft meint auch uneigennütziges *Füreinander-Dasein*. Freundschaft beinhaltet gegenseitige Hilfe, gegenseitigen Meinungsaustausch, das Teilen von Freizeit und das Teilen von Freud und Leid.

2. Was bedeutet uns ein Freund?

Als ich vor Jahren noch als Sexualpädagoge in die Schulen berufen wurde, habe ich oft mit den Schülern und Schülerinnen den Stellenwert der Freundschaft erarbeitet. Ich habe die Klasse angeregt, mir all die Eigenschaften zu nennen, die für eine wirkliche Freundschaft erforderlich sind. Zunächst haben wir die gleichgeschlechtliche Freundschaft angepeilt, erst im zweiten Arbeitsgang die gegengeschlechtliche. Als ich meine alten Aufzeichnungen durchsah und die Ergebnisse, die vor Jahren von den Schülern erstellt wurden, ergab sich folgendes Bild, das nur wenig von Schule zu Schule differierte:

1) Freunde haben unbedingtes Vertrauen zueinander: Vertrauen ist die Basis der Freundschaft. Ohne gegenseitiges Vertrauen keine wirkliche Freundschaft. Fehler, Schwächen und Enttäuschungen müssen die Freunde austauschen können.

2) Freunde bringen Verständnis füreinander auf: Freunde bejahen sich und nehmen die Probleme und Eigenarten des anderen ernst. Eine Freundschaft hört auf zu bestehen, wenn dieses Verständnis füreinander nicht mehr gegeben ist.

3) Beide müssen sich respektieren: Sie haben es nicht nötig, Machtkämpfe und Rivalität miteinander auszutragen. Beide respektieren sich, nehmen Rücksicht aufeinander und akzeptieren die unterschiedlichen Angewohnheiten. Beide respektieren die unterschiedlichen Bedürfnisse, die aber nicht zu extrem voneinander abweichen dürfen.

4) Beide haben gemeinsame Interessen und Hobbys: Viele gleichgeschlechtliche Freundschaften basieren auf gemeinsamen Hobbys. Beide lieben eine Jugendgruppe, beide spielen Fußball, beide basteln Segelflugzeuge, beide betätigen sich im Angelklub. Gemeinsame Interessen und Ziele schweißen zusammen.

5) Beide stehen rückhaltlos füreinander ein: Freunde gehen zusammen durch dick und dünn. Sie tragen Freud und Leid gemeinsam und verstehen es, sich zu trösten, zu stärken und zu unterstützen.

6) Beide können Kompromisse schließen: Der Kompromiß meint die Übereinkunft und nicht eine »faule Lösung«, wie er von mißtrauischen Menschen gedeutet wird. Keiner will recht behalten; beide streiten sich selbstverständlich, aber sie finden eine praktikable Lösung für Meinungsverschiedenheiten.

7) *Beide können miteinander reden:* Freunde können miteinander kommunizieren. Sie haben Gesprächsstoff, fallen sich nicht durch Langeweile auf die Nerven. Beide verstehen es, sich durch Gestik, Mimik, Worte und Signale zu verständigen und auszutauschen. Freunde können jederzeit etwas miteinander anfangen, auch wenn sie wochenlang Tag für Tag zusammen sind.

8) *Beide ziehen sich auch an:* Mädchen wie Jungen haben mir immer wieder zu verstehen gegeben, daß Äußerlichkeiten und Charaktereigenarten die Freundschaft mitbestimmen. Jungen wie Mädchen identifizieren sich mit bestimmten Typen, die sie für attraktiv halten, die ihnen etwas bedeuten. Selbst bei gleichgeschlechtlichen Freundschaften spielen also unbewußte Vorlieben eine große Rolle.

Schülerinnen und Schüler waren übereinstimmend der Meinung, daß diese Eigenschaften auch in gegengeschlechtlichen Beziehungen eine wesentliche Rolle spielen. Ja selbst für die Ehe wünschten sich die meisten diese Einstellungen. Ich hatte es leicht, auf dem Hintergrund dieser gemeinsamen Erarbeitung über Liebe und Ehe zu sprechen. Der Stellenwert vorehelicher Beziehungen, die Überbewertung des Sexuellen und die Vorliebe für äußerliche Attribute konnten nach solchen eingehenden Gesprächen relativiert werden.

3. Muß jeder Mensch mein Freund sein?

Das ist ein traumtänzerischer Anspruch. Selbstverständlich brauchen wir alle *Anerkennung*, suchen Bestätigung und erwarten Liebe. Aber es ist ein geradezu wahnwitziges Unternehmen, bei allen Menschen beliebt zu sein.

Da habe ich einen 13jährigen Jungen in der Beratung gehabt. Als ich ihn fragte:»Hast du einen Freund?« sagte er:»Ich habe viele, viele Freunde!«

Ich: »Meinst du, daß das wirklich deine Freunde sind?«

Er: »Ich glaube schon. Wir mögen uns. Sie mögen auch mich!«

Ich: »Und zu welchem hast du ein inniges Vertrauensverhältnis?«

Er: (zögert): »Wenn Sie so fragen, zu keinem. Dafür habe ich auch keine Zeit. Ich will keinen verlieren, und darum muß ich schon was tun.«

Ich: »Und was tust du?«

Er: »Ich lade sie ein, bezahle ein Eis. Sie dürfen zu mir kommen. Wir haben ein großes Haus und ein riesiges Grundstück. Da fühlen sie sich wohl.«

Ich: »Du gibst also viel und opferst auch viel, daß sie dich mögen.«
Er: »Stimmt.«

Dieser Junge hatte regelmäßig bestimmte Geldbeträge seinen Eltern weggenommen, um sich seine Freunde zu *kaufen*. Er brauchte sie. Er wollte anerkannt und geliebt werden. Grenzenlos ließ er sich ausnutzen und schenkte das Geld mit vollen Händen weiter. Der Junge fühlte sich minderwertig und hatte eine schlechte Meinung von sich. Er konnte sich nicht vorstellen, einen wirklichen Freund zu finden, ohne nachzuhelfen. Ständig verzichtete er auf eigene Wünsche und Bedürfnisse, nur um seine Freunde nicht zu verlieren. Er war darauf angewiesen, geliebt zu werden. Zwanghaft war er von der Wertschätzung anderer abhängig. Pausenlos hatte er das Gefühl, in der Luft zu hängen, und angestrengt bemühte er sich, Zuwendung zu erhaschen. Seine Angst, in den Augen der anderen an Wert zu verlieren, war grenzenlos.

Freundschaft ist etwas grundlegend anderes, als bei allen Menschen beliebt zu sein. Der amerikanische Therapeut A. Ellis hat vor Jahren eine Reihe »Irrationale Ideen« verfaßt, die psychische Störungen hervorrufen und aufrechterhalten und das Zusammenleben erschweren. Auch bringen sich solche Menschen selbst in große Schwierigkeiten. Sie jagen einem phantastischen Ziel nach, es kostet sie viel Zeit und Kraft, und sie leiden unter ihrem unstillbaren Verlangen, geliebt und gemocht zu werden. Ellis schreibt:

>»Irrglaube Numero 1, die Meinung, es sei für den Erwachsenen absolut notwendig, von praktisch jeder anderen Person in seinem Umfeld geliebt und anerkannt zu werden . . .*Lieben*, nicht Geliebtwerden, ist eine ausfüllende, kreative Möglichkeit der Selbstverwirklichung. Doch das verzweifelte Bedürfnis, geliebt zu werden, fördert die Liebesfähigkeit nicht, sondern hemmt sie. *Statt seine Probleme in irrationaler Weise durch ständiges Buhlen um Liebe und Anerkennung lösen zu wollen, täte der rationale Mensch gut daran, sein Heil in kreativem Leben und Lieben zu suchen.*«[73]

Nicht jeder Mensch muß mein Freund sein. Eine oberflächliche Kumpelschaft hat mit inniger Freundschaft, mit Vertrauen, mit Teilen von Freud und Leid nichts zu tun. Der verzweifelte Versuch, sich Freunde zu besorgen, endet oft in bitterer Enttäuschung.

Wer liebt, rennt dem anderen nicht sklavisch nach. Wer liebt, ist dem anderen ein Freund; er schenkt und gewinnt Vertrauen; Hilfe und Beistand bietet er an und wird ihm geboten. Er gibt und nimmt, er schenkt und wird beschenkt. Geben und Nehmen sind in der Freundschaft einigermaßen ausgeglichen. Als gleichwertige, sich selbst achtende Menschen stehen sich die beiden Freunde gegenüber.

4. Freundschaft kann ich nicht erzwingen

Sie ist ein *freiwilliger* Zusammenschluß zweier Menschen. Wer den anderen ständig mit Ermahnungen tyrannisiert: »Du magst mich eben nicht richtig!« – »Wenn du ein wirklicher Freund wärst, würdest du mir das nicht antun.« – »Wäre ich dein Freund, wäre dir kein Opfer zu groß!« der erpreßt eindeutig. Der andere wird zur Freundschaft verpflichtet und gewissensmäßig unter Druck gesetzt.

Der Bestseller-Autor Josef Kirchner hat in seinem Buch *Die Kunst, ein Egoist zu sein* einige freche Sätze über unnüchterne Vorstellungen von Freundschaften geschrieben. Da heißt es bei ihm:

>»Die völlig unrealistische Vorstellung von der edlen Freundschaft um der Freundschaft willen ist eine jener Illusionen, denen sich ungezählte Menschen in naiver Weise hingeben ... Ohne die Harmonie von Leistung und Gegenleistung können weder Liebe noch Freundschaft dauerhaft sein. Das ist der Maßstab, nach dem wir Liebe und Freundschaft messen sollten. ›Was nützt mir die Freundschaft mit X.? Was investiere ich und was investiert er?‹ Aufgrund solcher Überlegungen sollten Sie schließlich zu der Erkenntnis gelangen: Weniger Freunde, bei denen Geben und Nehmen in Harmonie sind, sind wichtiger als Freunde, deren Gegenleistung ich mir nicht sicher sein kann. Jede Freundschaft schafft von vornherein die Verpflichtung, sich als Freund verhalten zu müssen.«[74]

Freundschaft bedeutet in der Tat *Geben und Nehmen*. Und das ist zutiefst ein christliches Verhalten. Denn ich liebe den anderen – wie mich selbst. »Freundschaft ist eine gegenseitige Bedürfnisbefriedigung«, schrieb der Philosoph Heidegger. Das klingt sehr prosaisch, ist aber realistisch eingeschätzt. Freundschaft auf gleichgeschlechtlicher Ebene ist ein Interessenausgleich, der beide Teile befriedigt und beglückt. Beide stehen sich gleichwertig und sich selbst achtend gegenüber. Sie respektieren einander und üben keinen Druck aus. Denn Freundschaft kann nicht erzwungen werden. Der Freund kann freiwillig Opfer für den anderen bringen, aber er läßt sich nicht erpressen.

5. Freundschaft dient der Einübung von Gemeinschaftsgefühl

Gemeinschaftsgefühl ist der Grundpfeiler menschlichen Zusammenlebens. Es ist auch der Grundpfeiler für Liebe und Liebesfähigkeit. Wer Gemeinschaftsgefühl nicht trainiert hat, wird in der Freundschaft, in der Partnerschaft und in der Mitmenschlichkeit

Schwierigkeiten haben. Gemeinschaftsgefühl ist nach Meinung der Individualpsychologen der Schlüssel für gesundes Seelenleben. Als soziales Wesen braucht der Mensch die Gemeinschaft, und er würde verkümmern, würde er sich nicht mit anderen Menschen zusammenschließen können. Alle Kulturerrrungenschaften sind auf dem Boden des Gemeinschaftsdenkens entstanden.

Freundschaft ist ein wesentliches Element der Liebe, *Freundschaft ist aber ohne funktionierendes Gemeinschaftsgefühl nicht möglich.* Damit nun der heranwachsende Mensch liebesfähig wird, kann er in gleichgeschlechtlichen Freundschaften Gemeinschaftsgefühl und Partnerschaftsfähigkeit trainieren. Alfred Adler hat der gleichgeschlechtlichen Freundschaft unter Kindern und Jugendlichen einen hohen Stellenwert beigemessen. In einem seiner Bücher schreibt er:
»Eine Möglichkeit, Gemeinschaftsgefühl einzuüben, ist die Freundschaft. In einer Freundschaft lernen wir, mit den Augen eines anderen Menschen zu sehen, mit anderen Ohren zu hören und mit einem anderen Herzen zu fühlen. Wenn ein Kind zu kurz gehalten ist, wenn es immer bewacht und beaufsichtigt wird, wenn es von anderen Menschen abgeschnitten, ohne Freunde und Kameraden aufwächst, entwickelt es nicht die Fähigkeit, sich in den anderen zu versetzen. Es hält sich selbst für das wichtigste Wesen der Welt und ist nur immer darauf bedacht, sein eigenes Wohl zu sichern. Einübung in Freundschaft gehört zu den Vorbereitungen auf die Ehe.«[75]

In der Eheberatung frage ich regelmäßig nach *gleichgeschlechtlichen* Freundschaften in der Kindheit. Sehr oft bestätigen mir Frauen und Männer, daß sie niemals eine wirkliche Freundschaft zu einem Jungen oder Mädchen erlebt hätten. Dieser Mangel an Freundschaftsfähigkeit ist ein sicheres Indiz für mangelnde Liebes- und Partnerschaftsfähigkeit. In der kindlichen Freundschaft werden all die Eigenschaften trainiert, die wir in dem Abschnitt »Was bedeutet mir ein Freund?« zusammengetragen haben.

Alfred Adler hat recht: In der Freundschaft lernen wir, mit den Augen des anderen zu sehen, mit den Ohren des anderen zu hören und mit dem Herzen des anderen zu fühlen. Dieses Aufeinanderhören fördert unsere Sensibilität, den anderen zu akzeptieren und dessen Eigenart nicht zu verteufeln. Gelebte Freundschaft baut falschen Egoismus ab, vermindert die Rechthaberei und fördert das Verständnis füreinander. Freundschaft ist darum ein notwendiger Schritt, das lebensnotwendige Gemeinschaftsgefühl zu etablieren.

IV. Liebe ist auch Gefühl

Diese Überschrift dämpft ein wenig die illusionären Vorstellungen über den Stellenwert menschlicher Gefühle, speziell der Liebesgefühle. Nicht wenige Menschen sind fest davon überzeugt: Positive Gefühle sind für das Erkennen von Liebe das A und O und sind das Spiegelbild einer guten Beziehung. Selbst Goethe maß dem Gefühl eine hervorragende Bedeutung bei, als er schrieb: »Gefühl ist alles, Name ist Schall und Rauch.« Es stimmt, tiefe Gefühle können eine wahre und edle Liebe widerspiegeln, tiefe und reine Gefühle können aber auch der Ausdruck einer gewaltigen Täuschung sein.

1. Gefühle, das Barometer der Liebe?

Ich habe in einigen Büchern geblättert, um den Stellenwert der Gefühle zu erkunden. Die meisten Autoren sind sich ihrer Sache ganz sicher, wenn sie Kapitel oder Abschnitte so überschreiben: »Gefühle weisen dir den Weg der Liebe!« – »Liebesgefühle sprechen die Wahrheit.« – »Achte auf deine Gefühle!« – »Wenn die Gefühle schweigen.« – »Gefühl, das Barometer der Liebe.« – »Liebe ist keine Sache des Verstandes«.

Das klingt einleuchtend und verführerisch. Heftige Gefühle, Gefühle der Anziehung und der gegenseitigen Bejahung sollen den Grad der Liebe bestimmen: »Mein Gefühl hat mir gesagt, das ist der richtige Mann« – »Von der ersten Begegnung an sagte mir mein Gefühl: Das ist sie!« – »In der Liebe verlasse ich mich auf meine Gefühle.« – »Gefühle lügen nicht.«

Wenn unsere Gefühle so hellsichtig sind, wenn sie uns so allwissend den Weg wahrer Liebe zeigen, warum gibt es dann so viele Partnerschaften, die zerbrechen? Oder haben alle Paare, deren Beziehung gestört oder zerbrochen ist, ohne Liebesgefühl füreinander geheiratet? Ich denke, es gibt heute nur noch Liebesheiraten und keine Verträge mehr, die von Eltern und Schwiegereltern arrangiert werden. Oder sollte in diesen »untrüglichen« Liebesgefühlen doch einiges nicht stimmen? Die langjährige Praxis der Beratung hat mir folgendes deutlich gemacht:

– Unzuverlässige Gefühle haben oft den Paaren eine fragwürdige Liebe suggeriert;

– Gefühle, die auf falschen Annahmen beruhten, haben ihnen

Harmonie, innere Übereinstimmung und gegenseitige Liebe vorgegaukelt;
– Gefühle, die fälschlich als Liebe verstanden wurden, haben die Partnerschaften in die Irre geführt.

Darum: Gefühle sind das Unzuverlässigste, was wir uns vorstellen können. Gefühle sind wetterwendisch – heute oben, morgen down, heute ekstatisch, morgen kalt. Bei Regenwetter beispielsweise ist meine Liebe gedämpft und sind meine Gefühle gedrückt. Bei Sonnenschein lebe ich auf, ich habe gute Gedanken und zärtliche Gefühle.

Da sagt eine verlobte Frau in der Beratung: »Zwei Wochenenden hatte er für mich keine Zeit, der Beruf schien ihm wichtiger zu sein als ich. Meine Gefühle zu ihm waren auf dem Nullpunkt.«

Ein junges Mädchen berichtete mir: »Wir gingen in eine Diskothek tanzen. Er tanzte einige Male mit einer frechen Blonden. Ich hätte ihn umbringen können. Meine Liebesgefühle haben sich von einem Augenblick auf den anderen in Haßgefühle verwandelt!«

Gefühle sind das Instabilste, mit dem ich rechnen muß, abhängig von jeder nur denkbaren Beeinflussung. Solche unzuverlässigen Gefühle sollen das Barometer für wahre Liebe werden?

2. Gefühle sind Werkzeuge – auch in der Liebe

Die Individualpsychologie Alfred Adlers geht davon aus, daß Gefühle in uns kein Eigenleben führen. Sie sind darum auch kein Indikator für reife Liebe. Gefühle sind Werkzeuge, die unseren Lebensstil widerspiegeln, die von unseren Vorstellungen und Gedanken benutzt werden, die die Liebesvorstellungen *durchsichtig* machen; Gefühle sind also *Mittel zum Zweck*, die meine Wünsche und Bedürfnisse in der Liebe unterstützen. Meine Gedanken verhelfen mir zu den Gefühlen, die ich brauche, um meine Liebesvorstellungen zu realisieren. Meine »private Logik« (Alfred Adler), die sich aus meinen Erfahrungen, Wünschen, Überzeugungen und Vorurteilen bildet, erzeugt die entsprechenden Gefühle, die dann zur Tat drängen. Ein gefühlloser Mensch wäre unfähig, Freundschaften zu schließen und menschliche Nähe zu erleben.

Gefühle sind die Kraft unseres Handelns,
– sie sind die Energiespritze für unser Verhalten in der Liebe,
– sie sind das Rückgrat unserer Liebesvorstellungen und Überzeugungen,

– sie sind der Treibstoff unserer Interesseen und Wünsche in Sachen Liebe.

Wenn wir uns das konkret vorstellen, sieht es in der Praxis so aus:

– Wenn ich den anderen ausschließlich *für mich* haben *will*, werde ich Gefühle der Eifersucht produzieren. Mit Eifersuchtsgefühlen terrorisiere ich den Partner, mache ihm Vorwürfe,kontrolliere ihn, überwache alle seine Schritte, fordere Rechenschaft von ihm und sehe in jeder anderen Frau oder in dem anderen Mann eine Rivalin oder einen Rivalen.

– Wenn ich mich als Partner *minderwertig* fühle und mich aufgebe, produziere ich Selbstmitleid, Kritiksucht an mir und anderen, vergleiche mich ständig, fühle mich in der Partnerschaft unterlegen und nicht anerkannt, reagiere mimosenhaft empfindlich und erkaufe mir so das Recht, als unvollkommener Partner auszusteigen – oder ich erkaufe mir das Mitleid des andern und lasse mich von ihm schleppen.

– Wenn ich durch den Partner *Beachtung* erfahre, entwickele ich Gefühle der Zuneigung und der Sympathie. Ich freue mich auf ihn, genieße das Zusammensein, und die Gefühle der inneren Übereinstimmung motivieren uns zu gemeinsamen Aktivitäten. Ich tue nun alles, um als gleichwertiger Partner den andern anzuregen und zu erfreuen.

– Wenn ich den Partner bejahe in seinem Sosein, mit seinen Eigenarten, kleinen Fehlern und Schwächen, stellen sich die entsprechenden Gefühle ein. Ich habe Verständnis für ihn, toleriere seine Meinung und ertrage es, wenn er mit mir nicht übereinstimmt.

An diesen Beispielen wird deutlich: Nicht die Gefühle bestimmen den Charakter der Liebe, sondern *meine Liebesvorstellungen, also meine Gedanken und Wünsche rufen entsprechende Gefühle hervor.* Gefühle sind der allgegenwärtige Schatten meiner Vorstellungen und Gedanken. Sie kleben an jeder Illusion, sie hängen an jedem Traum, sie unterstützen allerdings auch jede konstruktive Gesinnung in bezug auf den liebsten Menschen.

3. Wir sind für unsere Gefühle verantwortlich

Dieser Gedanke ist für viele schmerzlich. Wenn er stimmt, müssen wir unsere Liebe überprüfen, müssen wir die Funktion unserer Gefühle neu einordnen.

Falsch wäre es zu glauben:
- Gefühle *hätte man*. Sie sprächen eine klare und deutliche Sprache;
- Gefühle *überfielen* uns, man könne sie nicht einfach abstellen und abwehren;
- Gefühle seien zwingende *Reaktionen* auf Bemerkungen des Partners, auf Vorwürfe, auf Kritik, auf zärtliche Anspielungen, auf liebevolle Herausforderungen;
- Gefühle seien *fremdgesteuert*. Die anderen, die Umstände, die Ausstrahlung des Partners, seine Anziehung oder seine Abweisung riefen die entsprechenden Gefühle hervor.

Das ist falsch. Wir sind der irrigen Meinung, äußere Umstände, Personen, Ereignisse oder Dinge seien der Auslöser für unsere positiven oder negativen Stimmungen. In Wirklichkeit verhält es sich so:
- *Ich bin enttäuscht.* Das heißt, ich rufe Gefühle der Enttäuschung hervor, weil ich *glaube*, daß mich der andere ärgern, verletzen oder im Stich lassen will;
- *Ich bin deprimiert.* Das heißt, ich kultiviere Gefühle der Resignation und Depression, weil ich überzeugt bin, der andere zeigt mir die kalte Schulter, zieht einen anderen Partner vor und meint es mit mir nicht mehr ehrlich;
- *Ich bin verliebt.* Das heißt, ich rede mir ein, dieser Mensch wäre die ideale Person für mich. Er besäße das Aussehen, das ich mir immer gewünscht habe. Ich verspreche mir, daß er die Gaben und Qualitäten hat, mich ein Leben lang zu beglücken. Eine innere Stimme sagt mir: Der verzaubert dich und wird dich auf Händen tragen.

Hier wird deutlich, daß Gedanken, Vorstellungen, geheime Wünsche und unklare Interessen meine entsprechenden Gefühle mobilisieren. Bevor die Gefühle sich zu Wort melden, haben Gedanken und Überzeugungen den Gefühlen Treibstoff geliefert.
Ich *glaube*, daß es so ist,
- *ziehe Schlüsse,*
- *mache mir klar,*
- *rede mir ein,*
- *verspreche mir,*
- *höre auf meine innere Stimme.*
Diese laut oder leise, schnell oder langsam, intensiv oder weniger intensiv geäußerten *Gedanken* motivieren die Gefühle, die den Vorstellungen Ausdruck verleihen.
Hier überzeugen auch die amerikanischen Autoren Arnold Laza-

242

rus und Allan Fay, die die *Rational-Emotive Psychotherapie* vertreten. Sie schreiben:

> »Solange wir fälschlicherweise äußere Ursachen für unsere Misere verantwortlich machen, wird es uns nicht möglich sein, viel gegen sie zu unternehmen. Wenn wir einsehen, daß *wir uns selbst* aufregen über das, was uns passiert, können wir auf eine Änderung hinarbeiten. Der erste Schritt ist die Frage: ›Wie bringe ich es zustande, mich aufzuregen?‹ Auf diese Weise finden wir die Anhaltspunkte dafür, wie wir es vermeiden können, uns aufzuregen ... Wenn wir erkennen, wo sich der Kontrollpunkt befindet – *in unseren Köpfen und nicht in den äußeren Ereignissen* –, dann sind wir in der Lage, damit zu beginnen, etwas zu unternehmen, um die Art und Weise, in der wir Ereignisse wahrnehmen, zu verändern – das ist der springende Punkt.«[76]

Das sollte auf diesem Weg zum Du verdeutlicht werden: Liebe ist auch Gefühl.

Gefühle spiegeln unsere konkreten Liebesvorstellungen, Wünsche und unerkannten Bedürfnisse wider. Unsere Gefühle verraten, was wir wirklich möchten. Liebe ich den Partner, wie er ist und nicht wie er sein sollte, realisiere ich also eine reife und verantwortliche Liebe, und ich werde die entsprechenden Gefühle »produzieren«.

Die Leidenschaft und Tiefe der Gefühle sind noch kein Beweis für die Echtheit der Liebe. Liebesgefühle Verliebter sind »einmalig«, aber sehr oft sind sie Strohfeuer und von kurzer Dauer. Der Verliebte hat auf Reize reagiert, die seinem Gehirn Liebe signalisiert haben. Er ist hin- und hergerissen und *glaubt fest*, die wahre Liebe in Händen zu haben. Seine Gewißheit ist unumstößlich, denn seine Gefühle bestätigen seine Überzeugung. Das Ende ist sehr oft eine bittere Enttäuschung.

V. Liebe heißt auch Annahme und Selbstannahme

Wenn die Liebe bei Jugendlichen eine runde und reife Liebe verkörpern soll, muß von einem Element die Rede sein, das unaufgebbar zu unserer Liebe dazugehört: *Selbstannahme und Annahme des anderen.* Beide Aspekte gehören zusammen. Ich kann den anderen nur lieben, wenn ich mich selbst annehme. Ich kann zum anderen nur voll Ja sagen, wenn ich voll zu mir selbst Ja sage.

1. Wenn wir uns nicht selbst akzeptieren können

Ich habe die Erfahrung gemacht, daß Probleme in der Liebesbeziehung – bis hin zur Frigidität (Geschlechtskälte) und Impotenz (Ohnmacht, den Geschlechtsverkehr auszuüben) – mit starken *Selbstwertstörungen* einhergehen. Ein Partner glaubt,
– nicht attraktiv genug zu sein,
– nicht den Idealvorstellungen des anderen zu entsprechen,
– nicht den Wunschbusen zu haben, den sich der Partner vorstellt,
– nicht intelligent genug zu sein,
– nicht den Wünschen und Begierden des liebsten Menschen gewachsen zu sein,
– nicht standesgemäß zu sein.
Der Geliebte kann dem Partner, der die Selbstwertstörungen vorbringt, immer wieder beteuern, daß es sich um Einbildungen, um unsinnige Selbsteinreden handelt. Der andere läßt sich nur schwer überzeugen, er sieht seinen Selbstwert im Staub liegen. Wer sich nicht selbst akzeptieren kann, nörgelt an sich herum und führt einen Bürgerkrieg mit sich selbst. Er ist unzufrieden und versucht einen Überausgleich. Ständig treibt er sich selbst an,
– er muß *mehr* für den anderen tun, um ihn nicht zu verlierren,
– er muß ihn *mehr* kontrollieren und eifersüchtig überwachen, denn er könnte einer Hübscheren oder sie einem Begehrenswerteren in die Finger fallen,
– er muß hilfsbereiter, moralischer, ausdauernder, mutiger und selbstbewußter sein, um der gewaltigen Konkurrenz gewachsen zu sein.
Wer sich nicht akzeptiert, fühlt sich ungleichwertig und unterlegen, produziert Spannungen in sich und überträgt sie auf den anderen. Er macht sich klein, unattraktiv, unleidlich, stellt alle seine Ga-

ben und Begabungen unter den Scheffel und wirkt weniger anziehend. Wer sich nicht bejaht, untergräbt alle Möglichkeiten, sich positiv und liebenswert darzustellen.

Er *glaubt* nicht an sich und verhält sich entsprechend;

er *denkt* klein von sich und gibt sich verkrampft und gehemmt;

er *weiß* natürlich, daß er mit seinen Minderwertigkeitsgefühlen recht hat und steht einer positiven Ausstrahlung im Wege;

er *redet* sich ein, daß der Partner alles andere als begeistert von ihm sein muß und stellt sich so dar, daß der geliebte Mensch schon eine Portion Mitleid praktizieren muß, um bei ihm zu bleiben.

Solche Selbstwertstörungen sind Gift für die Liebe. Sie zerstören das Vertrauensverhältnis, denn *Vertrauen können nur gleichwertige Partner haben, die sich trauen, die sich ausliefern und keine Komplexe bekommen wegen ihrer Schwächen und Unvollkommenheiten. Reife Liebe liebt den anderen – wie er ist,* und nicht, wie er sein sollte. Reife Liebe bejaht sich selbst mit allen Mängeln und allen Eigenarten, sie fühlt sich wertgeachtet und kann darum den Partner schätzen und achten.

Wer sich nicht akzeptiert, kann auch das Gegenteil tun:

Er übertreibt in Kleidung, Make up,

er *gibt an*, weil er glaubt, es nötig zu haben,

er *dreht auf*, um die Aufmerksamkeit auf sich zu ziehen,

er *steigert* seine Leistung und seine Karriere,

er *beweist* sich selbst, seinem Partner und allen Menschen, daß mehr in ihm steckt, als sie vermuten.

Diese *Selbstüberforderung* ist nur das Gegenstück der Selbstabwertung. Beide Extreme erschweren die Liebe. Beide Verhaltensmuster machen unzufrieden und kosten viel unnötige Arbeit. Streß, Unter-Druck-stehen, Hektik sind die unangenehmen Begleitphänomene, die solche Menschen zur Schau tragen. Sie können nicht ausgeglichen sein, weil ihr Selbstwertgefühl nicht ausgeglichen ist.

2. So, wie ich bin, bin ich gut genug

Ich werde nicht müde, diesen therapeutischen Kernsatz zu vermitteln. Er stammt von dem Adler-Schüler Rudolf Dreikurs und ist der Schlüssel zur Lösung vieler Liebesprobleme, ein Gedanke, der viel psychosomatische Störungen, Konflikte und Leiden verhindern kann, wenn wir ihn in unserem Leben realisieren können. Er ist der Stabilisator wahrer und reifer Liebe.

Die Grundannahme lautet: So, wie ich bin, bin ich *gut genug*. Ein

Mißverständnis, besonders für die Christen, sollte herausgestellt werden: Der Mensch ist nicht gut, sondern *gut genug*. Gott allein ist gut. Wir reichen aus, wir sind in der Liebe, in der Partnerschaft und in der Ehe *zufriedenstellend*. Traumnoten sind immer verdächtig. Die Superfrau und der Supermann, für die keine Zählskala ausreicht, sind Phantasieprodukte. Die Alltagswirklichkeit reißt jenen den Schleier vom Gesicht und sie fallen tiefer, als ihnen lieb ist.

Wer sich akzeptiert, wie er ist;

– ist mit sich *zufrieden*, innerlich und äußerlich. Er hat es nicht nötig, Zufriedenheit zu demonstrieren, er hat sie und lebt sie;

– *weiß*, daß er geliebt wird. Grübelt nicht, ob die Liebe noch stimmt. Er zweifelt nicht, ob die Beziehung noch intakt ist;

– muß nicht ständig *Anerkennung* bekommen. Er fühlt sich in der Liebe bestätigt und spiegelt im Alltag diese Anerkennung wider;

– kann sich dem Partner *anvertrauen*, weil keine Angst vor Entblößung sein Selbstwertgefühl lähmt;

– kann *geben*, weil er davon überzeugt ist, genügend Wohlwollen, Achtung und Anerkennung bekommen zu haben;

– kann sich *freuen*, weil er sich bejaht und sich bejaht weiß. Er hat Augen für das Schöne, Ohren für das Beglückende und ein Herz, das frei ist von unnötigen Sorgen und damit frei für gemeinsame Ziele und Bedürfnisse;

– kann sich *hingeben* und auch in der sexuellen Liebe Erfüllung finden, weil er eine zufriedenstellende Meinung von sich selbst hat und weiß, daß er für den geliebten Menschen *gut genug* ist.

Wer sich bejaht und zu sich sagen kann: So, wie ich bin, bin ich gut genug, legt *nicht* seine Hände in den Schoß und lebt passiv und gleichgültig. Aber der tut es, der an sich verzweifelt, der sich nicht ausstehen kann. So ein Mensch hat das Zutrauen zu sich verloren, fühlt sich verraten und im Stich gelassen. Er gibt auf. Niemals gibt der zufriedene Mensch auf. Er strebt ruhig und gelassen seine Ziele an, er muß sich nicht abhetzen und seinen Wert unter Beweis stellen.

3. Wer sich bejaht, bejaht den anderen

Wer sich verneint, kritisiert den Partner. Unzufriedenheit mit sich selbst ist der Nährboden für eine konfliktreiche Beziehung. Mangelnde Selbstannahme macht unzufrieden, unglücklich, depressiv und aggressiv.

Können Sie sich vorstellen, daß solche Menschen dem Partner

mit Wohlwollen begegnen? Ist es überhaupt denkbar, daß der andere aus vollem Herzen geliebt werden kann? Wie kann ein Unglücklicher Glück vermitteln? Wie kann ein Ungeliebter Liebe praktizieren? Es geht nicht, er macht sich und anderen das Leben schwer. Weil er mit sich im Streit lebt, wird er den Streit mit den liebsten Menschen heraufbeschwören. Das ist eine bittere Logik. Was können Sie tun?

Glauben Sie dem Partner, wenn er etwas Liebes zu Ihnen sagt;

vertrauen Sie seinen Worten, wenn er sich um Sie bemüht;

ergreifen Sie seine Hand, wenn er sie Ihnen versöhnend entgegenstreckt;

hoffen Sie, daß er es jederzeit gut mit Ihnen meint und zweifeln Sie nicht an seinen guten Absichten.

Das können Sie *einüben!* Das ist kein Selbstbetrug. Ihre Haltung ermutigt den Partner, seine Liebe deutlich zu äußern. Sie machen ihm Mut, Ihnen offen und herzlich seine Gefühle zu offenbaren. Es bleibt dabei:

Wer sich *bejaht*, bejaht auch den anderen.

Wer sich *schätzt*, schätzt auch den Partner.

Wer sich *leiden kann*, kann auch den liebsten Menschen leiden.

Wer sich *mag*, mag auch seinen Weggefährten.

Wer zu sich *okay sagt*, wird ohne Schwierigkeiten okay zum Partner sagen können.

VI. Selbstbefriedigung

Die Selbstbefriedigung oder Masturbation (lat. von masturbatio, manus = Hand; stuprare = entehren) spielt in der Vorpubertät, in der Pubertät, aber auch noch in der Adoleszenz eine große Rolle. Streng genommen kann sie in jedem Altersabschnitt eine Rolle spielen. Der katholische Moraltheologe Professor Dr. Elsässer bestreitet, daß man von Selbstbefriedigung reden kann, da der Mensch sich selbst nicht befriedigen kann, schon gar nicht dadurch, daß er an den eigenen Geschlechtsorganen ein schnell vorübergehendes körperliches Lustgefühl hervorruft. Die sehr verbreitete Selbstbefriedigung spräche nicht dagegen, sondern nur dafür, daß es schwer sei, im menschlichen vollgültigen Sinne *Befriedigung* zu erfahren. Befriedigung im Vollsinne setze immer ein geschlechtliches Erlebnis voraus, das nach Leib, Seele und Geist mit einem Partner vollzogen würde. Der Selbstbefriediger verschaffe sich bestenfalls die Abreaktion einer Wunschvorstellung, die ohne den Partner nur halb und enttäuschend bleiben müsse und einen steten Drang nach Wiederholung fordere.

1. Selbstbefriedigung ist keine Onanie

Es ist bedauerlich, daß in der wissenschaftlichen Literatur hier und da noch der Begriff *Onanie* verwendet wird, obschon die biblische Geschichte, die über Onan berichtet wird, nichts mit Onanie zu tun hat. Das Wort Onanie ist von einem biblischen Bericht abgeleitet, der uns im 1. Buch Mose geschildert wird. Onan ist der Sohn des Juda, der nach der Sitte des israelitischen Volkes nach dem Tode seines Bruders mit dessen Frau Kinder zeugen muß, wenn aus der bisherigen Ehe mit dem Bruder keine Kinder hervorgegangen sind. Die Kinder, die Onan mit seiner Schwägerin zeugen würde, hätten allerdings als Kinder des Bruders gegolten. Wörtlich heißt es im 1. Buch Mose: »Das sagte Juda zu Onan: ›Geh zu der Frau deines Bruders ein und leiste ihr die Schwagerpflicht (= vollziehe mit ihr die Schwagerehe), damit du das Geschlecht deines Bruders fortpflanzest!‹ Da Onan aber wußte, daß die Kinder nicht als seine eigenen gelten würden, ließ er, so oft er zu der Frau seines Bruders einging, den Samen zur Erde fallen, um seinem Bruder keine Nachkommen zu verschaffen. Dieses sein Tun mißfiel aber dem HERRN, und so ließ er auch ihn sterben. Da sagte Juda zu seiner Schwiegertochter

Tamar: ›Bleibe als Witwe im Hause deines Vaters wohnen, bis mein Sohn Sela herangewachsen ist!‹ Er fürchtete nämlich, daß auch dieser sterben würde wie seine Brüder. So ging denn Tamar hin und wohnte im Hause ihres Vaters.« (1. Mose 38,9-11)

Tatsächlich führte Onan keine Selbstbefriedigung aus, sondern den Coitus interruptus, den unterbrochenen Geschlechtsverkehr. Onan wurde von Gott für seine Tat mit dem Tode bestraft, weil er seiner Schwägerin keine Kinder zeugen wollte.

Die *Leviratsehe* (lat. levir = Schwager), also die Schwagerehe, war in Israel ein verpflichtender Brauch. Diese Sitte sorgte dafür, daß Witwen nicht unversorgt blieben. Zur Leviratsehe war in Israel der Bruder bzw. der nächste Verwandte mit der Witwe eines kinderlos verstorbenen Mannes verpflichtet.

Ein anderer Begriff, der in der Kinderpsychologie eine Rolle spielt, heißt: »Lavierte Onanie«. Man versteht darunter verdrängte oder nicht überwundene Selbstbefriedigungshandlungen. Zum Beispiel das Spielen mit Fingern an Nase, Lippen oder Ohren. Das bestimmte Bewegungsspiel der Hände, Zupfen an Stoffäden und viele andere Alltäglichkeiten, hinter denen der Laie oft nichts vermutet, werden als *lavierte Onanie* bezeichnet. Sigmund Freud hat wohl als Erster auf diese Zusammenhänge hingewiesen. Wie man auch unter lavierter Onanie die negative Beschäftigung mit der Sexualität versteht, die sich oft hinter Prüderie, moralischer Entrüstung und Ablehnung alles Sexuellen versteckt.

Es ist selbstverständlich, daß Kinder, denen man das Spielen am Geschlechtsteil verbietet, das oft zwar lassen, sich aber schnell etwas anderes einfallen lassen und als Ausgleich mit nervösen Erscheinungen wie Nägelkauen, Daumenlutschen, Nasebohren und Bettnässen reagieren. Es sind *Ersatzhandlungen*, die stellvertretend für die kindliche Selbstbefriedigung auftreten. Wir wollen aber festhalten, daß die genannten Dinge nicht etwa verächtlich sind. Im Gegenteil, sie helfen zur Ablenkung. Stofftiere, Bettzipfel, »Flüßchen«, Pelze und Wollfäden haben den Sinn, ohne Schwierigkeiten und ohne Komplikationen Selbstbefriedigungshandlungen zu verlagern.

2. Kann Selbstbefriedigung Schaden anrichten?

Ja und nein. Ist die Selbstbefriedigung ein Akt, der sich mehr oder weniger auf eine Übergangszeit bezieht, der nur eine kurze Zeitspanne beinhaltet, der gelegentlich vorkommt, eine sexuelle Spannung abzubauen, wird keine psychische oder körperliche Schädigung eintreten. Körperliche Schädigungen sind bisher nicht beobachtet worden. Die Greuelgeschichten, die vor mehr als 100 Jahren erfunden wurden, um jungen Menschen Angst einzujagen, sind unwahr. Angst ist kein Erziehungsmittel. Es stimmt nicht, daß durch die Selbstbefriedigung wertvolle Kräfte verbraucht würden, die später fehlen. Die sexuelle Kraft wird dadurch nicht geringer, daß man sie gebraucht. Die Samenzellen bildet jeder Körper wieder neu. Das bißchen schleimige Flüssigkeit, das bei der Selbstbefriedigung aus dem Glied kommt, kann jeder entbehren. Das heißt nicht, daß man die Selbstbefriedigung übertreiben und sich daran gewöhnen soll. Ebenso falsch ist es, daß Rückenmarkschwindsucht, Nervosität und andere Krankheiten daraus entstehen können. Früher wurde das behauptet. Angst der Eltern und Angst der Jugendlichen sind schlechte Ratgeber.

Und hier beginnt die negative Seite. Leider habe ich viele Jugendliche kennengelernt, die mit schweren Gewissensbissen Selbstbefriedigung betrieben hatten und eine panische Angst davor bekamen, impotent zu werden. Ich fand wiederholt schriftliche Fragen bei Vorträgen über sexualethische Probleme vor, die der Angst Ausdruck verliehen, eines Tages für die wiederholten Selbstbefriedigungspraktiken bestraft zu werden. Nun kann Angst in der Tat blockieren. Angst kann unfähig machen. Mit anderen Worten: *Einbildung* hat große Kraft. Schon der römische Kaiser und Philosoph Mark Aurel hat das beherzigenswerte Wort geprägt: »Der Mensch ist das, was er denkt.« Viele Krankheiten und psychosomatische Störungen entstehen durch *falsches Denken*. *Glaubt* der Jugendliche, ein Versager zu sein, wird er ein Versager werden. *Glaubt* der Jugendliche, seine sexuelle Kraft sei dahin, und er beobachtet sich übertrieben und krankhaft, kann es zu Störungen seiner Erektionsfähigkeit kommen. Sexuelle Schwierigkeiten in der Ehe zwischen Mann und Frau beruhen nicht selten auf einem solchen falschen Denken. Sie haben die Vorstellungskraft und die Liebesfähigkeit erheblich beeinträchtigt. Es besteht kein Zweifel, übertriebene Schuldgefühle können die sexuellen Gefühle und Vorstellungen beeinträchtigen, blockieren die sexuelle Phantasie und hemmen eine ungetrübte körperliche und seelische Harmonie.

3. Ist Selbstbefriedigung Sünde?

Wenn unter Sünde eine *Zielverfehlung* zu verstehen ist, dann ist Selbstbefriedigung Sünde. Wenn ein Soldat im alten Griechenland danebenschoß, wenn er das Ziel verfehlte, beging er eine Sünde. Diese Sünde beinhaltet also Zielverfehlung. Wenn es stimmt, daß Gott die Menschen zur Zweisamkeit und zur Ehe berufen hat, ist die Selbstbefriedigung Sünde und damit eine Verfehlung der Schöpfungsordnung Gottes. Gérard Hoareau, ein Mitarbeiter der »Family Life Mission«, schreibt über das Thema:

> »Diese Frage ist nicht einfach zu beantworten. Ich denke, daß Selbstbefriedigung ›im Prinzip‹ keine Sünde ist. Sie kann ein Durchgangsstadium darstellen oder einen Ausweg bilden. Ich glaube aber, daß sie zur Sünde wird, sobald man durch ihre Ausübung das ›Ziel verfehlt‹, das einem gestellt ist. Dieser Punkt ist sehr wichtig, denn Sünde ist im Tiefsten immer Zielverfehlung. Selbstbefriedigung führt auf Dauer zu Isolation und Ichbezogenheit. Sie hindert uns an der eigenen Entfaltung. Wir können nicht in das Bild hineinwachsen, zu dem Gott uns bestimmt hat.«[78]

Auch der Bund Freier evangelischer Gemeinden, die sich als Jahresaufgabe für 1986 und 87 das Thema »Lieben lernen« vorgenommen haben, schreibt über Selbstbefriedigung und Sünde:

> »Ist Selbstbefriedung Sünde? fragen viele junge Leute. In der Bibel gibt es keine Stelle, die speziell etwas zu unserem Thema sagt. Sie sagt aber, daß jede egoistische Lebensweise Sünde ist. Jedes Handeln, das nur den eigenen Vorteil und die eigene Befriedigung sucht, ist Schuld an Menschen und an Gott. Selbstsucht ist ja ein Motor vielfältiger Gefühle, Gedanken, Motive und Handlungen auf allen möglichen Lebensgebieten, zu denen Gott sein Nein spricht. Der Selbstbefriedigung fehlt nun der personale Bezug auf das gegengeschlechtliche Du hin. Sie ist *Ich-Liebe*, die im Reifungsprozeß der Persönlichkeit von der *Du-Liebe* abgelöst werden soll. Es gibt aber vieles, was diesen Entwicklungsprozeß verhindern kann und persönliche Lustbefriedigung als höchste Erfüllung festschreibt.«[79]

Beide Zitate sprechen von einer egoistischen Einstellung, die den personalen Bezug vermissen läßt. Der Verfasser des letzten Beitrages betont aber ausdrücklich, daß wir uns nicht innerlich auf die Sünde fixieren sollten, sondern auf die Vergebung Jesu schauen müssen. Gott sandte Jesus, damit wir nicht bleiben, wie wir sind. Er stellte sich unter unsere Lasten und nimmt sie auf sich. Er will vergeben und als Kraftwirkung seines Geistes in uns Selbstbeherrschung wachsen lassen. Nicht das Hinfallen ist schlimm, sondern das Liegenbleiben.

4. Was müssen Eltern und Kinder bedenken?

1) Selbstbefriedigung ist ein Hilferuf

Walter Trobisch schreibt in seinem Büchlein *Liebe ist ein Gefühl, das man lernen muß* über die Selbstbefriedigung:

>»Selbstbefriedigung ist ein Hilferuf. Sie ist keine Krankheit, sondern ein Symptom, meist ein Sympton des Alleinseins. Sie ist nicht etwa ein Zeichen für besonders starken Sexualdruck, sondern für Kontaktlosigkeit und die Unfähigkeit, sich anderen zu öffnen. Deshalb muß die Hilfe an dieser tieferen, dahinterliegenden Not einsetzen. ›Wie sieht diese Hilfe aus?‹, wollte Karin wissen. ›Für jeden anders. Die Hauptsache ist wohl, nicht allein zu bleiben, sondern sich jemandem anzuvertrauen, mit dem man offen über seine Schwierigkeiten sprechen kann, ohne Angst und Scham, und der einem hilft, aus dem Drehen um die eigene Achse herauszukommen und die Hinwendung zu einem Du zu erleben.‹«[80]

Viele junge Menschen haben ein schlechtes Gewissen und trauen sich nicht, mit ihren Eltern oder mit Seelsorgern darüber zu sprechen. Statistisch kommt Selbstbefriedigung bei den meisten jungen Menschen vor, besonders bei Jungen; darum sollten alle den Mut haben, entweder mit ihren Eltern oder mit einem Seelsorger darüber zu sprechen.

2) Geschlechtsverkehr ist kein Ausgleich für Selbstbefriedigung

Im Sinne des Entwicklungsprozesses ist es nicht förderlich und ratsam, den Jugendlichen zu empfehlen, Geschlechtsverkehr aufzunehmen, um die sexuellen Spannungen abzubauen. Die meisten Jugendlichen sind unreif und auf ganzheitliche Partnerschaft nicht vorbereitet. Sie erleben den Geschlechtsverkehr stärker als genitale Entspannung, aber nicht als geist-leib-seelische Liebe. Die geistige und die seelische Dimension werden weitgehend ausgeblendet. Das körperliche Geschehen beherrscht einseitig die sexuelle Beziehung.

In der Denkschrift der EKD zu Fragen der Sexualethik heißt es in These 37:

>»Für den Aufbau einer Ehe ist es notwendig, daß der junge Mensch eine in der frühen Phase der körperlichen Sexualreife geübte Selbstbefriedigung überwindet. Geschlechtsverkehr als bloßer Ersatz für Selbstbefriedigung ist kein Schritt auf dem Weg zur Reife. Es kommt für die jungen Menschen darauf an, durch Information, eigenes Überlegen und Gespräche zu erfahren, daß sie weder durch Selbstbefriedigung noch durch das Ausprobieren des Geschlechtsverkehres ihr eigentliches Ziel, zum anderen Geschlecht hin eine tragfähige Beziehung aufzubauen, erreichen. Ebenso geht wechselnder Geschlechtsverkehr mit verschiedenen Perso-

nen an der Erfahrung einer vertieften Partnerschaft vorbei. Er mißachtet stets die Person des andern und dient, auch wenn gegenseitige Übereinstimmung vorliegt, lediglich der Befriedigung eigener Wünsche, die den anderen Menschen zum Objekt machen.«[81]

3) Versagenserlebnisse steigern die Selbstbefriedigung
Viele Jugendliche, die Schwierigkeiten im Elternhaus haben, die sich nicht verstanden fühlen, die Freundschaften eingebüßt haben, die erhebliche Schulprobleme aufweisen, leiden an gehäufter Selbstbefriedigung. Keiner hat sie lieb, glauben sie, sie müssen sich selbst Liebes antun. Es ist ratsam für Eltern und Erzieher, den Motiven für gehäufte Selbstbefriedigungsakte nachzugehen. Solche Jugendliche sind einsam und allein, ziehen sich zurück, haben wenig Kontakt und leiden an sich. Der Jugendliche kreist um sich selbst und um seine Probleme.

4) Selbstbefriedigung als Flucht vor der Wirklichkeit
Viele Jugendliche leiden an der Wirklichkeit. Die Pflichten der Schule oder die Lehrlingszeit erscheinen ihnen zu schwer oder zu hoch. Sie fliehen in eine Welt von Illusionen. Sie entziehen sich dem Alltag. Ihre Langeweile wird durch Selbstbefriedigung unterbrochen. Die »Liebe an sich« ersetzt den Mut für Aufgaben und Pflichten des Alltags. Der Jugendliche erlebt allerdings, daß die Selbstbefriedigung nur eine kurze Entspannung bringt und die Probleme langfristig nicht gelöst werden. Er stürzt sich in immer neue Selbstbefriedigungspraktiken, um Niederlagen und Enttäuschungen zu entfliehen. Zu wissen, daß er von dem lebendigen Gott und von seinen Eltern geliebt wird, ist eine wesentliche Hilfe zur Selbstwertsteigerung und Stabilisierung.

5) Sport ist kein Ersatz für Selbstbefriedigung
Viele Eltern und Erzieher sind immer noch der Meinung, daß Sport die Neigung zur Selbstbefriedigung beseitigen würde. Sport würde die Selbstbeherrschung trainieren und die überflüssigen sexuellen Kräfte in andere Kanäle leiten. Das ist falsch. Viele Jugendliche und Mitarbeiter haben mir gestanden, daß der Sport die Sehnsucht nach Selbstbefriedigung sogar noch gesteigert habe. Nach einem harten Training mache die Selbstbefriedigung besondere Freude. Sport ist nur dann eine wirkliche Hilfe, wenn *Gemeinschaft* gesucht wird, wenn Sport das Selbstwertgefühl verbessert und das *Zusammensein* mit anderen jungen Menschen fördert.

Ich habe vor vielen Jahren auf einer Weiß-Kreuz-Tagung in Duisburg vor Mitarbeitern in der christlichen Jugendarbeit über »Selbstbefriedigung« gesprochen. Am Ende der Tagung stand ein alter erfahrener Seelsorger und Mitarbeiter des Weißen Kreuzes auf, nämlich Walter Stursberg, der als letzter den Mitarbeitern ein Wort mit auf den Weg gab. Und er sagte sinngemäß: »Und wenn ich euch am Ende dieser Tagung nichts anderes zu sagen habe, es liegt mir brennend am Herzen: Jesus hat euch trotzdem lieb – trotz Selbstbefriedigung. Nehmt das mit. Laßt euch das selbst gesagt sein und sagt es den Jungen und Mädchen weiter, die in eure Gruppen kommen!«

Das war ein hilfreiches seelsorgerliches Wort. Denn aus der praktischen Beratungsarbeit kenne ich den Kernsatz: »Erhebst du ein Problem zum Problem, bekommst du ein Problem.« Das heißt, wenn wir uns fanatisch auf ein Problem unseres Lebens stürzen, kann es geschehen, daß dieses Problem uns »auffrißt«. »Wer ständig in den Abgrund schaut, stürzt hinein,« hat schon Nietzsche geschrieben. Das Gebet ist eine wirkliche Hilfe, aber wir sollten es nicht mißbrauchen, um nur noch ein Thema im Auge zu haben. Selbstbefriedigung wird unter der Hand zur Sünde hochstilisiert, die unser gesamtes Denken, Tun und Lassen in Anspruch nimmt. Wer unter Selbstbefriedigung als unter der schlimmsten aller Sünden leidet, hat sich geistlich irreführen lassen und kämpft wahrscheinlich an der falschen Front. Er schaut in die falsche Richtung und macht sich für das aktive Leben in der Gemeinschaft und im Jugendkreis unbrauchbar. Für Mitarbeit in der Gemeinde Jesu ist er darum unbrauchbar, weil er sich unbrauchbar gemacht hat. Auch hier gilt, wie es in einem Liedvers heißt, daß Gott »mit zerbrochenen Stäben« Wunder tun will.

VII. Ablösung aus dem Elternhaus

1. Vater und Mutter verlassen

Die Abnabelung des Kindes von den Eltern ist für die spätere Liebes- und Partnerschaftsfähigkeit ein wichtiger Schritt. Wie ein neugeborenes Baby von der Mutter abgenabelt wird und fortan ein selbständiges Leben führt, muß auch der Jugendliche von der Nabelschnur
 – elterlicher *Bevormundung,*
 – elterlicher *Beschützung,*
 – elterlicher *Verwöhnung,*
 – elterlicher *Führung* und
 – elterlicher *Beeinflussung*
gelöst werden.

Schon die Bibel drückt auf den ersten Blättern klar und unmißverständlich aus, was Gott dem potentiellen Ehepartner zumutet: »Also wird ein Mensch Vater und Mutter verlassen und mit seiner Frau verbunden sein, und die beiden werden ein Fleisch sein« (1. Mose 2, 24).

Vater und Mutter verlassen ist ein Gebot und gehört zur Schöpfungsordnung Gottes. Verlassen meint nicht, daß der junge Erwachsene mit Krach und Streit die elterliche Wohnung verläßt und nun auf eigene Faust sein Leben gestaltet. Vater und Mutter verlassen heißt nicht, die Kinder werden von den Eltern – wie bei einigen Vogeleltern – mit sanfter Gewalt aus dem Nest geworfen. Verlassen heißt nicht, Eltern und Kinder gehen mit Streit auseinander, fühlen sich gegenseitig betrogen und tragen die Trennung als Lieblosigkeit nach.

Wenn das *Verlassen* praktiziert wird, zeigt es sich, ob die gegenseitige Ablösung der konstruktive Endpunkt eines fruchtbaren und harmonischen Zusammenlebens war oder ob die seelische Nabelschnur noch weiterbesteht. Hier müssen Fragen beantwortet werden: Beschert das Verlassen der Kinder den Eltern körperliche und seelische Störungen? – Fallen Vater und Mutter in Resignation und Depression? – Hat für die Eltern das Leben an Sinn eingebüßt? – Reagiert ein Elternteil mit psychosomatischen Beschwerden, mit Krankheiten oder Zusammenbrüchen? – Wird ein Druck auf die Kinder durch Tränen, Trennungsschmerz und Krankheiten ausgeübt? – Halten die Kinder die Loslösung von den Eltern nicht aus? – Versuchen sie, weiterhin mit den Eltern zusammen zu wohnen? –

Reagieren die Kinder auch mit seelischen, körperlichen Schwierigkeiten, um die Eltern wieder in ihre Nähe zu zwingen?

Richard Kriese vom Evangeliumsrundfunk hat auf die Frage: »Meine Eltern möchten gern, daß wir nach der Eheschließung bei ihnen wohnen. Sollen wir das Angebot annehmen?« folgendes geantwortet:

> »Im allgemeinen bewährt es sich, wenn alt und jung nicht in einem Haus wohnen. Es ist nun mal so: Die Eltern denken über das eine oder andere nicht immer so wie ein junges Ehepaar ... Eine alte Faustregel lautet: Der Wohnort der jungen Leute sollte mindestens 50 Kilometer von den Eltern entfernt sein ... In der Regel aber ist es besser, wenn junge Eheleute unabhängig sind. Damit soll keineswegs gesagt werden, daß man Vater und Mutter abhängen soll. Ganz im Gegenteil.«[82]

Abnabeln heißt nicht *abhängen*; ablösen heißt nicht *Tischtücher zerschneiden*; verlassen heißt nicht *sitzen lassen*. Das 4. Gebot: »Du sollst deinen Vater und deine Mutter ehren« bleibt davon unangetastet. Denn wer die Eltern verläßt, soll sie deshalb keineswegs im Stich lassen. Ablösung meint keinen endgültigen Schnitt, der alle Brücken abbricht und alle Beziehungen kappt. Die Beziehung wird nicht abgebrochen.

2. Mein Sohn ist verrückt

In der Spanne zwischen 12 und 18 haben es die Eltern mit ihren Kindern schwer. Aber auch die Kinder haben es mit ihren Eltern nicht leicht. Beide nerven sich, beide Parteien quälen sich, ob sie wollen oder nicht. Viele Eltern lassen Hilfeschreie los an Berater, an Pfarrer oder Zeitschriften-Ratgeber. »Was sollen wir tun? Haben Sie Tips für uns? Unsere Tochter ist nicht wie andere. Unser Sohn ist verrückt. Er zieht sich von der gesamten Familie zurück, so als hätten wir Aussatz!«

Die Eltern sind rat- und hilflos. Ist das normal? Ja, das ist normal. Sind die Kinder normal? Ja, sie sind normal. Im Entwicklungsalter spielen sich innere und äußere Prozesse ab, die biologisch, seelisch und geistig Auswirkungen haben. Schimpfen, Hänseln und Quälen schaffen keine Besserung. Sie streuen bestenfalls Öl ins Feuer gegenseitiger Nervosität.

In die Beratung kommt ein 14jähriger Junge. Er will mal mit einem *vernünftigen Menschen* reden. Zu Hause begegnet ihm die personifizierte Unvernunft, wie er sagt.

– »Keiner versteht mich!«
– »Die Alten sind verkalkt!«
– »Die Alten sind verrückt!«

Er ist wütend und muß sich Luft machen. »Wenn ich mich zurückziehe, sitzen alle hinter mir, ich sei krank, ich müsse unter Menschen. Was ich hätte? Sie zerren an mir herum, als wäre ich noch ein Baby.«

Ich erzählte ihm, daß ich ein ausführliches Gespräch mit seinem Vater gehabt hätte, der auch in einem Anflug von Ärger geäußert habe: »Mein Sohn ist verrückt.« Der 14jährige lächelt. Beide haben in der Tat recht. Beide, Eltern und Kinder, sind *verrückt*. Die pubertäre Entwicklung hat das alte Gegenüber verändert. Gestern standen sich Eltern und Sohn noch so gegenüber, daß sie sich beide verstehen, akzeptieren und einordnen konnten. Plötzlich hat der Entwicklungsschub die Position von Eltern und Kind verändert. Das Kind steht woanders, weiter entfernt von den Eltern als gestern. Die Eltern sprechen aber noch zu dem *gleichen* Kind in der *gleichen* Sprache mit dem *gleichen* Vorverständnis. Der Junge hört nicht mehr mit dem *gleichen* Ohr, argumentiert nicht mehr mit der *gleichen* Sprache und reagiert nicht mehr mit der *gleichen* Einstellung von gestern. Eltern und Kinder sind verrückt und sind voneinander *weggerückt*. Der Abstand ist größer geworden. Die Unabhängigkeit hat sich notwendigerweise verstärkt. Die Mündigkeit und Eigenständigkeit auf seiten des Kindes haben sich vertieft.

Eine solche Ablösung, die nicht ohne Schmerzen und Krisen vonstatten geht, ist hilfreich und lebensnotwendig. Die Pubertätszeit ist für die Jugendlichen ein Alter notwendiger Identifikation und notwendiger Selbstfindung. Sie suchen und sind mit sich unzufrieden. Sie drängen voran in eine neue Welt, die unentdeckt vor ihnen liegt. Sie fühlen sich abhängig und streben mehr und mehr Unabhängigkeit an. Sie wollen häuslichen Schutz genießen und doch schon ganz frei sein. Jugendliche lieben Unsicherheit: Sie stecken noch zum Teil in Kinderschuhen und denken und phantasieren in Erwachsenen-Vorstellungen.

3. Wenn die Verwöhnung Pate steht

Ich greife ein krasses Beispiel unverarbeiteter Ablösung aus dem Elternhaus heraus. Es zeigt, welche Konsequenzen Ehepartner zu erwarten haben, die sich einen verwöhnten Lebensgefährten eingefangen haben. Verwöhnung ist in der Tat der Erziehungsfehler Numero 1 in unserer Gesellschaft und verheißt zukünftigen Eheaspiranten eine schwere Hypothek.

Eines Tages erschien die personifizierte Verwöhnung in der Beratung. Sie hieß Svetlana, trug einen russischen Vornamen, weil ihre Eltern etwas Außergewöhnliches bei ihrer Geburt von ihr vermuteten. Als einziges Kind, inzwischen 28 Jahre alt, saß sie vor mir in Kleidern der ersten Garnitur, sonst aber gelangweilt, blasiert und angeödet. Sie war seit einem Jahr verheiratet, fand ihre Ehe »sterbenslangweilig«, ihren Mann »uninteressant« und die Ehe »als Strafe«.

Ich: »Wenn Sie zaubern könnten, was würden Sie sich am liebsten wünschen?«

Sie: »Daß meine Ehe mit einem Knall beendet würde und ich wieder bei meinen Eltern in Hamburg-Blankenese wohnen könnte.«

Ich: »Was finden Sie da so beneidenswert?«

Sie: »Ich konnte tun und lassen, was ich wollte, meine Eltern sind sehr großzügig, müssen Sie wissen. Ich habe keine Sorgen und muß nicht für alles und jenes Verantwortung tragen. Wie gesagt, die Ehe ist schon eine harte Strafe.«

Svetlana ist das Produkt einer übertriebenen Verwöhnung.

Ich möchte die Symptome solcher Verwöhnung noch einmal zusammentragen, weil sie die spätere Partnerschaftsfähigkeit erheblich einschränken kann.

– Der Verwöhnte kommt sich einsam, unzufrieden und rastlos vor. Zum kooperativen Leben wurde er nicht erzogen;

– er produziert eine große Langeweile, weil er allein mit sich nichts anfangen kann;

– er erwartet, daß *andere* für ihn sorgen, ohne daß er selbst auch nur einen Finger krumm macht;

– er strahlt eine mürrische Unzufriedenheit aus, die ein mangelndes Interesse am Leben und an anderen Menschen signalisiert;

– er kennt keine Eigeninitiative, bringt nichts in Gang und zeigt kein Durchhaltevermögen;

– er will dauernd etwas, weiß aber nicht was. Er gibt sich keine Mühe, es herauszufinden, um sich dann darauf zuzubewegen;

– er zeigt eine passive Lebenshaltung, nimmt wenig Anteil am Leben und läßt sich bedienen;

– er läßt sich treiben, während das Leben und die Menschen an ihm vorbeiziehen;

– er ist zu nachsichtig mit sich selbst, weil seine Eltern schon zu nachsichtig sich ihm gegenüber verhielten;

– er zieht oft von Ort zu Ort, von Arbeitsstelle zu Arbeitsstelle und von Liebschaft zu Liebschaft, weil Ausdauer und Geduld nicht seine Tugenden sind.

Der Verwöhnte ist ein großes Baby, das den Mund weit aufmacht und sich verwöhnen lassen will. Er versucht auch, seine Freunde und den Lebenspartner zu bewegen, die übertriebene Verwöhnung der Eltern fortzusetzen. Er läßt für sich denken, planen und arbeiten, ohne entsprechende Gegenleistungen zu bringen. Schulisch und beruflich versagt er fast immer, weil die Anstrengungen, die von ihm gefordert werden, zu groß sind. Er haßt die Pünktlichkeit, die Regelmäßigkeit, die Ordnung und die Korrektheit. Denn zu Hause drückten Vater und Mutter willig ein Auge zu. Das gleiche erwartet er vom Lebenspartner, der ihm ein interessantes Leben verschaffen soll.

4. Eltern, die zur Verwöhnung neigen

Es gibt mindestens 4 Gruppen von Eltern, die ein ausgesprochenes Bedürfnis entwickeln, ihre Kinder über Gebühr zu verwöhnen und damit innerlich und äußerlich nicht freigeben. Welche Eltern neigen besonders dazu?

1. Eltern, die in ihrer Kindheit selbst *benachteiligt* wurden. Typische Sätze solcher Eltern lauten: »Ich weiß, was ich alles entbehren mußte. Mein Kind soll es einmal besser haben.« Die Eltern verwöhnen und merken nicht, daß sich im Verwöhnen der Tochter oder des Sohnes ihre eigenen kindlichen Wünsche erfüllen. Das Kind wird mit teuren Spielsachen überhäuft, bekommt teure Fernfahrten ins Ausland geschenkt, und die teuersten Privatschulen sind gerade gut genug.

2. *Wohlhabende* Eltern, die es sich leisten können, *für* das Kind alles herbeizuschaffen, was das Herz sich ausdenken kann. Die materielle Verwöhnung produziert einen *Lebensstil, der es nicht nötig hat, selbst* aktiv zu werden, *selbst* das Heft in die Hand zu nehmen, *selbst* zu planen und zu arbeiten, *selbst* Kontakte zu schaffen und Initiative zu ergreifen.

3. Dann gibt es Eltern, die *Schuldgefühle* wegen ihrer Ehe, wegen ihrer Vergangenheit, wegen einer Scheidung oder wegen einer vorübergehenden Vernachlässigung der Kinder empfinden und doppelt alles wieder gut machen wollen. Sie benutzen ihr schlechtes Gewissen. Sie betäuben ihre Schuldgefühle durch übertriebene Verwöhnung. Die Schuldgefühle sind zudem noch oft eingebildet und

grundlos. Sie sind aber fest davon überzeugt, daß sie etwas wiedergutmachen müssen.

4. Und es gibt Eltern, die das übertriebene Bedürfnis haben, zu verwöhnen, zu bemuttern und Zuwendung zu geben. *Sie fühlen sich bestätigt, wenn sie gebraucht werden.* Eltern und Kinder spielen perfekt zusammen. Die Kinder lassen sich gehen, sie werden passiv, hilflos und kränklich und geben auf diese Weise den Eltern die Gelegenheit, ihre Bemutterungszüge ausleben zu können. Eltern und Kinder spielen sich so in die Hände, brauchen und benutzen sich gegenseitig. Der Jugendliche wird *nicht mündig und unabhängig.*

5. Was sich der Verwöhnte von der Ehe erträumt

Wenn Ehe eine *Aufgabe für zwei* bedeutet, hat der Verwöhnte die Ehe verfehlt. In der Ehe mit einem Verwöhnten sind die Konflikte vorprogrammiert. Der Verwöhnte will Anerkennung und Zärtlichkeit. Gelingt es dem Partner nicht, seine Wünsche zu erfüllen, ist er verärgert und enttäuscht. Er beklagt sich, wirft dem Partner Lieblosigkeit und Unfähigkeit vor und findet ihn womöglich ermüdend. Der amerikanische Psychiater W. Hough Misseldine hat einfühlsam die Ehehaltung des Verwöhnten beschrieben:

>»Wir haben gesehen, daß Verwöhnung in der Kindheit im Individuum eine passive Erwartungshaltung erzeugt: Die anderen sollen es liebevoll mit allem versorgen, und es selbst muß nichts tun, um sich diesen Segen von Zuneigung, Geschenken und Dienstleistungen zu sichern. Diese Haltung verursacht, wenn sie im Erwachsenenalter immer noch wirksam ist, in der Ehe und in sexuellen Beziehungen große Angst, Einsamkeit und Unglück. Die Folge dieser Haltung sind oft Ehelosigkeit und ein fehlendes Sexualleben.
>
>Ein Mann zum Beispiel, der in seiner Kindheit zu sehr verwöhnt worden war, ergriff immer die Flucht, wenn es offenbar wurde, daß seine augenblickliche Freundin ›mehr erwartete als bloß eine gemeinsame Nacht‹, um ihn zu zitieren. Er sehnte sich verzweifelt nach Liebe, aber er brachte es immer nur so weit, sich mit einem Mädchen zu verabreden. *Sie* mußte ihn anrufen, *sie* mußte sogar arrangieren, wohin sie beide gehen würden. Wenn das Mädchen sexuell die Initiative ergriff, ließ er es sich gefallen und verzog sich anschließend ...
>
>Das verwöhnte Kind erwartet in einer Liebesbeziehung die gleiche, unbegrenzte Liebeszuwendung, all' die Gegenstände und Dinge, die es von seinen Eltern erhalten hat. Vor allem in dieser Beziehung erwartet es, daß sein Partner ›seine Gedanken lesen kann‹.«[83]

Der Verwöhnte ist später ein ausgemachter *Eheparasit.* Geben und

Nehmen, Schenken und Beschenktwerden sind bei ihm in Unordnung. Seine Erwartungen und Wünsche wurden erfüllt. Er erwartet, daß auch der Ehepartner mit gleicher Inbrunst und Liebe wie früher die verwöhnende Mutter alles zum Gelingen der Ehe beisteuert. Solche Beziehungen haben keine Zukunft. Sie dauern vielleicht einige Jahre und brechen auseinander. Der Verwöhnte hat Schlaraffenland-Erwartungen, die kein Mensch befriedigen kann.

6. Die Eltern als Ehe-Leitbilder

Ablösung von den Eltern kann auch bedeuten, von den Ehe-Leitbildern der Eltern Abschied zu nehmen. Aber wie werden wir mit den tief verwurzelten Leitbildern aus der Ehe unserer Eltern in der eigenen Ehe fertig?

Wenn wir das elterliche Haus *verlassen*, liegen die Ehe-Leitbildvorstellungen der Eltern, die wir übernommen haben, noch längst nicht hinter uns. Eheberater haben festgestellt, daß viele Paare zu Beginn der Ehe radikale Entschlüsse fassen, etwa: »Ich werde nicht die gleichen Fehler machen wie meine Eltern«, – »Wir werden mehr schmusen und zärtlicher sein« – » Wir werden mehr Gespräche entwickeln und alles miteinander besprechen« – »So zufrieden und harmonisch wie unsere Eltern werden wir auch unsere Ehe gestalten«.

Wir können aus der Eheberatung mit Bestimmtheit sagen, daß wir unsere *Leitbilder von Ehe und Partnerschaft*, von Liebe und Zärtlichkeit mit positiven und negativen Aspekten tief im Herzen tragen und mit in unsere Ehe einbringen – als Hypothek oder als Kapital.

Mir begegnen immer wieder junge Menschen, die bestürzt sind, wie ähnlich sie ihren Eltern sind in bezug auf Ehe und Partnerschaft. Viele wollten negative Vorurteile abstreifen wie ein schmutziges Hemd. Es ist ihnen nicht ohne weiteres gelungen. Die Identifikation ist größer als wir glauben. Die Eltern beeinflussen uns mehr, als wir wahrhaben wollen.

Unumgänglich ist, daß zwei junge Menschen auf dem Weg zur Ehe sich exakt über Ehe, Partnerschaft, Geschlechtsverkehr, Zärtlichkeit und Verantwortung in der Ehe Rechenschaft ablegen,
- ihre Leitbilder hinterfragen,
- ihre Wunschvorstellungen abklären,
- sich von den Vorstellungen der Eltern freimachen,
- ihre eigenen Leitbilder entwickeln und dazu stehen.

Darüber müssen sie miteinander reden! Was in die junge Ehe paßt und sich in beiden Elternhäusern bewährt hat, kann übernommen werden. Diese Ablösung *muß* schon vor der Ehe beginnen. Denn Selbständigkeit und Mündigkeit in bezug auf Ehe und partnerschaftliches Miteinander fallen uns nicht ohne Nachdenken in den Schoß.

7. Was fördert eine reibungslose Ablösung?

Wenn wir prophylaktisch verhindern wollen, daß der Jugendliche sich zu Hause nicht verstanden fühlt, zu früh in sexuelle Bindungen flieht, zu früh sich einem Partner verpflichtet, um der Einsamkeit, der Ungeborgenheit und Sinnlosigkeit zu entfliehen, braucht er Eltern, die »echt« und nicht »fassadenhaft« auf die Heranwachsenden eingehen.

1) Die Echtheit der Erzieher
So jedenfalls haben Reinhart und Anne-Marie Tausch, zwei bekannte Hamburger Psychologen, die erzieherische Einwirkung auf Jugendliche beschrieben. Die genannten Psychologen haben Folgen kommentiert, die eintreten, wenn Eltern und Erzieher *fassadenhaft* und nicht echt mit ihren Kindern umgehen. Sie bemängeln,
– wenn sich Eltern verbal anders äußern, als sie innerlich denken,
– wenn sie sich widersprüchlich in ihren Gefühlen und Empfindungen artikulieren, und
– zu sich selbst unehrlich und unaufrichtig verhalten.
Unter Echtheit verstehen die Eheleute Tausch:
– Verhalten, Gestik und Mimik stimmen mit innerem Erleben, mit dem Fühlen und Denken überein;
– sie öffnen sich gegenüber dem Heranwachsenden, teilen ihre Gefühle und Gedanken mit und machen sich selbst durchschaubar;
– sie zeigen kein erzieherisches Gehabe und verschwenden keine Zeit darauf, sich zu rechtfertigen oder zu verteidigen;
– sie regen Gespräche an, lösen positive Empfindungen ihrer Kinder aus und beeinflussen sie so, daß sie sich selbst echt und durchschaubar geben;
– sie fördern tiefere persönliche Beziehungen und kehren nicht ihre Vorrechte und sonstigen Rechte heraus.
Diese Offenheit, Echtheit und Selbstöffnung verhindern, daß der Jugendliche sich abschließt und Schutzwände errichtet. Die genannten Verhaltensweisen verhindern ein frühzeitiges Ausbrechen aus dem Familienverband und ein Sich-ausgestoßen-Fühlen.[84]

2) Das Vorbild der Eltern

Es ist relativ unbestritten, daß Heranwachsende in der Reifezeit *Vorbilder* suchen und brauchen. Die Selbstfindung geschieht nicht im luftleeren Raum. Partnerschaftsfähigkeit orientiert sich an Leitbildern und Vorbildern. Sie orientiert sich an Menschen unserer nächsten Umgebung, an Eltern, Großeltern und Geschwistern. Der Jugendliche braucht Vorbilder zum *Erlernen* von Kenntnissen, zum *Verarbeiten von Fähigkeiten, zum Entwerfen* von Lebensplänen, zum *Finden* geeigneter Lebensformen. Er braucht diese Vorbilder zum Übernehmen von Ziel- und Wertvorstellungen, zum Einüben von Freundschafts- und Gemeinschaftsfähigkeit, zum Trainieren von Liebes- und Kommunikationsfähigkeit.

Eltern sind Modelle, die befragt, hinterfragt, imitiert und getestet werden können. Vorbilder und Leitbilder sind Orientierungshilfen im Selbstfindungsprozeß. Vorbilder drängen sich nicht auf, kämpfen nicht verbal oder mit Erpressung um ihre Geltung. Vorbilder halten den Heranwachsenden nicht klein und entmündigen ihn durch Überbeschützung und Lenkung. Vorbildhafte Eltern sind ein faires Angebot für Vertrauen und Gleichwertigkeit. Sie stehen dem Heranwachsenden zur Seite, können aber auch zurücktreten, wenn der Jugendliche Distanz hält. Diese unaufdringliche Begleitung fördert die Reife, die Selbständigkeit und eine Ablösung ohne häßliche Komplikationen.

3) Erziehung zur Kooperation

Worauf kommt es in der Familie an? Was sind gute Voraussetzungen für eine *reibungslose Ablösung?* Welche Faktoren sind es, die die Abnabelung erleichtern und den Eltern und den Heranwachsenden gegenseitiges Leid und Schmerzen ersparen?

Es handelt sich um Faktoren, die Selbstverantwortung und Selbstfindung fördern, und dazu gehören in der Familie das Gefühl für Zusammengehörigkeit, das Gefühl für Gleichwertigkeit, Kooperation und Verantwortlichkeit.

Jedes Kind muß sich zugehörig fühlen. Ein Kind, das das Gefühl hat, draußen zu stehen, ist unglücklich. Erfahrene Psychotherapeuten bestätigen, daß nahezu *alle* seelischen Schwierigkeiten, Verhaltensstörungen, Kontaktstörungen und Partnerschaftsstörungen auf einen *Mangel an Zusammengehörigkeitsgefühl* zurückzuführen sind. Zusammenarbeit ist in der Familie notwendig. Wer Zusammenarbeit in der Familie nicht kennengelernt und eintrainiert hat, kann in seiner späteren Ehe daran scheitern. Ehe und Partnerschaft sind ohne konstruktives Zusammenspiel nicht denkbar. Ehe- und Partnerschaft sind Lebensbeziehungen, die ein verantwortliches Kooperieren voraussetzen. Geben und Nehmen, Schenken und Beschenktwerden, Helfen und Sich-helfen-lassen, Beglücken und Beglücktwerden müssen ausgewogen und aufeinander abgestimmt sein. Die Familie ist der Ort der *Einübung*. Jedes Rädchen muß ins andere greifen. Eine Uhr kann nur laufen, wenn sich bereitwillig alle Teile bewegen lassen und ineinandergreifen. Kein Glied kann sich selbständig machen und egoistisch am anderen vorbei sich selbst verwirklichen. Das ist a-sozial.

Ein Glied, das sich in der Familie zugehörig fühlt, das ernst genommen und respektiert wird, trägt auch Verantwortung. Es denkt mit, plant mit, spielt mit, arbeitet mit. Man kann ohne Übertreibung sagen: Ein verantwortlicher Heranwachsender fühlt sich in der Familie wohl, fühlt sich zugehörig und gleichwertig. Er hat keine Veranlassung, sich auszuschließen. Un-Verantwortung, Verantwortungsscheu wird zur Abwehr, Auflehnung, Drückebergerei, Haß, Rache, Egoismus, Eifersucht und Rücksichtslosigkeit. Der Jugendliche spielt eine Sonderrolle und stört die Partnerschaft. Wie wird er sich in seiner späteren Ehe verhalten? Wie will er sich ohne Schwierigkeiten aus der Familie lösen?

4) Ein Freundschaftsverhältnis zwischen Eltern und Heranwachsenden
Freundschaft schafft ein sehr inniges Verhältnis, sie schließt Tyrannei und Rechthaberei aus. In der Pubertätszeit stößt unsere elterliche Erziehung zum ersten Mal an Grenzen. Wir sagen klar und deutlich, was *wir* denken und was *wir* wollen, aber wir zwingen und vergewaltigen den Jugendlichen nicht. Selbstverständlich sind unsere Kinder noch auf Führung angewiesen, aber nicht mehr an kurzer, übersichtlicher Leine. Die *freundschaftliche* Beziehung ist vermutlich der geeignetste Umgang zwischen Eltern und Jugendlichen. Die bisherige Über- und Unterordnung wird durch neue Beziehungsmuster abgelöst.

Freundschaft bedeutet: Großes Vertrauen, bedingslose Annahme, gegenseitige Ehrlichkeit, gegenseitiger Respekt, gegenseitiges Sich-aufeinander-verlassen-können.

Wo dies im großen und ganzen gewährleistet ist, wo die Atmosphäre für solche Beziehungen geschaffen wurde, können sich vertrauensvolle Beziehungen ergeben. Keiner will den anderen manipulieren, keiner will den anderen übervorteilen, keiner will den anderen erpressen und unter Druck setzen. Andernfalls schüfe man

264

nur Spannung und nervöse Gereiztheit. Das gegenseitige Vertrauen würde erlöschen und der gegenseitige Respekt ginge verloren.

Freunde tauschen ihre Erfahrungen aus, und Jugendliche sind auf unsere Erfahrungen angewiesen. Aber sie wollen nicht belehrt, gegängelt und moralisiert werden. Freunde sind ehrlich zueinander. Sie bekennen ihre Versäumnisse und ihr Versagen. Keiner macht den anderen fertig. Geduldig nehmen wir bittere Erfahrungen und mißlungene menschliche Kontakte zur Kenntnis. Freunde raten, Freunde denken mit und sagen ihre Gefühle und deuten ihre Lösungsmöglichkeiten an. Aber es sind Angebote und Lösungshilfen, niemals Forderungen.

Wir haben gesagt: Freunde respektieren einander. Wer den anderen respektiert, kann andere Meinungen haben. Aber er versucht niemals, den anderen – mit welchen Mitteln auch immer – zu zwingen, seine Erkenntnisse zu akzeptieren. *Gegenseitiger Respekt toleriert das Eigenleben der Eltern und das Eigenleben der Kinder.*

5) Annehmen der Heranwachsenden – wie sie sind
Liebe heißt, den anderen akzeptieren, wie er ist, nicht, wie er sein sollte. Die Liebe preßt das Kind nicht in vorgefertigte Schubladen. Der Jugendliche hat nicht so zu sein, wie *wir* uns das vorstellen. Der Jugendliche muß nicht denken, reden und sich verhalten, wie wir uns das wünschen.

Wir sind seine *Vorbilder*, aber keine Polizisten;
wir sind seine *Ratgeber*, aber keine Gesetzgeber;
wir sind seine *Begleiter*, aber keine Gouvernanten.

Wenn wir diese Regeln beachten, erleichtern wir dem Jugendlichen und uns selbst das Leben. Wir spielen ihm nichts vor, ziehen keine Daumenschrauben an, weil der pubertäre Trotz und Ablösungseifer stärker geworden sind. Wir respektieren seine Entwicklung, respektieren die Wandlung, aber auch die notwendige Ablösung.

Eugenia Price, eine welterfahrene Frau, schreibt über Dissonanzen zwischen Müttern und Töchtern:

»Manchen Müttern fällt es offenbar am schwersten, die Tatsache zu akzeptieren, daß sie das Leben ihrer Kinder nur bis zum Alter von ungefähr 10 oder 11 Jahren formen können. Von da an können sie die Kinder im besten Falle beeinflussen. Normalerweise ist ein Kind unter 10 Jahren völlig abhängig und in jeder Beziehung auf die Eltern angewiesen. Das ist, wie gesagt, normal. Aber Eltern begreifen irgendwie nicht, daß sich das verändert, wenn aus dem Kind ein Teenager geworden ist. Der Normalzustand eines Teenagers ist *Unabhängigkeit*.«[85]

265

5. Teil

Auf dem Weg zur Ehe oder zur Ehelosigkeit

Der Abschluß des Jugendalters ist für viele die hohe Zeit der Liebe. Feste Freundschaften haben sich installiert. Nicht wenige Jugendliche sind zu Hause ausgezogen, bewohnen eigene Zimmer, bringen ihr Studium zu Ende oder sind beruflich fest im Sattel.

Andere erleben zunehmend, daß sie für die Ehe nicht geschaffen sind oder erfahren es als Begabung und Auftrag, sich für die Ehelosigkeit zu entscheiden. In 4 Kapiteln soll der Wegabschnitt beschrieben werden, den viele Eltern mit ihren Kindern gehen und hoffentlich gemeinsam besprechen können.

I. Wann ist der junge Mensch reif zur Ehe?

Wenn er *zeugungsreif* ist? Der jüngste Vater Europas ist 11 Jahre alt. Er war körperlich reif und fähig, mit einem Mädchen ein Kind zu zeugen. Von *Ehereife* und *sozialer Reife* kann allerdings keine Rede sein. Der Junge konnte Geschlechtsverkehr ausüben, aber nicht lieben im Vollsinne des Wortes. Zeugungsreife ist eine Frage der biologischen Entwicklung. Sie ist eine Frage von körperlichem Wachstum und der hormonellen Umstellung im Körper. Keineswegs muß sie mit geistiger und seelischer Reife synchron laufen. Die Reife fällt keinem jungen Menschen in den Schoß. Sie ist nicht angeboren und tritt nicht automatisch mit Abschluß der Pubertät oder der Mündigkeit in Erscheinung. *Reife ist ein Prozeß. Sie kostet Arbeit, Phantasie, Überwindung und Charakterbildung.* Reife ist das Produkt eines jahrelangen Prozesses. Leider wird diese geistige, seelische und soziale Reife durch viele Einflüsse von draußen und falsche Lebenseinstellungen von innen behindert und blockiert. Schauen wir uns zunächst eine Reihe dieser Barrieren an. Wie sehen die Hindernisse für ein Reifwerden zur Ehe aus? Es gibt für junge Menschen auf dem Wege zur Adoleszenz, zum Reif- und wirklichen Erwachsen-werden zahlreiche Hindernisse, die die Ehereife in Frage stellen und die Liebes- und Partnerschaftsfähigkeit beeinträchtigen.

1. Steckenbleiben in der Verliebtheit

Verliebtheit ist etwas Reizvolles und Schönes. Jeder echt Liebende sollte eine große Prise Verliebtheit aufweisen. Aber Verliebtheit ist bestenfalls der Keimling der Liebe. C. S. Lewis kommentiert:

»Die Wichtigkeit der Ehe als Vertrag und Versprechen wird von dem völlig verkannt, der in der ›Verliebtheit‹ den einzigen Grund sieht, an der Ehe festzuhalten ... Verliebtheit ist etwas Köstliches, aber sie ist nicht das höchste menschlicher Gefühle. Auf den Zustand der Verliebtheit kann man nicht sein ganzes Leben aufbauen. Es ist ein großartiges Gefühl, aber eben nur ein Gefühl ... Liebe im Unterschied zur ›Verliebtheit‹ ist kein bloßes Gefühl. Sie ist ein tiefes Einssein, das durch den Willen garantiert und durch die Gewohnheit bewußt gefördert wird. Der Motor der Ehe läuft mit dieser stillen Liebe; die Verliebtheit war die Kurbel, die den Motor angeworfen hat. Beschließt man dagegen, sein Leben auf den Reiz zu gründen, und sucht man diesen künstlich zu verlängern, so wird er immer schwächer und seltener. Am Ende steht die Langeweile und Illusionslosigkeit.«[86]

Der Verliebte verläßt sich auf seine Gefühle, auf seinen »sicheren Instinkt« und auf seine Intuition. Schon die alte Spruchweisheit macht deutlich: »Verliebtheit macht blind.« Der junge Mensch liebt mit geschlossenen Augen. Fehler, Schwächen und schlechte Charaktereigenschaften des Partners werden gar nicht registriert. Der Verliebte lebt im Trancezustand. Darum ist die Verliebtheit eine Selbsttäuschung. Die anziehende und betörende Art des anderen beeindruckt und ruft sogenannte Liebesgefühle hervor. Das Objekt der Liebe wird überbewertet, die eigene Liebesfähigkeit völlig unterschätzt. Ein Steckenbleiben in der Verliebtheit blockiert die Reife (s. auch 4. Teil, II, 2.3).

2. Die Überbetonung körperlich-sexueller Beziehungen

In den letzten Jahren ist die körperliche Seite der Sexualität überhöht und vergötzt worden. Jede Vergötzung führt aber geradewegs in die Verzweiflung. Nicht die Sexualität ist das Problem, sondern der junge Mensch, der sie mißbraucht. Die Überschwemmung mit sexualwissenschaftlicher Information, mit pseudowissenschaftlichen Mitteilungen, mit Sex-Artikeln, mit Sex-Praktiken, technischen Hilfen und Werkstattberichten hat vielen jungen Menschen – bis heute – eine völlig einseitige Sicht der Liebe und der ehelichen Partnerschaft vermittelt.

Der junge Mensch verwechselt Liebe mit körperlich-sexueller Tüchtigkeit. Funktionierende körperliche Liebe wird als Fundament einer harmonischen Liebes- und Partnerbeziehung unterstellt. Scheitert diese körperliche Beziehung und klappt sie nicht zufriedenstellend, wird die Liebe und damit die tragfähige Partnerschaft in Frage gestellt. Junge Menschen werden mit der fatalen und irreführenden These gefüttert, daß schlecht funktionierende sexuelle Beziehungen die Partnerschaft zerstören. Aus jahrelanger Eheberatungspraxis ergibt sich jedoch folgender Tatbestand: Sexuelle Störungen sind – fast ohne Ausnahme – die Folge zwischenmenschlicher Störungen, mangelnder Partnerschaft und Liebesfähigkeit und damit mangelnder Reife.

3. Das Streben nach Glück, Genuß und Lust

Unseren Jugendlichen wurde jahrelang ein weiterer Irrtum selbst von namhaften Aufklärern ins Gewissen geredet: Das Streben nach Lust, Genuß und Glück muß die Hauptbewegungslinie des jungen Menschen sein, um seine Partnerschaft zu realisieren, um seine sexuelle Begegnung mit dem anderen Partner zufriedenstellend zu gestalten. Was ist an dieser These falsch?

Der bedeutende Psychiater Viktor E. Frankl, der Begründer der Logotherapie, hat unmißverständlich erklärt: »Wer Lust anstrebt, dem vergeht sie.« Auch Rudolf Affemann, Arzt und Psychoanalytiker, schreibt:

»Bei der Analyse der geistigen Veränderungen unserer Zeit wurde deutlich, daß die moderne Lustvergottung und Lustmaximierung Leben und Glück zerstören ... Am Ende des Weges, der im Zeichen des totalen Lustgewinnes begann, stehen Erlebnisunfähigkeit und damit gerade die Unlust.«[87]

Warum ist das so?

Lust, Glück und Genuß können nicht auf direktem Wege erreicht werden. Glück, Lust und Zufriedenheit sind *Begleitphänomene* und Begleiterscheinungen einer intakten und reifen Partnerbeziehung. Nicht ein totaler Lustgewinn schafft eine glückliche Partnerbeziehung, sondern eine glückliche Partnerbeziehung wird in der Regel einen optimalen Lustgewinn garantieren. Je besser zwei Menschen seelisch und geistig miteinander kommunizieren können, je mehr sie sich zu sagen haben, je mehr sie miteinander anfangen können, desto selbstverständlicher, desto störungsfreier verlaufen ihre sexuellen Beziehungen. Auch der Psychologe Professor Rudolf Seiß stellt die Lustorientiertheit als Fehlerziehung dar, wenn er schreibt:

»Thesen wie: ›Man soll das Glück des Augenblicks nicht einem künftigen opfern‹ reduzieren die subjektive Toleranzgrenze gegenüber dem Leid … Eine geringe Toleranz gegenüber dem Leid aber erhöht die Bereitschaft, bei Belastungen zu verzweifeln. Die Ungeübtheit, mit Leid und Konflikten fertig zu werden, führen zu einer erhöhten Konfliktflucht wie Aggression, Protest oder Regression, Rausch und Sucht.«[88]

4. Das Realisieren unverbindlicher Freiheit

Der vor einigen Jahren verstorbene Münchener Analytiker Fritz Riemann hat ein kleines Büchlein geschrieben mit dem bezeichnenden Titel *Die schizoide Gesellschaft.* Er beschreibt ein Phänomen, das unverkennbar ist: die zunehmende Vereinsamung, Isolierung, Kontaktlosigkeit und Bindungslosigkeit des Menschen in unserer Gemeinschaft, also die zunehmende *Schizoidisierung.* Womit hängt das zusammen? Die Stützen der Gesellschaft beginnen zu wanken: Familie, Ehe, Treue, Glaube, Gesetz und Autorität. Riemann schreibt:
»Wenn es Glaube, Liebe und Hoffnung nicht mehr gibt, verliert der Mensch seine Menschlichkeit. Bindungslosigkeit ist Verantwortungslosigkeit. Je isolierter, gehemmter, einsamer und kontaktunfähiger der junge Mensch, desto übertriebener und akzentuierter die Sexualität, die Hervorhebung der körperlichen Befähigung, desto stärker der Partnerwechsel, desto mangelhafter die Reife und die Liebesfähigkeit.«[89]
Weltweit wird die Single-Bewegung propagandistisch gefördert und publizistisch ausgeschlachtet. Die Zeitschrift »Quick«, die eine ganze Serie diesen bindungslosen Menschen gewidmet hat, schreibt:
»Diesmal geht es um die 30jährigen Frauen, die ohne festen Partner leben. Denen die Unabhängigkeit wichtiger ist als eine Bindung mit Kompromissen.«
Sie wollen alle genießen, nehmen und profitieren, aber keine Bindung eingehen, keine Kompromisse schließen, nicht letzte Verantwortung für eine Partnerschaft auf Gedeih und Verderben übernehmen. Umfragen unter Singles zeigen aber deutlich, daß diese Haltung Unreife und Einsamkeit fördert und die Isolation auf Dauer vergrößert.

5. Ungelöste Identifikationsprobleme in der Reifezeit

Identifikationskonflikte der Heranwachsenden hat es immer gegeben. Aber die heutige Zeit bringt sie gehäuft hervor. Für die zukünftige Ehereife sind diese Krisen lähmend. Woran liegt das?
Der schon genannte Rudolf Seiß beschreibt den Identifikationskonflikt – nach Untersuchungen von einer psychologischen Beratungsstelle an einer Hochschule – als zentrale Krankheitsursache,

die Selbstunsicherheit, Konzentrationsstörungen, Arbeitsschwäche und Partnerschaftsstörungen hervorrufen. Seiß kommentiert:

»Wir erkennen das an der zunehmenden Flucht in das ›Wir‹, die Gruppe, das Kollektiv, die Intimbeziehung und das Besitzenwollen als Ersatz für personale Bindung, weil personale Bindung infolge mangelnder Selbstidentität nicht realisiert werden kann . . . Wer ein Recht auf Lust provoziert und die Erwartungen in Richtung auf Genießen und Konsum lenkt, darf sich nicht wundern, daß der Gedanke der Emanzipation auf unfruchtbaren Boden fällt, denn Mündigkeit und infantile Lustorientiertheit schließen sich aus.«[90]

Wenn wir aus diesen Überlegungen einige Akzente herausstellen, heißt das:

– Ohne personale Bindung kann die notwendige Selbstidentifikation nicht stattfinden,

– mangelnde Identität verleitet zur Regression in die Gruppe, ins Kollektiv, in das Wir.

Für die Erziehung und Sozialisation ergeben sich daraus Folgerungen und Forderungen, die junge Menschen beherzigen sollten:

Jugendliche brauchen zu ihrer Reife und Selbstfindung das persönliche Verhältnis zu einem Menschen, dem man vertrauen kann.

Sachautorität ist anonym, ihr fehlt die Überzeugungskraft, das Vorbild und das intensive Gespräch. Sachautorität ist wichtig, aber sie muß durch Menschen ergänzt werden, die wissen, was sie wollen, die glauben, was sie sagen, die leben, was sie glauben. Identifikationskonflikte sind Vorbildkonflikte. Eine »vaterlose« Gesellschaft kann keine zukünftigen Väter und Ehepartner erziehen. Der Heranwachsende braucht in Familien Vorbilder, die Positionen beziehen können, die leitbildstark sind und die ohne Fanatismus Überzeugungen vermitteln können.

6. Frühehen

Sie spiegeln nicht selten eine ausgesprochene Unreife der Partner wider. Nach der Statistik ist die Scheidungsquote derjenigen, die bei der Eheschließung unter 21 Jahren waren, dreimal so hoch wie bei denen, die später heirateten. Die Zahl der heiratenden Frauen zwischen 18 und 21 in Deutschland beträgt 37,6 %, die Zahl der heiratenden Männer zwischen 18 und 21 nur 8,7 %.

Was sind die Gründe für die Frühehe?

Zunächst ist durch kulturspezifische Einflüsse (Ernährung, Hygiene, Urbanisation usw.) seit etwa 100 Jahren *die körperliche Reife ca. 2 Jahre vorverlegt.* Nach neueren Untersuchungen hat sich der Vorsprung der Mädchen von ca. 2 Jahren nicht vermindert. So liegen Beginn und Maximum des puberalen Wachstums beim Mädchen heute im 9. und 10. bzw. 12. und 13. Jahr, bei Jungen im 11. und 12. bzw. 14. und 15. Jahr.

Viele junge Menschen werden heute mit dem Alleinsein nicht fertig. Der Schizoidisierung unserer Gesellschaft steht als Pendant ein zunehmendes depressives Verhalten junger Menschen gegenüber. Sie brauchen Menschen als Halt, Geborgenheit und Stütze. Die Erziehung zu depressivem Verhalten kann – vornehmlich – auf zwei Wegen erreicht werden: durch *Vernachlässigung* und durch *Verwöhnung.* Sexualpädagogisch und erzieherisch ist besonders die Verwöhnung zu beachten. Sie wird heute von Fachleuten als Erziehungsfehler Nummer 1 in unserer Gesellschaft charakterisiert. Verwöhnung schafft Abhängige, Passive, Depressive und Lebensuntüchtige, die sich gern anklammern, Hilfe und Schutz suchen und keine Verantwortung tragen wollen. Sexuelle Partnerschaft und Frühehe werden benutzt, um die eigene Schwäche, Hilflosigkeit, Einsamkeit, Entscheidungsunfähigkeit und Unselbständigkeit zu kompensieren.

In unserer schnellebigen Zeit wird schneller geheiratet. Es wird auch schneller geschieden. Die alten Worte von lebenslanger Treue, unverbrüchlicher Liebe, Teilen von Not und Freude, werden in vielen Kommunikationsorganen abgewertet. Die Gesellschaft ist insgesamt toleranter geworden und die Familienpolitik liberaler.

Und ein weiterer Gesichtspunkt: *Viele Erwachsene geben mit ihrer liberalen und weitherzigen Eheauffassung* (jede dritte Ehe wird in Deutschland geschieden) *den Heranwachsenden ein schlechtes Vorbild,* Partnerschaft und Ehe entsprechend einzustufen. Da die innere Reife fehlt, sind die jungen Eheleute schnell voneinander enttäuscht, können kein seßhaftes Familienleben führen, fühlen sich blockiert und brechen aus.

7. Was sind die Kennzeichen für Ehereife?

Was sollen junge Menschen tun, um liebes- und partnerschaftsfähig zu werden? Welche Gesichtspunkte sind erfahrungsgemäß unabdingbar für eine Lebensgemeinschaft, die in Krisen und Anfechtungen halten soll?

Wenn in Deutschland und in vielen Ländern der westlichen Welt die Scheidungsziffern so hoch liegen, muß man nach der Ehereife vieler

Partner fragen. Wer mit infantilen Vorstellungen und Einstellungen eine Partnerschaft eingeht und Kinder in die Welt setzt, die wiederum zu unreifen Lebenspartnern heranwachsen, weil sie Ehereife, Liebes- und Partnerschaftsfähigkeit der Eltern nicht kennengelernt haben, der hilft mit, die seelische Gesundheit eines Volkes auf Dauer in Frage zu stellen. Die erschreckende Zunahme von *Verhaltensstörungen* bei Kindern ist unter anderem ein Indiz für mangelhafte Liebe und Partnerschaftsfähigkeit vieler Eheleute. Christa Meves formuliert Fakten, die es zu bedenken gibt:

> »Zur Reife dieser Art gehört das Bemühen, den anderen ernst zu nehmen, ihm zuzuhören, die verschiedenen Lebensaufgaben als gemeinsame Sache zu verstehen; dazu gehört ferner die Möglichkeit zur Disziplinierung der eigenen Ansprüche in bezug auf die Zuwendung des Partners und Toleranz in bezug auf seine Eigenheiten. Die Voraussetzung zu einer langen, glücklichen modernen Ehe besteht vor allem darin, sich gegenseitig mitzuteilen, das Gespräch miteinander sehr wach zu halten und sich fortgesetzt um ein Verstehen des anderen zu bemühen.«[91]

Ich möchte einige Elemente herauspicken, die die Ehereife konkret beschreiben.

1) Ehereife heißt; sich in den anderen hineinversetzen können

Unreife ist, wenn ein Partner in erster Linie an seine *Selbstverwirklichung* denkt, und zwar am anderen vorbei; wenn er seine Wünsche und Vorstellungen durchsetzt und sich wenig auf den Partner einstellt. Den anderen verstehen heißt: mit seinen Augen sehen, mit seinen Ohren hören und mit seinem Herzen fühlen. Das ist schwer und kostet Arbeit, Phantasie und Geduld. Viel Streit, Machtkämpfe und häßliche Auseinandersetzungen haben hier ihren Grund: Die Partner reden von sich und ihren Argumenten. Sie verteidigen ihren Standpunkt und bemühen sich nicht, die Gefühle, Vorstellungen und Gedanken des Partners ganz ernst zu nehmen.

Ehereife verlangt *Einfühlungsvermögen*, verlangt Verständnis für die Verhaltenseigenarten des Partners, die fremd und anders sind. Ehereife verlangt ein *Mitschwingenkönnen* mit dem anderen, der ein anderes Temperament hat und ein anderer Typ ist. Dieses Mitschwingenkönnen wird nicht aus einer automatischen Übereinstimmung geboren. Es will geübt und es will gewollt werden.

2) Ehereife heißt: seine Ansprüche beschneiden können

Selbstverwirklichung am Du vorbei ist Egoismus und Lieblosigkeit. Der Vater der Gamologie, der Ehewissenschaft, Dr. Theodor Bovet, sprach von der *neuen Eheperson, die aus zwei verschiedenen Individuen entstanden ist.* Diese Einheit der Eheperson, dieses neue *Wir,* verlangt Beschneidung der egoistischen Wünsche. Sie verlangt Kompromißbereitschaft. Der Kompromiß ist eine hilfreiche Übereinkunft und keine faule Notlösung, wie sie von vielen verstanden wird. Das ganze Leben erfordert Übereinkünfte, die Entweder-Oder-Lösungen dagegen schaffen Ehestreit, Aversionen und Distanz. Entweder-Oder-Lösungen beruhen auf Rechthaberei, mangelndem Einfühlungsvermögen in den anderen und spiegeln Herrschsucht wider. Auch für eine reife Partnerbeziehung gilt, daß wir dienen und nicht herrschen wollen. Das Wort des Neuen Testamentes gilt auch für die Zweierbeziehung der Ehe.

3) Ehereife setzt Vertrauen schenken voraus

Vertrauen ist eine Art Komparativ von *trauen.* Die Bedeutung im Althochdeutschen und Mittelhochdeutschen beinhaltet »glauben, hoffen, zutrauen«. Meinem Partner muß ich trauen können. Auf ihn muß ich mich in allen Situationen des Lebens verlassen können. Ich muß ihm etwas *anvertrauen* können und wissen, daß es bei ihm gut aufgehoben ist. Vertrauen bewirkt Gemeinschaft, Partnerschaft und Zusammengehörigkeitsgefühl. Mißtrauen zerstört die Gemeinschaft. Mißtrauen ist das Gegenteil von Vertrauen. Der Eifersüchtige und der Ängstliche haben kein Vertrauen. Ihr Argwohn ist grenzenlos und zerstört das Band gemeinsamer Interessen. Mißtrauen geht mit Feindseligkeit gegenüber den Menschen Hand in Hand. Der Partner hat keinen Frieden mit sich und mit dem anderen.

Fritz Riemann, der die schon skizzierte schizoide Persönlichkeit beschrieben hat, schreibt weiter:

> »Nach unserer früheren Beschreibung wären also die schizoiden Persönlichkeiten ... diejenigen, welche von der Seite der Angst her gesehen, den Impuls zur ›Eigendrehung‹ überwertig leben. Sie wirken fern, kühl, distanziert, schwer ansprechbar ... Das kann alle Schweregrade annehmen, von immer wachem Mißtrauen, krankhafter Eigenbezüglichkeit bis zu eigentlichen wahnhaften Einbildungen und Täuschungen.«[92]

Wer dem Partner nicht vertraut und selbst nicht vertrauenswürdig ist, kann keine langlebige Partnerschaft durchhalten. Ohne wechselseitiges Vertrauen ist Ehe nicht möglich.

4) Wer ehereif ist, trägt Verantwortung

Das Wort ist zunächst – nach Friso Melzer – ein Wort aus der Rechtssprache gewesen. Der Angeklagte hat dem Ankläger Rede und Antwort zu stehen. Mich trifft ein Wort und ruft mich zur Ver-Antwort-ung. Verantwortung lebt und wirkt zwischen Personen. Leben heißt, verantwortlich sein. Das Tier ist auf festgelegte Signale und Auslösereize angewiesen. Der Mensch ist das einzige Wesen, das für sein Tun zur Verantwortung gezogen werden kann. Als *Agierender* und nicht als *Reagierender* verändert er die Welt.

Wer verantwortlich handelt, handelt partnerschaftlich und praktiziert Nächstenliebe und Gemeinschaft. Partnerschaft ohne Verantwortung ist wie ein rundes Viereck. Erst Verantwortlichsein ermöglicht Kooperation, Partnerschaft, personales Glück und gemeinsames Wohlergehen. Wer sich drückt, dem Partner die Verantwortung zuschiebt oder der Gesellschaft, den Umständen, den Institutionen, der Vergangenheit oder einem blinden Schicksal, ist nicht ehereif.

Die meisten neueren Psychotherapierichtungen sind fest davon überzeugt, daß Erziehung zur Verantwortung *der* Angelpunkt der Sozialisation sein muß. Von den vielen Stimmen greife ich nur eine heraus, Virginia Satir, die in Paolo Alto Familientherapie lehrt und praktiziert:

> »Das wichtigste Konzept in der Therapie ist das der *Reifung*, da es ein Prüfstein aller übrigen Begriffe ist . . . Eine reife Person ist jemand, der seine Mündigkeit erlangt hat und nun in der Lage ist, Auswahl und Entscheidungen zu treffen . . . ferner einer, der diese Auswahl und Entscheidungen als seine eigenen anerkennt und Verantwortung für ihre Folgen akzeptiert.«[93]

Virginia Satir bindet *Verantwortung und Reife* zusammen. Eine reife Person, die Verantwortung übernimmt, gilt bei ihr als sozial und emotional kommunikationsfähig. Sie kann ein Gleichgewicht zwischen Geben und Nehmen herstellen und gestaltet *mit* dem Partner die Zukunft.

5)Ehereife bedeutet; frei wählen und frei entscheiden können

Viele Heranwachsende haben sich gebunden, ohne in Freiheit gewählt zu haben. Vorschnelle Bindungen sind Zeichen von Unreife. Wer am ersten Besten hängen bleibt, hat nicht gewählt. Er hat sich von undurchschaubaren unbewußten Wünschen und Absichten leiten lassen. Er wird getrieben und hat das Steuer seines Lebens nicht fest in der Hand.

Zur Freiheit gehört auch das Recht, dem anderen ein Nein zu sagen, wenn dies notwendig ist. Niemand sollte seine Freiheit vorschnell auf's Spiel setzen. Niemand sollte sich *mehr* binden, als er verantworten kann. Er weckt im Partner falsche Hoffnungen, die er später nur widerwillig einlöst. Ängste, im Stich gelassen zu werden und die Einsamkeit nicht ertragen zu können, Bestätigungen, Anklang und Halt zu brauchen, sind – wenn die Bedürfnisse den normalen Rahmen sprengen – schlechte Voraussetzungen für eine Bindung. Wo einer das augenblickliche Glück des Partners mit Ängsten und Unsicherheit bezahlen muß, da wird er mißbraucht.

Freiheit in der Partnerschaft bedeutet auch, daß Kinder gewollt sind und Frucht echter Liebe sind. Kinder haben Rechte. Ein Kind zu zeugen, dessen Rechte man nicht erfüllen will oder kann, ist verantwortungslos. Außerhalb der Ehe ist die Zeugung eines Kindes ein Zeichen von Unreife. Ganz davon abgesehen, daß sie ein unfaires Verhalten gegenüber der Mutter *und* dem Kind darstellt.

II. Wie entwickeln sich Bindungs- und Liebesfähigkeit?

Für eine tragfähige Partnerschaft sind Bindungs- und Liebesfähigkeit unabdingbar. Zwei Menschen, die ein Leben lang aufeinander angewiesen sind, die Freud und Leid miteinander teilen, Streit, Vorwürfe und Auseinandersetzungen meistern wollen, bedürfen einer soliden Bindungs-, Liebes- und Partnerschaftsfähigkeit. Guter Wille und gute Absichten sind viel, aber sie reichen in der Regel nicht aus. Liebesfähigkeit ist auch keine eindeutige Mitgift der Natur. Wir haben sie nicht geerbt, haben sie nicht wie den Rhesusfaktor im Blut und können ohne Training und ohne Erfahrung im zwischenmenschlichen Umgang damit nicht operieren.

Die Verhaltensforschung hat sich mit dieser Frage eingehend beschäftigt und steuert ihre Erkenntnisse bei. Selbstverständlich betont sie den Vererbungscharakter.

1. Bindungsfähigkeit und Bindungstrieb

Daß Menschen bindungs*fähig* werden können, ist in erster Linie eine Frage der Sozialisation. Und doch gibt es – vermutlich – eine Anlage zur Zusammenarbeit, wie sie der Verhaltensforscher Eibesfeld, ein Schüler von Konrad Lorenz, beschrieben hat. In seinem Buch »Liebe und Haß« faßt er die Forschungsergebnisse über den *Bindetrieb* zusammen. Seine Untersuchungen über die Naturgeschichte elementarer Verhaltensweisen setzen neben den mörderischen Aggressionstrieb den erfolgreichen Gegenspieler, den *Trieb zur Zusammenarbeit*. Besonders bei Tieren, aber auch im Menschen sieht Eibesfeld eine angeborene Anlage zur Geselligkeit, die ihm hilft, sein Aggressionsproblem zu lösen. Wörtlich schreibt Eibesfeld:

> »In den Anlagen zur Geselligkeit liegt der Schlüssel zur Bewältigung des Aggressionsproblemes ... Die aggressiven Impulse des Menschen werden meines Erachtens durch ebenso tief verwurzelte Neigungen zur Geselligkeit und zum gegenseitigen Beistand aufgewogen. Wir werden ausführen, daß die Neigung zur Zusammenarbeit und zum gegenseitigen Beistand ebenso wie viele der konkreten Verhaltensweisen freundlichen Verhaltens angeboren sind.«[94]

Diese Hinweise aus der Verhaltensforschung sind zunächst tröstlich, sie bestätigen, daß der Mensch Anlage zur Kooperation und zum sozialen Verhalten sozusagen als Trieb mit in die Wiege gelegt bekommen hat. Aber gerade *die Kontrolle und die Beherrschung der Triebe sind Fragen der Sozialisation.*

Leider ist die Anlage zur Kooperation, zur Bindung und zur Mitmenschlichkeit aber nicht so stark, daß sie in kleinen oder großen Gruppen (in Ehen und Völkergemeinschaften) Unfriede, Streit, Krieg und Vernichtung verhindern könnte. Auch die Scheidungsziffern machen deutlich, daß die Liebes- und Partnerschaftsfähigkeit in vielen Familien nicht so entwickelt und positiv entfaltet wird, wie sie für ein fruchtbares Zusammenleben in Ehe und Familie erforderlich wäre. Der Bindetrieb muß durch Erziehung und durch verantwortliches Zusammenleben in der Familie kultiviert und gefördert werden, damit er im zwischenmenschlichen Umgang seine Fähigkeit, Freundschaft und Partnerschaft zu gestalten, bewähren kann.

Auch Alfred Adler glaubt, daß das *Gemeinschaftsgefühl* – übrigens der Kerngedanke der Individualpsychologie –, das Liebes- und Partnerschaftsfähigkeit einschließt, als angeborene Disposition den Menschen in die Lage versetzt, zwischenmenschliche und soziale Beziehungen konstruktiv zu gestalten. Allerdings ist Adler fest davon überzeugt, daß dieses Gemeinschaftsgefühl, dieses mitmenschliche kooperative Verhalten, durch Erziehung im familiären Bereich entwickelt werden muß.

»Das Gemeinschaftsgefühl als solches ist nicht angeboren, nämlich als selbständige Ganzheit, sondern es ist eine angeborene latente Kraft, die bewußt entwickelt werden muß. Wir können keinem sogenannten sozialen Instinkt vertrauen, denn seine Ausdrucksform hängt davon ab, wie das Kind seine Umgebung begreift und sieht.«[95]

Das ist der springende Punkt. Was hat das Kind in der Familie erlebt? Welche Erfahrungen hat es gemacht? Welche Schlüsse hat es für das spätere Leben gezogen? Wie hat es Liebe, Partnerschaft, Mitmenschlichkeit, Gemeinschaft und Treue erlebt, und welche positiven oder destruktiven Beziehungsmuster wird es als Erwachsener in die Tat umsetzen?

2. Die Familie – Trainingszentrum für Liebesfähigkeit

Die Familie ist für das Kind der Nährboden, auf dem sich die notwendigen Fähigkeiten, mit anderen Menschen und speziell dem Lebenspartner umzugehen, entwickeln und entfalten. Die Familie ist in erster Linie das Trainingszentrum für kooperative oder destruktive Umgangsmuster. Rudolf Dreikurs drückt das so aus:

»Die Vorstellungen eines Kindes werden durch seine Stellung in der Familie beeinflußt. Die Reaktion der Eltern auf die Versuche und Anstrengungen des Kindes, mit ihnen auszukommen, bestimmt das Verhalten des Kindes. Des weiteren bieten die Persönlichkeiten der Eltern und ihr Betragen dem Kinde Leitbilder in der Entwicklung seiner eigenen Methoden. Indem es wieder von seinem eigenen Gesichtspunkt aus urteilt, macht es sich Methoden und Verhaltensweisen zu eigen, die es als wirksam ansieht. Wenn das Kind jedoch Brüder und Schwestern hat, werden sie für seine Entwicklung im allgemeinen wichtiger sein als die Eltern, die eine ausgleichende Rolle übernehmen und die Stellung eines jeden Kindes in der Gruppe betonen und leiten.«[96]

Die Interaktion zwischen Eltern und Kindern und die Interaktion zwischen Geschwistern unter sich bestimmen den *Lebensstil* eines Menschen, der etwa bis zum 6. Lebensjahr in groben Umrissen festliegt. Der Lebensstil wird davon bestimmt,
– wie der Mensch sich selbst sieht,
– wie er andere Menschen beurteilt und erlebt,
– welche Meinung er von seiner Stellung im Leben hat und
– welche Methoden und Umgangsmuster er da benutzt.
Der Lebensstil wiederum steht in einer Art von Wechselwirkung zu
– Liebesfähigkeit,
– Bindungsfähigkeit und
– Partnerschaftsfähigkeit.
In der Familie werden die Weichen für die Zukunft gestellt. Im Trainingszentrum Familie werden partnerschaftsfreundliche und partnerschaftsfeindliche Umgangsmuster übernommen. Das Kind lernt aus den alltäglichen Beziehungen, registriert Erfreuliches und Unerfreuliches und bildet sich seine Meinung.

Der Lebensstil ist die schöpferische Gestaltung des Kindes. Es zieht Schlüsse, macht sich ein Bild und paßt alle Erfahrungen in seinen Lebensplan ein. Dieser Lebensplan oder Lebensstil wird zur Landkarte, die der Erwachsene später als Orientierung für sein Planen, Denken, Handeln, für sein Leben und Lieben verwendet. Zeigt dieser Lebensplan Leitlinien, die günstige Voraussetzungen für den zwischenmenschlichen Umgang bieten, ist der Betreffende in der Lage, Liebe zu praktizieren, Toleranz zu üben, Geduld aufzubringen, zu vergeben und auftretende Schwierigkeiten zu meistern. Er kann sich in den anderen einfühlen, gibt nicht auf, wenn sich Konflikte hartnäckig halten, und ermutigt den anderen, gemeinsam mit ihm an der Lösung von Schwierigkeiten zu arbeiten. Er beweist damit eine ausreichende Liebes- und Partnerschaftsfähigkeit.

3. Das Rollenbuch der Familie

Die Transaktionsanalytiker sprechen auch vom »Rollenbuch der Familie«. Unter einem Rollenbuch verstehen sie die dramatischen Lebensereignisse, die erlernten, geübten und dargestellten Rollen, die durch ein Rollenbuch bestimmt sind. Sie glauben, daß zwischen einem psychologischen Rollenbuch und einem Rollenbuch für ein Drama, für Komödie oder Tragödie kein Unterschied besteht.

»Beide enthalten eine vorgeschriebene Rollenverteilung, Dialoge, Akte und Szenen, Themen und Verwicklungen, die einem Höhepunkt zustreben und mit dem Schlußvorhang enden. Ein psychologisches Rollenbuch ist das fortlaufende Programm für das Lebensdrama des Menschen. Es diktiert, was der Mensch mit seinem Leben macht und wie er es nutzt. Es ist ein Drama, das jeder Mensch zwangsläufig darstellt, auch wenn er sich dessen nur vorbewußt sein mag.

Das Rollenbuch eines Menschen kann einem Melodrama gleichen, einem wilden Abenteuerstück, einer Tragödie, einem Märchen, einer Farce, einer Romanze, einer köstlichen Komödie oder einem langweiligen Stück, das die Schauspieler anödet und ein Publikum einschläfern würde. Jedes Drama enthält ein unterschiedliches Maß an Konstruktivität, Destruktivität oder Unproduktivität.«[97]

So lernt jeder Mensch in der Familie seine Rolle zu spielen. Im Zusammenleben macht er seine Erfahrungen, er findet seine Rolle und *entscheidet* sich für seine Rolle. So werden Helden und Heldinnen, Abenteurer, Opfer und Retter, Tyrannen und Stars, Mauerblümchen und Charmeure geboren. Das Rollenbuch der Familie kann bestimmten Mitgliedern bestimmte Leitmelodien vorschreiben. Die Erwartungen haben ihre Entsprechung gefunden. Das Mitglied hat die Herausforderung angenommen. Da gibt es: das »schwarze Schaf«, den »Sündenbock«, den »Unwiderstehlichen«, den Menschen mit »zwei verkehrten Händen«, den »Pechvogel«, usw.

4. Familienklima und Familienatmosphäre

Jede Familie hat ihr eigenes Klima und entwickelt ihre spezifische Atmosphäre. Das Familienklima beschreibt eine bestimmte seelische Witterung in der Familie. Diese familiäre Wetterlage kann »schön«, »bedrückend«, »wolkig«, »klar«, »freundlich«, »warm«, »kalt«, »verregnet« und »stürmisch« sein. Genau diese verschiedenen Klimate sind es, die den Nährboden abgeben für zufriedenstellende oder auch für gestörte Liebes- und Bindungsfähigkeit. Die amerikanischen Psychologen Don Dinkmeyer und Gary McKay schreiben:

»Die Familie bildet die Umwelt und den Rahmen, die das Kind einer bestimmten Richtung von Lebenseinstellungen aussetzen. Überzeugungen, Wertmaßstäbe und Wesenszüge stammen aus dieser Atmosphäre, genau wie die verschiedenen Verhaltensweisen, die zeigen, wie man mit anderen in Beziehung treten kann. Das Kind beobachtet die Beziehungen und den Austausch in der Familie und integriert diese als *die* Umgangsweise mit anderen Menschen. Wenn Vater und Mutter streiten, wenn einer von beiden mit Launen oder Gefühlsausbrüchen arbeitet, um sich durchzusetzen, wird das vom Kind genau beobachtet, und es übernimmt diejenigen Verhaltensweisen, die ihm effektiv erscheinen ... Das Familienverhalten ist als direkte Verhaltensdeterminante zu betrachten. Selbstverständlich ist das Kind *frei*, ein solches Verhalten zu akzeptieren oder abzulehnen. Wenn Geschwister ähnliche Charakterzüge haben, ist es meistens ein Ausdruck der Familienatmosphäre, welche die Kinder geprägt hat.«[98]

Familienklima und Familienatmosphäre sind daher für die Entwicklung der Kinder und Heranwachsenden so bedeutsam, *weil die meisten Vorgänge unbewußt und unterschwellig ablaufen.* Nur etwa drei Zehntel aller Abläufe werden uns bewußt. So kann ein seelisches Klima das geistige und körperliche Wachstum fördern, oder es kann dieses Wachstum in jeder Beziehung hemmen und bremsen. Das seelische Klima verrät, ob über alles geredet werden kann, über Enttäuschungen, Ängste, Verletzungen, Freude und Leiden, oder ob die Gefühle unter den Familienteppich gekehrt werden. Das Familienklima verrät, ob Friede, Mut, Lebendigkeit, Offenheit, Ehrlichkeit und Echtheit praktiziert werden, die später gute Voraussetzungen für Bindungs- und Liebesfähigkeit bilden, oder ob die genannten Verhaltensweisen unterdrückt werden.

Schauen wir uns einmal verschiedene Familienklimate genauer an. Ich möchte zunächst einige *negative* Familienatmosphären beschreiben, die eine konstruktive Liebes- und Partnerschaftsfähigkeit verhindern. Aus der Fülle der Möglichkeiten werden einige herausgestellt, die vermutlich etwas zu einseitig erscheinen. Natürlich sind viele *Mischformen* möglich. Vor allem, wenn Vater und Mutter verschiedene Akzente setzen und auch die Kinder zwei Lager repräsentieren.

1) Die frostige Atmosphäre

Wir sprechen von einem unterkühlten Familienklima. Die Eltern wirken und verhalten sich *kühl, distanziert und introvertiert.* Sie spiegeln eine sehr sachliche und nüchterne Atmosphäre wider. Wahrscheinlich sind sie ehrgeizig und leistungsbezogen. Die Familie strahlt wenig Wärme und Liebe aus. Gefühle werden klein geschrieben. Eltern und Kinder verkehren sachlich miteinander. Sachprobleme werden verhandelt, Kümmernisse, Ärger, Trauer, Freude und Liebesprobleme werden ausgeblendet, weil die Eltern kein Ohr für solche Regungen haben. Sie selbst haben es nicht gelernt und können es ihren Kindern nicht weitergeben.

Was kann die Folge sein?

– Die Kinder werden nach Leistung und Tüchtigkeit bewertet. Materielle Dinge, Noten und sichtbare Erfolge haben einen hohen Stellenwert;

– die Kinder erleben, daß sie nur geliebt und bestätigt werden, wenn sie was vorzuzeigen haben;

– die Kinder bekommen in der Hauptsache Zuwendung und Anerkennung in Form von Geldscheinen, materiellen Geschenken und Vergünstigungen. Die Kinder müssen sich durch Fleiß ihren Wert verdienen;

– die Kinder spiegeln auch im späteren Leben diesen Lebensstil wider. Ihre Liebes- und Partnerschaftsfähigkeit muß unter dem Gesichtspunkt gesehen werden.

Hier muß sich der Partner Liebe und Anerkennung verdienen, Liebe und Anerkennung muß er sich erarbeiten. Liebe wird verrechnet. Anerkennung wird durch Belohnung ausgesprochen. Auf allen Gebieten – bis in die sexuelle Beziehung hinein – geht es sachlich und leistungsbezogen zu. Solche Lebenspartner spiegeln die kühle, sachliche und leistungsbezogene Atmosphäre ihrer Ursprungsfamilie wider. Der nützliche Ehegefährte wird Wärme, Zärtlichkeit und Gefühlsaustausch in der Partnerschaft vermissen. Gerade dies aber wird bei ihm gesucht – u. U. mehr, als er geben kann.

2) Die übermäßig beschützende Atmosphäre
Das Kind wird daran gehindert, eigene Lernerfahrungen zu machen. Es trainiert nicht, schwierige Situationen zu meistern. Die Eltern trauen den Kindern wenig zu, übernehmen selbst die Verantwortung, treffen Entscheidungen und entmündigen ihre Sprößlinge. Sie lernen es nicht, sich selbständig und selbstvertrauend an die Probleme des Lebens zu wagen. Mutlos und resigniert kapitulieren viele vor den Herausforderungen des Lebens.

Was kann die Folge sein?

– Der spätere Erwachsene hat sich zum »Nehmer« entwickelt. Er will betreut, gelenkt und an die Hand genommen werden;

– der spätere Erwachsene verhält sich wie ein »Baby«. Viele Ehepartner berichten dann in der Beratungspraxis, daß sie neben ihren zwei Kindern ein drittes »Kind« zu betreuen hätten. Der Partner fühlt sich klein, schwach und hilflos;

– der spätere Erwachsene wird ein abhängiger Typ. Er klammert, trifft keine eigenen Entscheidungen und lehnt sich stark an den Lebenspartner an. Er bevorzugt den starken Gefährten, dem er sich rückhaltlos anvertrauen kann. Mögliche Partnerschaft ist in Frage gestellt, der Anlehnungsbedürftige wird die Initiative und alle Aktivitäten dem anderen überlassen.

3) Die sterile Atmosphäre

Das Wort sagt es schon: *Das gesamte Familienklima wirkt steril und hygienisch einwandfrei.* Das Haus und sein Innenleben erscheinen entschmutzt. Alles ist auf Vordermann gebracht, Zimmer, Gegenstände und Böden sind staubfrei, nirgendwo eine optische Unsauberkeit. Das Familienleben, aber auch Haus und Inventar können jederzeit vorgeführt werden. Der Generalnenner dieser Gemeinschaft lautet: Wir sind eine saubere Familie. Die Umgangsformen wirken gestelzt und aufgesetzt. Alles hat etwas Schematisches, es wirkt andressiert und nach Vorschrift. Es fehlt das Lockere und Legere. Die Gesichter wirken maskenhaft, gekünstelt und freundlich. Es gibt keine Anstößigkeiten, keine Auffälligkeiten, kein Aus-der-Rolle-fallen. Die Fassade ist glatt und sauber. Es fehlt das Spontane, Unvorhergesehene und Echte. Die Formen werden hoch geschätzt und geachtet. Bestimmte Konventionen und Regeln sind für alle Mitglieder verbindlich. Das Lachen ist gebremst, das Leben wirkt kastriert. Die ganze Familie wird durch Regeln, Vorschriften und Rituale zusammengehalten. Der Ablauf des Tages, des Essens, der Veranstaltungen; alles hat Struktur und ist in ein Korsett gezwängt.

Was kann die Folge sein?

– Die Kinder übernehmen das Rituelle und Gestelzte – sie haben schließlich nichts anderes kennengelernt – und tragen die Gepflogenheiten in neue Partnerschaften hinein;

– die späteren Ehepartner kultivieren Höflichkeit, spiegeln eine freundliche Fassade wider, können aber weder spontan noch echt sein;

– die späteren Ehepartner lassen ein wirkliches herzliches Leben vermissen, sie wirken gebremst, steril und sauber;

– der Jugendliche bricht aus und zerlumpt; er hat nicht gelernt, Herz und Verstand, Form und Inhalt harmonisch miteinander zu verbinden.

4) Die Atmosphäre, die Selbstverachtung produziert
Es gibt Familien, in denen es *die Erwachsenen meisterhaft verstehen, die Kinder zu verunsichern.* Es gelingt ihnen, den Kindern ein Gefühl der *Unzulänglichkeit,* der *Kleinheit,* der *Wertlosigkeit* und der *Erfolglosigkeit* zu vermitteln.

Was die Kinder anfassen, ist falsch, dumm und ungeschickt. Sie werden entmutigt, abqualifiziert und in ihrem Selbstwert beschnitten.

»Da liegen schon wieder die Kleider herum. Du lernst es nie, ordentlich zu werden.«

»Die Schrift ist eine Zumutung. Auf diese Weise wirst du es niemals zu etwas bringen!«

»Das ist eine faustdicke Lüge. Mach' nur so weiter, dann landest du eines Tages im Kittchen.«

Das innere Wachstum wird gebremst, weil die Eltern nicht an ein Weiter-Kommen des Kindes *glauben.* Sie wollen es durch Kritik und negative Anfeuerungen nach vorn bringen und erreichen das Gegenteil. Eine Atmosphäre der Belastung und Bedrückung liegt über der Familie. Die Kinder reagieren mit Schuldgefühlen, es den Eltern niemals recht machen zu können, und sie schlagen sich mit dem Problem herum, unmöglich zu sein.

Was kann die Folge sein?

– Als Erwachsene verkriechen sie sich ständig ins Mauseloch, weil sie befürchten, daß ihre *Unzulänglichkeit* ans Licht kommt;

– sie *trauen sich nichts zu,* ihr Selbstwert und ihr Selbstvertrauen sind winzig. Ihre Unterlegenheitsgefühle wirken beängstigend;

– sie *glauben,* daß ihr Ehepartner einen besseren und tüchtigeren Ehegefährten verdient hätte. Es gelingt ihnen, ihr Licht ständig unter den Scheffel zu stellen; sie hassen sich und kommen sich verachtet und überflüssig vor. Die mangelnde Selbstachtung verhindert eine *gleichwertige* Partnerschaft. Der dazugehörige Partner braucht Waggonladungen von Optimismus und Lebensmut, um den Lebensgefährten mitzureißen.

5) Die theaterhafte Atmosphäre
Horst Eberhard Richter beschreibt in seinem Buch *Patient Familie* eine Atmosphäre, die er das »Theaterhafte des Familienlebens« nennt. Da gibt es eine hysterische Zentralfigur, die die Familie nach ihren Bedürfnissen organisiert. Die übrigen Mitglieder der Familie müssen nicht hysterisch strukturiert sein, sie spielen aber das Arrangement mit. Richter schildert das Familienleben so:

»Die Formen der Familienhysterie sind relativ breit und vielgestaltig. Aber ein Merkmal sticht in jedem Fall hervor: das *Theaterhafte des Familienlebens*. Teils spielen die Mitspieler der Familie voreinander Theater, teils formiert sich die gesamte Familie zu einem Ensemble, das der Umgebung ein Stück vorspielt. Es geht immer um Darstellung und Effekt.«[99] Das hervorstechende Merkmal der Familienatmosphäre ist »Unechtheit«. Die Mitglieder sind *Spieler*. Die meisten können sich glänzend verkaufen. *Sie ziehen eine Schau ab und verstehen es meisterhaft, sich darzustellen*. Ihr Auftritt ist auf Wirkung abgestellt. Alle haben das Bedürfnis, mehr zu *scheinen* als zu sein. Sie haben den drängenden Wunsch, anzukommen.

Was kann die Folge sein?

– Die angehenden Männer und Frauen werden so erzogen, daß sie besonders auf Äußerlichkeiten achten. Sie sind auf Wirkung fixiert;

– der Playboy, der Charmeur, der reizende große Junge und die Modepuppe spielen hier ihre Rollen. Sie wollen glänzen und ankommen, sind aber in der Liebe unecht;

– sie sind in der Gesellschaft anders als in Ehe und Familie. Draußen sind sie witzig, charmant und liebenswürdig. Drinnen sind sie trocken, farblos und leer;

– sie verstehen es, sich zu produzieren und ins rechte Licht zu setzen, finden schnell Liebespartner, aber halten nicht, was sie ausstrahlen. Salopp formuliert: Sie haben mehr im Schaufenster als im Laden.

Die Partnerschaft kann auf eine harte Probe gestellt werden. Der dazugehörige Ehepartner ist in der Regel nicht bereit, applaudierendes Publikum zu spielen.

6) Die hoffnungslose Atmosphäre

Die Familie ist gekennzeichnet durch Entmutigung und Pessimismus. Die Stimmung ist immer bedrückt und belastend. Das Leben verläuft *freudlos* und wird als Last und Strafe empfunden. Die Eltern vegetieren vor sich hin und geben diese hoffnungslose Stimmung an ihre Kinder weiter. Entmutigung ist aber sehr ansteckend, und jemand, der das Leben pessimistisch betrachtet, findet genügend Rechtfertigungsgründe für seinen Pessimismus. Solche Eltern können ihren Kindern keinen Mut machen, können ihre Aktivitäten nicht positiv verstärken. Ihnen gelingt es nicht, an ihre Kinder zu glauben. Befürchtungen und Schwarzsehen begleiten den Lebensweg der Kinder.

Was kann die Folge sein?

– Die Kinder selbst sind von ihrer *Wertlosigkeit* überzeugt, daß sie als Erwachsene resigniert und hoffnungslos durchs Leben gehen;

– die zukünftigen Erwachsenen sind so *fehlerorientiert*, daß sie Mißerfolge erwarten und sich nicht trauen, zuversichtlich und hoffnungsfroh Lebensaufgaben in Angriff zu nehmen;

– die zukünftigen Ehepartner bringen diese belastende und resignierende Grundeinstellung als Hypothek mit in ihre Ehe ein. Zweifel, Mißtrauen und Befürchtungen sind aber eine schlechte Basis für eine lebenslange Partnerschaft;

– sie sehen die Ehe als nichts Erstrebenswertes an. Denn sie ist ja für sie in erster Linie Arbeit, Last und Pflicht;

– als Ehepartner versinken sie bei kleinsten Schwierigkeiten in tiefste Resignation. Sie fühlen sich bestätigt, daß es ja so kommen mußte. Sie erfüllen manches von ihren eigenen Befürchtungen;

– sie glauben vermutlich, daß die Liebe in der Ehe aufhört. Das vielgepriesene Glück ist für sie nur ein Traum und ein flüchtiger Stoff;

– sie können in der Partnerwahl auf der Suche nach einem *Ideal* sein. Der geliebte Mensch soll Wünsche befriedigen, die bisher kein Mensch gestillt hat.

5. Leitmelodien der Familie

In vielen Familien werden sogenannte Leitmelodien hervorgebracht. Sie können schon von den Eltern und Großeltern übernommen sein. Nur wenige Familien sind in der Lage, solche Leitmelodien klar zu formulieren. Sie existieren, *man* lebt sie, aber sie sind dem einzelnen Familienmitglied nicht bewußt. Auf alle Fälle verleihen sie der Familie ein bestimmtes Gepräge. Einzelne Mitglieder können längst das Haus verlassen haben, die Leitmelodie nehmen sie mit, sie haftet ihnen an wie ein Etikett. Solche Leitmelodien geben auch den Liebes- und Partnerschaftsfähigkeiten ihr bestimmtes Gepräge.

Wie können solche Leitmelodien lauten?

– »Wir können uns streiten, *aber nach draußen wird der Name der Familie hochgehalten.*« Der Name der Familie ist solche Leitmelodie. Die Familie hat einen guten Namen, der unter allen Umständen verteidigt wird. Unehrenhaftes wird vertuscht. Schande wird verleugnet. Die Familienehre ist wie ein Fetisch, dem Opfer gebracht werden;

– »*Ehrlichkeit ist die größte Tugend der Familie*«. Die Familie kann arm und mittellos werden, aber niemals gibt es krumme Geschäfte. Niemals lassen wir uns kaufen oder benutzen unehrenhafte Geschäftsmethoden. Unser Markenzeichen ist Ehrlichkeit. Und wenn die ganze Welt auseinanderfällt, wir wissen, was sich gehört;

– »*Leistung ist das einzige, was zählt.*« Der Wert des Einzelnen wird an der Leistung gemessen. Verdienst, Noten und vor allem Titel sind der Maßstab;

– »In der Familie gibt es seit Generationen *Professoren oder Theologen*« – »Unsere Familie hat seit Jahrhunderten viele *bedeutende Baumeister, Architekten und Maler* hervorgebracht.« Leistung, Titel und Namen sind die Leitmelodien dieser Familien;

– »Die Familie hat sich *seit Generationen auf sozialem Gebiet hervorgetan.*« Hilfsbereitschaft und Opferbereitschaft werden groß geschrieben. Soziales Engagement ist mit dem Namen der Familie verbunden. Viele Familienmitglieder haben hohe Ehrenämter bekleidet und bekleiden sie noch. Es ist selbstverständlich, daß der Ehepartner einen Teil seiner Zeit für Aufgaben der Gemeinschaft zur Verfügung stellt;

– »Unsere Familientradition *kennt keine Feiglinge.*« Mut und Tapferkeit sind Aushängeschilder. In beiden Kriegen hat die Familie hohe Ordensträger hervorgebracht. Tapferkeit ist und war ein Markenzeichen. Die Offizierslaufbahn wurde von vielen männlichen Nachkommen beschritten. Offizierstugenden werden gepflegt und gelebt. Es versteht sich von selbst, daß diese Tugenden wiederum ein bestimmtes Eheklima etablieren. Pflichtbewußtsein, Treue, Härte gegen sich selbst und andere und eine konsequente Marschroute werden die Partnerschaft bestimmen.

6. Vier Aspekte eines positiven Familienklimas

Bis jetzt haben wir über das *negative* Familienklima nachgedacht. Es vermittelt uns Einsichten, warum in vielen Partnerschaften die Liebesfähigkeit unterentwickelt und die Bindungsfähigkeit eingeschränkt ist. Wie lauten nun die Kriterien für ein *positives* Familienklima?

1. Aspekt: Jeder kann ein solides Selbstwertgefühl entwickeln

Ein gutes Selbstwertgefühl ist das Barometer für einen seelisch gesunden Menschen. Es ist auch das Barometer für eine ausreichende Lie-

besfähigkeit. Ein Mensch mit einem guten Selbstwertgefühl traut sich, seinen Kräften und seiner Entscheidungsfähigkeit zu, den Anforderungen des Lebens zu genügen. Denn:
- er schätzt sich selbst,
- er mag sich leiden,
- er kann sich akzeptieren,
- er findet sich liebenswert,
- er ist mit sich zufrieden,
- er lebt mit sich in Harmonie.

Solche Menschen strahlen *Vertrauen und Hoffnung* aus. Sie sind optimistisch und greifen mutig alle Lebensaufgaben an. Enttäuschungen werden nicht ignoriert, aber auch nicht überbewertet. Fehler werden als menschlich eingestuft. Probleme werden gesehen und ohne Lamento gemeistert. Eine gesunde Selbstachtung und ein ausreichendes Selbstwertgefühl sind geradezu die Basis zur Liebes- und Bindungsfähigkeit. Virginia Satir schreibt über den Selbstwert:

»Gefühle von positivem Selbstwert können nur in einer Atmosphäre gedeihen, in welcher individuelle Verschiedenheiten geschätzt sind, in welcher Fehler toleriert werden, wo man offen miteinander spricht und wo es bewegliche Regeln gibt – kurz: in einer Atmosphäre, die eine ›nährende‹ wachstumsfördernde Familie ausmacht . . . Da das Gefühl des Wert- und Nichtwertseins erlernt ist, kann es auch verlernt und neu gelernt werden . . . Folgendes ist für mich die wichtigste Aussage in diesem Buch: Es ist immer Hoffnung da, daß dein Leben anders werden kann, denn du kannst ja jederzeit neue Erfahrungen machen und so Neues lernen.«[100]

2. Aspekt: Jeder praktiziert ein gutes Gemeinschaftsfühl

Der zweite Faktor, der eine positive Liebes- und Bindungsfähigkeit garantiert, ist ein ausgeprägtes Gemeinschaftsgefühl. Die Stärke des Gemeinschaftsgefühls ist nach der individualpsychologischen Therapie der Gradmesser für gesundes oder krankes Verhalten. Und das Therapieziel dieser psychologischen Richtung besteht darin, Kinder, Jugendliche oder Erwachsene gemeinschaftsfähiger zu machen.

Was beinhaltet *Gemeinschaftsgefühl?*
- die Fähigkeit, mit anderen Menschen zu kooperieren;
- die Fähigkeit, Verantwortung im ehelichen, privaten und beruflichen Bereich wahrzunehmen;
- die Fähigkeit, mitzuempfinden und mitzuschwingen;
- die Fähigkeit, sich in der Partnerschaft gleichwertig zu fühlen;
- die Fähigkeit, Geben und Nehmen, Schenken und Beschenktwerden, Gelten und Geltenlassen relativ ausgewogen zu gestalten;

– die Fähigkeit, mit den Ohren des anderen zu hören, mit den Augen des anderen zu sehen und mit dem Herzen des anderen zu fühlen (was leichter formuliert als gelebt wird).

Wer solches Gemeinschaftsgefühl besitzt, ist liebes- und partnerschaftsfähig. Ich beurteile den anderen nicht aus meiner subjektiven Warte und kritisiere seine Verhaltensweisen nicht auf dem Hintergrund meines Lebensverständnisses. Ich bin so nahe an dem anderen, daß ich seine Empfindungen, Werte und Bedürfnisse ernst nehme. Solche Haltung – verbunden mit einem gesunden Selbstwertgefühl – findet bei allen Schwierigkeiten Lösungen, die beide Parteien befriedigen.

Wie können Eltern dieses gute Gemeinschaftsgefühl wecken?

– Sie *achten* sich selbst und jedes Familienmitglied;

– sie *fordern* keine Verantwortung, sondern *tragen* sie selbst und muten sie ihren Kindern zu;

– sie *praktizieren* eine lebendige Gemeinschaft, in der jeder selbständig seinen Beitrag leistet;

– sie *ermutigen* ihre Kinder und stärken ihr Selbstvertrauen. Damit fördern sie ihr inneres Wachstum;

– sie *demonstrieren* ein Klima der Gleichwertigkeit. Jedes Kind wird gleich wertgeachtet, auch wenn die Gaben sehr unterschiedlich verteilt sind.

3. Aspekt: Alle halten sich an ein konstruktives System von Regeln

Ohne Spielregeln funktioniert kein Zusammenleben. Sie sind die Straßenverkehrsordnung für alle zwischenmenschlichen Begegnungen. *Ein freundliches und warmherziges Familienklima ist durch ein konstruktives Regelsystem geordnet.* Die Eltern sind weder autoritär und patriarchalisch, noch inkonsequent und lässig.

Die Spielregeln für das Zusammenleben werden nicht übergestülpt und verordnet. Sie werden im Familienrat gemeinsam besprochen und von allen als verbindlich akzeptiert. Erfahrungsgemäß funktioniert ein Zusammenleben am besten, wenn wenig Regeln existieren, die aber konsequent beachtet werden.

In der Bibel wird uns eine ähnliche Erfahrung vermittelt. Überall dort, wo die Zehn Gebote um viele Gesetze und Vorschriften erweitert wurden, gab es gehäuft Konflikte, krasse Auseinandersetzungen und sogar Spaltungen. Weniger wäre mehr. Entscheidend ist also, daß ein *Minimum* an Regeln von Eltern und Kindern eingehalten wird. Wer Regeln achtet, zeigt, daß er Gemeinschaftsgefühl besitzt, die Rechte des anderen akzeptiert und eigene Pflichten wahrnimmt. Er ist ein konstruktiver Mitspieler und kein Parasit. Liebes- und Partnerschaftsfähigkeit verlangen, daß die Freiheiten der anderen respektiert, die Bedürfnisse der übrigen ernst genommen und die Spielregeln für den Umgang miteinander eingehalten werden. Wer das in einer Familie positiv erfahren hat, bringt gute Voraussetzungen für Partnerschafts- und Liebesfähigkeit mit.

4. Aspekt: Jeder pflegt einen lebendigen Kontakt nach draußen

Die Familie ist keine Burg, die ihre Zugbrücken ständig hochhält und den Kontakt nach draußen vermeidet und fürchtet. *Ein lebendiger Außenkontakt verrät ein solides Gemeinschaftsgefühl, eine gute Selbstachtung und eine gute Beziehungsfähigkeit.* Der Rückzug in die Familie signalisiert Lebensangst, Hemmungen, Kontaktschwäche und mangelnden Selbstwert. Eine Familie, die hoffnungslos auf sich selbst konzentriert ist, kann die Liebes- und Partnerschaftsfähigkeit nicht voll zur Entfaltung bringen.

Die *psychotische* Familie ist ein Beispiel dafür, wie unausgewogen die Kontakte nach drinnen und draußen verlaufen. Nicht umsonst vergleicht der Psychoanalytiker Richter sie mit einer »Festung«, die erfolgreich alle Annäherungen sabotiert. Draußen sind die Feinde. Draußen beginnt der Unfriede. Die anderen sind böse, schlecht und schuldig. Man muß sich gegen den »Rest der Welt« absichern. Wer sich in seiner Familie einigelt, mit welchen Begründungen auch immer, macht seinen Kindern das Leben schwer. Die Kinder werden geklammert, abhängig und unselbständig.

In einer gesunden Familie sind die Kinder unabhängig. Sie werden früh abgenabelt und fühlen sich selbständig. Sie pflegen Kameradschaften und Freundschaften und können mit anderen Kindern, aber auch mit Erwachsenen ohne Angst in Beziehung treten. Auch die Eheleute fühlen sich in einer gesunden Familie zufrieden. Sie haben es nicht nötig, die Kinder zu klammern und zum Partnerersatz heranzuziehen. Wenn Kinder Partnerersatz werden, verringert sich ihre Beziehungsfähigkeit. Freundschaften, Gäste und Besucher dagegen fördern die Beziehungsfähigkeit. Frühzeitig lernt das Familienmitglied, sich auf fremde Menschen einzustellen, die andere Sitten und Gebräuche und die neue Lebens- und Denkvorstellungen einbringen. Kontakte nach draußen sind lebensnotwendig. Zudem sind sie ein wesentliches Mittel, die Beziehungsfähigkeit auszubauen.

III. Partnerwahl

Für die Partnerwahl von Christen und Nichtchristen hat der Volksmund ein erstaunliches Feingefühl. Er trifft den Kern der Sache, wenn er formuliert: Jeder Topf findet seinen Deckel. Zwei Menschen, die grundverschieden sind, ergänzen sich. Zwei Partner passen zusammen wie Gefäß und Verschluß. Der Volksmund greift ein Geheimnis der Partnerwahl auf, das viele Menschen nicht verstehen: Zwei Menschen ziehen sich an,
- die zusammenpassen,
- die sich ergänzen,
- die charakterlich oft gegensätzlich sind,
- die sich brauchen,
- die miteinander Fehler und Schwächen, Stärken und Mängel ausgleichen wollen.

Die richtige Partnerwahl ist die folgenreichste Entscheidung im Leben. Wer sie trifft, sollte sich nicht damit beruhigen lassen, daß Liebe dem Spiel des Zufalls anheimgegeben würde. Partnerwahl ist mehr als eine politische Wahl; sie ist mehr als eine Kleider- und Möbelwahl; denn sie ist einmalig und für den Christen nicht ohne weiteres wiederholbar.

Darum zählt die Partnerwahl für den jungen Christen zu den wesentlichsten, schwersten, aber auch schönsten Lebensaufgaben. Wenn heute eine Ehe im Durchschnitt 45 Jahre dauert, wird deutlich, welchen Stellenwert der Partnerwahl im Zusammenleben zukommt. Die Wahl entscheidet über viele Jahre Glück, Harmonie, Gemeinsamkeit oder über viele Jahre Streit, Konflikte, Mißverstehen und Nebeneinanderher-Leben.

Gott will, daß der Partner ein Gegenüber, ein Gehilfe der Freude und ein Weggefährte für das gemeinsame Leben bis zum Tode wird. Diese Wahl sollte nicht von falsch verstandenen Liebesgefühlen bestimmt sein. Partner*wahl* bedeutet, daß wir nicht am ersten besten hängenbleiben. Die Betonung liegt auf *hängenbleiben*. Wer aus Mitleid, Angst vor Einsamkeit, Abhängigkeit, Unmündigkeit oder Angst vor der Gemeinde, die Böses denken könnte, am andern »hängen bleibt«, hat nicht richtig gewählt. Er *flieht* in eine Partnerschaft, um sein Leben zu meistern. Er flieht in eine Bindung, um größeres Unheil zu vermeiden. Er hat keine freie und vernünftige Wahl getroffen. Was sollen junge Menschen bedenken? Hier folgen einige Punkte, die für eine richtige Partnerwahl entscheidend sind.

1. Das Unbewußte führt Regie

Alles menschliche Verhalten wird in der Regel unbewußt gesteuert. Die meisten Menschen machen sich nicht klar, welchen Einfluß unbewußte Motive haben. Sigmund Freud ging soweit, daß er sagte: *Siebenzehntel* unseres Lebens verlaufen unbewußt. Er verglich das Seelenleben mit einem Eisberg. Die Hauptmasse liegt unterhalb der Wasseroberfläche. *Unbewußte* Wünsche, *unbewußte* Absichten und Ziele, *unbewußte* Erlebnisse und Erfahrungen lenken uns mehr, als uns lieb ist:

Wie wir *gehen* – schnell, langsam, hektisch;

wie wir *schreiben* – ordentlich, mit starken Schriftdruck, weich, unzusammenhängend;

wie wir *sprechen* – laut, leise, schüchtern, gehemmt;

wie wir auf andere *zugehen* – offen, vertrauensvoll, mißtrauisch –

wir haben die Verhaltensweisen nicht geerbt; wir haben sie im Leben trainiert, beobachtet, nachgeahmt, erfahren und uns angewöhnt, weil wir glauben, auf diese Weise am besten das Leben meistern zu können.

Auch die Wahl unseres Partners wird von unbewußten und unverstandenen Kräften *mit*bestimmt. Die freie Wahl ist selbstverständlich nicht völlig beeinträchtigt, aber sie erfährt starke unkontrollierte Impulse. Unbemerkt drängen sich in unsere Partnerwahl Wünsche und Vorstellungen, die in früher Kindheit gewonnen wurden:

Unbewußt wählen wir aus – Große oder Kleine,

unbewußt ziehen wir vor – Mollige oder Hagere,

unbewußt lehnen wir ab – zu Ernste oder zu Fröhliche,

unbewußt empfinden wir Sympathie oder Antipathie.

Jeder Mensch entwickelt seine »private Logik«, wie Alfred Adler das genannt hat. Die private Logik, die subjektive, persönliche Wahrnehmung spricht ein ernstes Wörtchen bei der Wahl mit. In ihr sind meine geheimsten Wünsche und Idealbilder gespeichert. Hier sind Vorlieben und Sonderwünsche angesiedelt.

Man könnte sagen, im Keller unseres Bewußtseins sind

– Gefühle für Zärtlichkeit,

– Gedanken über das Zusammenleben,

– Erlebnisse mit der Ehe der Eltern,

– Erfahrungen, wie man Konflikte löst,

– Ereignisse, die unsere Liebesfähigkeit beeinträchtigt haben, gespeichert und mit entsprechenden positiven oder negativen Gefühlen gekoppelt.

Diese Erinnerungen und Erfahrungen, diese beglückenden oder bedrückenden Erlebnisse haben sich zu Grundüberzeugungen verdichtet, die aus der Vergangenheit kommen und meine Gegenwart mitbestimmen. Bis in meine Träume und Wachphantasien drängen sich diese Früherfahrungen hinein. So können sich Vorlieben für eine bestimmte Haarfarbe, den Tonfall einer Stimme, eine bestimmte Charaktereigenart, eine eindrückliche Verhaltensweise bei der Partnerwahl unbemerkt einschleichen.

Kann der Jugendliche solchen unbewußten Einflüssen entgehen? Kann er die gespeicherten Vorlieben völlig übersehen?

Nein, das kann er nicht.

Auch im vertrauensvollen Gebet können wir nicht alle Erfahrungen, die wir mit Eltern, Geschwistern, Großeltern und Nachbarn gemacht haben, auslöschen. Gott hat uns ein Gedächtnis geschenkt. Er will, daß wir *Erfahrungen machen*. Aber er will auch,

– daß wir unsere *geheimen Wünsche* prüfen,
– daß wir uns *von Äußerlichkeiten* nicht einseitig leiten lassen,
– daß wir nicht von *Nebensachen* fasziniert werden, die mit partnerschaftlicher Harmonie nichts zu tun haben.

Wir wählen einen Menschen nach Leib, Seele und Geist und prüfen, ob alle Dimensionen unseren Vorstellungen entsprechen.

2. Unsere Partnerwahl ist eine Frage des Lebensstils

Der Lebensstil ist die Leitmelodie unseres Lebens. Er ist die Bewegungsrichtung, in der unsere persönliche Welt- und Glaubensauffassung, unsere Art zu denken, zu fühlen und zu lieben, verlaufen. Unser Lebensstil drückt daher der Wahl unseres Partners einen bestimmten Stempel auf. Unsere Wahl hängt von diesem Bewegungsgesetz ab. Unsere Partnerwahl wird von diesem Lebensschema bestimmt. Etwa um das 6.–8. Lebensjahr hat sich dieses Einstellungs- und Verhaltensmuster in uns gebildet. Dieser Lebensstil, der alle Bereiche unserer Persönlichkeit umfaßt, hat auch unserer Liebe das Gepräge gegeben.

Mit diesem Lebensstil drücken wir aus,

– wie wir über Frauen und Männer, über Freundschaft und Kameradschaft, über Treue und Vertrauen denken,
– wie wir Zärtlichkeit und Sexualität einordnen,
– wie wir Dominanz und Unterordnung einschätzen,
– wie wir Sachlichkeit und Gefühl beurteilen,
um nur einige wenige Eigenschaften anzusprechen.

Der Lebensstil der Liebe drückt unsere persönliche Art aus, Liebe zu schenken und Liebe zu empfangen. Er drückt unsere individuelle Eigenart aus, Partnerschaft zu empfinden, Nähe und Distanz zu erleben. Jeder hat in seiner Kindheit Erfahrungen gemacht, wie er Liebe und Partnerschaft versteht. Diese Erfahrungen werden in unseren Lebensstil eingebaut. Sie können positiv und negativ sein. Unbewußt spiegeln wir sie in unseren Partnerwünschen wider. Unbewußt und unverstanden wählen wir im Rahmen dieses Lebensstils unseren Lebenspartner. Geheime Wünsche und Bedürfnisse kommen darin zur Sprache.

Darum sind die Charaktereigenarten unseres Partners kein Zufall. Was uns bei Vater, Mutter oder Geschwistern gefallen hat, was wir mögen und was uns fasziniert hat, das wählen wir im Partner, das suchen und schätzen wir beim zukünftigen Lebensgefährten. So kann es sein, daß wir Männlichkeit, Stärke, Weichheit, Mütterlichkeit, Sachlichkeit oder Gefühl, Gesprächigkeit oder Schweigen bevorzugen. Wir wählen, was uns besonders gefallen hat.

Oder wir wählen, was wir vermissen, was wir selbst nicht haben. Wir suchen eine gute Entsprechung für unsere Verhaltenseigenarten. Wir suchen eine Ergänzung für unsere Lebensweise. Nicht umsonst finden wir daher in Zweidritteln aller Partnerbeziehungen gegensätzliche Charaktereigenarten. Es stimmt: Gegensätze ziehen sich an. Habe ich Geborgenheit und Sicherheit vermißt, kann es sein, daß ich besonders Geborgenheit und Sicherheit beim Partner suche. Habe ich Anlehnung gesucht und Führung gebraucht, kann es sein, daß ich einen Menschen bevorzuge, an den ich mich anlehnen kann, der führt und in der Partnerschaft bestimmt.

3. Die neurotische Partnerwahl

Es handelt sich um Zweierbeziehungen, die von vornherein massive Konflikte und Störungen der Partnerschaft vermuten lassen. Zwei Menschen suchen eine gegenseitige *Ergänzung,* die aber bestimmte Krisen schon vorprogrammieren. Ein Beispiel:

Herr Müller hat enorme Selbstwertstörungen. Er findet sich äußerlich wenig attraktiv, reagiert im Verhältnis zu Vorgesetzten und Mitarbeitern unsicher, zeigt wenig Selbstvertrauen und hat insgesamt keine gute Meinung von sich. Diese Selbstwertstörung läßt ihn an seiner Liebenswürdigkeit zweifeln. Streng genommen kann er sich gar nicht vorstellen, daß man ihn anziehend findet und daß es Frauen gibt, die sich ein Leben an seiner Seite denken können. Unbewußt und unverstanden trifft er dann die folgende höchst problematische Wahl. Er findet eine eifersüchtige Frau, die nicht von seiner Seite weicht. Ihre »Liebe« umgibt ihn auf Schritt und Tritt, er wird so »heiß« geliebt – unwürdig, wie er sich vorkommt –, daß sie ihn fest und rückhaltlos an sich bindet. Der Punkt der Anziehung wird zum Punkt des Konfliktes. Die neurotische Störung des einen verbindet sich sehr oft mit der neurotischen Störung des anderen. Beide zeigen partnerschaftsfeindliche Umgangsmuster, die das Zusammenleben auf Dauer erheblich erschweren werden. Der zwischenmenschliche Umgang, auch wenn beide bewußte Christen sind, wird Tränen, Kampf und schlechte Gefühle füreinander heraufbeschwören. Der Eifersüchtige wird den anderen kontrollieren, er wird ihn mit Besitzansprüchen und Einengung tyrannisieren. Der Selbstwertgestörte fühlt sich zwar anerkannt und bestätigt, wird aber vom Partner an die Kette gelegt. Er wird die spätere Ehe als Gefängnis empfinden, weil er sich auf Schritt und Tritt mißtrauisch belauert und beobachtet fühlt. Es stimmt: »*Eifersucht ist eine Leidenschaft, die mit Eifer sucht, was Leiden schafft.*«

Allgemein gilt für die neurotische Partnerwahl: Je ausgeprägter die Mängel und Schwächen, je auffallender die Wünsche nach Ergänzung, desto konfliktreicher die späteren Beziehungen. Wer solche spannungsträchtigen Ergänzungswünsche in seiner Partnerwahl erkennt, sollte einen Berater aufsuchen, der diese falschen Erwartungen mit ihm bearbeitet. Wer solche übertriebenen Wünsche nicht sehen will, wer sie für normal und angemessen hält, wird sich und seinen Partner unglücklich machen.

4. Sprechen Sie mit einem Berater oder Seelsorger über Ihre Wahl

Da die Wahl des Partners – wie wir gesehen haben – in der Regel von unbewußten Motiven gesteuert wird, also von uns selbst undurchschaubaren Beweggründen stimuliert ist, kann es hilfreich sein, die unkontrollierten Wünsche und Absichten ins Bewußtsein zu heben.

Warum wollen wir gerade diesen Menschen?

Was fesselt uns an diesen Partner?

Wie lauten die mir unklaren Beweggründe für meine Wahl?

Viele junge Christen sagen mir: »Wir haben gebetet. Wir haben Christus die Wahl unseres Partners anheimgestellt. Aber wir haben keine Antwort bekommen. Eine klare Bestätigung oder Absage blieb aus.«

Viele junge Menschen sind so von Liebesgefühlen in der Wahl beeindruckt, daß sie für vernünftige Argumente von Eltern und Erwachsenen kaum zugänglich sind. Sie sind verliebt und damit berauscht und halten dies für Gottes Wirken. Die Sachlichkeit fehlt. Fehler und Schwächen des Partners werden blindlings zugedeckt. Konflikte werden verkleinert und Störungen verharmlost. Sie beten zwar als Christen, wollen aber nur eine Bestätigung für ihre Wünsche und sind nicht frei für Impulse und Hinweise des Heiligen Geistes.

Andere wieder haben eine unbegreifliche Angst, diesen oder jenen Partner zu wählen. Sie sehen nur ihre Angst, kennen nicht die Hintergründe ihrer Hemmung und glauben fest, den falschen Partner gewählt zu haben. In ihrer Angst und Unsicherheit glauben sie dann einen Fingerzeig Gottes erkennen zu müssen, der sie vor einer Bindung warnt.

In solchen Situationen helfen Gespräche mit einem Seelsorger oder einem Ehe- und Lebensberater, der in der Lage ist, die echten und falschen Liebesgefühle zu analysieren. Er kann eine problematische Partnerwahl durchleuchten. Er kann vor Gefahren warnen, er kann Störungen und Konflikte, die jetzt schon erkennbar sind, ins Licht heben. Der Berater und Seelsorger kann vor blindem Eifer und vor falschen Wegen bewahren.

5. Partnerwahl beruht auch auf biologischer Anziehung

Gott hat den Menschen mit Reizen ausgestattet, die für das Gegengeschlecht attraktiv sind. *Sexuelle Reize sind gottgewollt und üben zu recht ihre Anziehung aus.* Die sekundären Geschlechtsmerkmale sind nicht überflüssig, sie dürfen nicht diskriminiert werden. Gott hat den Menschen geschaffen – vom Scheitel bis zur Sohle, und die Bibel gibt ihm das Prädikat »sehr gut«.

Jungen und Mädchen – soweit sie geschlechtsreif sind – ziehen sich körperlich an. Diese chemisch und hormonal gesteuerte Anziehung ist wichtig und richtig, sonst würden die Menschen aussterben. Die körperliche Attraktivität ist ein entscheidender Treibsatz für die Partnerwahl und kein animalisches Überbleibsel. Gott hat den Menschen so gewollt.

Die Gefahr einer einseitigen biologischen Attraktivität jedoch ist besonders bei Jugendlichen groß. Sie verwechseln laufend körperliches Begehren mit Liebe, Vorliebe für Busen, Beine und Po mit partnerschaftlicher Übereinstimmung, Wohlgefallen an sekundären Geschlechtsmerkmalen mit Zuneigung.

Je unreifer der junge Mensch, je undifferenzierter sein Liebesverlangen, desto mehr wählt er einfach das Gegengeschlecht. Hauptsache, es ist eine Frau mit ihren bestimmten Reizen.

Im Hohenlied Salomos, einem biblischen Liebesgedicht, werden die Vorzüge und Reize des geliebten Menschen beschrieben. Es sind Verse von höchster Poesie und Sinnlichkeit. Die Heilige Schrift schämt sich nicht, die körperlich-sexuellen Reize von Mann und Frau in Einzelheiten zu schildern. Deshalb sollen wir sie auch nicht als animalisch abtun.

Wichtig ist: Gott hat die sexuelle Anziehung gewollt, er hat den Menschen mit sekundären Geschlechtsmerkmalen beschenkt und will, daß Partnerwahl *auch* diesen Aspekt mit berücksichtigt.

6. Der gleiche Glaubenshintergrund

Zwei Menschen wollen in der Ehe, die sie anstreben, »ein Fleisch« werden. Sie wollen eines Tages mit Leib, Geist und Seele innig und herzlich miteinander verbunden sein. Sie suchen ganzheitliche Harmonie, die sich im Seelischen, im Geistigen und auch im Sexuellen widerspiegelt. Dafür ist der gleiche Glaubenshintergrund unerläßlich.

Zwei Menschen, die miteinander beten, die miteinander die Bibel lesen, die miteinander in Freud und Leid denselben Herrn und Heiland anrufen können, werden eine umfassendere Harmonie und Gemeinschaft praktizieren als Menschen, denen diese Basis fehlt. »Ein Fleisch sein« meint mehr als Geschlechtsverkehr, als die Vereinigung der Körper; es drückt die völlige Einheit, die totale Hingabe und Vereinigung des Menschen aus. Wenn der Orgasmus, der Höhepunkt der Lust, im Zentrum der Persönlichkeit erlebt wird, dann ist es erforderlich, daß zwei Herzen übereinstimmen und zwei Seelen völlig eins sind. Der gemeinsame Glaube vermittelt diese Innigkeit der Seelen und baut eine Brücke vom einen zum anderen.

Darum bedeutet gemeinsam gelebter und praktizierter Glaube:
- *größere* innere Übereinstimmung,
- *größere* seelische Harmonie,
- *tragfähigere* gemeinsame Basis für den Alltag,
- *größere* Übereinstimmung im Sexuellen.

Diese Voraussetzungen sind für eine Partnerschaft auf Lebenszeit unerläßlich. Zwei Eheleute brauchen Halt, Schutz, Geborgenheit und Nestwärme. Selbstverständlich schenken beide Partner einander diese Grundlagen einer guten Ehe. Wieviel mehr fühlen sich aber beide gehalten und getragen, wenn sie im Glauben an den lebendigen Gott in die gleiche Richtung gehen. Dieser Gleichklang der Herzen ist mehr als eine romantische Idee; der gemeinsame Glaube ist die beste Garantie für eine erfüllte Partnerschaft.

7. Verlobung statt Probeehe

Die Verlobung spielt in der Freundschaft und Partnerschaft der beiden Geschlechter eine große Rolle. Leider wurde sie in der Vergangenheit stiefmütterlich behandelt. Junge Paare sollten wissen: So lange sie *nicht verlobt* sind, hat jeder Partner *das Recht,* noch nach einem anderen Partner Ausschau zu halten, der möglicherweise besser zu ihm paßt, der eine größere Harmonie garantiert und ein jahrzehntelanges Zusammenleben garantiert. Wer befreundet ist, ist *nicht verlobt,* ist *nicht verheiratet;* Freundschaften beinhalten *kein Heiratsversprechen.* Aber wie viele junge Menschen haben sich trotzdem versprochen und gebunden gefühlt, weil sie sich nicht mehr lösen konnten, obwohl sie weder vor Gott noch vor dem andern wußten, ob sie ein Leben lang zusammengehören werden. Erst die Verlobung beinhaltet ein Eheversprechen, das aber nicht eingeklagt werden kann. Der Vater der Eheberatung in Deutschland, Dr. Jochen Fischer, schrieb über die Verlobung:

> »Verlobung ist nicht schon Entscheidung, noch nicht letzte Zusage. Verlobung ist Gelegenheit, sich selbst und den anderen Menschen zu fragen, zu prüfen, abzuwägen; sie gibt Gelegenheit für diese zwei Fragen: wirklich Ehe? Wirklich wir? ... Verlobung ist keine Verlegenheitspause, auch keine neue Stufe der Liebe, auch keine Erlaubniserteilung, keine Probeehe, keine Wohnungsbeschaffungsfrist. Verlobung ist ein Schritt zur Entscheidung.«[101]

Verlobungszeit ist letzte Prüfungszeit. Sie läßt eindeutig die Möglichkeit zu, die Bindung zu *lösen.* Wer die Ehe als Stiftung Gottes ernst nimmt, sollte sich für ein letztes und bedingungsloses Ja Zeit nehmen. Deshalb rate ich:
– etwa ein Jahr Kennenlernen und Freundschaft,
– etwa ein Jahr miteinander verlobt sein.
Beide Zeitabschnitte sind Richtwerte und bieten den Partnern die Möglichkeit, sich gründlich kennenzulernen.

8. Prüfung der Motive

Erster Fragenkatalog:

Versuchen Sie, die folgenden Fragen ehrlich zu beantworten: Von welchen rationalen oder emotionalen Motiven und Gründen ist mein Wunsch bestimmt, einen Partner zu finden oder zu heiraten?

Ich möchte:	Ja	Nein
– endlich selbständig werden	O	O
– eine Familie gründen und eigene Kinder haben	O	O
– endlich nicht mehr einsam und isoliert sein	O	O
– heiraten, weil ich hoffe, meine persönlichen Probleme mit meinem Partner besser lösen zu können	O	O
– aus meinem (ungeliebten) Beruf heraus	O	O
– dem täglichen Krach, der Langeweile und der Kontrolle in meinem Elternhaus entfliehen	O	O
– endlich wissen, wohin ich gehöre	O	O
– einen Partner haben, der meine sexuellen und sonstigen Bedürfnisse befriedigt	O	O
– glücklich werden, Verständnis und Geborgenheit finden	O	O
– keine alte Jungfer (kein alternder Junggeselle) werden	O	O
– ein gegebenes Versprechen einlösen, auch wenn ich es heute nicht mehr geben würde	O	O
– diesen Partner heiraten, weil		
– mir seine äußere Erscheinung und sein Beruf imponieren	O	O
– seine Stellung und sein Vermögen verlockend für mich sind	O	O
– mir seine Eltern helfen könnten, beruflich weiterzukommen	O	O
– ich Mitleid mit ihm habe (er ist behindert; er war oder ist alkohol- oder drogenabhängig; ich glaube, ihm helfen zu können	O	O
– ich unsere intime Beziehung legalisieren möchte	O	O
– ich ein Kind von ihm erwarte und es einen Vater braucht	O	O

Wenn auch nur einige dieser Fragen mit »Ja« beantwortet werden, fehlt ein tragendes Fundament für eine das ganze Leben dauernde Ehe; die mehr oder weniger ich-bezogenen Zwecke reichen nicht aus.[102]

Zweiter Fragenkatalog als Anleitung zur Selbstprüfung:

1) Gibt es bestimmte »*Typen*«, die mich besonders ansprechen? Welche hervorstechenden geschlechtsspezifischen Merkmale üben eine große Faszination auf mich aus?

2) Wenn ich mir meine *gleichgeschlechtlichen* Freunde oder Freundinnen in Vergangenheit und Gegenwart anschaue, welche charakterlichen Gemeinsamkeiten haben sie? Welche Eigenarten bevorzuge ich? Welche *Rolle* spielte ich in dieser Freundschaft?

3) Welche Rolle wählte ich im Hinblick auf meine gleichgeschlechtlichen Freunde, die Rolle des dominierenden oder des mehr anlehnungsbedürftigen Partners, die Rolle des aktiven oder des passiven Partners?

4) Zu welchem *Verhaltensmuster* hatte ich mich in der Geschwister- und Familiensituation entschlossen? Fühlte ich mich herausgehoben, als schwarzes Schaf, als Sündenbock, als Streithammel, als Kaspar, benachteiligt, zurückgesetzt, vorgezogen, übersehen usw. Spielt dieses Verhaltensmuster in meine Beziehungen zum anderen Geschlecht hinein?

5) Habe ich mich als Kind dumm und hilflos angestellt? Habe ich zwei verkehrte Hände entwickelt? Wollte ich betreut und bemuttert werden? Benutzte ich Arrangements, um auf mich aufmerksam zu machen? Welche waren es? Welche sind es womöglich heute?

6) Welche Personen spielten in meiner Kindheit eine besondere Rolle? Wie sahen sie aus? Welche besonderen Eigenschaften hatten sie? Wie reagierte ich und mit welchen Mitteln auf bestimmte Eigenarten und Verhaltensweisen? Wer war mir angenehm und sympathisch, wer war mir unangenehm und unsympathisch?

7) Welches Vokabular spielt in meinem Verhältnis zum andern Geschlecht eine Rolle? Wir sprechen doch davon, daß wir den andern haben, genießen und quälen wollen, daß wir ihn benutzen, zwingen, fertig machen, runtermachen, kränken, überwältigen, umlegen, nötig haben. Welche Bedürfnisse könnten sich hinter einem Lieblingsvokabular verbergen?

8) Wenn die Gefühle der Ausdruck unserer allgemeinen Bewegungsrichtung sind, drücken sie aus, was wir erwarten. Liebe ich jemand wegen seiner Fehler oder wegen seiner Tugenden? Warum? Wähle ich ihn, weil ich Schutz suche oder materielle Vorteile erwarte? Basiert die Liebe auf den Vorzügen des andern oder auf dem Gefühl menschlicher Nähe? Habe ich das Gefühl der Unterlegenheit oder Überlegenheit? Was strebe ich an?

9) Welche positiven oder negativen Seiten nehme ich am Partner wahr? Schriftlich beantworte ich mir folgende vier Fragen:

Was schätze ich an meinem Partner, was mag ich an ihm, was hab ich gern?

Was beanstande ich an ihm, was stört mich an ihm, was habe ich nicht so gern?

Was schätzt wohl mein Partner an mir?

Was beanstandet er an mir?

Das sind einige Fragen zur Selbstprüfung aus dem Katalog der möglichen Motive und späteren Konflikte. Hat ein Mensch die Ziele seiner Verhaltensmuster erkannt, kann er sie korrigieren, mildern, verbessern oder ändern.

IV. Ehelosigkeit

Neben dem Mut zur Ehe und dem überzeugenden Ja zur lebenslangen Partnerschaft gibt es zunehmend Zweifler und Zauderer, die das Wagnis Ehe nicht eingehen wollen. Wenn in der Bundesrepublik jede dritte Ehe wieder geschieden wird und unzählige Ehen gefährdet sind, dann wird die Angst vor der Ehe verständlich.

Im Matthäus-Evangelium, im 19. Kapitel, unterhält sich Jesus mit seinen Jüngern und mit Pharisäern, die ihm eine Falle stellen wollten, über die Scheidung. Jesus macht unmißverständlich klar, daß die Ehe unauflöslich ist, es sei denn, ein Partner begeht Ehebruch. Die Jünger, nicht die anderen, sind perplex. Sie reagieren betroffen. Ihnen schießt eine Skepsis in die Glieder und sie reagieren offensichtlich mit Angst. Vers 10: »Da sagten seine Jünger zu ihm: ›Wenn es zwischen Mann und Frau so steht, sollte man lieber gar nicht heiraten.‹«

Schon damals spiegelten die Jünger Jesu offensichtlich davon etwas wider, was vielen jungen Menschen heute in den Knochen steckt. Nur die Begründungen sind vermutlich heute andere. Schauen wir uns die Gründe und Motive etwas genauer an, die vor allem junge Menschen ins Spiel bringen.

1. Angst vor der Ehe

Ich nenne 5 Gesichtspunkte, die den ersten Themenkomplex Angst vor der Ehe umreißen.

1) Angst signalisiert fast immer eine geringe Beziehungsfähigkeit
Angst ist ein universelles Gefühl und ein Kennzeichen für die menschliche Natur. Angst hat im menschlichen Leben eine nützliche Funktion. Sie ist der Ausdruck einer lebenerhaltenden Kampf- oder Fluchtreaktion. Wir brauchen diesen biologischen Mechanismus, der uns handlungsfähig, lebens- und überlebensfähig macht.

Auch Christen haben Angst. Christus hat nicht gesagt: »In der Welt habt ihr Angst, doch seid getrost, *ich nehme euch die Angst weg*«, sondern er sagte: »In der Welt habt ihr Angst, doch seid getrost, *ich habe die Welt überwunden.*« Das heißt: In meiner Angst habe ich einen *Anwalt*, einen *Fürsprecher*, einen *Beistand*; in meiner Angst bin ich *nicht allein*.

Nach relativ einhelliger psychiatrischer und psychologischer Meinung ist die Angst der Schlüssel zur gesamten Psychopathologie, der Schlüssel zu allen seelischen Störungen. Darum signalisiert die Angst vor der Ehe fast immer

– eine geringe Beziehungsfähigkeit,
– eine geringe Partnerschaftsfähigkeit,
– eine geringe Liebesfähigkeit,
– einen kleinen Aktionsradius im Zwischenmenschlichen,
– ein geringes Selbstvertrauen und damit eine deutliche Kommunikationsschwäche.

Der junge Mensch tritt auf der Stelle. Er wartet ab, weicht aus und zieht sich vor dem anderen Geschlecht zurück. Er traut sich nicht zu, ein Leben lang mit seinem Partner zusammen zu leben.

Woher kommt die mangelhafte Beziehungsfähigkeit? Aus der Familie: Ob ein Mensch liebes- und bindungsfähig wird, hängt weitgehend vom seelischen Klima in der Familie ab. Denn die Familie ist in erster Linie der Ort, in dem wir Liebe, Verständnis und Unterstützung finden, selbst wenn alles andere versagt. Liebesfähigkeit ist keine Mitgift der Natur. Wir haben sie nicht geerbt und tragen sie nicht im Blut. Ohne Training und ohne Erfahrung können wir mit ihr im zwischenmenschlichen Umgang nicht operieren.

Das Familienklima beschreibt eine Atmosphäre und eine bestimmte seelische Witterung innerhalb der Familie. Diese familiäre Wetterlage kann »schön«, »bedrückend«, »wolkig«, »klar«, »freundlich«, »warm«, »verregnet«, »kalt«, »stürmisch« und »eisig« sein. Je negativer die Erfahrungen, desto kritischer die spätere Liebesfähigkeit. Und genau diese verschiedenen Klimate sind es, die den Nährboden abgeben für zufriedenstellende oder auch für gestörte Liebes- und Bindungsfähigkeit. Die amerikanischen Psychologen Don Dinkmeyer und Gary D. McKay schreiben dazu:

»Die Familie bildet die Umwelt und den Rahmen, die das Kind einer bestimmten Richtung von Lebensvorstellungen aussetzen. Überzeugungen, Wertmaßstäbe und Wesenszüge stammen aus dieser Atmosphäre, genau wie die verschiedenen Verhaltensweisen, die zeigen, wie man mit anderen in Beziehung treten kann. Das Kind beobachtet die Beziehungen und den Austausch in der Familie und integriert diese als *die* Umgangsweise mit anderen Menschen. Wenn Vater und Mutter streiten, wenn einer von beiden mit Launen oder Gefühlsausbrüchen arbeitet, um sich durchzusetzen, wird das vom Kind genau beobachtet, und es übernimmt diejenigen Verhaltensweisen, die ihm effektiv erscheinen. Das familiäre Verhalten ist als eine direkte Verhaltens-Determinante zu betrachten. Selbstverständlich ist das Kind frei, ein solches Verhalten zu akzeptieren oder abzulehnen. Wenn Geschwister ähnliche Charakterzüge haben, ist es meistens ein Ausdruck der Familienatmosphäre, welche die Kinder geprägt hat.«[103]

Was haben die Kinder gelernt, die es später in Partnerschaften so schwer haben und anderen schwer machen? Sie lernten,

- sich durchsetzen auf Kosten der anderen,
- Recht behalten müssen,
- Frauen und Mädchen werden als zweitrangig eingestuft,
- Probleme werden durch Machtworte geklärt,
- Gefühle und tiefe Empfindungen werden grundsätzlich verschwiegen,
- Bedürfnisse und Wünsche werden durch Schreien und Schimpfen angemeldet,
- durch Rückzug und Schweigen werden andere Familienmitglieder unter Druck gesetzt,
- durch laute und versteckte Machtkämpfe werden Probleme geregelt, usw. usw.

Eine mangelhafte Kommunikation und Kooperation in der Kinderstube begleitet den jungen Menschen in mögliche Partnerschaften. Diese Defizite lösen Angst aus und blockieren eine tragfähige Partnerschaft.

2) Angst, die das neue Ehe- und Scheidungsrecht ausgelöst hat

Die Ehe nach dem neuen Scheidungsrecht wird von vielen jungen Menschen wie ein Balanceakt ohne Netz verstanden. Junge Männer vor allem befürchten finanzielle Katastrophen und persönliche Sackgassen, wenn die Ehe scheitert. Die Beispiele finanziellen Ruins und zerstörter persönlicher Selbstverwirklichung bei jungen Männern, die von den Kommunikationsorganen breitgetreten werden, lähmen deutlich die Risikobereitschaft, eine Ehe einzugehen.

Auf diesem Hintergrund gewinnt die Partnerschaft *ohne Trauschein* immer mehr Befürworter. Angst wird zum Motor für ehefeindliche Beziehungen. Frau »Irene« druckt in »Hör zu« die Stellungnahme einer Ehefrau ab. Da heißt es:

»Die hohen Scheidungsziffern und die mit dieser Scheidung drohende Vernichtung der Existenz, insbesondere für die Männer, erzeugt im Unterbewußtsein die Angst vor der Ehe. Geschiedene Männer mögen durchaus in der Ehe mit Trauschein, in Frau und Kindern, im glücklichen Heim den Sinn des Lebens sehen und die Grundlage für alles Schaffen. Durch die Scheidungsfolgen mit allen finanziellen Lasten aber werden sie zwangsläufig ehefeindlich, sie können sich eine Ehe im Sinn des Wortes einfach nicht mehr leisten. Das ist der Grund der ›Ehescheu‹.«[104]

303

3) Angst, weil die Ehe heute im Durchschnitt 45 Jahre dauert

Die Lebenserwartung ist gestiegen. Im vorigen Jahrhundert hatte die Frau ein Durchschnittsalter von 35 Jahren. Sie starb oft – durch viele Geburten geschwächt – im Kindbett. Die Infektion tat ein übriges. So kam es, daß sich viele Ehen schon nach wenigen Jahren von selbst auflösten. Der Mann heiratete wieder und viele Ehekrisen lösten sich auf diese Weise.

Heute dauert eine Ehe im Durchschnitt 45 Jahre. Viele junge Menschen zögern und zeigen sich mutlos, sich für ein halbes Jahrhundert an einen Menschen zu binden. Sie fürchten die Langeweile, die Gleichgültigkeit und ein allmähliches Auseinanderleben. Der Hamburger Professor Thielicke kommentierte diese Gedanken so:

> »Diese Reserve hat einen banalen und gleichwohl elementaren Grund: Bei der geringen Lebenserwartung früher gelobte man sich Treue für einen begrenzten und einigermaßen übersehbaren Zeitraum. Wer aber wagt es heute, zumal ohne tiefere religiöse Bindungen, eine übersehbare Lebensgeschichte von einem halben Jahrhundert an einen anderen Menschen zu binden?«[105]

4) Angst, weil viele die Institution Ehe für überholt halten

Eine der letzten Umfragen des Demoskopischen Instituts in Allensbach, die 1978 veröffentlicht wurde, ergab gegenüber Untersuchungen von 1949 und 1963: 1949 waren 86 % der Männer und 77 % der Frauen mit ihrer Ehe zufrieden. 1963 waren sogar 89 % der Männer und 85 % der Frauen mit ihrer Ehe zufrieden. Und dann vollzog sich ein Meinungsumschwung, der die Institution Ehe betrifft. Bei der Frage »Halten Sie die Einrichtung der Ehe grundsätzlich für notwendig oder für überholt?« antworteten 1978 46 % der jungen Männer im Alter von 16 bis 19 Jahren und 32 % der Frauen im Alter von 20 bis 29 Jahren, die Einrichtung sei überlebt. 15 Jahre zuvor waren es noch doppelt so viele Frauen gewesen, die die Ehe für notwendig erachteten. Korrekterweise muß aber gesagt werden, daß die Institution Ehe hinterfragt wurde, nicht die Partnerschaft zu zweit überhaupt. Die Leiterin des Allensbacher Institutes, Elisabeth Th. Noelle-Neumann, kommentiert dieses überraschende Ergebnis so:

> »Eine sexuelle Revolution – der Ausdruck ist nicht übertrieben –. Stärkere Veränderungen, als sie im Vergleich der beiden STERN-Umfragen über die Intimsphäre 1963 und 1978 sichtbar wurden, lassen sich gar nicht denken.«[106]

Frau Noelle-Neumann glaubt, daß diese sexuelle Revolution nicht rückgängig gemacht werden kann. Dem widerspreche ich energisch.

In einer so schnellebigen Zeit wie der unsrigen sind rasche Trendwenden möglich. Die Propagierung der Lust und die Vergötzung der Sexualität bringen den jungen Menschen nicht das ersehnte Glück, auf das sie gesetzt haben. Hier hat ihnen eine billige Sensationsmache ein Sexparadies vorgegaukelt. Beglückende Sexualität ohne dauerhafte Liebe ist wie Licht ohne Schatten. Selbst die fanatischsten Vertreter der Sexwelle werden schneller als gedacht ihren Irrtum zugeben müssen. Helmuth Thielicke sagt es in seiner unnachahmlichen Art:

> »Das schauerliche Subtraktionsexempel ›Sex minus Menschlichkeit = punktueller Lustgewinn‹ kann als Lebensmaxime nicht das Letzte bleiben. Der mißhandelte Sex wird sich rächen. Er ist viel zu elementar, um seine Ausplünderung zu ertragen.«[107]

Befriedigende Sexualität, die bleibt, nicht abstumpft, sondern die Menschen ganzheitlich beglückt, ist das Ergebnis einer Harmonie zu zweit. Schon aus dem Grunde wird die Ehe Zukunft haben und nicht von einer Minderheit provozierender Ideologen totzukriegen sein.

5) Angst, die Selbstverwirklichung einzubüßen

Die Selbstverwirklichung wurde in den letzten Jahren als *Lebensziel* angeboten und sogar in einigen Kreisen der Psychotherapie als Zielwert charakterisiert. Diese egoistische Konzentration auf Selbstbeglückung hat viele Ehen in Schwierigkeiten gebracht. Jeder überprüft ständig seinen Puls, um zu kontrollieren, ob die vom Partner gewährte Zuwendung noch seinen Ansprüchen genügt. Bekommt er genug für sich? Wird sein Freiheitsspielraum auch nicht eingeengt? Wird sein subjektives Glück nicht infrage gestellt? Selbstverwirklichung am anderen vorbei ist eine Zielverfehlung. Der Züricher Arzt und Psychotherapeut Jürg Willi lehnt auch therapeutisch dieses Konzept ab, wenn er schreibt:

> »Ich glaube, daß es rein wissenschaftlich ein Fehlkonzept war, Selbstverwirklichung als höheres Ziel zu betrachten. Was dabei vernachlässigt wurde, ist, daß diese Entfaltung von seinem Innenleben eben nicht möglich war, ohne daß sich das auf seine Beziehungen zum Mitmenschen ausgewirkt hat. Die Mitmenschen bekommen dadurch oft einen feindseligen Charakter, sie wurden zu den Wesen, die diese Entfaltung einschränkten, so daß die Meinung aufkam, das Wichtigste sei, daß ein Individuum sich möglichst rigoros gegen seine Umgebung durchsetzen kann ... Es gibt keine Lebewesen, die unabhängig sich entwickeln. Alles Leben befindet sich in Abhängigkeiten und in Bezogenheiten.«[108]

Glück, Genuß, Lust und Selbstverwirklichung können niemals direkt erreicht werden, sie sind *Begleiter* einer harmonischen Beziehung, sie sind ein Geschenk, das den Liebenden *nebenbei* in den Schoß fällt.

Die Bibel korrigiert die Selbstverwirklichung noch drastischer. Sie weist darauf hin, daß ein elementares Lebensgesetz verletzt wird, das Gesetz nämlich, daß ich die Erfüllung meiner selbst nicht finde, indem ich mich auf mein Ich konzentriere, sondern so, daß ich mich bindend, schenkend und dienend für den anderen hingebe. »Liebe deinen Nächsten wie dich selbst«, das ist Selbstverwirklichung und Beglückung des anderen. Das ist gottgewollte Partnerschaft, das garantiert eine harmonische Zweierbeziehung. Und keiner der beiden muß Angst haben, zu kurz zu kommen.

2. Ist die Ehe erste Christenpflicht?

Angst vor der Ehe kann auch zur Ehelosigkeit führen. Das Risiko ist zu groß, die Prognosen sind schlecht. Alleinsein ist unkomplizierter, wenn auch nicht leichter und unproblematischer.

Wichtig ist, daß es *die* Ehelosigkeit nicht gibt, sondern nur viele Spielarten der Ehelosigkeit mit unterschiedlichen Motivationen. Aber zunächst möchte ich die Frage beantworten:

Ist die Ehe nicht zwingend von Gott geboten? Gibt es von daher nicht so etwas wie eine ›Pflicht zur Ehe‹? Die Schriftgelehrten forderten damals das Heiraten von jedem Mann. Auch in der christlichen Ethik ist von vielen Theologen die Ehepflicht herausgestellt worden, so von dem lutherischen Theologieprofessor Paul Althaus, der schreibt:

> »Niemand hat das Recht, sich dem Schöpfungswillen Gottes, der uns in der menschlichen Anlage und dem natürlichen Drange zu zeugen fordert, zu versagen. Die Ehe ist die höchste Aufgabe persönlicher Gemeinschaft – niemand hat das Recht, sich ihr zu entziehen.«

Althaus bemüht dazu die Schöpfungsordnung Gottes. Ich glaube, daß er Jesus nicht ganz gerecht wird, der neben dem Ja zur Ehe zugleich ein Ja zur Ehelosigkeit deutlich macht.

> »Es gibt verschiedene Gründe, warum jemand nicht heiratet. Manche Menschen sind von Geburt an zeugungsunfähig, manche – wie die Eunuchen – sind es durch einen späteren Eingriff geworden. Noch andere verzichten von sich aus auf die Ehe, um Gott besser dienen zu können. Versteht es, wenn ihr könnt« (Matth. 19,12).

Zweifellos hat Gott der Ehe als seiner Schöpfungsordnung die Hauptpriorität eingeräumt. *Aber sie kann nicht als Pflicht jedem Menschen aufgezwungen werden.*

3. Ehelosigkeit, die auf einer Lebenslüge basiert

Was ist eine Lebenslüge? Wenn ich mich hinter Ausreden verstecke und mir in die eigene Tasche lüge. Wenn ich mir im Hinblick auf Ehelosigkeit etwas vormache und noch daran glaube. Ich proklamiere Ehelosigkeit als Lebensideal, um mich dann ängstlich und resigniert vor Aufgaben, vor Pflichten und Forderungen der Ehe zu drücken. Ich nenne drei Beispiele für solche Lebenslügen:

1. Beispiel: »Ich bleibe ehelos, weil ich äußerlich so wenig attraktiv bin.«

Aus der Partnerschaftsberatung kann ich ein Lied davon singen, wenn junge Menschen ihr Schicksal beklagen und keinen Partner finden. Sie glauben:

»Ich bin nicht attraktiv«,

»an mir ist nichts Liebenswertes«,

»niemand kann mich leiden«.

Richtig daran ist: »Wenn ich glaube, niemand mag mich, dann finde ich auch keinen Partner.« Ich erfülle meine eigene Prophezeiung. *Ich verhalte mich gemäß meinen negativen Erwartungen.* Mit allen Mitteln programmiere ich meine befürchtete Ehelosigkeit. Die Folge ist, daß ich mich wie ein Abgewiesener verhalte. Ich glaube nicht an mich und an die Ehe. Ich laufe meinen eigenen Ohrfeigen nach, weil ich einer Lebenslüge aufgesessen bin.

2. Beispiel: »Ich halte Ehelosigkeit für ein Zeichen von Lebensklugheit.«

Er argumentiert: »Ich will nicht heiraten, weil ich möglichen Kindern, die gezeugt werden können, eine schwierige, ruinierte Welt ersparen will.«

Für Christen sind solche Sätze Unglaube und Kleinglaube. Wir sind Gottes Ebenbilder, seine Mitarbeiter und Stellvertreter hier auf Erden. Wir haben den Auftrag, uns zu vermehren und uns die Erde untertan zu machen. Wer kapituliert, hat sich der Resignation, dem Pessimismus und der Hoffnungslosigkeit hingegeben. Er stellt sich gegen Gott, der uns eine andere Verheißung gegeben hat. Unser Glaube ist ein Bollwerk gegen Resignation und Pessimismus. *Ehelosigkeit als Zeichen von Lebensklugheit ist Verrat an Gottes Verheißungen.*

3. Beispiel: »Meine Ansprüche sind eben nicht gerade bescheiden – mein Ehepartner muß hohe Qualitäten aufweisen.«

Der junge Mensch betrügt sich selbst, der mit zu hohen Erwartungen an den Lebenspartner herangeht. Der potentielle Ehepartner ist ein Mensch aus Fleisch und Blut und kein Engel, ein Mensch mit Fehlern und Schwächen und kein personifizierter Traum. Je höher die Ansprüche, desto geringer die Chancen der Verwirklichung. Wer Vollkommenheit – auch im Hinblick auf den Partner – anstrebt, bleibt allein. Wünsche der Vollkommenheit, die an den Lebenspartner gerichtet werden, spiegeln einen hochgradigen Egoismus und Hochmut wider. Die Umgebung, die solche Wünsche vernimmt, ulkt dann auch entsprechend:

»Der Mensch, der dir gefällt, muß erst geboren werden!«

»Ich rate dir, heirate einen Engel!«

»Dein Bilderbuch-Partner muß aus fünf Idealpersönlichkeiten zusammengesetzt sein.«

Menschen mit solchen Forderungen verraten Abwehr und ehefeindliches Verhalten. Sie werten den anderen ab und stellen gern das eigene Ich auf einen hohen Sockel. *Sie lieben nicht, sie wollen den anderen für eitle Zwecke mißbrauchen.* Wer solche Wünsche erfüllen will, muß ein Zauberkünstler der Liebe sein.

Die Liebe spricht eine andere Sprache, sie nimmt den Partner, wie er ist. Liebe bejaht den liebsten Menschen, ohne Abstriche. Eine solche Liebe flieht nicht in die Lebenslüge und wird vermutlich nicht allein bleiben.

4. Ehelosigkeit, die durch Egoismus, Empfindlichkeit und Einsamkeit verursacht wird

Empfindlichkeit, Einsamkeit und Egoismus sind miteinander verschwistert. Wer sehr egoistisch lebt und liebt, wird einsam sein. Wer hochgradig empfindlich ist, ist egoistisch und damit einsam zugleich. Einsamkeit ist vielfach selbst verschuldet. Selbstverständlich gibt es Einsamkeiten, die unverschuldet zustandekommen. Es kommen junge Menschen in die Beratung und sagen: »Ich bin so schrecklich einsam und allein. Was soll ich machen?«

Meine erste Gegenfrage lautet gewöhnlich: »Was haben Sie bisher gemacht, um die Einsamkeit zu überwinden?«

Einige bewußte Christen sagen: »Ich habe gebetet.«

Beten ist gut. »Glauben Sie auch, daß der lebendige Gott einen Partner für Sie bereithält?« frage ich dann.

»Ich weiß nicht recht«, sagte eine junge Dame. Sie betet und glaubt nicht, daß Gott ihr Gebet erhören kann. Ruhig bleibt sie im Sessel sitzen und wartet, bis der liebe Gott ihr einen Partner auf den Schoß setzt. Für meine Begriffe ist das Mißbrauch des Gebetes. Wenn das Beten mich nicht ermutigt, in Seinem Namen hinzugehen, um alle Chancen und Möglichkeiten auszuschöpfen, die der lebendige Gott erfüllen oder versagen kann, wird das Gebet mißbraucht.

Empfindlichkeit und Überempfindlichkeit sind eheverneinend. Beides sind negative Verhaltensmuster, die das Zusammenleben stark erschweren. *Sensibilität ist positiv, Empfindlichkeit ist bedenklich.* Sensibilität beinhaltet Einfühlbarkeit, macht hellhörig für den anderen und ist ein Zeichen von Wachheit und Aufgeschlossenheit. *Empfindlichkeit und Überempfindlichkeit sind destruktive Durchsetzungstechniken.* Menschlicherweise wird angenommen, Empfindlichkeit sei ein Erbübel. Nein, der Empfindliche *benutzt* seine Mimosenhaftigkeit und sein Gekränktsein, um die Umgebung in Atem zu halten. Er manipuliert die anderen, fühlt sich enttäuscht und macht dem anderen Schuldgefühle; er versteht es, sich gekränkt und beleidigt zu geben, wenn sich nicht alles um ihn dreht.

Hier schaut der Egoismus aus allen Falten. Im Klartext lautet die Botschaft des Empfindlichen:

Ich bin *leicht verletzt* – wähle deine Worte!

Ich bin *schnell gekränkt* – überlege, was du tust!

Ich bin *tief beleidigt* – streng dich an, dich mit mir wieder zu versöhnen.

Solche überempfindlichen Menschen sind abweisend und anstregend, sie sind egoistisch und partnerschaftsfeindlich. Viele stoßen ab und bleiben allein. Sie suchen die Schuld beim anderen und nicht bei sich.

Wenn die zunehmende Single-Bewegung in der westlichen Welt gewollt die Ehelosigkeit favorisiert, verbirgt sich dahinter ein grandioser Egoismus. Sie kultivieren das persönliche Glück, behaupten ihr unaufgebbares Eigenleben und lehnen den Kardinalsatz für partnerschaftliches Verhalten ab: »Liebe deinen Nächsten wie dich selbst.« Viele Singles leben in einer selbstverschuldeten Einsamkeit. Sie leiden mehr, als sie zugeben wollen. Untersuchungen haben ergeben, daß sie häufiger an Körperkrankheiten und seelischen Störungen leiden als der Durchschnittsmensch. Sie produzieren mehr Depressionen als Verheiratete und sind unzufriedener als Verheiratete in ihrem gesamten Lebensschicksal.

5. Ehelosigkeit als Charisma

Die Ehe ist nicht das Einzige und Letzte und der Güter Höchstes. Die Ehe ist ein wunderbares Geschenk unseres Gottes. Aber das kann Ehelosigkeit auch sein. *Sie ist ein Charisma, eine Gabe und ein Geschenk.* Da gibt es Menschen, die sich mit ihrer ganzen Existenz Gott in die Hände gegeben haben. Mit ihrem Denken, Fühlen, Planen, Hoffen und Arbeiten stehen sie Gott zur Verfügung. Ihr Hauptberuf ist Gottesdienst und nicht Ehe und Familie. Sie fühlen sich berufen und haben sich für Ehelosigkeit entschieden. Nicht aus Mangel an Gelegenheit haben sie der Ehe den Rücken gekehrt, sondern weil Gott sie völlig in Beschlag genommen hat. Ehelosigkeit als Berufung ist kein Akt der Leibfeindlichkeit, keine Verurteilung des Sexuellen als etwas Schmutzigem. Wer über die Abwehr des Sexuellen zur Ehelosigkeit gekommen ist, sollte sich ernsthaft fragen, ob sein Weg Gottes Weg sein kann. Die ehemals überhöhte Einschätzung von Mönch und Nonne, Zölibat und »Josefsehe« sind zutiefst unbiblische Vorstellungen.

Wer dagegen Ehelosigkeit als Platzanweisung Gottes versteht, wird in dieser Welt ein Segen sein und in der großen Familie Gottes einen Platz haben. Das beschreibt Anneliese Bausch sehr positiv:

> »Das heißt für den Ledigen, er wird sich freuen an den guten Gaben Gottes. Und er wird auch nach den Aufträgen Gottes fragen und wird sich mit seinen Gaben hier einsetzen . . . Türen tun sich für ihn auf, Menschen kreuzen seinen Weg. Aufgaben kommen auf ihn zu, die eigenen Kräfte wachsen, und das Glück springt immer wieder auf in seinem Leben wie eine Quelle . . . So wird auch für den Ledigen entscheidend sein, wie er dieses Leben überhaupt verstehen will. Auf diesem Weg wird er auch die Familie Gottes entdecken, von der Jesus sprach, als er sagte: »Wer sind meine Mutter, meine Brüder und Schwestern? Die sind es, die mit mir Gott gehören wollen und die mit mir auf dem Wege sind. Da gibt es Brüder und Schwestern für den Ledigen und eine Heimat, so daß er nicht allein sein wird.«[109]

6. Teil

Was die Eltern vom Jugendrecht wissen müssen

I. Das Jugendrecht

Alle jugendrechtlichen Gesetze und Verordnungen sind aus der Sorge um das äußere und innere Wachstum des jungen Menschen hervorgegangen. Der Begriff »Jugendrecht« drückt die grundsätzliche Ansicht aus, daß die Jugend
- das Recht auf Förderung und Pflege ihres Wachstums,
- das Recht auf den besonderen Schutz und die Fürsorge der Gemeinschaft,
- das Recht auf Selbsterziehung und Selbstverantwortung und
- das Recht auf Zusammenschluß zu gemeinsamer Betätigung und Mitbestimmung in eigenen Angelegenheiten

genießt.

Es gibt praktisch keine Frage zwischenmenschlicher Beziehungen, die nicht auch das Kind und den Jugendlichen berührten und bei der in den mannigfachen Gefährdungen unserer Zeit der heranwachsende Mensch nicht geschützt werden müßte. Es gibt unzählige Paragraphen, die sich mit Rechten und Pflichten der Eltern, der Kinder und Jugendlichen beschäftigen. Aus der Fülle sollen die wichtigsten erörtert und vorgestellt werden. Zwei Schwerpunkte sollen dieses Kapitel beherrschen: die rechtliche Stellung der Eltern und die Rechtsstellung von Kindern und Jugendlichen.

Das Bürgerliche Gesetzbuch (BGB) bestimmt in § 1, daß die Rechtsfähigkeit des Menschen mit der Vollendung der Geburt beginnt. Von diesem Zeitpunkt an ist er Träger von Rechten und Pflichten. Das bleibt ein Mensch normalerweise bis zum Tod.

1. Die Rechtsfähigkeit von Kindern und Jugendlichen bis 18 Jahren

Die Rechtsstellung des Kindes muß mit der Rechtsfähigkeit beginnen. § 1 (BGB) bestimmt daher: »*Die Rechtsfähigkeit des Menschen beginnt mit der Vollendung der Geburt.*« Rechtsfähigkeit beinhaltet auch die Fähigkeit, Träger von Rechten und Pflichten zu sein. Nur wer rechtsfähig ist, kann Eigentümer, Schuldner, Erbe, Mieter, Käufer oder Arbeitnehmer sein. Wer nicht rechtsfähig ist, kann nicht aktiv am Rechtsleben und am Rechtsverkehr teilnehmen. Der Erwerb der Rechtsfähigkeit setzt voraus, daß das Kind geboren ist und lebt. Die Rechtsfähigkeit endet mit dem Tode des Menschen.

2. Das »Geschäftsunfähige Kind« (0 bis 7 Jahre)

Jeder Mensch ist *rechtsfähig*, sobald er geboren ist. Schon das ungeborene Kind ist *teil*rechtsfähig. Es kann beispielsweise erben. Jedes rechtsfähige Kind ist von daher in der Lage, im eigenen Namen zu klagen oder zu verklagen. Handelt es sich um einen Säugling, kann er von seinen Eltern vertreten werden. Bis zum Alter von 7 Jahren · sprechen wir von *Geschäftsunfähigkeit.*

Das Bürgerliche Gesetzbuch (BGB) bestimmt in § 104: »Geschäftsunfähig ist: Wer nicht das 7. Lebensjahr vollendet hat.« Und im nächsten Paragraph heißt es, daß die Willenserklärung eines Geschäftsunfähigen nichtig ist. Was heißt das praktisch?

Ein minderjähriges Kind bis zum Alter von 7 Jahren kann zwar Willenserklärungen abgeben und Einkäufe tätigen – aber nur mit Genehmigung der Eltern. Nehmen wir an, ein 6jähriges Kind geht eigenmächtig einkaufen, leert sein Sparschwein und kauft sich Schallplatten und Kassetten bzw. eine Ausrüstung für den Karneval. Das Kind kommt nach Hause, die Eltern sind entsetzt und schicken das Kind zurück zum Kaufmann. Der Verkäufer ist gezwungen, das Geld zurückzugeben und die gekauften Sachen zurückzunehmen, selbst wenn inzwischen von den gekauften Sachen einiges kaputtgegangen sein sollte. Der Verkäufer ist das Risiko eingegangen, an ein *geschäftsunfähiges* Kind Gegenstände verkauft zu haben.

3. Das »Beschränkt geschäftsfähige Kind« (7 bis 18 Jahre)

Beschränkte Geschäftsfähigkeit bedeutet, daß das Kind zwar Verträge und Kaufgeschäfte abschließen kann, die aber – nach § 108/1 (BGB) solange »in der Schwebe bleiben«, bis die Eltern das letzte Wort gesprochen haben. Willigen die Eltern ein, ist das Geschäft rechtskräftig, versagen sie ihre Zustimmung, ist das Geschäft unwirksam.

Ein Beispiel: Herr Müller, der Nachbar von Karl, 16 Jahre alt, züchtet wertvolle Rassehunde, nämlich Afghanen. Karl mag die teuren Tiere sehr und wünscht sich seit langem so ein Exemplar. Seine Eltern können ein Jungtier aber nicht bezahlen. Herr Müller hat eine große Tankstelle und möchte gern dem Karl ein Tier schenken, aber unter einer Bedingung, daß Karl 1 Jahr lang am Wochenende an seiner Tankstelle aushilft. Darf Karl das Geschenk – ohne seine Eltern zu fragen – annehmen? Nein. Hier spielt bei der Schenkung die sogenannte »Gegenleistungspflicht« eine Rolle. Ohne die Erlaubnis seiner Eltern darf Karl das Hundegeschenk nicht annehmen. Eine Ausnahme: Onkel, Tante oder Großeltern schenken dem Kind ein Sparbuch, auf dem 3000 Mark eingezahlt sind. Darf das Kind, es hat inzwischen die Hauptschule hinter sich, ist 15 Jahre alt, das Geschenk ohne Einwilligung der Eltern annehmen? Es darf. Die gesetzliche Regelung lautet, daß Rechtsgeschäfte, die mit keiner »Gegenleistungspflicht« verbunden sind, nicht der Zustimmung des gesetzlichen Vertreters – also der Eltern - benötigen.

4. Der sogenannte Taschengeld-Paragraph

Nach § 110 (BGB) ist ein Rechtsgeschäft nur dann gültig, wenn der Minderjährige die Gegenleistung vollständig aus eigenen Mitteln bewirkt. Das Taschengeld z.B. wird in der Regel von den Eltern *zur freien Verfügung* gegeben. Sonst sind Rechtsgeschäfte, die Minderjährige vornehmen, ungültig, wenn die Eltern oder die gesetzlichen Vertreter nicht ihre Zustimmung gegeben haben. Das heißt für Eltern konkret: Bekommt das Kind Taschengeld zur freien Verfügung, kann das Kind die unmöglichsten Rechtsgeschäfte tätigen, die völlig den Erziehungszielen der Eltern zuwiderlaufen können. Die Wirksamkeit der Verträge kann nicht angetastet werden. Die Vorschrift hat ja auch den Sinn, dem Minderjährigen die Möglichkeit einzuräumen, selbständig Kleidungsstücke, Schulutensilien usw. einzukaufen.

Eine weitere Ausnahme: Gert ist 12 Jahre alt und bekommt von seinen Eltern 40 Mark Taschengeld im Monat. Gert muß allerdings von diesem Geld auch Katzenstreu einkaufen, weil die Perserkatze, die seine Eltern ihm geschenkt haben, in seinen Verantwortungsbereich gehört. Ansonsten darf er »mit dem Geld machen, was er will«, hat sein Vater ihm zugestanden. Monatlich spart Gert von dem Geld und kauft sich eines Tages einen Radiorecorder. Die Frage lautet: Ist das Rechtsgeschäft gültig oder müssen die Eltern erst den Kaufvertrag gutheißen?

In diesem Fall verhält es sich so, daß Gert in der Tat Rechtsgeschäfte abschließen kann, und zwar in Höhe des Taschengeldes, weil die Eltern ihm eine grundsätzliche Erlaubnis erteilt haben, über das Geld frei zu verfügen. Der Taschengeld-Paragraph 110 (BGB) lautet: »Ein von dem Minderjährigen ohne Zustimmung des gesetzlichen Vertreters geschlossener Vertrag gilt als von Anfang an wirksam, wenn der Minderjährige die vertragsmäßige Leistung mit Mitteln bewirkt, die ihm zu diesem Zweck oder zur freien Verfügung von dem Vertreter oder mit dessen Zustimmung von einem Dritten überlassen worden ist.«

5. Die Religionsmündigkeit

Die religiöse Erziehung ist grundsätzlich rechtlich Sache der Eltern. Wenn Eltern die Sorge für ihr Kind tragen, und zwar für Pflege, Beaufsichtigung, Erziehung, Schulbesuch und Namensgebung, ist darin die religiöse Erziehung eingeschlossen. Im einzelnen heißt das:
– Nicht nur die großen Konfessionen (evangelisch, katholisch, muselmanisch und jüdisch) sind darunter zu verstehen, sondern auch atheistische und andere Weltanschauungen;
– wenn Eltern ihr Kind taufen lassen, ist das bereits eine religiöse Kindererziehung;
– wenn die Eltern verschiedenen Konfessionen angehören, müssen sie sich untereinander einigen, in welchem Glauben sie ihr Kind erziehen wollen. Diese Einigung ist jederzeit widerruflich. Sie endet, wenn einer der Ehepartner stirbt;
– die Eltern können während der Ehezeit die Religion des Kindes nicht ohne gesetzliche Zustimmung ändern;
– ein Elternteil allein darf nicht das Kind – ohne Zustimmung des anderen Elternteiles – vom Religionsunterricht abmelden;
– wenn Eheleute über der Frage der Religionszugehörigkeit Streit bekommen, können sie sich an das Vormundschaftsgericht wenden;
– wenn Eltern wegen der religiösen Erziehung Streit bekommen, müssen Kinder ab 10 Jahren vom Vormundschaftsgericht gehört werden;
– wenn Eltern wegen der religiösen Erziehung Streit bekommen, kann das Kind *über 12 Jahre* nicht mehr gegen seinen Willen in ein bestimmtes Bekenntnis gezwungen werden;
– Kinder *über 14 Jahre* entscheiden *allein*, zu welcher Religion sie sich bekennen wollen, das heißt praktisch, daß sich Jungen und Mädchen ohne Zustimmung der Eltern vom Religionsunterricht ab- oder auch anmelden können.

6. Vom Recht, sich zu verloben

Geht ein Minderjähriger eine Verlobung ein, ist sie als Vertrag
»schwebend unwirksam«, wenn die gesetzlichen Vertreter ihre Einwilligung nicht gegeben haben. Da aus einem unwirksamen Vertrag
keine Ansprüche abgeleitet werden können, ist der Minderjährige
bei einem unbegründeten Rücktritt des Partners nicht geschützt. Er
kann keinen Schadenersatz geltend machen und auch nach § 1301
(BGB) die Herausgabe etwaiger Geschenke nicht fordern.
   Der Begriff Verlöbnis beinhaltet zwei Aspekte:
   – die Begründung der Verlobung, den Begründungsakt,
   – das Gemeinschaftsverhältnis, den Brautstand.
Ist die Verlobung rechtskräftig, kann bei unbegründetem Rücktritt
vom Verlöbnis Schadenersatzanspruch nach § 1298 und 1300 BGB
gefordert werden. (Einige Rechtsexperten sehen allerdings in diesem
überholten Paragraphen die Gleichberechtigung infrage gestellt).
Ein Minderjähriger kann nach dieser Rechtslage auch *grundlos* von
der Verlobung zurücktreten. Irgendwelche Schadensansprüche werden nicht rechtswirksam. Da die Rechtsauffassungen über die Verlöbnisfähigkeit auseinandergehen, kommen Rechtsexperten zu folgender Überlegung:
   »Nach der Theorie von gesetzlichem Rechtsverhältnis lassen sich zwei
   Stufen der Verlöbnisfähigkeit unterscheiden: Wer nach seiner geistigen,
   sittlichen und sozialen Entwicklung reif genug ist, die Bedeutung eines
   Eheversprechens zu erkennen und sich sachgerecht zu entscheiden, ist
   verlöbnisfähig. Die andere Version lautet: Wer diese Reife nicht hat, ist
   verlöbnisunfähig.«[110]
Die Verlobung enthält ein Eheversprechen und gilt als Willenserklärung, die Ehe zu schließen. Die Erfüllung dieser Verpflichtung kann
aber in keiner Weise erzwungen werden.

7. Minderjährige, die behördliche Erlaubnisse erhalten

Da die Benutzung von Krafträdern für Jugendliche eine große Rolle
spielt, sollten Eltern und Erzieher über die rechtliche Seite Bescheid
wissen. Viele Eltern wissen nicht, daß der Jugendliche, der unter 18
Jahre alt ist, von der Straßenverkehrsbehörde die Fahrerlaubnis der
Klasse 4 oder 5 erteilt bekommt, wenn er die vorgeschriebene Fahr-
prüfung bestanden hat. Rechtlich gilt:
   – Er muß das gesetzliche Mindestalter von 16 Jahren erreicht
     haben;

- die Zustimmung der gesetzlichen Vertreter ist nicht erforderlich,
- der Minderjährige kann den Antrag sogar gegen den Willen der Sorgeberechtigten stellen,
- für Klagen vor dem Verwaltungsgericht gegen die Versagung oder Entziehung der Fahrerlaubnis ist er unbeschränkt prozeßfähig;
- auch für die Erteilung eines Fischereischeines oder eines Jagdscheines, die ab Vollendung des 12. bzw. 16. Lebensjahres erworben werden können (§ 3 DVO), ist die Zustimmung der Eltern nicht erforderlich.

Allerdings ist zu beachten:
- Die Erteilung des Jagdscheines berechtigt den Jugendlichen *nicht*, gegen den Willen seiner Erziehungsberechtigten die Jagd auszuüben;
- die Erteilung der Fahrerlaubnis der Klasse 4 oder 5 berechtigt den Jugendlichen *nicht*, gegen den Willen der Erziehungsberechtigten mit einem Kraftfahrzeug dieser Klassen zu fahren.

8. Minderjährigkeit und Volljährigkeit

Das BGB sagt zu zwei wichtigen Begriffen aus: Minderjährigkeit und Volljährigkeit. Es bestimmt in § 2 den Beginn der Volljährigkeit. Personen, die das 18. Lebensjahr (bis 1974 das 21. Lebensjahr) vollendet haben, sind volljährig. Alle anderen sind minderjährig.

Der Gesetzgeber verwendet bei der Festlegung der Altersgrenze häufig den Begriff »Vollendung« eines »Lebensjahres«. Das wird oft mißverstanden. Vollendet ist das 1. Lebensjahr, wenn das Kind 1 Jahr alt geworden ist; vollendet ist das 18. Lebensjahr, wenn der junge Mensch 18 Jahre alt geworden ist. *Wer volljährig geworden ist,*
- ist mündig geworden;
- steht nicht mehr unter der elterlichen Sorge, § 1626 Abs. 1 (BGB);
- steht nicht mehr unter einer möglichen Vormundschaft; §§ 18821773, 1909, 1915 (BGB);
- besitzt die volle Geschäftsfähigkeit, § 106 (BGB);
- kann seinen Wohnsitz selbständig wählen, § 11 (BGB);
- kann von irgendwelchen Personen adoptiert werden. Die Eltern haben keine Einspruchsrechte mehr, §§ 1767 ff (BGB);
- besitzt die Fähigkeit zum Vormund oder Pfleger, §§ 1781 Nr. 1; 1915 (BGB);

- besitzt die volle Testierfähigkeit, § 2247 Abs. 4 (BGB);
- besitzt das passive Wahlrecht zum Bundestag oder Landtag und zu den Kommunalvertretungen;
- besitzt die volle Ehemündigkeit, § 1 Abs. 1 (EHE);
- untersteht nicht mehr einer Erziehungsbeistandschaft, einer freiwilligen Erziehungshilfe und der Fürsorgeerziehung, §§ 61, 75 Abs. (JWG);
- ist voll deliktsfähig, § 828 Abs. 2 (BGB);
- untersteht nicht mehr der Berufsschulpflicht;
- ist voll strafmündig geworden mit der Möglichkeit, bis zum 21. Lebensjahr unter bestimmten Bedingungen das Jugendstrafrecht in Anspruch nehmen zu können, §§ 1 Abs. 1 105, Abs. (JGG);
- hat die Fähigkeit, selbst einen Strafantrag zu stellen, § 77 Abs. 3 (StGB), außerdem kann er Privatklage erheben, § 374 Abs. 3 (StPO);
- besitzt das aktive und das passive Wahlrecht zu Arbeitnehmervertretungen, §§ 7, 8 Abs. 1 (Betr. VG), §§ 13 Abs. 1, 14 Abs. 1 (PersVG);
- hat die Wehrpflicht abzuleisten, Art. 12a (GG), § 1 Wehrpflichtgesetz;
- hat das Recht, die Fahrerlaubnis der Klasse 1 und 3 zu erwerben, § 7 Abs. 1 Nr. 1 und 3 TV 20.

9. Volljährigkeit und Unterhalt

1975 wurde das Volljährigkeitsalter von 21 auf 18 heruntergesetzt. 2,5 Millionen Jugendliche wurden auf einen Schlag gänzlich erwachsen. Selbständigkeit der Kinder und Ablösung vom Elternhaus sind notwendige Schritte auf dem Wege der Mündigkeit. Aber die Volljährigkeit bringt auch rechtliche Probleme mit sich, über die Eltern und Jugendliche Bescheid wissen sollten. Viele Jugendliche, die Schwierigkeiten mit ihren Eltern haben, warten geradezu darauf, mit 18 das Haus verlassen zu können. Was geschieht? Müssen Eltern zahlen? In welcher Höhe?

Welche Rechte und Pflichten haben die Eltern?

§ 612 Abs. 2 (BGB) bestimmt: »Haben Eltern einem unverheirateten Kind Unterhalt zu gewähren, so können sie bestimmen, in welcher Art und für welche Zeit im voraus der Unterhalt gewährt werden soll. Aus besonderen Gründen kann das Vormundschaftsgericht auf Antrag des Kindes die Bestimmung der Eltern aufheben.«

Im einzelnen gilt:
- Die Kinder haben nur ein Recht, den Unterhalt über das Vormundschaftsgericht verändern zu lassen, wenn die Eltern »mißbräuchlich« oder aus sachfremden Erwägungen entschieden haben;
- der Bundesgerichtshof bestätigt in seiner Rechtssprechung, daß die Eltern durch ihre Unterhaltsleistung noch einen Einfluß auf die Lebensführung des volljährigen Kindes besitzen;
- grundsätzlich sind Eltern solange verpflichtet, für ihre Kinder zu sorgen, bis diese sich selbst unterhalten können. Das gilt auch für Kinder, die das 18. Lebensjahr erreicht haben;
- die Eltern haben aber die Möglichkeit zu entscheiden, in welcher Form sie das Kind versorgen wollen. Das Kind wohnt weiterhin zu Hause, es wird verpflegt und versorgt;
- zum notwendigen Unterhalt gehören Wohnbedarf und Ausbildungskosten;
- Eltern sind nicht verpflichtet, eine Zweitausbildung zu bezahlen. Ein Grundsatzurteil des Bundesgerichtshofes lautet, daß Eltern ihre Pflicht gegenüber dem Kind erfüllt haben, wenn sie dem Kind eine angemessene Berufsausbildung angedeihen ließen;
- nur in Ausnahmefällen können Eltern doch zur Finanzierung einer Zweitausbildung herangezogen werden, wenn der erste Beruf auf einer Fehleinschätzung beruhte, die Eltern das Kind überredet hatten, wenn das Kind gesundheitlich nicht in der Lage ist, den Beruf auszuüben. Der Richter muß prüfen und entscheiden, ob die Eltern ihrer Unterhaltspflicht in rechter Weise nachgekommen sind.

10. Die Ehefähigkeit

Generell gilt: Junge Menschen sind *ehefähig*, wenn sie ehemündig sind und entweder volle Geschäftsfähigkeit besitzen oder beschränkt geschäftsfähig sind und ihre Sorgeberechtigten einwilligen. Ehemündig sind Männer und Frauen, die das 18. Lebensjahr erlangt haben. Von dieser Grundvoraussetzung kann das Vormundschaftsgericht befreien. Das geschieht,
- wenn der Minderjährige einen Antrag stellt,
- wenn der Minderjährige das 16. Lebensjahr erreicht hat,
- wenn der zukünftige Ehegatte der Minderjährigen volljährig ist.
Das heißt, Ehen für Frauen unter 16 Jahren sind ausgeschlossen. Minderjährige unter 16 Jahren sind *eheunmündig*. Der Vormund-

schaftsrichter hat sorgfältig zu prüfen, ob der Heiratswillige, der vom gesetzlichen Mindestalter abweicht, die erforderliche geistige, sittliche und soziale Reife besitzt, die zur Führung einer Ehe notwendig ist. Als Beurteilungsmaßstäbe kommen in Betracht:
- eine ausreichende Vorstellung vom Wesen der Ehe,
- die Fähigkeit, sich in einer Lebensgemeinschaft einzuordnen,
- wirtschaftliche Basis, um eheliche Partnerschaft zu garantieren.

Bei der Prüfung, ob einem bedingt ehemündigen Menschen zwischen 16 und 17 Jahren die Reife zugesprochen wird, darf die Geburt eines zu erwartenden Kindes nicht maßgebend sein. Das Wohl des Minderjährigen hat Priorität. Der Jugendrichter Frieder Ribbert schreibt:

»Die bei der Volljährigkeitserklärung für 18 bis 20-jährige Männer früher herrschende Ansicht, daß er ›das Beste des Minderjährigen befördere‹, wenn ihm die Eheschließung mit einer von ihm geschwängerten Frau und damit die Erfüllung einer sittlichen und moralischen Pflicht ermöglicht werde, kann für die Altersgruppe der 16- bis 17-Jährigen nicht übernommen werden.«[111]

Ist der Antragsteller noch keine 18 Jahre alt, und bekommt er von den gesetzlichen Vertretern, den Eltern, ohne triftigen Grund keine Erlaubnis, *kann* sie durch das Vormundschaftsgericht ersetzt werden – § 3 Abs. 3 (EheG). Bedenken gegen die Ehereife können sein:
- schlechte Charaktereigenschaften,
- Vorstrafen oder schlechter Lebenswandel,
- ungünstige wirtschaftliche Verhältnisse,
- keine abgeschlossene Ausbildung,
- erheblicher Altersunterschied.

11. Das Jugendstrafrecht

Das Jugendstrafrecht ist ein *Sonderstrafrecht* für Kinder, Jugendliche und Erwachsene.

Die Alterseinteilung der Täter: Kinder und Jugendliche, die sich vor dem Gesetz schuldig machen, werden altersmäßig in 3 Kategorien gefaßt:

1. Täter unter 14 Jahren – Sie sind nach § 19 des Strafgesetzbuches *schuldunfähig* und werden nicht bestraft.

2. Täter zwischen 14 und 18 Jahren – Sie fallen unter das Jugendgerichtsgesetz (JGG). Jugendliche sind danach *beschränkt* strafmündig.

3. Täter zwischen 18 und 21 Jahren – Sie werden vor Jugendgerichten abgeurteilt. Diese Heranwachsenden sind voll strafmündig. Ob aber Jugendstrafe oder das »Allgemeine Strafrecht« angewendet werden, hängt vom Reifezustand der Heranwachsenden ab und ob es sich um eine Jugendverfehlung handelt.

Im einzelnen gilt:

– Die Beurteilung einer Straftat, Zerstörung von Eigentum, Diebstahl usw., hängt davon ab, wie alt der Jugendliche oder Heranwachsende war, als die Tat geschah;

– die Chance des Jugendstrafrechts besteht darin, daß der Einzelne nach seinem Reife- und Entwicklungsstand beurteilt wird. Der Jugendliche muß das Unrecht der Tat einsehen können, er muß fähig sein können, nach dieser Einsicht zu handeln;

– der Jugendrichter entscheidet, ob er das Jugendstrafrecht anwendet oder das »Allgemeine Strafrecht«. Er kann auch andere Maßnahmen verhängen. Dazu gehören: Verwarnungen, Freizeitarreste, Verrichtung von gemeinnützigen Arbeiten bei Sozialeinrichtungen von Kirchen und Kommunen;

– um die Persönlichkeit des jungen Menschen richtig einzustufen, kann der Jugendrichter Sachverständige bestellen, die in einem Gutachten bestätigen, ob Verhaltensstörungen, Fehlentwicklungen und Persönlichkeitsanomalien vorliegen.

12. Sexuelle Vergehen

Kinder und Jugendliche werden durch eine Anzahl von Paragraphen im Strafgesetzbuch vor sexuellem Mißbrauch geschützt. Die Entwicklung zu einer selbständigen, sexuell reifen Persönlichkeit darf durch illegale sexuelle Handlungen nicht beeinträchtigt werden.

Der § 173 (StGB) beinhaltet, daß Verwandte und Verschwägerte, also Väter und Töchter, Mütter und Söhne, Großeltern und Enkel, Stiefeltern und Stiefkinder, Geschwister und Halbgeschwister keine sexuellen Praktiken untereinander ausüben dürfen. Diese Regelung gilt auch dann, wenn Kinder nichtehelich sind oder adoptiert wurden.

Auch der Geschlechtsverkehr unter Geschwistern ist nicht statthaft, selbst wenn sie nur einen Elternteil gemeinsam haben. Die Rechtsprechung sieht bis heute vor, daß Jugendliche bis zum Alter von 18 Jahren *nicht* bestraft werden, wenn die beschriebenen sexuellen Vergehen gerichtlich verfolgt werden.

Sexueller Mißbrauch von Schutzbefohlenen: Das Gesetzt schützt den Jugendlichen vor sexuellen Kontakten innerhalb von Dienst- und Arbeitsverhältnissen. Wer als Ausbilder seine Autoritäts- und Betreuungsfunktion ausnutzt, macht sich nach § 174 (StGB) strafbar. Im einzelnen gilt:

– Unter dieses Gesetz fallen alle Jugendlichen unter 16 Jahren, die dem Erwachsenen zur Ausbildung anvertraut sind;

– auch eigene oder angenommene Kinder, die noch keine 18 Jahre alt sind, fallen unter diesen Paragraphen;

– Autoritätsverhältnisse, die sexuellen Mißbrauch beinhalten könnten, sind Beziehungen von Lehrern und Schülern, von Jugendleitern zu Mitgliedern, Beziehungen von Arbeitgebern zu Arbeitnehmern, Beziehungen von Vorgesetzten bei Polizei und Militär zu Untergebenen.

Homosexuelle Beziehungen: Gleichgeschlechtliche Beziehungen sind nach § 175 (StGB) von Volljährigen an Kindern, Jugendlichen und Heranwachsenden verboten. Die geschlechtliche Reifung des jungen Menschen soll geschützt werden. Der Paragraph hatte ursprünglich das Ziel, alle homosexuellen Praktiken zwischen Männern und zwischen Frauen zu verbieten. Heute sind nur noch die Beziehungen zu Minderjährigen strafbar.

Sexueller Mißbrauch von Kindern: Besonders werden Kinder rechtlich geschützt, die noch nicht das 14. Lebensjahr erreicht haben. Erwachsene, die sich an Kindern vergehen, werden in der Regel hart bestraft. Wurden Kinder bei sexuellen Praktiken verletzt oder beeinträchtigt, sind oft hohe Freiheitsstrafen die Folge. Der § 176 (StGB) regelt das sexuelle Vergehen an Kindern.

13. Welche Behörden sind für Familienrechtsfragen zuständig?

Vielen Eltern und Familien bereitet es große Schwierigkeiten, sich in dem Dickicht der Paragraphen, Behörden und Institutionen zurechtzufinden. Welche Instanzen spielen eine Rolle und sind für welche Maßnahmen zuständig?

1) Das Jugendamt
Es ist im Normalfall die erste Anlaufstelle bei Schwierigkeiten im familiären Bereich. Landkreise und kreisfreie Städte haben Jugendämter. Die wichtigsten Aufgaben des Jugendamtes sind:

– Die Jugendfürsorge. Gefährdete und geschädigte Menschen werden in der Einzelhilfe betreut. Die Jugendfürsorge ist für nichteheliche Kinder zuständig, für Kinder in Heimen, bei Vormundschaftskonflikten, Familiengerichtshilfen, bei Adoptionshilfen und bei Erziehungshilfen.

– Die Jugendpflege. Es handelt sich um alle Aktivitäten, die außerhalb der familiären, schulischen und beruflichen Erziehung und Betreuung, Kindern und Jugendlichen als fördernde Maßnahmen angeboten werden. Dazu gehören Freizeitmaßnahmen, die außerschulische Jugendbildung sowie die Kinder- und Jugenderholung.

– Der Jugendschutz. Das Jugendamt ist der Träger des Jugendschutzes. Im Auftrage der staatlichen Gemeinschaft wacht das Jugendamt darüber, daß die Eltern ihre Erziehungspflicht wahrnehmen, Kinder nicht mißhandeln, vernachlässigen und verwahrlosen lassen. Mißstände werden dem Vormundschaftsgericht gemeldet.

– Anlaufstelle für alle Jugendhilfe- und Jugendrechtsfragen. Die Jugendämter arbeiten eng mit anderen Familien- und jugendrechtlichen Instanzen zusammen. Eltern und Erzieher können sich mit allen Fragen, die Jugendschutz, Jugendpflege und Jugendfürsorge betreffen, an das Jugendamt wenden. Das Jugendamt ist rechtlich nicht selbständig. Darum können alle Entscheidungen durch Klagen gegen die Träger der Jugendhilfe vor dem Verwaltungsgericht ausgefochten werden.

2) Das Vormundschaftsgericht

Das Vormundschaftsgericht ist eine Abteilung des Amtsgerichtes. Es besteht aus dem Vormundschaftsrichter und Rechtspflegern, die zahlreiche Aufgaben zu bewältigen haben. Aufgaben sind:

– Meinungsverschiedenheiten zwischen Eltern in Fragen der elterlichen Sorge und des Umgangs zu schlichten;

– Streitigkeiten zwischen Eltern und unverheirateten Kindern über Unterhaltsgewährung zu entscheiden;

– Einwilligungen zu ersetzen, die Eltern oder Erzieher ohne ersichtlichen Grund verweigern;

– allein sorgeberechtigte Elternteile im Bedarfsfall und auf Antrag einen Beistand zu beschaffen;

– bei Ausfall der elterlichen Sorge dem anderen Elternteil das Sorgerecht zuzusprechen oder einem Vormund bzw. Pfleger zu übertragen;

– die Ausübung der elterlichen Sorge durch Eltern, Pfleger oder Vormünder zu überwachen;

– über die Anfechtung der Ehelichkeit eines Kindes zu entscheiden oder den Vater eines nichtehelichen Kindes festzustellen.

3) Das Familiengericht

Seit dem 1. 7. 1977 sind bei den Amtsgerichten Abteilungen für Rechtsfragen in Sachen Familie eingerichtet worden, die als Familiengerichte amtieren. Das Familiengericht besteht aus dem Familienrichter und seinen Rechtspflegern. Zu seinen Aufgaben gehören:

– Ehescheidungsverfahren, Aufhebung und Nichtigkeitserklärung von Ehen;

– Verfahren über die Regelung der elterlichen Sorge;

– Verfahren, in denen über die Herausgabe eines gemeinsamen Kindes verhandelt wird;

– Verfahren, die den Besuch der Kinder vor und nach dem Scheidungsverfahren bei den getrennten Ehegatten regeln;

– Verfahren, die die gesetzliche Unterhaltspflicht gegenüber einem ehelichen Kind klären sollen;

– Verfahren, die die Unterhaltspflicht der Ehegatten nach der Scheidung klären sollen;

– Verfahren, die den Versorgungsausgleich klären sollen;

– Verfahren, die die Aufteilung der Wohnung und des Hausrates bei Scheidungsprozessen klären sollen;

– Verfahren, die die Ansprüche aus dem ehelichen Güterrecht klären sollen.

Das Familiengericht klärt in erster Linie Ehesachen und Ehescheidungsfolgen.

4) Zivilgericht und Jugendgericht

Das Zivilgericht ist zuständig,

– wenn die Ehelichkeit eines Kindes angefochten wird,

– wenn die Feststellung der elterlichen Sorge angefochten wird,

– wenn die nichteheliche Vaterschaft angefochten wird.

Das Jugendgericht ist zuständig für

– Straftaten von Jugendlichen oder Heranwachsenden,

– Straftaten von Erwachsenen, wobei ein Kind oder Jugendlicher verletzt oder geschädigt worden ist.

14. Die elterliche Sorge

Das Familienrecht befaßt sich im 4. Buch des BGB mit dem Thema: »Elterliche Sorge für eheliche Kinder.« Der § 1626 wurde 1980 neugefaßt und aus der »elterlichen Gewalt« wurde die »elterliche Sorge«. Wörtlich heißt das Gesetz heute: »§ 1626; Berücksichtigung der wachsenden Selbständigkeit des Kindes.

(1) 1. Der Vater und die Mutter haben das Recht und die Pflicht, für das minderjährige Kind zu sorgen (elterliche Sorge).

2. Die elterliche Sorge umfaßt die Sorge für die Person des Kindes (Personensorge) und das Vermögen des Kindes (Vermögenssorge).

(2) 1. Bei der Pflege und Erziehung berücksichtigen die Eltern die wachsende Fähigkeit und das wachsende Bedürfnis des Kindes zu selbständigem verantwortungsbewußtem Handeln.

2. Sie besprechen mit dem Kind, soweit es nach dessen Entwicklungsstand angezeigt ist, Fragen der elterlichen Sorge und streben Einvernehmen an.«

In diesen Sätzen stehen folgende Gedanken, die für Eltern wichtig sind:

1. Es geht in diesem Paragraphen darum, Macht und Gewalt vom Kind abzuwenden und das Recht des Kindes auf Hilfe von seiten der Eltern zu fordern. Unzulässig und damit rechtswidrig sind alle quälenden, tyrannischen und würdelosen Maßnahmen, die die Gesundheit des Kindes schädigen und sein Anstandsgefühl verletzen. Wird das körperliche, seelische oder geistige Wohl des Kindes vernachlässigt oder mißbraucht, greift das Vormundschaftsgericht ein.

2. Die Eltern haben für das körperliche, seelische und geistige Wohl Sorge zu tragen. Dazu gehören Nahrung, Kleidung, Gesundheitsversorgung und Sauberkeit auf der einen Seite und regelmäßiger Schulbesuch auf der anderen Seite. Kinder *müssen* zur Schule gehen. Die Eltern haben kein Recht, durch Privatunterricht beispielsweise ihr Kind erziehen zu lassen.

3. Die Eltern müssen ihr Kind beaufsichtigen. Der § 832 (BGB) lautet: »Wenn die Eltern die Aufsichtspflicht gegenüber dem Kind schuldhaft verletzen, müssen sie für den Schaden aufkommen.«

Dieser Paragraph des Bürgerlichen Gesetzbuches besagt, daß Eltern für jeden Schaden verantwortlich sind, den ihr Kind jemand anderem zufügt. Nur wenn die Eltern nachweisen können, daß sie ihr Kind genügend beaufsichtigt haben, können sie ungeschoren davonkommen. Da ein schadenstiftendes Kind großes Unheil anrichten kann, wird den Eltern empfohlen, eine Haftpflichtversicherung abzuschließen.

4. Die Eltern bestimmen den Aufenthaltsort ihres Kindes. In der Regel lebt das Kind bei den Eltern in der gemeinsamen Wohnung. Eltern können aber auch ein Kinderheim, ein Internat oder eine Lehrstelle, die einen Wohnsitz bei Verwandten oder Bekannten beinhaltet, anordnen. Minderjährige haben daher *nicht* das Recht, von sich aus das Zusammenleben in der Familie aufzukündigen.

Ohne Einverständnis der Eltern dürfen sie auch nicht zu Freunden oder Bekannten ziehen. Auf der anderen Seite haben Eltern aber auch nicht das Recht, Kinder aus Verärgerung oder Wut aus der häuslichen Gemeinschaft auszuschließen und auf die Straße zu setzen.

5. Die Eltern bestimmen den Umgang ihrer Kinder.

Das hören viele Kinder und Jugendliche nicht gern, ist rechtlich aber völlig in Ordnung. Die Eltern haben das Recht zur Erziehung, zur Beaufsichtigung und zur Aufenthaltsbestimmung, und daher können sie einen zweifelhaften Umgang mit verwahrlosten und gefährdeten Jugendlichen verbieten. Dazu gehören:
- Jugendliche, die im Verdacht stehen, Drogen zu konsumieren,
- Jugendliche, die sich krimineller Handlungen befleißigen,
- Jugendliche, die sich in Banden und auffälligen Cliquen herumtreiben.

Wenn Eltern und Kinder Schwierigkeiten haben, sich zu verständigen, kann das Vormundschaftsgericht Streitigkeiten zwischen den Beteiligten schlichten.

6. Eltern dürfen Dienstleistungen ihrer Kinder erwarten.

Da die Familie ein Organismus ist, der alle zum Zusammenhalt, zum Zusammenstehen und zur gegenseitigen Unterstützung verpflichtet, haben die Eltern ein Recht, Hilfeleistungen ihrer Kinder zu fordern. Ein gesonderter Paragraph regelt sogar die »Beistands- und Rücksichtspflicht« von Eltern und Kindern. Alle Familienangehörigen sind Partner, die gegenseitige Verantwortung füreinander tragen. In allen Lebenslagen sollen sie sich beistehen und gegenseitig achten. Im § 1619 (BGB) wird die »Dienstleistungspflicht des Kindes« behandelt: »§ 1619 Dienstleistungspflicht in Haus und Geschäft. Das Kind ist, solange es dem elterlichen Haushalt angehört und von den Eltern erzogen und unterhalten wird, verpflichtet, in einer seinen Kräften und seiner Lebenseinstellung entsprechenden Weise den Eltern in ihrem Hauswesen und Geschäft Dienste zu leisten.«

Das beinhaltet:
- Geschirrspülen, Aufräumen, Schuheputzen, Einkaufen und Mülleimerausleeren sind selbstverständlich,
- Hilfeleistungen im Geschäft der Eltern, die selbständig ein Unternehmen führen (Betrieb, Landwirtschaft, Gaststätte usw.) sind üblich, solange nicht Schule und Hausaufgaben darunter leiden;
- auch volljährige Kinder, die noch zu Hause leben und wohnen, müssen mithelfen und ihren Beitrag beisteuern.

7. Wenn Eltern getrennt leben oder sich scheiden lassen. Auf alle Fälle gilt bei Trennung und Scheidung, daß Kindesrecht vor Elternrecht geht.

– *Getrennt* lebende Eltern müssen sich einigen, bei welchem Elternteil das Kind bleiben und aufwachsen will;

– bis zur Scheidung übernehmen *beide* Eltern die elterliche Sorge. Ein Verzicht auf elterliche Sorge ist nicht möglich;

– werden die Eltern geschieden, entscheidet das Familiengericht (§1673 BGB) über die elterliche Sorge. Die Vorschläge von Eltern *und* Kindern werden gehört;

– Kinder *über* 14 Jahre können einen eigenen Vorschlag machen, bei welchem Elternteil sie bleiben wollen, Kinder *unter* 14 Jahren sollen vom Familienrichter gehört werden;

– wenn ein Elternteil stirbt, steht die elterliche Sorge dem überlebenden Elternteil allein zu.

15. Wenn die elterliche Sorge mißbraucht wird

Der verstorbene Jurist Walter Becker, der für den Jugendschutz unschätzbare Dienste geleistet hat, machte zu Recht auf den unklaren Begriff »Kindeswohl« aufmerksam und schrieb:

»Kindeswohl ist auf jeden Fall kein objektiver, sondern ein subjektiver Begriff . . . Meist versteht man darunter nur die relativ günstigste Lösung für ein Kind in einer bestimmten Situation. Nicht das ›Beste für das Kind‹ wird angestrebt, sondern die am wenigsten schädliche Lösung seiner Probleme. Was dem einen Kind zum Besten gereicht, ist für das andere Kind schädlich. Kindeswohl orientiert sich also ganz indirekt am Schicksal, Umwelt, Charakter des Kindes und an der Qualität seiner Eltern.«[112]

Wann wird die elterliche Sorge mißbraucht?

– Wenn Kinder bedingungslos den Eltern gehorchen sollen und sie autoritär und mit Gewalt gefügig gemacht werden;

– wenn das geistige, seelische und körperliche Wohl des Kindes sträflich vernachlässigt wird;

– wenn Eltern nicht für einen geregelten Schulbesuch sorgen;

– wenn die Eltern das Kind nicht ausreichend kleiden und ernähren;

– wenn die Eltern das Kind zu strafbaren Handlungen überreden und zwingen (Diebstahl und Prostitution beispielsweise);

– wenn die Eltern das Kind körperlich mißhandeln;

– wenn die Eltern das Kind beruflich zwingen und keine Rücksicht auf Neigungen, Wünsche und Fähigkeiten legen;
– wenn Eltern das Kind widerspruchslos in die Drogen-, Terror- oder Gewaltszene abgleiten lassen;
– wenn die Eltern notgedrungen medizinische Behandlungen aus Unwissenheit oder aus Glaubensgründen ablehnen.
In solchen Fällen greift das Vormundschaftsgericht ein.

16. Kinder haben ein eigenes Beschwerderecht

Dieses Beschwerderecht lautet: »Ein unter elterlicher Sorge stehendes Kind oder ein unter Vormundschaftsrecht stehendes Mündel kann in allen seine Person betreffenden Angelegenheiten ohne Mitwirkung seines gesetzlichen Vertreters das Beschwerderecht ausüben,« (§ 59 FEG = Gesetz über die Angelegenheiten der Freiwilligen Gerichtsbarkeit).

Das heißt konkret:
– Kinder über 14 Jahren haben in allen Angelegenheiten, die ihre Person betreffen, ein Beschwerderecht;
– der Richter hat die Verpflichtung (zum Beispiel bei Auseinandersetzungen zwischen Eltern und Kindern), dem Kind alle Fälle aufzuzeigen, gegen die Beschwerden möglich sind;
– in allen Versuchen, was die Vermögens- und Personensorge des Kindes betrifft, sollte das Gericht das Kind anhören. Kinder *unter* 14 Jahren *sollen*, Kinder *über* 14 Jahren *müssen* stets angehört werden;
– wenn ein Minderjähriger heiraten will, und die Eltern verweigern die Zustimmung, kann der Minderjährige das Vormundschaftsgericht anrufen;
– lassen Eltern sich scheiden, hat das Kind die Möglichkeit, einen eigenen Vorschlag zu unterbreiten, bei welchem Elternteil es bleiben will.

II. Der Jugendschutz

Der Jugendschutz beinhaltet Aufgaben und Verpflichtungen zugleich, den Anspruch der Jugend auf Bildung und Erziehung anzuerkennen und ihr Recht auf körperliche, seelische und soziale Entwicklung in der Öffentlichkeit bewußt zu machen.

1. Erzieherischer und gesetzlicher Jugendschutz

Die Bundesarbeitsgemeinschaft Aktion Jugendschutz (BAJ) hat in ihrer Selbstdarstellung die Aufgaben des Jugendschutzes in 5 Punkten so umrissen:

1. Jugendliche in ihrer körperlichen, seelischen, geistigen und sozialen Entwicklung vor Gefährdungen zu schützen;
2. Jugendliche zu befähigen, mit solchen Gefährdungen bewußt und kritisch umzugehen;
3. Jugendliche durch Erziehungsprozesse in ihrer Persönlichkeit zu stärken, um sie so im Vorfeld potentieller Gefährdungen zu schützen;
4. Gefährdungsprozesse bereits in ihrem Ansatz für Jugendliche erkennbar und bewußt werden zu lassen, um sie darauf vorzubereiten;
5. Eltern, Lehrer, Ausbilder und andere für Jugendliche verantwortliche Erwachsene auf ihren Erziehungsauftrag aufmerksam zu machen und ihnen die Gefährdungen ins Bewußtsein zu rufen bzw. ihnen pädagogische Handreichungen zu vermitteln, die für die Abwehr von Gefährdungen notwendig sind.«[113]

Wir sprechen von einem *erzieherischen* Jugendschutz und einem *gesetzlichen* Jugendschutz. Nicht nur Eltern und Erzieher müssen befähigt werden, Gefährdungen zu erkennen und Jugendlichen bewußt zu machen, sondern auch der Staat muß aus seiner Verantwortung heraus ordnungspolitische Rahmenbedingungen schaffen, um Jugendliche vor Gefährdungen zu schützen. Der gesetzliche Jugendschutz ist nur ein Teil der gesamten erzieherischen Aufgaben. Im Prinzip nur das letzte Glied in der Kette von Maßnahmen, die Erwachsene an ihre Verantwortung erinnern sollen.

a) Die Schwerpunkte des erzieherischen Jugendschutzes: Im neuen Jugendschutzgesetz ist eine *rechtliche* Begründung des erzieherischen Jugendschutzes nicht vorgenommen worden. Viele Fachleute haben das bedauert. Auf der anderen Seite versteht sich dieser erzieherische Aspekt aus dem Artikel 1 des Grundgesetzes von selbst. Das *Wie* des erzieherischen Jugendschutzes ist bis heute nicht klar definiert. Einige Gesichtspunkte möchte ich herausstellen:

b) Prophylaxe der Erziehungsträger: Übereinstimmung herrscht bei allen Beteiligten, daß eine breit angelegte Prophylaxe das wichtigste Arbeitsfeld bedeutet. In dieser Arbeit wirken viele Erziehungsträger zusammen, nämlich

- der Jugendschutz,
- die Jugendhilfe,
- die Jugendpflege,
- die Schulen.

Der Erziehungswissenschaftler Mollenhauer schreibt:

»Alles, was in der Jugendpflege, in der Jugendsozialarbeit, der vorschulischen und schulbegleitenden Kinderpflege, im Jugendschutz geschieht, setzt nicht schon bei eingetretenen Schäden ein, sondern ist ein legitimer Bestandteil der normalen Erziehungswege und Erziehungshilfen.«[114]

Sichergestellt wird der Erzieherische Jugendschutz, wenn bei jedem Jugendamt ein Jugendschutzreferent oder ein Jugendschutzsachbearbeiter oder Fachmann für die Koordinierung des Erzieherischen Jugendschutzes oder ein Berater für die Aufgaben des Gesetzlichen Jugendschutzes eingesetzt ist. Er kann folgendes leisten und in die Wege leiten:

- breit angelegte Aufklärungskampagnen,
- eine auf das Individuum bezogene Einzelhilfe,
- Angebot von qualitativ guten Filmen zu billigen Preisen, Unterstützung von alternativen Anbietern;
- Durchführung von Seminaren zur Einführung in die Video-Technik;
- Erstellung von selbst erstellten Video-Produktionen in Verbindung mit Jugendfilmclubs, Volkshochschulen und Jugendverbänden.

2. Die Aufgaben von Eltern und Lehrern

Nach den Erkenntnissen der Persönlichkeits- und Lernpsychologie wird Erziehung zuerst und vor allem durch *Übertragung* von Einstellungen und Haltungen bewirkt. Der Erzieher wird für die Jugendlichen zum Leitbild. Er überträgt unbewußt Maßstäbe und Werthaltungen. Der Jugendliche braucht die Orientierung und er benutzt sie auch. Kleine Kinder übernehmen noch stärker als Jugendliche Haltungen und Einstellungen. Gewohnheiten und Überzeugungen werden erlebt und in den Lebensstil der Kinder eingebaut.

Eltern und Erzieher müssen Autorität verkörpern. Autorität ist ein Schlüsselbegriff der Erziehung. Er darf nicht mit autoritärem –

also erzwungenem und tyrannischem – Verhalten gleichgesetzt werden. Auch der christliche Glaube ist ohne Autorität nicht möglich. Autorität beinhaltet Vollmacht, Einfluß und Gewicht. Autorität wird nicht *verlangt,* Autorität wird gelebt und dargestellt. Autorität muß man sein, man muß sie verkörpern. Autorität besitzt einer, der das Leben bereichert und fördert. Autorität besitzt einer, der das Denken fördert, und Vorbild ist für Leben und Verhalten.

Darum ist Autorität niemals ein Instrument der Gewalt.

3. Die Schlüsselrolle des Lehrers

Die Schule ist neben dem Elternhaus der wichtigste Träger des erzieherischen Jugendschutzes. Die Rolle des Lehrers darf dabei nicht unterschätzt werden. Welchen Einfluß nimmt er auf die außerschulische Lektüre? Welche Anregungen und Impulse vermittelt er? Arbeitet die Schule mit den Elternhäusern zusammen? Besonders im Sexualunterricht ist die Zusammenarbeit zwischen Elternhaus und Schule laut Kulturministererlaß gefordert. Welche Aufgaben nimmt der Lehrer wahr, dem Alkohol- und Drogenkonsum entgegenzuwirken? Welche erzieherischen Einwirkungen unternimmt die Schule, der angestiegenen Kinder- und Jugendkriminalität entgegenzuwirken?

Die medienpädagogische Aufgabe der Schule und des Lehrers besteht nicht darin, die Denktüchtigkeit zu schulen, sondern den jungen Menschen in seiner Handlungsfähigkeit, in seiner Emotionalität und seiner Reflexionsfähigkeit zu schulen. Der Bildungsbegriff Pestalozzis, der »Kopf, Herz und Hand« beinhaltet, sollte zur Geltung kommen, denn die Trennung von Leben und Lernwelt hat sich immer negativ ausgewirkt. Junge Menschen sollen lebenstüchtig werden, und dazu ist eine pädagogische Anleitung zum selbständigkritischem Umgang mit Video und den neuen Technologien erforderlich. Medienpädagogik ist keine fachspezifische Aufgabe der Schule, sondern eine fächerübergreifende Gesamterziehung.

4. Gesetz zum Schutz der Jugend in der Öffentlichkeit (Jugendschutzgesetz)

Am 1. April 1985 trat das Gesetz zur Neuregelung des Jugendschutzes in der Öffentlichkeit in Kraft. Für die Notwendigkeit einer Neuregelung sprach vor allem die veränderte gesellschaftliche Situation seit Inkrafttreten des Gesetzes im Jahre 1951. Die Neuregelung wurde dringend erforderlich und zwar

- wegen der Video-Problematik,
- wegen des Alkoholmißbrauchs,
- wegen der Ausbeutung durch Spielautomaten.

Das heißt, mit dem Gesetz soll der Jugendliche nicht bevormundet, sondern vor skrupelloser Geschäftemacherei geschützt werden. Die Forderung des Grundgesetzes in Artikel 1, Abs. 1 sollte wieder stärker zur Geltung kommen, wo es heißt: »Die Würde des Menschen ist unantastbar. Sie zu achten und zu schützen, ist die Verpflichtung aller staatlichen Gewalt.«

Der erzieherische Jugendschutz, der sich im wesentlichen mit präventiven Maßnahmen befaßt, muß durch gesetzliche Regeln und Normen flankiert werden.

5. Gewalt und Pornographie

Ein Schwerpunkt des Gesetzes bildet die Verbesserung des Jugendschutzes
- gegen Videoprogramme mit kriegsverherrlichenden Filmen,
- gegen Videoprogramme mit gewaltverherrlichenden Filmen,
- gegen Videoprogramme mit pornographischen Filmen.

Erreicht werden soll dadurch, daß der Wildwuchs auf dem Markt der bespielten Videokassetten nachhaltig bekämpft werden kann. Videokassetten und sonstige Bildträger dürfen an Kinder und Jugendliche nur dann verkauft, verliehen oder weitergereicht werden, wenn sie von der obersten Landesjugendbehörde für die entsprechende Altersstufe freigegeben wurden. Videokassetten, die nicht für Jugendliche unter 18 Jahren freigegeben sind, dürfen ihnen auch nicht zugänglich gemacht werden. Die Altersfreigabe soll wie bei der Filmprüfung erfolgen, indem man sich der Freiwilligen Selbstkontrolle der Filmwirtschaft (FSK) als gutachterliche Stelle bedient.

Darüber hinaus besteht ein Vermietverbot für pornographische, offensichtlich schwer jugendgefährdende und von der Bundesprüfstelle für jugendgefährdende Schriften (BPS) indizierte Videokassetten. Solche Kassetten dürfen nur noch in speziellen Geschäften angeboten werden, zu denen Kinder und Jugendliche keinen Zutritt haben. Die Verbreitung und der Import von Medien mit grausamen oder sonst unmenschlichen Darstellungen von Gewalttätigkeiten gegen Menschen ist auch dann verboten, wenn keine Verherrlichung oder Verharmlosung der Gewalttätigkeit stattfindet. Von der Bundesprüfstelle können jugendgefährdende Filme auf Videokassetten indiziert werden, wenn sie nach der Vorkontrolle durch die

FSK von den obersten Landesbehörden als »nicht frei gegeben unter 18 Jahren« gekennzeichnet wurden.

Die Indizierung von Videokassetten zieht auch nach sich, daß solche Kassetten nicht mehr in den sogenannten Shop-in-shop-Videotheken vorhanden sein dürfen. Sie werden in die Schmuddel-Videothek (etwa Porno-Shops) verbannt, also in solche Geschäftslokale, zu denen Kinder und Jugendliche keinen Zutritt haben. Wer gegen die Gesetze verstößt, muß mit drastischen Geldbußen bis zu 30.000 DM rechnen. Jeder Videothekar ist gezwungen, jeden Film eindeutig zu kennzeichnen und die Freigabe für bestimmte Altersstufen einzutragen.

Beschränkungen für Video-Spielautomaten: Auch der Bereich der elektronischen Bildschirm-Unterhaltungsspiele bzw. -spielgeräte (Videospiele) ist durch den § 8 umfassend neu geregelt. Kindern und Jugendlichen wird die Anwesenheit in öffentlichen Spielhallen oder ähnlichen kommerziellen Betrieben nicht mehr gestattet. Videospielautomaten dürfen nicht mehr in Bahnhofsvorhallen, Kinofluren usw. zur entgeltlichen Benutzung aufgestellt werden. Für Jugendliche ab dem 16. Lebensjahr ist das Spielen an elektrischen Bildschirmen – Unterhaltungsspielgeräten in der Öffentlichkeit – nur in Begleitung eines Erziehungsberechtigten gestattet.

6. Inhalte jugendgefährdender Videofilme

Um Eltern und Erziehern einen kurzen Überblick zu geben, welche gewaltverherrlichenden Filme und Videos im Handel sind, und wie sie branchenüblich eingruppiert werden, erfolgt eine Charakterisierung der wesentlichsten Filmangebote.

– *Kannibalismus:* Ausführliche Darstellung der Zerstückelung von Menschen und »Menschenfressern«.

– *Zombie:* Horrorfilme über Menschen, die nicht sterben können und andere anfallen.

– *Brutalsex:* Teilweise als Aufklärung über Prostitution oder Frauengefängnisse getarnte Darstellung der Mißhandlung von Frauen.

– *Western:* Neben Kinoklassikern dieser Art gibt es mehr und mehr primitiv gemachte Filme, die Massaker und Folter genüßlich ausschlachten.

– *Eastern:* Dschungel-, Karate-, Monster- und Geschichtsfilme, die meist aus Hongkong kommen und in der Darstellung fremder Kulturen Stoffe für Brutalitäten suchen.

– *Action:* Spielfilme, die ihre Spannung vor allem aus physischer Bedrohung der Person ziehen. Nicht alle action-Streifen sind brutal.

– *Krieg:* Teilweise sogar unter dem Deckmantel der Aufklärung, dienen sie häufig der ekzessiven Darstellung von Menschenvernichtung, die nur Nervenkitzel hervorrufen sollen.

– *Historie:* Unter dem Vorwand der Geschichtsdokumentation werden ausgedehnte Gewaltszenen geschildert.[115]

7. Text des Jugendschutzgesetzes in der Öffentlichkeit (JÖSchG) vom 25. Februar 1985 (BGBl. I S. 425)

Der Bundestag hat mit Zustimmung des Bundesrates das folgende Gesetz beschlossen:

Artikel 1

§ 1

Halten sich Kinder oder Jugendliche an Orten auf, an denen ihnen eine unmittelbare Gefahr für ihr körperliches, geistiges oder seelisches Wohl droht, so haben die zuständigen Behörden oder Stellen die zur Abwendung der Gefahr erforderlichen Maßnahmen zu treffen. Wenn nötig, haben sie die Kinder oder Jugendlichen

1. zum Verlassen des Ortes anzuhalten,
2. einem Erziehungsberechtigten zuzuführen oder, wenn kein Erziehungsberechtigter erreichbar ist, in die Obhut des Jugendamtes zu bringen.

In schwierigen Fällen haben die zuständigen Behörden oder Stellen das Jugendamt über den jugendgefährdenden Ort zu unterrichten.

§ 2

(1) Kind im Sinne dieses Gesetzes ist, wer noch nicht vierzehn, Jugendlicher, wer vierzehn, aber noch nicht achtzehn J. ist.

(2) Erziehungsberechtigter im Sinne dieses Gesetzes ist

1. jede Person, der allein oder gemeinsam mit einer anderen Person nach den Vorschriften des Bürgerlichen Gesetzbuches die Personensorge zusteht.
2. jede sonstige Person über achtzehn Jahre, soweit sie aufgrund einer Vereinbarung mit dem Personensorgeberechtigten Aufgaben der Personensorge wahrnimmt oder soweit sie das Kind oder den Jugendlichen im Rahmen der Ausbildung oder mit Zustimmung des Personensorgeberechtigten im Rahmen der Jugendhilfe betreut.

(3) Soweit es nach diesem Gesetz auf die Begleitung durch einen Erziehungsberechtigten ankommt, haben die in Absatz 2 Nr. 2 genannten Personen ihre Berechtigung auf Verlangen darzulegen. Veranstalter und Gewerbetreibende haben in Zweifelsfällen die Berechtigung zu überprüfen.

(4) Soweit nach diesem Gesetz Altersgrenzen zu beachten sind, haben Kinder und Jugendliche ihr Lebensalter auf Verlangen in geeigneter Weise nachzuweisen. Veranstalter und Gewerbetreibende haben in Zweifelsfällen das Lebensalter zu überprüfen.

(5) Dieses Gesetz gilt nicht für verheiratete Jugendliche.

§ 3

(1) Der Aufenthalt in Gaststätten darf Kindern und Jugendlichen unter 16 Jahren nur gestattet werden, wenn ein Erziehungsberechtigter sie begleitet. Dies gilt nicht, wenn Kinder oder Jugendliche 1. an einer Veranstaltung eines anerkannten Trägers der Jugendhilfe teilnehmen. 2. sich auf Reisen befinden oder 3. eine Mahlzeit oder ein Getränk einnehmen.

(2) Jugendlichen ab 16 Jahren ist der Aufenthalt in Gaststätten ohne Begleitung eines Erziehungsberechtigten bis 24 Uhr gestattet.

(3) Der Aufenthalt in Gaststätten, die als Nachtbar oder Nachtclub geführt werden, und in vergleichbaren Vergnügungsbetrieben darf Kindern und Jugendlichen nicht gestattet werden.

§ 4

(1) In Gaststätten, Verkaufsstellen oder sonst in der Öffentlichkeit dürfen
1. Branntwein, branntweinhaltige Getränke oder Lebensmittel, die Branntwein in nicht nur geringfügiger Menge enthalten, an Kinder und Jugendliche,
2. andere alkolische Getränke an Kinder und Jugendliche unter 16 Jahren
weder abgegeben noch darf ihnen der Verzehr gestattet werden.

(2) Absatz 1 Nr. 2 gilt nicht, wenn Jugendliche von einem Personensorgeberechtigten (§ 2 Abs. 2 Nr. 1) begleitet werden.

(3) In der Öffentlichkeit dürfen alkoholische Getränke nicht in Automaten angeboten werden. Dies gilt nicht, wenn ein Automat in einem gewerblich genutzten Raum aufgestellt und durch Vorrichtungen oder durch ständige Aufsicht sichergestellt ist, daß Kinder und Jugendliche unter sechzehn Jahren alkoholische Getränke nicht aus dem Automaten entnehmen können. § 20 Nr. 1 des Gaststättengesetzes bleibt unberührt.

§ 5

(1) Die Anwesenheit bei öffentlichen Tanzveranstaltungen ohne Begleitung eines Erziehungsberechtigten darf Kindern und Jugendlichen unter sechzehn Jahren nicht und Jugendlichen ab sechzehn Jahren längstens bis 24 Uhr gestattet werden.

(2) Abweichend von Absatz 1 darf die Anwesenheit Kindern bis 22 Uhr und Jugendlichen unter sechzehn Jahren bis 24 Uhr gestattet werden, wenn die Tanzveranstaltungen von einem anerkannten Träger der Jugendhilfe durchgeführt wird oder der künstlerischen Betätigung oder der Brauchtumspflege dient.

(3) Ausnahmen von Absatz 1 können auf Vorschlag des Jugendamtes zugelassen werden.

§ 6

(1) Die Anwesenheit bei öffentlichen Filmveranstaltungen darf Kindern und Jugendlichen nur gestattet werden, wenn die Filme von der obersten Landesbehörde zur Vorführung vor ihnen freigegeben worden sind. Kindern unter sechs Jahren darf die Anwesenheit nur gestattet werden, wenn sie von einem Erziehungsberechtigten begleitet sind.

(2) Filme, die geeignet sind, das körperliche, geistige oder seelische Wohl von Kindern und Jugendlichen zu beeinträchtigen, dürfen nicht zur Vorführung vor ihnen freigegeben werden.

(3) Die oberste Landesbehörde kennzeichnet die Filme mit
1. »Freigegeben ohne Altersbeschränkung«,
2. »Freigegeben ab sechs Jahren«,
3. »Freigegeben ab zwölf Jahren«,
4. »Freigegeben ab sechzehn Jahren«,
5. »Nicht freigegeben unter achtzehn Jahren«.

Kommt in Betracht, daß ein nach Satz 1 Nr. 5 gekennzeichneter Film den Tatbestand des § 131 oder des § 184 des Strafgesetzbuches erfüllt, ist dies der zuständigen Strafverfolgungsbehörde mitzuteilen.

(4) Im Rahmen der Absätze 1 und 3 Satz 1 darf die Anwesenheit bei öffentlichen Filmveranstaltungen ohne Begleitung eines Erziehungsberechtigten nur gestattet werden
1. Kindern, wenn die Vorführung bis 20 Uhr,
2. Jugendlichen unter sechzehn Jahren, wenn die Vorführung bis 22 Uhr,
3. Jugendlichen über sechzehn Jahren, wenn die Vorführung bis 24 Uhr beendet ist.

(5) Die Absätze 1 bis 4 gelten für die öffentliche Vorführung von Filmen unabhängig von der Art der Aufzeichnung und Wiedergabe. Sie gelten auch für Werbevorspanne und Beiprogramme.

(6) Die Absätze 1 bis 5 gelten nicht für Filme, die zu nichtgewerblichen Zwecken hergestellt werden, solange die Filme nicht gewerblich genutzt werden.

(7) Auf Filme, die von der obersten Landesbehörde nach Absatz 3 Satz 1 gekennzeichnet worden sind, finden §§ 1, 11 des Gesetzes über die Verbreitung jugendgefährdender Schriften keine Anwendung.

§ 7

(1) Bespielte Videokassetten, Bildplatten und vergleichbare Bildträger dürfen Kindern und Jugendlichen in der Öffentlichkeit nur zugänglich gemacht werden, wenn die Programme von der obersten Landesbehörde für ihre Altersstufe freigegeben und gekennzeichnet worden sind.

(2) Für die Freigabe und Kennzeichnung findet § 6 Abs. 2,3 Satz 1 und Abs. 6 entsprechende Anwendung. Auf die Alterseinstufung ist mit einem fälschungssicheren Zeichen hinzuweisen. Das Zeichen ist vom Inhaber der Nutzungsrechte auf dem Bildträger und auf der Hülle in einer deutlich sichtbaren Form anzubringen, bevor der Bildträger an den Handel geliefert oder in sonstiger Weise gewerblich verwertet wird.

(3) Bildträger, die von der obersten Landesbehörde nicht oder mit »Nicht freigegeben unter achtzehn Jahren« gekennzeichnet worden sind, dürfen

1. einem Kind oder Jugendlichen nicht angeboten, überlassen oder sonst zugänglich gemacht werden,
2. nicht im Einzelhandel außerhalb von Geschäftsräumen, in Kiosken oder anderen Verkaufsstellen, die der Kunde nicht zu betreten pflegt, oder im Versandhandel angeboten oder überlassen werden.

(4) In der Öffentlichkeit dürfen bespielte Bildträger nicht in Automaten angeboten werden.

(5) Auf Bildträger, die von der obersten Landesbehörde nach Absatz 2 in Verbindung mit § 6 Abs. 3 Satz 1 Nr. 1 bis 4 gekennzeichnet worden sind, finden die §§ 1, 11 des Gesetzes über die Verbreitung jugendgefährdender Schriften keine Anwendung.

(6) § 6 Abs. 3 Satz 2 findet entsprechende Anwendung.

§ 8

(1) Die Anwesenheit in öffentlichen Spielhallen oder ähnlichen vorwiegend dem Spielbetrieb dienenden Räumen darf Kindern und Jugendlichen nicht gestattet werden.

(2) Die Teilnahme an Spielen mit Gewinnmöglichkeiten in der Öffentlichkeit darf Kindern und Jugendlichen nur auf Volksfesten, Schützenfesten, Jahrmärkten, Spezialmärkten oder ähnlichen Veranstaltungen gestattet werden, wenn der Gewinn in Waren von geringem Wert besteht.

(3) Elektronische Bildschirm-Unterhaltungsspielgeräte ohne Gewinnmöglichkeit dürfen zur entgeltlichen Benutzung
1. auf Kindern und Jugendlichen zugänglichen öffentlichen Verkehrsflächen,
2. außerhalb von gewerblich oder in sonstiger Weise beruflich oder geschäftsmäßig genutzten Räumen oder
3. in deren unbeaufsichtigten Zugängen, Vorräumen oder Fluren nicht aufgestellt werden.

(4) Das Spielen an elektronischen Bildschirm-Unterhaltungsspielgeräten ohne Gewinnmöglichkeit, die zur entgeltlichen Benutzung öffentlich aufgestellt sind, darf Kindern und Jugendlichen unter sechzehn Jahren ohne Begleitung eines Erziehungsberechtigten nicht gestattet werden.

(5) Unterhaltungsspielgeräte, mit denen sexuelle Handlungen oder Gewalttätigkeiten gegen Menschen oder Tiere dargestellt werden oder die eine Verherrlichung oder Verharmlosung des Krieges zum Gegenstand haben, dürfen in der Öffentlichkeit an Kindern und Jugendlichen zugänglichen Orten nicht aufgestellt werden.

§ 9

Das Rauchen in der Öffentlichkeit darf Kindern und Jugendlichen unter sechzehn Jahren nicht gestattet werden.

§ 10

Geht von einer öffentlichen Veranstaltung oder einem Gewerbebetrieb eine Gefährdung im Sinne des § 1 Satz 1 aus, die durch Anwendung der §§ 3 bis 8 nicht ausgeschlossen oder wesentlich gemindert werden kann, so kann die zuständige Behörde anordnen, daß der Veranstalter oder Gewerbetreibende Kindern und Jugendlichen die Anwesenheit nicht gestatten darf. Die Anordnung kann Alters- oder Zeitbegrenzungen enthalten, wenn dadurch die Gefährdung ausgeschlossen oder wesentlich gemindert wird.

§ 11

Veranstalter und Gewerbetreibende haben die nach den §§ 3 bis 10 für ihre Betriebseinrichtungen und Veranstaltungen geltenden Vorschriften sowie die Alterseinstufung von Filmen durch deutlich sichtbaren und gut lesbaren Aushang bekanntzumachen. Zur Bekanntmachung der Alterseinstufung von Filmen und Bildträgern dürfen sie nur die Kennzeichnungen des § 8 Abs. 3 Satz 1 verwenden. Für Filme und Bildträger, die von der obersten Landesbehörde nach § 6 Abs. 3 Satz 1 gekennzeichnet worden sind, darf bei der Ankündigung und bei der Werbung weder auf jugendgefährdende Inhalte hingewiesen werden noch darf die Ankündigung oder die Werbung in jugendgefährdender Weise erfolgen.

§ 12

(1) Ordnungswidrig handelt, wer als Veranstalter oder Gewerbetreibender vorsätzlich oder fahrlässig

1. entgegen § 3 einem Kind oder einem Jugendlichen den Aufenthalt in einer Gaststätte gestattet,
2. entgegen § 4 Abs. 1 ein alkoholisches Getränk oder Lebensmittel an ein Kind oder einen Jugendlichen abgibt oder ihm den Verzehr gestattet,
3. entgegen § 4 Abs. 3 Satz 1 ein alkoholisches Getränk in einem Automaten anbietet,
4. entgegen § 5 Abs. 1 einem Kind oder einem Jugendlichen unter sechzehn Jahren die Anwesenheit bei einer öffentlichen Tanzveranstaltung gestattet,
5. entgegen § 6 Abs. 1 oder 4 einem Kind oder einem Jugendlichen die Anwesenheit bei einer öffentlichen Filmveranstaltung gestattet,
6. entgegen § 7 Abs. 1 einem Kind oder einem Jugendlichen einen bespielten Bildträger, der nicht für seine Altersstufe freigegeben ist, zugänglich macht,
7. entgegen § 7 Abs. 2 Satz 2 und 3 ein Zeichen nicht, nicht in der dort bezeichneten Form oder in einer der Alterseinstufung durch die oberste Landesbehörde nicht entsprechenden Weise anbringt,
8. entgegen § 7 Abs. 3 Nr. 2 einen nicht freigegebenen Bildträger anbietet oder überläßt,
9. entgegen § 7 Abs. 4 einen bespielten Bildträger in einem Automaten anbietet,
10. entgegen § 8 Abs. 1 einem Kind oder einem Jugendlichen die

Anwesenheit in einer öffentlichen Spielhalle oder einem dort bezeichneten Raum gestattet,

11. entgegen § 8 Abs. 2 einem Kind oder einem Jugendlichen die Teilnahme an einem Spiel mit Gewinnmöglichkeit gestattet, entgegen § 8 Abs. 3 oder 5 ein Unterhaltungsspielgerät aufstellt,

13. entgegen § 8 Abs. 4 einem Kind oder einem Jugendlichen unter sechzehn Jahren die Benutzung eines Unterhaltungsspielgeräts gestattet,

14. entgegen § 9 einem Kind oder einem Jugendlichen unter sechzehn Jahren das Rauchen in der Öffentlichkeit gestattet oder

15. einer vollziehbaren Anordnung nach § 10 zuwiderhandelt,

16. entgegen § 11 Satz 1 die für seine Betriebseinrichtung oder Veranstaltung geltenden Vorschriften nicht durch den dort bezeichneten Aushang bekanntmacht,

17. entgegen § 11 Satz 2 nicht die Kennzeichnungen des § 6 Abs. 3 Satz 1 verwendet,

18. entgegen § 11 Satz 3 bei der Ankündigung oder bei der Werbung auf jugendgefährdende Inhalte hinweist oder in jugendgefährdender Weise ankündigt oder wirbt.

(2) Ordnungswidrig handelt auch, wer als Person über achtzehn Jahre ein Verhalten eines Kindes oder eines Jugendlichen herbeiführt oder fördert, das durch ein in Absatz 1 Nr. 1 bis 14 bezeichnetes oder in § 7 Abs. 3 Nr. 1 enthaltenes Verbot oder durch eine vollziehbare Anordnung nach § 10 verhindert werden soll. Hinsichtlich des Verbots in § 7 Abs. 3 Nr. 1 gilt dies nicht für den Personensorgeberechtigten.

(3) Die Ordnungswidrigkeit kann mit einer Geldbuße bis zu dreißigtausend Deutsche Mark geahndet werden.

(4) Mit Freiheitsstrafe bis zu einem Jahr oder mit Geldstrafe wird bestraft, wer als Veranstalter oder Gewerbetreibender

1. eine in Absatz 1 bezeichnete vorsätzliche Zuwiderhandlung begeht und dadurch wenigstens leichtfertig ein Kind oder einen Jugendlichen in seiner körperlichen, geistigen oder sittlichen Entwicklung schwer gefährdet oder

2. eine in Absatz 1 bezeichnete vorsätzliche Zuwiderhandlung beharrlich wiederholt.

Artikel 5; Übergangs- und Schlußvorschriften

§ 1
Im Handel befindliche Bildträger
Auf einem Bildträger, der bis zum 1. April 1985 von dem Inhaber

der Nutzungsrechte an den Handel geliefert oder in sonstiger Weise gewerblich verwertet worden ist, kann das fälschungssichere Zeichen abweichend von Artikel 1 § 7 Abs. 2 Satz 3 nachträglich auch von dem Händler oder von demjenigen, der den Bildträger in sonstiger Weise gewerblich verwertet, angebracht werden. Ist ein Zeichen nicht angebracht, gelten ab 1. Oktober 1985 die Beschränkungen des Artikels 1 § 7 Abs. 3 entsprechend.

§ 2
Indizierte Videokassetten

Für Bildträger, die bis zum 31. März 1985 nach §§ 1, 11 des Gesetzes über die Verbreitung jugendgefährdender Schriften in die Liste der jugendgefährdenden Schriften aufgenommen sind, gelten die Vorschriften des Gesetzes über die Verbreitung jugendgefährdender Schriften in der durch Artikel 2 dieses Gesetzes geänderten Fassung.

§ 3
Außerkrafttreten. Es treten außer Kraft:

1. Das Gesetz zum Schutze der Jugend in der Öffentlichkeit in der im Bundesgesetzblatt Teil III, Gliederungsnummer 2161–3, veröffentlichten bereinigten Fassung, zuletzt geändert durch Artikel 76 des Gesetzes vom 2. März 1974 (BGBl, I S. 469).
2. Die Erste Verordnung zur Bezeichnung von Veranstaltungen gemäß § 8 Abs. 1 des Gesetzes zum Schutze der Jugend in der Öffentlichkeit in der im Bundesgesetzblatt Teil III, Gliederungsnummer 2161–3–1, veröffentlichten bereinigten Fassung.

§ 4
Ermächtigung zur Neubekanntmachung

Der Bundesminister für Jugend, Familie und Gesundheit wird ermächtigt, das Gesetz über die Verbreitung jugendgefährdender Schriften in der durch Artikel 2 dieses Gesetzes geänderten Fassung bekanntzumachen und dabei Unstimmigkeiten des Wortlauts zu berichtigen.

§ 5
Berlin-Klausel

Dieses Gesetz gilt nach Maßgabe des § 13 Abs. 1 des Dritten Überleitungsgesetzes auch im Land Berlin.

§ 6
Inkrafttreten

Dieses Gesetz tritt, soweit im folgenden nichts anderes bestimmt ist, am 1. April 1985 in Kraft. Artikel 1 § 4 Abs. 3 und § 8 Abs. 3 treten am 1. Oktober 1985 in Kraft.

Übersicht über die Bestimmungen des Gesetzes zum Schutze der Jugend in der Öffentlichkeit

§§	Regelungsbereiche	Kinder und Jugendliche unter 16 Jahren	Jugendliche ab 16 Jahren
§ 1	Aufenthalt an jugendgefährdenden Orten	nicht gestattet	nicht gestattet
§ 3(1) § 3(2)	Aufenthalt in Gaststätten	nur in Begleitung eines Erziehungsberechtigten gestattet Ausnahmen: auf einer Reise; zur Einnahme einer Mahlzeit oder eines Getränkes; Teilnahme an einer Veranstaltung eines anerkannten Jugendhilfeträgers	ohne Begleitung eines Erziehungsberechtigten bis 24.00 Uhr gestattet
§ 3(3)	Aufenthalt in Nachtbars oder Nachtclubs bzw. vergleichbaren Vergnügungsbetrieben	nicht gestattet	nicht gestattet
§ 4(1)	Abgabe und Verzehr von Branntwein, branntweinhaltigen Getränken, Lebensmittel etc.	nicht gestattet	nicht gestattet
§ 4(1)	Abgabe und Verzehr anderer alkoholischer Getränke (z. B. Bier, Wein)	nicht gestattet Ausnahme: Jugendliche von 14-16 Jahren in Begleitung eines Personensorgeberechtigten	gesetzlich nicht geregelt
§ 4(3)	Angebot alkoholischer Getränke in Automaten (in der Öffentlichkeit)	Angebotsverbot; Ausnahme: siehe § 4 Abs. 3, S. 2	
§ 5(1)	Anwesenheit bei öffentlichen Tanzveranstaltungen	nur in Begleitung eines Erziehungsberechtigten gestattet	ohne Begleitung eines Erziehungsberechtigten längstens bis 24.00 Uhr gestattet
§ 5(2)	bei Tanzveranstaltungen eines anerkannten Trägers der Jugendhilfe, zur Brauchtumspflege etc.	ohne Begleitung eines Erziehungsberechtigten gestattet: Kinder bis 22.00 Uhr und Jugendliche bis 24.00 Uhr weitere Ausnahme: siehe § 5 Abs. 3	ohne Begleitung eines Erziehungsberechtigten längstens bis 24.00 Uhr gestattet

§§	Regelungsbereiche	Kinder und Jugendliche unter 16 Jahren	Jugendliche ab 16 Jahren
§ 8(1)	Anwesenheit in öffentlichen Spielhallen u. a.	nicht gestattet	nicht gestattet
§ 8(2)	Teilnahme an Spielen mit Gewinnmöglichkeiten	nicht gestattet Ausnahme: auf Volksfesten etc., wenn der Gewinn in Waren von geringem Wert besteht	nicht gestattet
§ 8(3)	Aufstellung elektronischer Bildschirmunterhaltungsspielgeräte ohne Gewinnmöglichkeit zur entgeltlichen Benutzung auf Kindern und Jugendlichen zugänglichen öffentlichen Plätzen etc.	Aufstellungsverbot	
§ 8(4)	Spielen an elektronischen Bildschirmunterhaltungsspielen ohne Gewinnmöglichkeit zur entgeltlichen Benutzung in der Öffentlichkeit	nur in Begleitung eines Erziehungsberechtigten gestattet	gesetzlich nicht geregelt
§ 8(5)	Aufstellung von Unterhaltungsspielgeräten mit gewalt-, kriegsverherrlichenden oder pornographischen Darstellungen in der Öffentlichkeit	Aufstellungsverbot	
§ 9	Rauchen in der Öffentlichkeit	nicht gestattet	gesetzlich nicht geregelt

§§	Regelungsbereiche	Kinder und Jugendliche im Alter von			
		unter 6 Jahren	ab 6 Jahren	ab 12 Jahren	ab 16 Jahren
§ 6	Anwesenheit bei öffentlichen Filmveranstaltungen Bei Filmen, die gekennzeichnet sind mit:			ohne Begleitung eines Erziehungsberechtigten nur	
	Freigegeben ohne Altersbeschränkung	nur in Begleitung eines Erziehungsberechtigten gestattet	gestattet bis 20 Uhr	gestattet bis 20 Uhr ab 14 Jahren gestattet bis 22 Uhr	gestattet bis 24 Uhr

§§	Regelungsbereiche	Kinder und Jugendliche im Alter von			
		unter 6 Jahren	ab 6 Jahren	ab 12 Jahren	ab 16 Jahren
			ohne Begleitung eines Erziehungsberechtigten nur		
	Freigegeben ab 6 Jahren	nicht gestattet	gestattet bis 20 Uhr	gestattet bis 20 Uhr ab 14 Jahren gestattet bis 22 Uhr	gestattet bis 24 Uhr
	Freigegeben ab 12 Jahren	nicht gestattet	nicht gestattet	gestattet bis 20 Uhr; ab 14 Jahren gestattet bis 22 Uhr	gestattet bis 24 Uhr
	Freigegeben ab 16 Jahren	nicht gestattet	nicht gestattet	nicht gestattet	gestattet bis 24 Uhr
	Nicht freigegeben unter 18 Jahren	nicht gestattet	nicht gestattet	nicht gestattet	nicht gestattet
§ 7	Zugänglichmachung von bespielten Videokassetten, Bildplatten etc.				
	Bei Filmen, die gekennzeichnet sind mit:				
	Freigegeben ohne Altersbeschränkung	gestattet	gestattet	gestattet	gestattet
	Freigegeben ab 6 Jahren	nicht gestattet	gestattet	gestattet	gestattet
	Freigegeben ab 12 Jahren	nicht gestattet	nicht gestattet	gestattet	gestattet
	Freigegeben ab 16 Jahren	nicht gestattet	nicht gestattet	nicht gestattet	gestattet
	Nicht freigegeben unter 18 Jahren	nicht gestattet	nicht gestattet	nicht gestattet	nicht
§ 7(4)	Angebot bespielter Videokassetten in Automaten (in der Öffentlichkeit)	Angebotsverbot			

8. Hinweise für Eltern und Erzieher

Was sollten sie bedenken? Worauf sollten sie achten?

1) Der Bildschirm als Sozialisationsinstanz
Kinder sitzen heute länger vor dem Bildschirm als früher. Mit physischen Schäden wie Funktionsstörungen an Augen, Herz und Kreislauf, mit Stoffwechselschäden und Haltungsstörungen muß gerechnet werden. An mehreren Schulen spricht man bereits von Haltungsschäden bei jedem zweiten Kind. Die Welterfahrung des Kindes geschieht passiv. Es sitzt und läßt sich berieseln. Allerdings wissen diese Kinder erheblich mehr als andere Generationen von Natur und Kultur, von Wissenschaft und Technik, von Liebe und Haß, von Betrug, Verrat, Kriminalität und Perversionen jeder Art. Es besteht kein Zweifel, daß der Bildschirm zur hochrangigen Sozialisationsinstanz geworden ist. Die Orientierung für das Handeln im Alltag vermittelt das Bild. Endlos werden Normen, Werte und Verhaltensmuster wiederholt, und zwar in fragwürdigster Form, wie sie elterlichen, schulischen und kirchlichen Erziehungszielen zuwiderlaufen. Die Kinder lernen also weniger aus direkten zwischenmenschlichen Begegnungen, sie lernen mehr aus erfundenen, konstruierten, phantasierten und künstlich in Bildern vermittelten Wirklichkeitsausschnitten.

2) Mangelnde Kreativität
Viele Eltern und Lehrer beklagen heute die mangelnde Freude an eigenem Tun. Die Kreativität der Kinder und Jugendlichen gegenüber früher bekommt zwar tausend Anregungen, wird aber nicht praktiziert. Der Bildschirm produziert Ideen und nimmt dem Jugendlichen jegliche Aktivität ab. Er wird faul und läßt denken. Er benötigt die vorgespielte Aktivität, sein Abwechslungsbedürfnis und seine Neugier werden passiv befriedigt. Kinder und Jugendliche werden mehr und mehr zu Konsumenten.

3) Lernstörungen
Bisher gibt es keine gesicherten Ergebnisse, wie sich das übermäßige Fernsehen auf Kinder und Jugendliche auswirkt. Gehäuft klagen aber Eltern und Lehrer über Antriebsreduktionen, Konzentrationsmangel, fehlende Ausdauer, Nachlassen des Sprechens und Denkens. Man vermutet auch, daß sich der Lesestil ändert, daß die zerstreute Wahrnehmung, die beim Fernsehen geübt wird, auch auf

das Buch übertragen wird. Darum spricht der Naturwissenschaftler Rüdiger Lutz davon, daß sich bei viel sehenden Kindern ein sogenannter »Hemisphären-Schift« ergebe. Das ist eine Verkümmerung elementarer Hirnfunktionen der linken Hirnhälfte, in der Hören, Sprechen und Kognitiv-rationelles Wissen verankert sind. Die rechte Hirnhemisphäre beherbergt das visuelle Zentrum, das über Gebühr beansprucht wird. Da die schnellen Bildinformationen des Fernsehens ohne Aufarbeitung über die linke Gehirnhälfte in das visuelle Zentrum gelangen, geschieht die Bildaufnahme bei Kindern in einem unbewußten Zustand.

4) Unabhängigkeit und Selbstbestimmung

Video ist ein Medium, das zusätzlich zum Fernsehen benutzt wird. Dadurch wird die Verweildauer vor dem Apparat erhöht. Video – das ist ein großer Vorteil – ermöglicht eine gewisse *Unabhängigkeit*. Jugendliche und Kinder sind nicht mehr auf die festgelegten Sendungen im familiären Rahmen angewiesen. Sie können sich von den Eltern unabhängig machen. Die Loslösung vom Elternhaus wird beschleunigt. Viele Jugendliche schauen die ausgeliehenen Videos *gemeinsam*, weil die Beschaffung billiger ist. Die Selbstbelastung der Jugendlichen wird durch die Werbung der Video-Industrie gefördert: Jeder ist sein eigener Programmdirektor. Zweifellos wird die Cliquenbildung, zu der sich Jungen und Mädchen gleichermaßen hingezogen fühlen, erhöht. Mit der Unabhängigkeit ist ein Zugang zur Erwachsenenwelt gegeben.

5) Mutproben – Männlichkeitsbeweise – Machtphantasien

Mutproben, die bei Kindern und Jugendlichen immer noch sehr beliebt sind, werden verlagert. Brutale Videofilme ersetzen »Mutproben«. Die Zuschauer von brutalen Filmen – besonders männliche Jugendliche – demonstrieren auf diese Weise, wie männlich und emotional unempfindlich sie sind. »Richtige Männer« können brutale Szenen abspielen, sind hart im Nehmen und verziehen keine Miene, wenn der Blutrausch abgespult wird. Es ist beängstigend, wieviel Krimis, Horror-, action-, Zombie- und Kannibalismusfilme in den Videogeschäften angeboten und selbst Kindern unter 14 Jahren in die Hände gespielt werden. In alten Krimis wurden Gewaltszenen oft nur angedeutet, in den neuen Brutalowestern und anderen gewaltverherrlichenden Filmen werden Menschen zerstückelt, ihre Eingeweide herausgerissen, werden Körper in Einzelteile zersägt, und das Auffressen von Menschen durch Menschen wird optisch in Einzelheiten vorgeführt. Perverse Filmemacher genieren sich nicht, Bilder zu zeigen, in denen schwangere Frauen aufgeschlitzt und der Embryo aufgegessen wird. Ohne Scham werden Körperteile von lebenden Menschen abgehackt, abgesägt und abgeschnitten. Begleitet wird das Ganze von einem unsagbaren Brüllen.

Wozu leisten sich Jugendliche diese Scheußlichkeiten? Wollen sie gewaltsam aus der kaputten Welt fliehen und stürzen sich doch wieder in unaussprechliche Grausamkeiten? Wollen sie Machtphantasien ausleben, weil sie sich selbst für schwach, weich und unmännlich halten? Es muß ihnen schon ein Stück Vergnügen bereiten, sich in die Pseudohelden zu versetzen, sich möglicherweise mit ihnen zu identifizieren. Für Stunden entfliehen sie dem langweiligen Alltag.

6) Wirkungen der gewaltverherrlichenden Videos
Leider muß deutlich gesagt werden, daß viele deutschsprachige Veröffentlichungen dahin tendieren, die Wirkung von Gewalttaten herunterzuspielen. Sie begründen ihre Aussagen damit, daß es bis zur Stunde keine einwandfreien wissenschaftlich gesicherten Ergebnisse gäbe. Weiter argumentieren sie, daß sich viele Theorien widersprechen. In der Forschung hat es immer diese widersprüchlichen oder nicht einheitlichen Aussagen gegeben. Folgende Wirkungen sind aber deutlich erkennbar:

Das Lernen am Modell: Die Lernpsychologie hat deutlich gemacht, daß der Mensch vieles abguckt. Neues Verhalten wird am Modell (Vater, Mutter, Erzieher) wahrgenommen und übernommen. Wir lernen Aggression, Jähzorn, Gewaltanwendung und bauen sie in unser Repertoire ein. Die Muttersprache – unter Einschluß des Dialektes – wird an Modellpersonen unserer Umgebung abgehört. So kann ebenfalls aggressives und gewaltverherrlichendes Verhalten nachgeahmt werden. Vor allem, wenn der Lebensstil der betreffenden Jugendlichen so angelegt ist, daß ihnen Erfolge durch Gewalt und Aggression als beste Lösung erscheinen. Der Psychologe Dieter Speck schreibt in einer Veröffentlichung:

»Inzwischen liegt eine Langzeituntersuchung zur Beziehung zwischen Gewalt im Fernsehen und Kriminalität vor. Die amerikanischen Psychologen Evon und Husmann kommen in ihrer Längsschnittstudie zu dem Ergebnis, daß

– Erwachsene, die als Kinder mehr Gewaltdarstellungen im Fernsehen gesehen hatten, zweimal so oft als Straftäter überführt wurden wie vergleichbare andere Menschen;

– Erwachsene, die als Kinder viel Fernsehgewalt gesehen hatten, ihre

Kinder ebenfalls öfter gewalttätige Szenen im Fernsehen ansehen ließen als andere Eltern;

– Mütter, die als Kinder viele Gewaltdarstellungen gesehen hatten, ihre Kinder öfter als andere Mütter prügelten.

Gewöhnung an Gewalt, so dokumentiert diese Studie, begünstigt Störungen im Sozialisationsprozeß ... In Laborexperimenten hat die moderne Psychologie herausgefunden, daß wahrgenommene Gewalttätigkeit am Bildschirm eine enthemmende Wirkung auf das menschliche Verhalten hat und zur Nachahmung anregt.[116]

Die Gewöhnung: Das gewohnheitsmäßige Anschauen von brutalen Gewaltanwendungen stumpft ab und führt zur Gewöhnung. Die Gewalt wird als selbstverständlich angesehen. Solche Gewöhnung an Gewalt führt zu einer dauerhaften Desensibilisierung. Die Hemmschwelle ist extrem gesenkt, selbst Brutalitäten zuzulassen, oder auszuführen. Die Gewöhnung spielt bei Gewaltakten von Gruppen eine besondere Rolle. Die Ansteckungsgefahr ist groß, *mitzumachen.*

Wenn ein Kind gewohnheitsmäßig Gewaltakte zwischen Eltern registriert und im Film auch bestätigt bekommt, daß Gewaltanwendungen die besten Konfliktlöser beinhalten, wird das Kind vermutlich Strategien der Gewaltanwendung in seine Verhaltensmuster einbauen.

Gewalt im Film – Gewalt in der Wirklichkeit: Die Gewaltdarstellungen in Film und Video sind verabscheuungswürdig. Aber leider sieht unsere reale Welt nicht anders aus. Täglich werden in aller Welt Menschen gefoltert, tyrannisiert, gequält und umgebracht. Bombenattentate, organisierte Verbrechen, geduldete Kleinkriege, das Ausrotten ganzer Völkerschaften und die brutale Vernichtung von Feinden im eigenen Land, ist an der Tagesordnung. Zeitung und Fernsehen berichten aktuell und global. Der Leser und Fernsehzuschauer wird täglich mit unvorstellbarer Gewalt konfrontiert. Darum schreibt Dieter Speck zu Recht:

»Es sind Menschen, die in solchen Filmen Regie führen (brutale Videos), die als Schauspieler und Statisten mitwirken. Aber es waren auch Menschen, die in Auschwitz gequält, gefoltert, getötet haben. Es waren Menschen, die in Vietnam Napalm eingesetzt haben, und es sind Menschen, die heute das größte Vernichtungspotential anhäufen, was diese Menschheit je gekannt hat. Nicht nur brutale Videos sind grausam – Teile unserer menschlichen Wirklichkeit sind es ebenso und zwischen beiden besteht eine Wechselwirkung.«[117]

Für Christen in der Erziehung gilt, daß der Erziehungsstil der Eltern von großem Einfluß ist. Wenn Eltern mit ihren Kindern ruhig und vernünftig über Gewalt und Brutalität reden, und wenn sie selbst überzeugt als Christen Gewaltlosigkeit vorleben, sind die Kinder widerstandsfähiger gegen Gewalt. Die Kinder haben von früh auf *gelernt*, daß Aggression und Gewalt keine tauglichen und christlich zu verantwortenden Mittel sind, Konflikte zwischen Menschen und Völkern zu lösen.

7) Eltern sind Vorbilder

Walter Grotenbeck hat auf einer Jugendschutzveranstaltung des Stadtjugendringes in Mettmann mal den Entwurf eines neuen Jugendschutzgesetzes in Kurzform vorgestellt. Sein erster Paragraph lautet: »Du bist Vorbild – ob du willst oder nicht.« Darum geht es: Eltern geben durch Tun *und* Lassen, durch Reden *und* Handeln ein Vorbild. Nicht nur die verbalen erzieherischen Maßnahmen sind bedeutsam, sondern auch die non-verbalen. Mit unserer gesamten Einstellung drücken wir aus, welche Werte wir leben.

Eltern, die selbst nichts dabei finden, mit ihren Kindern zusammen grausame Metzeleien und gewaltverherrlichende Darstellungen bzw. pornographische Szenen anzuschauen, müssen wissen, daß sie das Wertbewußtsein ihrer Kinder untergraben.

Eltern müssen begreifen, daß dem Ruf nach Naturschutz, Schutz vor der Selbstvergiftung und atomarer Vernichtung, der Ruf nach Schutz vor Gefahren einer psychisch-geistigen »Binnenweltverschmutzung« gleichgesetzt werden muß. Eltern müssen sich überprüfen, wie weit sie durch das Bombardement mit Schmutz inzwischen so abgestumpft sind, daß sie nur noch verurteilen, was gesetzlich verboten ist, aber allem zustimmen, was von daher noch moralisch vertretbar und nicht strafbar ist.

LITERATURHINWEISE

Zum 1. Teil: Grundlagen der Erziehung

[1] *Zweiter Familienbericht,* Hrsg. Bundesminister für Jugend, Familie und Gesundheit, Hagenbach, Bonn-Bad Godesberg 1975

[2] *Informationen zur politischen Bildung,* Die Familie in der Bundesrepublik Deutschland, 206/1985, Franzis Verlag

[3] Jorge Cervós-Navarro, Familie, Schutz gegen Ideologie und Manipulation, *Pädagogik und freie Schule,* Heft 21, 1982, S. 17f

[4] Aus: *Erneuerung der christlichen Erziehung,* Gütersloher Verlagshaus Gerd Mohn, Gütersloh 1983, S. 65

[5] Reinhold Mokrosch, Luther und die Familie, in: *Familie aktuell,* 3/1984, S. 10ff

[6] Horst Seibert, Familie in humanwissenschaftlicher und theologischer Sicht, in: *Denken und Dienen,* 1982, S. 10

[7] Ulrich Beer, *Beers Ehebuch,* Ullstein Sachbuch, Ullstein Verlag, Frankfurt/Berlin/Wien 1978, S. 362

[8] Rudolf Dreikurs, *Soziale Gleichwertigkeit,* Klett Verlag, Stuttgart 1972

[9] Wolfgang Longardt, *Katechetische Spielmappe 4,* Freiburg/Lahr 1975

[10] William Glasser, *Realitätstherapie,* Beltz Verlag, Weinheim/Basel 1972, S. 4

[11] Rudolf Dreikurs/Loren Grey, *Kinder ziehen Konsequenzen,* Herder Verlag, Freiburg/Basel/Wien 1973, S. 80

[12] Rudolf Dreikurs/Vicki Soltz, *Kinder fordern uns heraus,* Klett-Cotta, Stuttgart 1983[14], S. 74f

[13] Haim G. Ginott, *Eltern und Kinder,* rororo, Hamburg 1969, S. 20

[14] Don Dinkmeyer/Rudolf Dreikurs, *Ermutigung als Lernhilfe,* Ernst Klett Verlag, Stuttgart 1970

[15] Rudolf Dreikurs/Shirley Gould/Raimond J. Corsini, *Familienrat,* Ernst Klett-Verlag, Stuttgart 1977, S. 81f

[16] Thomas Gordon, *Familienkonferenz,* Hoffmann und Campe, Hamburg 1972, S. 224ff

[17] Rudolf Dreikurs/Shirley Gould/Raimond J. Corsini, siehe 15, S. 31

Zum 2. Teil: Die Entwicklungsphasen des Kindes

[18] Gisela Hundertmark, *Das verplante Kind,* Jugendschutz 4/1979, S. 119

[18a] Ferny, *Das Seelenleben des Ungeborenen,* Verlag Rogner u. Bernhard

[19] Dr. G.H. Kettermann/Dr. H.L. Kettermann, *Unser Kind,* R. Brockhaus Verlag, Wuppertal 1983, S. 33

[20] a.a.O., S. 36

[21] a.a.O., S. 38

[22] a.a.O., S. 26ff

[23] Dr. Manfred Köhnlechner, *Die 7 Säulen der Gesundheit,* HÖR ZU, 45/1981

[24] Sylvia Braun, Abstillen, in: *Kind und Umwelt,* Heft 48, 11/1985, S. 39

[24a] Martha Ehler, *Ich will mein Kind stillen,* R. Brockhaus Verlag, Wuppertal 1986[8]

[25] Paul Tournier, *Geborgenheit,* Rascher Verlag, Zürich 1969, S. 14

[26] Lore Watzka, Die Entwöhnung – ein Prägungsmoment der Ich-Entwicklung, aus: *Kind und Umwelt,* Heft 48, 11/1985, S. 15

[27] Kettermann, a.a.O., S. 74

[28] Kettermann, a.a.O., S. 74

[29] Christa Meves, *Der Weg zum sinnerfüllten Leben*, Herder Verlag, Freiburg/Basel/Wien 1982, S. 36f

[30] Marielene Leist, *Erste Erfahrungen mit Gott*, Herder-Taschenbuch, Freiburg 1971, S. 11

[31] a. a. O., S. 13

[32] Aus: *Der Umkehrer*, OJC Familie, Bensheim 1983

[36] Françoise Dolto, *Die ersten 5 Jahre*, Beltz Verlag, Weinheim/Basel, 1983[2], S. 49f

[37] Lucy K. Ackerknecht, *Individualpsychologische Kinder- und Jugendpsychotherapie*, Ernst Reinhardt Verlag, München/Basel 1982, S. 63f

[38] Rudolf Dreikurs/Loren Grey, *Kinder ziehen Konsequenzen*, Herder Verlag, Freiburg/Basel/Wien 1973, S. 179

[39] Rudolf Dreikurs, *Soziale Gleichwertigkeit*, Klett Verlag, Stuttgart 1972

[40] Rudolf Dreikurs/Erik Blumenthal, *Eltern und Kinder – Freunde oder Feinde?*, Klett Verlag, Stuttgart 1973, S. 169f

[41] a. a. O., S. 184f

[42] Reinmar Tschirch, *Gott für Kinder*, Gütersloher Verlagshaus Gerd Mohn, Gütersloh 1975[3], S. 133

[43] Antoinette Becker/Elisabeth Conolly, *Handbuch der emotionalen und sozialen Erziehung*, Ravensburger Kindergarten- und Vorschulprogramm du – ich – wir, Ravensburg, 1980[2]

[44] »Eltern« 9/1985, S. 98

[45] Reinfried Hörl, *Die Zukunft unserer Kinder – für eine moderne Erziehung*, Deutscher Taschenbuch Verlag, München 1972, S. 158

[46] Sigurd Hild, *Sexualerziehung*, C. Bertelsmann Verlag, Gütersloh 1964, S. 57ff

[47] Fritz Künkel, *Die Arbeit am Charakter*, Friedrich Bahn Verlag, Konstanz 1964, S. 28

[48] Heinz-Rolf Lückert, *Eltern - Kind – Erziehung*, Verlag Winfried-Werk, Augsburg 1963, S. 99f

[49] a.a.O., S. 107

Zum 3. Teil: Kind und Religion

[50] Aus: »13 unbeliebte Balladen,« in: *DER WEG*, 4/1976

[51] Günter Krüger, Erziehung für die Welt von Morgen, in: *Offensive Junger Christen*, 1/1975, S. 4

[52] Theodor Schober, Gott hat ein Gesicht: aus: *Unsere Kirche*, 12/1978

[53] Siehe Anm. 52

[54] Aus: Projektgruppe Glaubensinformation in Zusammenarbeit mit Professor Thielicke, *Wie reden wir mit unseren Kindern von Gott?*, Brief Nr. 5

[56] Aus: *Briefe an junge Eltern*, Projektgruppe Glaubensinformation, Nr. 9

[57] Aus: *Der liebe Gott sieht alles*, Hrsg. Dagmar Scherf, Fischer-Taschenbuch, Frankfurt 1984, S. 159

[58] Alex Funke, Aber nur ja die Ohren nicht hängen lassen!, in: *DER WEG*, 44/1982, S. 6

[59] Thielicke – Schrey, *Glaube und Handeln*, Schönemann Verlag 1961[2], S. 289

[60] Aus: *Missionarische Arbeit unter Kindern*, Verlag Bibellesebund, Marienheide/Winterthur 1982, S. 5

[61] Marielene Leist, *Reden von Gott*, Vandenhoeck und Ruprecht, Göttingen 1970[3], S. 59

[62] Reinmar Tschirch, *Gott für Kinder*, Gütersloher Verlagshaus Gerd Mohn, 1975[3], S. 139

63 Ernst Barthmann, *Kleine Kinder beten,* Ernst Klett Verlag, Stuttgart 1960, S. 8

64 Ilse Weißenbühler, Sollten wir überhaupt von Gott reden? in: *Elternbrief* 9/1970, S. 2

65 Siehe Anm. 62, S. 172

66 Felizitas Betz, *Schau her, lieber Gott, Bibel-Gebetbuch für Kinder* 1967

66a Eleonore Beck, Doris Hoppler: *Danke, daß du bei mir bist,* R. Brockhaus Verlag Wuppertal, Verlag Butzon & Bercker Kevelaer 1985[5]

67 Helmut Begemann, In der Familie die Liebe Gottes erleben, in: *DER WEG,* 43/1978, S. 6

68 Felizitas Betz, *Wo komme ich her – wo gehe ich hin?* Herder Elternziele, Freiburg 1980, S. 29

69 Marielene Leist, Abenteuer mit dem Glauben, in: *DAS* 14/1973, S. 11

Zum 4. Teil: Pubertät und Adoleszenz

70 Dr. Sam Janus, The Death of Innocence, in: *HÖR ZU* 50/1981, S. 115

71 Rutter, M. et al. 1976, in: *Beratungsarbeit mit Jugendlichen,* Vandenhoeck und Ruprecht, Hrsg. F. Specht, K. Gerlicher, K. Schütt, Göttingen 1979, S. 47f

72 Emil Brunner, *Eros und Liebe,* Furche Bücherei, Hamburg 1952, S. 31

73 Albert Ellis, *Die rational – emotive Therapie,* Pfeiffer Verlag, München/Basel 1961, S. 69f

74 Josef Kirchner, *Die Kunst ein Egoist zu sein,* Droemer Knaur Verlag, München/Zürich 1979, S. 161f

75 Alfred Adler, *Wozu leben wir?* Fischer Taschenbuch, Frankfurt a. M. 1981, S. 217

76 Arnold Lazarus und Allen Fey, *Ich kann, wenn ich will,* Klett-Cotta Verlag, Stuttgart 1979[3], S. 19ff

78 Gérard Hoareau, Selbstbefriedigung = Friede mit sich selbst? in: *Family Life Mission,* 10/1985

79 Lieben lernen, Hrsg. Bund Freier Evangelischer Gemeinden – Jugendgeschäftsstelle Goltenkamp 4, 5810 Witten, S. 77f (*Materialsammlung für Jugendarbeit 1986/87*)

80 Walter Trobisch, *Liebe ist ein Gefühl, das man lernen muß,* R. Brockhaus Verlag (Taschenbuch), Wuppertal 1979[9], S. 39

81 *Denkschrift zu Fragen der Sexualethik,* Gütersloher Verlagshaus Gerd Mohn, Gütersloh 1971, S. 26f

82 Richard Kriese, *Ich hab' da eine Frage,* R. Brockhaus Verlag, Wuppertal 1976, S. 15

83 W. Hugh Missildine, *In dir lebt das Kind, das du warst,* Verlag Klett-Cotta, Stuttgart 1979[2], S. 190

84 Reinhard und Anne-Marie Tausch, Leben hinter Fassaden, in: *Psychologie heute,* 5/1977, S. 20ff

85 Eugenia Price, *Sprechstunde für die Frau,* R. Brockhaus Verlag (Taschenbuch), Wuppertal 1971, S. 75f

Zum 5. Teil: Auf dem Weg zur Ehe oder zur Ehelosigkeit

86 C.S. Lewis, *Christentum schlechthin,* J. Hegner-Verlag, Köln

87 Rudolf Affemann, *Krank an der Gesellschaft,* DVA Stuttgart 1973, S. 191

88 Rudolf Seiß, Erziehung zu einer vernünftigen Sittlichkeit im Bereich der gegen-

geschlechtlichen Beziehungen, in: *Medien- und Sexualpädagogik* 1/1974, S. 10ff

[89] Fritz Riemann, *Die schizoide Gesellschaft*, Kaiser-Traktate, München 1975

[90] Rudolf Seiß, Reifezeit als Konfliktfeld, in: »Jugendschutz«, 1/1975

[91] Christa Meves, *Chancen und Krisen der modernen Ehe*, Verlag des Weißen Kreuzes, Kassel 1977, S. 35f

[92] Fritz Riemann, *Grundformen der Angst*, Ernst Reinhardt Verlag, München/Basel 1979[9], S. 20ff

[93] Virginia Satir, *Familienbehandlung, Kommunikation und Beziehung in Theorie, Erleben und Therapie*, Lambertus Verlag, Freiburg 1973, S. 110f

[94] Irenäus Eibl-Eibesfeld, *Liebe und Haß*, Piper Verlag, München 1970, S. 15

[95] Heinz L. Ansbacher/Rowena R. Ansbacher, *Alfred Adlers Individualpsychologie*, Ernst Reinhardt Verlag, München/Basel 1972, S. 141

[96] Rudolf Dreikurs, *Die Ehe – eine Herausforderung*, Klett Verlag, Stuttgart 1969, S. 232f

[97] Muriel James/Dorothy Jongeward, *Spontan leben*, Rowohlt Verlag, Hamburg 1974, S. 94f

[98] Don Dinkmeyer und Gary D. Mc Kay, *Erziehung zur Verantwortungsbereitschaft*, Otto Maier Verlag, Ravensburg 1975, S. 28

[99] Horst-Eberhard Richter, *Patient Familie*, rororo-Sachbuch, Hamburg 1972[2], S. 108

[100] Virginia Satir, *Selbstwert und Kommunikation*, Pfeiffer Verlag, München 1975, S. 44

[101] Jochen Fischer, *Wir zwei wollen es besser machen*, Verlag Ernst Kaufmann, Lahr 1964, S. 58f

[102] Karl Heinz Heitmann, Wie lerne ich (m)einen Partner kennen? in: *Lieben lernen*, siehe 79

[103] Siehe Anm. 98, S. 28

[104] Aus: *HÖR ZU* 47/1980, Immer mehr Menschen haben Angst vor der Ehe, warum eigentlich?

[105] Aus: *Stern*, 22/1978

[106] Aus: *Stern*, 22/1978

[107] Aus: *Stern*, 22/1978

[108] Jürg Willi, Aufeinander bezogen und voneinander abhängig, in: *Leben und Erziehen*, 5/1982, S. 10

[109] Anneliese Bausch, Ehelosigkeit – eine Chance, in: *Mitarbeiterhilfe*, 6/1980, S. 23

[110] Frieder Ribbert, *Jugendrecht – Jugendhilfe, Teil 1, Lehrbuch*, Ferdinand Schöningh, Paderborn 1985[3], S. 40

[111] A.a.O., S. 41

[112] Walter Becker, Das Kind im Mittelpunkt des Rechts, in: *Diakonie* 4/1984, S. 270

[113] Hrsg. BAJ, Emeranstraße 32, 6500 Mainz

[114] Mollenhauer, zitiert in: *Lutz Rössner, Theorie und Praxis der Sozialarbeit*, München 1975, S. 127

[115] Aus: *Gewalt auf Video*, ASJ, Katholische LAG, Evangelischer Arbeitskreis für Jugendschutz 2/1984, S. 2

[116] Dieter Speck, in: ID, 2/184, S. 3

[117] Dieter Speck, siehe 116, S. 5

Vom gleichen Autor:

Faulheit ist heilbar

Ein Elternratgeber

128 Seiten, R. Brockhaus Taschenbuch, Bestell-Nr. 20339

Das Thema Faulheit bereitet heute vielen Familien Kopfschmerzen. In unserer Leistungsgesellschaft wiegt diese Lern- und Leistungsstörung besonders schwer, und die Auseinandersetzungen zwischen Eltern und Kindern nehmen oft dramatische Formen an. Ist Faulheit ein seelisches Fehlverhalten, ein Mangel an Begabung, eine Antriebshemmung, Willensschwäche, Dummheit, Trotzverhalten oder ein krankhaftes Rückzugsverhalten? Reinhold Ruthe unternimmt den Versuch, das vielschichtige Syndrom zu untersuchen. Um es den Eltern leichter zu machen, ist der Autor besonders an den verborgenen Zielen der Faulheit interessiert. Haben die Eltern die geheimen Absichten des Kindes erkannt, können sie effektiver mit ihren Kindern das Fehlverhalten ändern.

Duett statt Duell

Konkrete Schritte zu einer harmonischen Ehe

112 Seiten, ABCteam-Paperback, Bestell-Nr. 12303

Der Ehealltag macht es uns oft genug deutlich: Auch die engste Gemeinschaft von Mann und Frau, dieses Geschenk Gottes an die Menschen, will erworben werden. – Reinhold Ruthe beschreibt hier typische Konflikte aus seiner Beratungspraxis, er untersucht bestimmte, eingeschliffene Verhaltensmuster, weist auf Schwierigkeiten hin, die ihm immer wieder und in erster Linie bei Christen begegnen, und bietet Hilfe an: Analysen, praktische Hilfe, Regeln und Tips und Antworten aus dem christlichen Glauben.

Eifersucht ist eine Leidenschaft, die mit Eifer sucht, was Leiden schafft

Wie man Neid, Rivalität und falschen Ehrgeiz überwindet

144 Seiten, R. Brockhaus Taschenbuch, Bestell-Nr. 20354

»Eine Prise Eifersucht gehört zur Liebe. Aber eben nur eine Prise. Gut dosiert kann sie ein edles Gewürz im Garten der Liebe sein. In größeren Mengen wird sie zum Gift. Aus dem Schutztrieb wird ein egoistischer Bemächtigungstrieb, der die Liebe und Gemeinschaft zerstört. Von diesem Zuviel an Eifersucht wird hier die Rede sein, von der Sucht, die mit Eifer sucht, was Leiden schafft.«

R. BROCKHAUS VERLAG WUPPERTAL

geschlechtlichen Beziehungen, in: *Medien- und Sexualpädagogik* 1/1974, S. 10ff

89 Fritz Riemann, *Die schizoide Gesellschaft*, Kaiser-Traktate, München 1975

90 Rudolf Seiß, Reifezeit als Konfliktfeld, in: »*Jugendschutz*«, 1/1975

91 Christa Meves, *Chancen und Krisen der modernen Ehe*, Verlag des Weißen Kreuzes, Kassel 1977, S. 35f

92 Fritz Riemann, *Grundformen der Angst*, Ernst Reinhardt Verlag, München/Basel 1979[9], S. 20ff

93 Virginia Satir, *Familienbehandlung, Kommunikation und Beziehung in Theorie, Erleben und Therapie*, Lambertus Verlag, Freiburg 1973, S. 110f

94 Irenäus Eibl-Eibesfeld, *Liebe und Haß*, Piper Verlag, München 1970, S. 15

95 Heinz L. Ansbacher/Rowena R. Ansbacher, *Alfred Adlers Individualpsychologie*, Ernst Reinhardt Verlag, München/Basel 1972, S. 141

96 Rudolf Dreikurs, *Die Ehe – eine Herausforderung*, Klett Verlag, Stuttgart 1969, S. 232f

97 Muriel James/Dorothy Jongeward, *Spontan leben*, Rowohlt Verlag, Hamburg 1974, S. 94f

98 Don Dinkmeyer und Gary D. Mc Kay, *Erziehung zur Verantwortungsbereitschaft*, Otto Maier Verlag, Ravensburg 1975, S. 28

99 Horst-Eberhard Richter, *Patient Familie*, rororo-Sachbuch, Hamburg 1972[2], S. 108

100 Virginia Satir, *Selbstwert und Kommunikation*, Pfeiffer Verlag, München 1975, S. 44

101 Jochen Fischer, *Wir zwei wollen es besser machen*, Verlag Ernst Kaufmann, Lahr 1964, S. 58f

102 Karl Heinz Heitmann, Wie lerne ich (m)einen Partner kennen? in: *Lieben lernen*, siehe 79

103 Siehe Anm. 98, S. 28

104 Aus: *HÖR ZU* 47/1980, Immer mehr Menschen haben Angst vor der Ehe, warum eigentlich?

105 Aus: *Stern*, 22/1978

106 Aus: *Stern*, 22/1978

107 Aus: *Stern*, 22/1978

108 Jürg Willi, Aufeinander bezogen und voneinander abhängig, in: *Leben und Erziehen*, 5/1982, S. 10

109 Anneliese Bausch, Ehelosigkeit – eine Chance, in: *Mitarbeiterhilfe*, 6/1980, S. 23

110 Frieder Ribbert, *Jugendrecht – Jugendhilfe, Teil 1, Lehrbuch*, Ferdinand Schöningh, Paderborn 1985[3], S. 40

111 A.a.O., S. 41

112 Walter Becker, Das Kind im Mittelpunkt des Rechts, in: *Diakonie* 4/1984, S. 270

113 Hrsg. BAJ, Emeranstraße 32, 6500 Mainz

114 Mollenhauer, zitiert in: *Lutz Rössner, Theorie und Praxis der Sozialarbeit*, München 1975, S. 127

115 Aus: *Gewalt auf Video*, ASJ, Katholische LAG, Evangelischer Arbeitskreis für Jugendschutz 2/1984, S. 2

116 Dieter Speck, in: ID, 2/184, S. 3

117 Dieter Speck, siehe 116, S. 5

[63] Ernst Barthmann, *Kleine Kinder beten*, Ernst Klett Verlag, Stuttgart 1960, S. 8
[64] Ilse Weißenbühler, Sollten wir überhaupt von Gott reden? in: *Elternbrief* 9/1970, S. 2
[65] Siehe Anm. 62, S. 172
[66] Felizitas Betz, *Schau her, lieber Gott, Bibel-Gebetbuch für Kinder* 1967
[66a] Eleonore Beck, Doris Hoppler: *Danke, daß du bei mir bist*, R. Brockhaus Verlag Wuppertal, Verlag Butzon & Bercker Kevelaer 1985[5]
[67] Helmut Begemann, In der Familie die Liebe Gottes erleben, in: *DER WEG*, 43/1978, S. 6
[68] Felizitas Betz, *Wo komme ich her – wo gehe ich hin?* Herder Elternziele, Freiburg 1980, S. 29
[69] Marielene Leist, Abenteuer mit dem Glauben, in: *DAS* 14/1973, S. 11

Zum 4. Teil: Pubertät und Adoleszenz

[70] Dr. Sam Janus, The Death of Innocence, in: *HÖR ZU* 50/1981, S. 115
[71] Rutter, M. et al. 1976, in: *Beratungsarbeit mit Jugendlichen*, Vandenhoeck und Ruprecht, Hrsg. F. Specht, K. Gerlicher, K. Schütt, Göttingen 1979, S. 47f
[72] Emil Brunner, *Eros und Liebe*, Furche Bücherei, Hamburg 1952, S. 31
[73] Albert Ellis, *Die rational – emotive Therapie*, Pfeiffer Verlag, München/Basel 1961, S. 69f
[74] Josef Kirchner, *Die Kunst ein Egoist zu sein*, Droemer Knaur Verlag, München/Zürich 1979, S. 161f
[75] Alfred Adler, *Wozu leben wir?* Fischer Taschenbuch, Frankfurt a. M. 1981, S. 217
[76] Arnold Lazarus und Allen Fey, *Ich kann, wenn ich will*, Klett-Cotta Verlag, Stuttgart 1979[3], S. 19ff
[78] Gérard Hoareau, Selbstbefriedigung = Friede mit sich selbst? in: *Family Life Mission*, 10/1985
[79] Lieben lernen, Hrsg. Bund Freier Evangelischer Gemeinden – Jugendgeschäftsstelle Goltenkamp 4, 5810 Witten, S. 77f (*Materialsammlung für Jugendarbeit 1986/87*)
[80] Walter Trobisch, *Liebe ist ein Gefühl, das man lernen muß*, R. Brockhaus Verlag (Taschenbuch), Wuppertal 1979[9], S. 39
[81] *Denkschrift zu Fragen der Sexualethik*, Gütersloher Verlagshaus Gerd Mohn, Gütersloh 1971, S. 26f
[82] Richard Kriese, *Ich hab' da eine Frage*, R. Brockhaus Verlag, Wuppertal 1976, S. 15
[83] W. Hugh Missildine, *In dir lebt das Kind, das du warst*, Verlag Klett-Cotta, Stuttgart 1979[2], S. 190
[84] Reinhard und Anne-Marie Tausch, Leben hinter Fassaden, in: *Psychologie heute*, 5/1977, S. 20ff
[85] Eugenia Price, *Sprechstunde für die Frau*, R. Brockhaus Verlag (Taschenbuch), Wuppertal 1971, S. 75f

Zum 5. Teil: Auf dem Weg zur Ehe oder zur Ehelosigkeit

[86] C.S. Lewis, *Christentum schlechthin*, J. Hegner-Verlag, Köln
[87] Rudolf Affemann, *Krank an der Gesellschaft*, DVA Stuttgart 1973, S. 191
[88] Rudolf Seiß, Erziehung zu einer vernünftigen Sittlichkeit im Bereich der gegen-